神橋一彦

行政救済法

【第2版】

法律学講座

信山社

第 2 版 はしがき

　平成 24 年 (2012 年) 2 月に本書初版を刊行してから、4 年の歳月が過ぎた。この間、行政救済法の分野では、重要判例が次々と出されるとともに、法令も行政不服審査法の全面改正が行われるなど大きな動きがあり、これに応じて、学界においても数多くの業績が公にされている。とりわけ改正行政事件訴訟法の施行 10 年を迎え、改正後の裁判実務や判例の検証も行われているところである。今回、幸いに改訂の機会を得ることとなり、これらの重要判例や法令の改正を取り上げるとともに、特に行政訴訟の部分について説明の補正を行った。本書のねらい、執筆にあたって留意した点は、初版のはしがきに述べたところと変わっていない。

　本書初版を執筆中であった平成 23 年 (2011 年) 3 月 11 日、東日本大震災が発生した。著者の身辺に及んだ影響は極めて限定的であったが、学生時代を過ごした仙台の惨状に強い衝撃を受けながら、生ける者の使命ぞと、とにもかくにも最後まで投げないで書き切ろうと決意し、なんとか上梓に至った。そのようなものでありながら、幸いにも予想した以上の方々の目に触れることとなり、公刊後、研究者仲間の方や学生の皆さんから内容等について様々なご意見をいただいた。とりわけ行政救済法の近年の研究動向は、法科大学院教育の影響もあってか、かつての実体公法の復権から、訴訟法固有の問題へと関心が拡大しているようにもおもわれる (その一端については、公法研究 76 号〔2014 年〕、77 号〔2015年〕において著者が担当した、学界展望＜行政法＞の行政救済法の項をご覧いただきたい)。今回の改訂は、この分野の激しい動きに、とりもとりあえず応急の措置を施した程度のものであるが、残された点については、なお今後の課題としたい。

– iii –

第2版 はしがき

　今回の改訂にあたっては、平裕介氏（日本大学大学院法務研究科助教）にご助力をいただいたほか、引き続き信山社の袖山貴、稲葉文子、今井守の各氏のご尽力をいただいた。衷心からお礼を申し上げる次第である。

　平成27年11月

立教大学法学部研究室にて

神 橋 一 彦

初版　はしがき

　1　本書は、著者が立教大学法学部及び同大学院法務研究科において行っている行政救済法（行政争訟法・国家補償法）関係の講義の内容をまとめたものである。

　行政救済法は、行政法総論や行政組織法と並んで、行政法学を構成する一分野であって、行政活動に対する私人の権利救済をどのように図っていくか、という問題を扱う分野である。行政法の基本原理である「法律による行政の原理」ないし法治主義は、まさにこの行政救済法によってその実効性を担保されているのであり、戦後、現行憲法の下、多くの判例や学説上の議論が蓄積されるとともに、多くの問題点もまた指摘されてきた。特に平成16年の行政事件訴訟法改正以降は、実効的な権利救済の要請の観点から、行政訴訟のあり方について、きわめて活発な議論がなされてきたし、行政訴訟に限らず、国家賠償も含めた行政救済法全体にわたって、近年、注目すべき判例が続々と出されている。

　このように行政救済法の分野は、現在なお、変遷の途上にあり、流動的な状況にあるというべきである。かような状況の下、行政救済法の授業の中で扱うべき素材も増えることはあっても、減ることはなく、限られた時間の中で行政救済法の全体像を説明することは益々困難になっている。

　そのような中で著者は、ここ数年、講義案を作成し、それによりながら、行政救済法の授業を行ってきた。本書は、この講義案をもとに生まれたものである。

　2　従って本書は、行政救済法を学ぼうとする学生に向けて執筆されたものであるが、執筆にあたって留意した点は、次のような点である。

　第1は、説明にあたって、行政法総論との関係に留意したことである。とりわけ行政訴訟制度の制度設計は、行政行為論をはじめとする行政法総論の考え方を前提としている部分が多い。従来、行政法の授業や教科

書においては、最初に、行政法の一般原理・行政法総論が扱われ、それを承けて行政救済法が論じられるのが常であった。そのこと自体は否定しないが、本書では、行政救済法と行政法総論との有機的結合をできるだけ図った説明を心掛けた。

　第2は、行政救済法にとって判例の持つ意味は大きいが、重要判例については、その一般法理を展開した部分を、本文の中で引用する方法を採った。もちろん、判例は個別のケースに対応するものであるから、一般的な法理の部分のみを抜き出すことには問題がないではない。また、多少紙幅が嵩張るという欠点もあろう。従って、このようなシステムをとったことは、まったく学習の便宜のためであって、また併せて、判決文にその都度触れてもらうことを目的としている。なお、判例の引用にあたっては、個々の判例の事案について省略している場合もあるが、そういった点については、直に判例に当たるなり、手持ちの判例集などに当たって確認していただきたい。

　第3は、説明の中に多少の**図表**を挿入した。この図表は、著者が授業でおもいつくままに板書をしたもの、あるいはレジュメに書いたものが元になっている。説明を補うものとして、多少なりとも参考になれば幸いである。

　3　本書は、冒頭に述べたように、著者がこれまで行ってきた講義を基にしている。従って、行政救済法についての概説としては、内容的にみて、バランスを欠く点がないではない。例えば、取消訴訟の訴訟要件論（処分性・原告適格など）に多くの紙幅を費やしている点などがそれである。わが国の行政裁判は、この入り口を突破していかに本案審理に至るかが最大の「闘争」であったわけであるから、この点はやむをえないし、近時、行政訴訟について学生諸君から受ける質問や疑問等も、この点にかなり集中した感がある。そういった点について、単に学説・判例の紹介にとどまらない、基本的な説明をする必要があったわけであるが、そこにおもいのほか紙幅をとったというのが実情である。それが成功しているかどうかは、読者の評価をまつほかないが、説明の濃淡のありかたについては、今後機会があれば、再検討したいと考えている。

初版 はしがき

4 ところで、著者の行政救済法の講義は、平成6年度後期に前任校である金沢大学法学部において「行政法第二部」を担当したときにはじまる。それ以来、10数年の時が経過したわけであるが、その間、行政手続、情報公開・個人情報保護、さらには地方分権等、「行政法」の内容そのものが急速の変化・拡大を遂げただけではなく、「国民主権」「行政の透明化」といった観点から「行政」そのもののあり方が大きく問われたといえよう。その中で、行政救済法も大きな変化を見せたところであるが、行政救済法の世界というのは、裁判所や裁判官がそれを運用・実行しない限り、百人の学者が主張しても、それ自体は公的権威をもたない、私的見解の集積に過ぎない。このことは、もちろん行政救済法に限らない、「法律学における学説」一般にいえることであるが、行政救済法においては、特にこの学説と実務の乖離ということが、さまざまなところで指摘され、かつそのことゆえに、学説の側にある種無力感が漂うこともなかったわけではない。しかしながら、著者のみるところ、いわゆる「裁判実務」と呼ばれるものの中には、なんらかの理論的な裏打ちがあるにせよ、外部の者からはなかなかつかみにくい「感覚」とか「作法」というのがあるようである。そういった部分にも光を当てて行政救済法を解き明かすことは、著者の能力を超えるものである。しかし行政法が、行政のプロセスを対象とし、かつ「何がよき行政か」という問いに対する答えは、時代によって変遷するものであることを考えると（あっという間の20数年ではあるが、著者が学生であった1980年代と現在との間でもその「変遷」は顕著に認められる）、行政救済制度（行政訴訟・国家補償）のありかたも、そのような「何がよき行政か」という根源的な問いを離れてはありえないようにおもわれるのである。はなはだ大風呂敷で漠然とした問いかけではあるが、その問いかけは怠ってはいけないであろうし、わが国の行く末が不透明極まりない現在、行政救済法を学ぶ読者の皆さんに、この点について、著者の意とするところを汲み取っていただければ幸いである。

5 本書を刊行するに至った経緯については、既に述べた通りであるが、そのことにおもいを致すとき、この間、著者の授業に参加した立教

初版 はしがき

大学、金沢大学のほか、非常勤講師として出講したいくつかの大学の学生の皆さんには、改めて深く感謝する次第である。

　また、本書をこのような形でまとめることができたのは、企画の当初から強力かつ持続的なサポートを続けていただいてきた、信山社の袖山貴氏、稲葉文子氏、今井守氏のご尽力あってのことである。ここに衷心からお礼申し上げたい。とりわけ袖山氏から、行政法の教科書の執筆を勧められたのは、かれこれ 10 年以上前のことになる。具体的に作業に着手してからも既に数年の歳月が流れた。ここに、とりあえず行政救済法の分野について、1 冊の書物を纏めることとなったが、これにとらわれることなく、今後ともさらに研鑽を積んでいきたい。

　平成 23 年 8 月

立教大学法学部研究室にて

神 橋 一 彦

目　次

第2版 はしがき

初版 はしがき

【参考文献】

序　論　行政救済法へのいざない————————— 3

第Ⅰ部　行政争訟法 —————————————— 7

第1章　行政訴訟法 ·· 7

第1節　行政訴訟制度と憲法 ···························· 7
1　基本的視点 (7)／2　本節の内容 (8)

第1款　行政訴訟制度の憲法上の根拠 ··················· 9

【1】憲法上の「司法権」概念 ························· 9
1　裁判所の憲法上の地位 (9)／2　歴史的経緯 (9)／
3　司法権の限界 (11)

【2】「法律上の争訟」概念と司法権の内在的限界 ········· 12
1　通説・判例の立場 (12)／2　要件 ①：具体的事件
性・争訟性 (13)／3　要件 ②：法令による終局的解
決可能性 (17)／4　行政主体が提起する訴訟と「法律
上の争訟」(18)

【3】司法権の外在的限界 ···························· 25
1　概　念 (25)／2　行政救済法との関係 (27)

第2款　現行行政訴訟制度に対する憲法上の要請
：実効的な権利救済の問題 ···················· 31
1　実効性のない救済？(31)／2　紛争の多極化・複雑
化 (32)／3　行政事件訴訟法の改正 (34)

－ ix －

目　次

第2節　行政事件訴訟法概観 ……………………………… 35
第1款　行政事件訴訟法の特色 …………………………… 35
　　1　行政訴訟の沿革 (35)／2　行政事件訴訟法の性格・
　　位置づけ (35)／3　行政事件訴訟の訴訟類型 (36)
第2款　抗告訴訟の仕組み ………………………………… 37
　　1　抗告訴訟の意義 (37)／2　取消訴訟の位置づけ (38)
第3款　行政事件訴訟法の改正 …………………………… 39

第3節　抗告訴訟 ① ― 処分取消訴訟（その1）：訴訟要件 …………………………………………………… 41
第1款　序　説 ……………………………………………… 41
　　1　訴訟要件の意義 (41)／2　訴訟要件の概観 (41)／
　　3　各訴訟類型に共通する訴訟要件 (42)
第2款　取消訴訟の対象――処分性 ……………………… 43
　【1】　概括主義の採用 …………………………………… 43
　【2】　行政庁の処分(1)――概　説 …………………… 44
　　1　判例の基本的な立場 (44)／2　処分性を判断する
　　際の観点 (46)
　【3】　行政庁の処分(2)――具体的な判断 …………… 47
　　1　行　政　行　為 (47)／2　私法上の行為 (49)／3　行
　　政の内部行為 (50)／4　行政立法（法規命令）ないし一
　　般処分 (53)／5　条例制定行為 (59)／6　行　政　計　画
　　(62)／7　行　政　指　導 (72)／8　そ　の　他 (75)
　【4】　「その他公権力の行使に当たる行為」の意義 ……… 79
　【5】　処分性をめぐる議論 ……………………………… 81
　　1　ここまでのまとめ (81)／2　実体法上の処分概念
　　と訴訟法上の処分概念 (83)／3　行訴法改正後の方向
　　性 (84)
　【6】　教示規定の新設 …………………………………… 84
第3款　取消訴訟を提起できる者の範囲：原告適格 ……… 85
　【1】　問題の所在 ………………………………………… 85
　【2】　法律上保護された利益説の基本的な考え方 ……… 86
　　1　考え方の出発点 (86)／2　具体的な導入事例(1)

－ x －

目　次

（87）／3　具体的な導入事例⑵（90）

【3】　法律上保護された利益説の判断枠組み …………… 92

【4】　「公益」と「法律上保護された利益」の関係 ……… 94
　　1　並立型と包摂型（94）／2　包摂型の具体的事例（96）

【5】　処分の根拠法規の解釈………………………………… 100
　　1　基本的な着眼点（100）／2　要件規定の特定①—狭
　　義の処分要件（100）／3　要件規定の特定②—広義の
　　処分要件（105）／4　要件規定の解釈方法（108）

【6】　原告適格をめぐる学説上の議論 …………………… 112
　　1　法律上保護された利益説の問題点（112）／2　法的
　　保護に値する利益説（113）

【7】　行訴法9条2項の新設………………………………… 114
　　1　規定の内容（114）／2　規定の性格（114）／3　考
　　慮事項の内容（115）

【8】　改正後の判例の展開 ………………………………… 118
　　1　小田急訴訟大法廷判決（118）／2　小田急判決以降
　　の判例（121）

【9】　団体等の原告適格・団体訴訟 ……………………… 124

第4款　原告適格以外の訴えの利益（狭義の訴えの利益）…… 125

【1】　序　　論 ……………………………………………… 125

【2】　訴えの利益の消滅 …………………………………… 125
　　1　行政救済法における「時の問題」（125）／2　導入
　　事例──後発的事情の発生（工事・事業の完了）と訴
　　えの利益（126）／3　9条1項括弧書きの意義（131）

【3】　考え方の整理と判例 ………………………………… 132
　　1　訴えの利益の事後的消滅（132）／2　救済すべき法
　　的利益の存否が問題となっている場合（136）

第5款　被告適格 …………………………………………………139
　　1　原則的規定（139）／2　その他の規定（140）

第6款　管　　轄 …………………………………………………141

第7款　出訴期間 …………………………………………………143
　　1　制度の趣旨（143）／2具体的な規定（143）

第8款　不服申立てとの関係 …………………………………… 146

－ xi －

目　次

第4節　抗告訴訟 ① ──処分取消訴訟 (その2)：執行停止 (仮の救済) の問題 ················ 147

第1款　執行不停止原則 ················ 147
1 制度の趣旨 (147)／2 執行停止の要件 (148)

第2款　内閣総理大臣の異議 ················ 150
1 規　定 (150)／2 実例と違憲論 (151)

第5節　抗告訴訟 ① ──処分取消訴訟 (その3)：訴えの審理 ················ 152

第1款　当事者主義と職権主義 ················ 152
1 民事訴訟法との関係 (152)／2 当事者主義との関係 (152)／3 第三者・行政庁の訴訟参加 (154)／4 釈明処分の特則 (154)

第2款　立証責任 (挙証責任) ················ 155
1 民事訴訟における考え方 (155)／2 取消訴訟における立証責任 (155)／3 判　例 (157)

第3款　主　張　制　限 ················ 159
【1】　原告側の主張制限 ················ 159
1 行訴法10条1項 (159)／2 新潟空港訴訟における本案審理 (159)

【2】　被告側の主張制限 ················ 161
1 基本的な考え方 (161)／2 理由の差替え・追加の限界 (163)

【3】　違法性の承継 ················ 164
1 違法性の承継の意義 (164)／2 問題の位置づけ (165)／3 どのような場合に認められるか (166)

第4款　関連請求・訴えの変更など ················ 168
1 関　連　請　求 (168)／2 請求の客観的併合 (168)／3 共　同　訴　訟 (169)／4 請求の追加的併合 (169)／5 国又は公共団体に対する請求への訴えの変更 (169)

第5款　自由裁量行為の審査 ················ 169
第6款　違法性の判断基準時 ················ 170

目　次

第6節　抗告訴訟 ① ──処分取消訴訟（その4）：判決
.... 171

第1款　判決に関する原則──判決の効力と事情判決 ········ 171
　　1 判決の種類（171）／2 取消判決の効力（171）／
　　3 取消判決の既判力（172）／4 事情判決（173）

第2款　形成力と第三者効力 ······································· 176
　　1 取消判決の形成力（176）／2 取消判決の第三者効
　　力（177）／3「第三者」の範囲（178）

第3款　拘束力 ····························· 180
　　1 取消しの後始末の問題（180）／2 拘束力の具体的
　　内容（181）

第7節　抗告訴訟 ② ──裁決取消訴訟 ························· 190

第8節　抗告訴訟 ③ ──無効等確認訴訟 ················· 191

第1款　序　説 ··· 191
　【1】　無効等確認訴訟の概念 ································ 191
　【2】　無効の行政行為 ·· 191
　　1 行政行為の取消しと無効（191）／2 無効の行政行
　　為を区別する意味（192）／3 無効の行政行為の具体
　　的な帰結（192）

　【3】　無効の行政行為の基準──重大明白な瑕疵 ·········· 194
　　1「無効」判断の観点（194）／2 判　例（196）

第2款　無効確認訴訟の訴訟要件 ······················· 196
　　1 行訴法36条の規定（196）／2 一元説と二元説
　　（197）

第3款　無効の行政行為をめぐる訴訟形態 ·················· 198
　　1 予防的無効確認訴訟（198）／2 現在の法律関係に
　　関する訴え（200）／3（補充的）無効確認訴訟（201）

第4款　手続上の諸問題 ····································· 203

第9節　抗告訴訟 ④ ──不作為違法確認訴訟 ············· 205

第1款　行政処分の発動及び差止めを求める訴訟類型について
.... 205

－ xiii －

目　次

　　　1　処分がなされる前の司法審査 (205)／2　行政処分
　　の発動及び差止めを求める訴訟類型 (207)

　第2款　不作為違法確認訴訟の内容 ……………………… 209
　　　1　規定の内容 (209)／2　申請権の内容とその保護
　　(209)

　第3款　訴訟要件・本案勝訴要件 ………………………… 210
　　　1　訴訟要件 (210)／2　本案勝訴要件——相当の期間
　　の経過 (211)

　第4款　手続上の諸問題 …………………………………… 213

第10節　抗告訴訟 ⑤ ——義務付け訴訟 ……………… 213

　第1款　序　説 …………………………………………… 213
　　　1　行訴法改正以前の状況 (213)／2　義務付け訴訟の
　　2類型 (214)

　第2款　義務付け訴訟の要件 ……………………………… 216
　　【1】　申請型義務付け訴訟 ……………………………… 216
　　　1　訴　訟　要　件 (216)／2　本案勝訴要件 (218)／3
　　具　体　例 (218)／4　義務付け判決と「一定の処分」
　　の意義 (220)／5　現　状 (220)

　　【2】　直接型 (非申請型) 義務付け訴訟 ………………… 220
　　　1　直接型義務付け訴訟の位置づけ (220)／2　訴　訟
　　要　件 (221)／3　本案勝訴要件 (222)／4　義務付け判
　　決の内容 (222)／5　運用と問題点 (223)

　第3款　手続上の諸問題 …………………………………… 224

　第4款　仮の義務付け ……………………………………… 225
　　　1　規　定 (225)／2　制度的意義 (225)

第11節　抗告訴訟 ⑥ ——差止訴訟 ………………………… 226

　第1款　序　説 …………………………………………… 226

　第2款　差止訴訟の要件 …………………………………… 227
　　　1　訴　訟　要　件 (227)／2　本案勝訴要件 (229)

　第3款　手続上の諸問題 …………………………………… 230

　第4款　仮の差止め ………………………………………… 230

－ xiv －

目　次

第12節　抗告訴訟 ⑦ ——無名抗告訴訟（法定外抗告訴訟）
························ 230

第13節　抗告訴訟とその他の訴訟手段との間の役割分担の問題——主として、公共事業・公共施設の操業等に対する訴訟手段を中心に ···················· 231
1　問題の所在（231）／2　公共施設の設置操業の差止めと民事訴訟（232）／3　行政処分が関係する場合（232）／4　無効確認訴訟と民事訴訟の関係（233）／5　大阪空港訴訟大法廷判決（233）／6　大阪空港訴訟判決以降の判例（239）

第14節　当事者訴訟 ··· 242
第1款　序　説 ··· 242
第2款　形式的当事者訴訟 ······························· 243
1　規定の内容（243）／2　手続的取扱い（243）
第3款　実質的当事者訴訟（その1）——従来の位置づけと議論
·· 244
1　規定の内容（244）／2　当事者訴訟活用論（245）
第4款　実質的当事者訴訟（その2）——確認訴訟の位置づけ··· 246
【1】　行訴法改正と確認訴訟の明示 ··················· 246
1　平成16年行訴法改正（246）／2　改正前の判例（246）／3　抗告訴訟と当事者訴訟の違い（確認）（247）／4　改正後の判例（249）
【2】　確認訴訟の活用と訴訟類型の選択 ······················· 252
1　確認訴訟活用の方向（252）／2　法の執行過程の多様性と訴訟類型の選択（252）／3　一定の行政の行為はあるが処分性が認められない場合（257）／4　確認訴訟の訴訟要件（259）／5　国旗国歌訴訟上告審判決（抗告訴訟と当事者訴訟の役割分担）（260）／6　仮の救済（仮処分の排除の可否）の問題（268）

第15節　民　衆　訴　訟 ······································· 270
第1款　主観訴訟と客観訴訟 ······························· 270

— xv —

目　次

　　　第2款　民衆訴訟の内容 ……………………………………… *271*
　　　【1】　行訴法の規定 ………………………………………… *271*
　　　　1 定　義 (*271*)／2 民衆訴訟・機関訴訟に関する一
　　　　般的規定 (*271*)
　　　【2】　選 挙 訴 訟 …………………………………………… *271*
　　　【3】　住 民 訴 訟 …………………………………………… *272*
　　　　1 目　的 (*272*)／2 原 告 適 格 (*272*)／3 監査請
　　　　求前置主義 (*272*)／4 請求の内容 (*273*)／5 4号請
　　　　求の内容 (*274*)／6「当該職員」の意義 (*275*)

　第16節　機 関 訴 訟……………………………………………… *275*

第2章　行政上の不服申立制度………………………………… *277*

　第1節　行政不服審査法 …………………………………………… *277*
　　第1款　序　説………………………………………………… *277*
　　　　1 意　義 (*277*)／2 長所と短所 (*277*)
　　第2款　行政不服審査法の性格……………………………… *278*
　　第3款　不服申立ての種類 …………………………………… *279*
　　第4款　審 査 請 求 ………………………………………… *281*
　　　【1】　序　説………………………………………………… *281*
　　　【2】　審査請求の要件 ……………………………………… *282*
　　　【3】　審理員による審理手続……………………………… *284*
　　　【4】　行政不服審査会等における調査審議 ……………… *285*
　　　【5】　執 行 停 止 ………………………………………… *286*
　　　　1 執行不停止原則 (*286*)／2 執行停止の内容 (*286*)
　　　　／3 執行停止の決定 (*286*)
　　　【6】　裁　決………………………………………………… *287*
　　　　1 処分についての審査請求に対する裁決 (*287*)／2
　　　　不作為についての審査請求に対する裁決 (*288*)／3
　　　　裁決の拘束力 (*288*)
　　第5款　教　示 ……………………………………………… *289*

－ *xvi* －

目　次

第2節　裁決に対する争訟手段 ……………………………… 289

第1款　行訴法の規定 ……………………………………… 289

第2款　処分取消訴訟と裁決取消訴訟との関係 ………… 289

第3款　その他の問題 ……………………………………… 291

第3節　それ以外の狭義の行政争訟
　　　　（いわゆる「行政審判」）……………………………… 292

　　　1　内　容（292）／2　実質的証拠法則（293）

第Ⅱ部　国家補償法 ―――――――――――――― 295

第1章　国家賠償法 ……………………………………………… 295

第1節　国家賠償法と憲法 …………………………………… 295

第1款　国家賠償制度の沿革 ……………………………… 295

　　　1　意　義（295）／2　帝国憲法下の状況（296）／3　公
　　　務員個人の責任（297）

第2款　憲法17条と国家賠償法 ………………………… 298

第2節　国家賠償法1条に基づく責任 …………………… 298

第1款　「国家無責任の原則」の撤廃 …………………… 298

第2款　国家賠償法1条に基づく責任の基礎的構成
　　　　──「国の代位責任説」と「国の自己責任説」……… 299

　　　1　問題の所在（299）／2　代位責任説（299）／3　自
　　　己責任説（301）／4　代位責任説の問題点（302）

第3款　国家賠償法1条における責任の成立要件　①
　　　　──公権力の行使に当たる公務員の行為 ……………… 310

【1】　序　説 ……………………………………………… 310

【2】　「公権力の行使」の意義 ………………………… 310

　　　1　総　説（310）／2　行政作用における「公権力の行
　　　使」の範囲（狭義説・広義説）（310）／3　両説の違い
　　　（311）／4　具　体　例（312）

【3】　「国又は公共団体」の意義 ……………………… 314

– xvii –

1 「公共団体」の意義 (*314*)／2 行政活動の民間委託の場合 (*314*)

【4】 司法権や立法権の行為 ……………………………………… 317

【5】 「公務員」の意義 ……………………………………………… 317

第4款 責任の成立要件 ② ——「その職務を行うにつき」… 318

第5款 責任の成立要件 ③ ——違法性 ……………………… 319

【1】 基本的な考え方——違法性一元論と違法性二元論 …… 319
1 序 説 (*319*)／2 違法性一元論（同一説）(*320*)／3 違法性二元論（相対説）(*322*)／4 検討する問題 (*325*)

【2】 違法性の捉え方が問題となる場面 ①
——公権力の（積極的）行使と「第三者」の立場 …………… 326
1 結果不法説的な立場 (*326*)／2 判例——行為不法説的な立場 (*327*)

【3】 違法性の捉え方が問題となる場面 ②
——規制権限不行使と「第三者」の立場 …………………… 329
1 問題の所在 (*329*)／2 理論的な問題点 ① ——反射的利益論 (*332*)／3 理論的な問題 ② ——行政便宜主義 (*334*)／4 判例の概観 (*334*)／5 若干の検討 (*347*)

【4】 違法性の捉え方が問題となる場面 ③
——立法権・司法権 ………………………………………… 348
1 問題の所在 (*348*)／2 基本的な考え方 (*349*)／3 立法行為の違法性 (*350*)／4 司法手続上の行為の違法性 (*353*)

【5】 職務行為基準説の行政活動への適用の可否 ………… 356
1 議論のまとめ (*356*)／2 判例の概観 (*358*)／3 問 題 点 (*361*)／4 不作為違法確認訴訟と国家賠償請求訴訟 (*363*)／5 取消訴訟の提起と国家賠償請求訴訟（補論）(*365*)／6 違法性と過失の関係 (*367*)

第6款 責任の成立要件 ④ ——故意・過失 ……………… 368
1 概 念 (*368*)／2 過失一元的判断のケース (*368*)／3 法令解釈の過失 (*370*)／4 組 織 過 失 (*372*)

— *xviii* —

目　次

　　第7款　その他の問題 ………………………………………… 372
　　　　1　求償権の行使 (372)／2　公務員の個人責任 (373)

第3節　国家賠償法2条に基づく責任 ……………………… 373
　第1款　序　論 …………………………………………………… 373
　　　　1　無過失責任主義 (373)／2　判　例 (373)
　第2款　「公の営造物」の概念 ………………………………… 375
　　　　1　講学上の概念との違い (375)／2　人工公物と自然
　　　　公物 (376)
　第3款　「瑕疵」の概念──道路と河川の違い ……………… 376
　　　　1　設置又は管理の瑕疵 (376)／2　人　工　公　物 (377)
　　　　／3　自然公物 (河川) (382)
　第4款　その他の問題 ………………………………………… 388

第4節　国家賠償法に関するその他の問題 ……………… 389
　【1】　費用負担者の責任の問題 …………………………… 389
　　　　1　規　定 (389)／2　1条関係 (389)／3　2条関係
　　　　(390)
　【2】　民法・特別法の適用 ………………………………… 391
　　　　1　民法の適用 (391)／2　特別法の適用 (391)
　【3】　外国人への適用 ……………………………………… 391

第2章　損 失 補 償 ……………………………………………… 393

第1節　損失補償の概念と根拠 ……………………………… 393
　第1款　損失補償の概念と憲法的基礎 ……………………… 393
　　　　1　概　念 (393)／2　根　拠 (393)
　第2款　損失補償の範囲の拡大と問題点 …………………… 394
　　　　1　補償の範囲の問題 (394)／2　財産権以外の法益へ
　　　　の拡張？ (395)／3　違法行為か適法行為か不分明な場
　　　　合 (396)
　第3款　損失補償の法律上の根拠 …………………………… 397

第2節　損失補償の要件 ……………………………………… 398

－ xix －

目　次

【1】　基本的な考え方 ……………………………………………… *398*
【2】　判　例 ……………………………………………………… *399*

第3節　損失補償の内容 ……………………………………… *403*

第1款　「正当な補償」の意義 ……………………………… *403*
　　1　完全補償説と相当補償説 (*403*)／2　基準の合理性
　　(*405*)

第2款　損失補償に関する具体的規定 …………………… *407*
　　1　法律上の規定 (*407*)／2　任意買収の場合 (*408*)

第4節　国家賠償と損失補償の谷間 ……………………… *409*
　　1　第2部のまとめ (*409*)／2　具体的な問題 (*410*)／
　　3　結果責任に基づく救済 (*412*)

事 項 索 引　(巻末)

判 例 索 引　(巻末)

【参考文献】

＊［　］内は文中引用の際の略記を示す。

1．教科書・概説書

阿部泰隆・行政法解釈学 2（平成 21 年、有斐閣）［阿部・解釈学 II］

阿部泰隆・国家補償法（昭和 63 年、有斐閣）

阿部泰隆・行政法再入門（上・下）（平成 27 年、信山社）

今村成和・国家補償法（昭和 32 年、有斐閣）［今村・補償法］

今村成和（畠山武道補訂）・行政法入門〈第 9 版〉

　　　（平成 24 年、有斐閣）［今村・入門］

稲葉　馨・行政法と市民（平成 18 年、放送大学教育振興会）

稲葉　馨＝人見　剛＝村上裕章＝前田雅子・行政法〈第 3 版〉

　　　（平成 27 年、有斐閣）［稲葉ほか・行政法］

宇賀克也・国家補償法（平成 9 年、有斐閣）

宇賀克也・行政法概説 II〈第 5 版〉（平成 27 年、有斐閣）［宇賀・II］

遠藤博也・実定行政法（平成元年、有斐閣）［遠藤・実定］

遠藤博也・国家補償法上巻、中巻（昭和 56 年、58 年、青林書院）

　　　［遠藤・補償法］

大貫裕之・ダイアローグ行政法（平成 27 年、日本評論社）

大浜啓吉・行政裁判法（平成 23 年、岩波書店）

雄川一郎・行政争訟法（昭和 32 年、有斐閣）［雄川・争訟法］

兼子　仁・行政法総論（昭和 58 年、筑摩書房）［兼子・総論］

木村琢磨・プラクティス行政法（平成 22 年、信山社）［木村・プラクティス］

小早川光郎・行政法講義下 II、下 III（平成 17 年、19 年、弘文堂）

櫻井敬子＝橋本博之・行政法〈第 5 版〉（平成 28 年、弘文堂）

　　　［櫻井＝橋本・行政法］

塩野　宏・行政法 I〈第 6 版〉（平成 27 年、有斐閣）［塩野・I］

塩野　宏・行政法 II〈第 5 版・補正版〉（平成 25 年、有斐閣）［塩野・II］

― *xxi* ―

参 考 文 献

塩野　宏・行政法Ⅲ〈第4版〉(平成24年、有斐閣)[塩野・Ⅲ]

芝池義一・行政法総論講義〈第4版補訂版〉(平成18年、有斐閣)

　　　　[芝池・総論]

芝池義一・行政救済法講義〈第3版補訂増補版〉(平成16年、有斐閣)

　　　　[芝池・救済法]

芝池義一・行政法読本〈第4版〉(平成28年、有斐閣)[芝池・読本]

曽和俊文＝山田　洋＝亘理　格・現代行政法入門〈第3版〉

　　　　(平成27年、有斐閣)[曽和ほか・入門]

高木　光・行政法 (平成27年、有斐閣)

高木　光＝稲葉　馨編・ケースブック行政法〈第5版〉

　　　　(平成26年、弘文堂)

髙橋　滋・行政法 (平成28年、弘文堂)

田中二郎・新版行政法上巻〈全訂第2版〉(昭和49年、弘文堂)[田中・上]

西埜　章・国家補償法概説 (平成20年、勁草書房)[西埜・補償法]

原田尚彦・行政法要論〈全訂第7版補訂版〉(平成23年、学陽書房)

　　　　[原田・要論]

原田大樹・例解行政法 (平成25年、東京大学出版会)

藤田宙靖・行政法総論 (平成25年、青林書院)[藤田・総論]

宮田三郎・行政訴訟法〈第2版〉(平成19年、信山社)[宮田・行政訴訟法]

宮田三郎・国家責任法 (平成12年、信山社)[宮田・国家責任法]

宮田三郎・行政法の基礎知識(4)——国家賠償法を学ぶ (平成17年、信山社)

宮田三郎・行政法の基礎知識(5)——行政事件訴訟法を学ぶ

　　　　(平成18年、信山社)

柳瀬良幹・行政法教科書〈再訂版〉(昭和44年、有斐閣)[柳瀬・教科書]

2．研究書・演習書など

磯部　力＝小早川光郎＝芝池義一編・行政法の新構想Ⅰ・Ⅱ・Ⅲ

　　　　(平成23年、平成20年、平成20年、有斐閣)[磯部ほか・新構想]

宇賀克也・改正行政事件訴訟法 (平成16年、青林書院)

宇賀克也・解説 行政不服審査法関連三法 (平成27年、弘文堂)

宇賀克也・行政不服審査法の逐条解説 (平成27年、有斐閣)

— *xxii* —

参 考 文 献

大貫裕之＝土田伸也・行政法――事例解析の作法〈第 2 版〉
（平成 28 年、日本評論社）
小早川光郎・高橋　滋編・詳解改正行政事件訴訟法
（平成 16 年、第一法規）
最高裁判所事務総局行政局監修・改正行政事件訴訟法執務資料（平成 17
年、法曹会〔→同書 178 頁以下に改正行訴法関係の文献リストがある〕）
杉本良吉・行政事件訴訟法の解説（昭和 38 年、法曹会）［杉本・解説］
曽和俊文＝金子正史編・事例研究行政法〈第 2 版〉
（平成 23 年、日本評論社）［曽和＝金子・事例研究］
中川丈久＝斎藤　浩ほか編・公法系訴訟実務の基礎〈第 2 版〉
（平成 23 年、弘文堂）
西埜　章・国家賠償法コンメンタール〈第 2 版〉（平成 26 年、勁草書房）
橋本博之・要説行政訴訟（平成 18 年、弘文堂）
橋本博之＝青木　丈＝植山克郎・新しい行政不服審査制度
（平成 26 年、弘文堂）
原田大樹・演習行政法（平成 26 年、東京大学出版会）
福井秀夫＝村田斉志＝越智敏裕・新行政事件訴訟法
（平成 16 年、新日本法規出版）［福井ほか・新行訴］
南　博方＝高橋　滋＝市村陽典＝山本隆司編・条解行政事件訴訟法〈第
4 版〉（平成 26 年、弘文堂）
吉野夏己・紛争類型別行政救済法〈第 3 版〉（平成 24 年、成文堂）
山本隆司・判例から探究する行政法（平成 24 年、有斐閣）

3．憲法(司法権・憲法訴訟)関係の概説書

芦部信喜（高橋和之補訂）・憲法〈第 5 版〉（平成 23 年、岩波書店）
新　正幸・憲法訴訟論〈第 2 版〉（平成 22 年、信山社）［新・憲法訴訟論］
佐藤幸治・日本国憲法論（平成 23 年、成文堂）［佐藤・憲法］
渋谷秀樹・憲法〈第 2 版〉（平成 25 年、有斐閣）［渋谷・憲法］
渋谷秀樹＝赤坂正浩・憲法 2〈第 6 版〉（平成 28 年、有斐閣）
［渋谷＝赤坂・憲法 2］
戸松秀典・憲法訴訟〈第 2 版〉（平成 20 年、有斐閣）

参 考 文 献

長谷部恭男・憲法〈第 6 版〉（平成 26 年、新世社）［長谷部・憲法］

4．その他の関連領域

生田長人・都市法入門講義（平成 22 年、信山社）［生田・都市法］
幾代　通＝徳本伸一・不法行為法（平成 5 年、有斐閣）
　　　　［幾代＝徳本・不法行為法］
潮見佳男・不法行為法 II〈第 2 版〉（平成 23 年、信山社）
　　　　［潮見・不法行為法 II］
新堂幸司・新民事訴訟法〈第 5 版〉（平成 23 年、弘文堂）［新堂・新民訴］

略　語

行審	行政不服審査法
行訴	行政事件訴訟法
行手	行政手続法
憲	日本国憲法
建基	建築基準法
公選	公職選挙法
国賠	国家賠償法
国公	国家公務員法
裁	裁判所法
収用	土地収用法
代執	行政代執行法
地公	地方公務員法
地自	地方自治法
独禁	独占禁止法（私的独占の禁止及び公正取引の確保に関する法律）
農地	農地法
風営	風俗営業等の規制及び業務の適正化に関する法律
民訴	民事訴訟法

行政救済法

【第 2 版】

序論 行政救済法へのいざない

1 行政救済法を学ぶ上での注意

これから行政救済法を学ぼうとする読者は、すでに、行政法総論（行政作用法）を一通りは学んでいるものとおもわれる。行政法総論では、①「法律による行政の原理」をはじめとする行政法の基本原理や、②行政行為を中心とするさまざまな行政活動の行為形式に関する法的準則、さらに③行政上の一般的制度（行政上の義務の履行確保手段、情報公開・個人情報保護・公文書管理制度など）が中心に論ぜられたわけであるが、本書で扱う行政救済法では、本来法律に則って行われなければならないはずの行政活動が、違法（または場合によっては不当）に行われた場合、関係する私人の権利利益をいかに救済するか、あるいは違法な行政活動をいかにして是正するか、ということが主として問題となる。すなわち、これは「法律による行政の原理」の実効性をいかにして確保するか、という問題であるといってよい。

しかし、行政法総論の中で、行政訴訟をはじめとする行政救済法の話が全く出てこなかったわけではない。とりわけ行政行為の中で出てくる公定力や不可争力といった、行政行為の特殊な効力の問題などは、取消訴訟や行政上の不服申立制度を前提としたものである。すなわち、行政法は、行政法総論（実体法）と行政救済法（訴訟法・救済法）が多くの部分で表裏一体のものとして重なり合っており、行政救済法を学ぶ中で、行政法総論で扱われる事柄をもう一度捉えなおすこと、それによって行政法全体の理解が行き届いたものになるということに注意したい。

2 行政行為（処分）をめぐる救済制度の概観

本書では、このような観点から、行政救済制度の概説の中に、適宜、行政法総論で関連する事柄を織り込んで説明を進めることするが、まず行政活動の行為形式の中で重要な位置を占める行政行為を中心にしながら、**行政行為論とこれから学ぶ行政救済法との間の接点**を簡単に概観しておくことにしよう。

(1) **行政行為の「取消し」と公定力** まず最初におもいうかぶのは、違法な**行政行為の「取消し」**である。すなわち、違法な行政行為の効果を否定することであるが、私人から争って「取消し」を求める手段（**争訟取消**）としては、行政事件訴訟法に基づく**取消訴訟**（行訴3②）と行政不服審査法に基づく**不服申立て**が

－3－

ある。ところがこの「取消」制度というのは、行政行為の「公定力」や「不可争力」と表裏一体の関係にあるものであって、行政行為は、①特定の機関が特定の手続によって「取消し」がなされるまでは原則として有効とされること（公定力）、②「取消し」といってもいつまでもできるわけではなく、争訟取消については、出訴期間や不服申立期間内に取消訴訟ないし不服申立てを行わなければ、もはやそれぞれの手段に訴えて取消しを求めることはできない（不可争力）ということになっている。

3　　　(2)　**行政行為の取消しと無効**　　ところがいくら行政をめぐる法関係を早期に安定させるためといっても、あまりにも違法の程度がひどいなどの事情があって、出訴期間（行訴14）や審査請求期間（行審18）が過ぎた後であっても、**例外的に救済しなければならない場合**も考えられる。すなわち、学説・判例は、「重大明白な瑕疵」がある行政行為について、特にこれを「無効の行政行為」とし、そのような場合にはそもそも行政行為が行われた時点から何の効力もないものと考えて、そのような**行政行為の無効を前提とする民事訴訟や公法上の当事者訴訟**（行訴4後段）で法律関係を直接争ったり、場合によっては、**無効確認訴訟**（行訴3④）を提起することができる、としてきたのである。

4　　　(3)　**なされるべき行政行為がなされない場合**　　　以上は、行政行為が行われた場合の話であるが、**行われるべき行政行為が行われない場合**もあるのであって、そのような場合についても救済がなされなければならない。それには2つの場合があって、①**法令に基づいてなされた申請に対して何らの処分がなされない場合**と、②（そのような申請を前提とせず、職権により）**何らかの処分権限が発動されるべきなのに発動されない場合**がある。

　　すなわち①は、例えばマンションや家を建築しようとする場合は、建築基準法に基づいて建築確認を受けなければならないが、建築確認を申請し、ある一定程度の期間が過ぎたのに、「検討中です」とか、あるいは「周辺住民が反対しているので、よく話し合ってください」といった形でいつまでたっても、確認を行うか行わないかの決定＝処分自体を行わない（確認を拒否する処分がなされたのであれば別であって、その取消を求めることになる）場合である。ひどいときにはいわゆる申請の「握りつぶし」という事態がありえないではないであろう。いずれにしてもこの①が問題となるのは、法令に基づく申請を行った者ということになる。

　　これに対して、②は主として処分権限が適正に発動されないことによって自己の権利利益が侵害される「第三者」について問題となる。例えば、自分の家の

－ 4 －

隣に、素人作りの（もちろん、建築基準法に違反した）危険な建物が建てられて、自分の家や敷地内に倒壊等の危険が及ぶおそれがある場合において、当該家屋の所有者は、行政庁に対してその危険な建物に対して建築基準法に基づく除却命令等の処分権限の発動を求めたい、と考えることがあるであろう。

このような場合には、少なくとも行政庁に《何らかの決定》（申請に対する許否の応答、処分権限の発動など）をさせるように仕向ける必要がある。もっとも、「仕向ける」度合いには強弱があって、①については**不作為違法確認訴訟**（行訴3⑤）と**義務付け訴訟**（行訴3⑥）が、②については**義務付け訴訟**が訴訟類型として考えられる。

(4) **なされてはならない行政行為がなされようとする場合**　そのほか、行政行為が行われることによって、重大な損害を生ずるおそれがある場合、一旦行政行為がなされるのを待った上で、その取消し（および執行停止）ないし無効確認を求めるというのでは、不適切であるということもありうる。その場合には、処分の**差止訴訟**（行訴3⑦）という方法が救済手段として考えられる。

以上、違法に行政行為（行政庁の処分）が行われた場合・行われなかった場合の救済手段についてごく大雑把に概観したが、このような違法に《行政行為（行政庁の処分その他公権力の行使）が行われたこと・行われなかったこと》に対する不服の訴訟が、行訴法3条に定められている「抗告訴訟」である。今述べた取消訴訟、無効確認訴訟、不作為違法確認訴訟、義務付け訴訟、差止訴訟の各訴訟類型は、この抗告訴訟の下位類型として法定されているものである（行訴3②〜⑦）。

この他に、行政行為（行政庁の処分）以外の行政指導や行政計画といった行為類型についても紛争は生じうる。そういった場合、抗告訴訟によって救済を求めるべきか、あるいはその他の訴訟類型（当事者訴訟や民事訴訟など）によるべきか（訴訟類型の選択）が問題となる。

(5) **金銭的損害の賠償**　さらに、違法な行政活動が行われた場合の救済としては、金銭的損害に対する救済が考えられなければならない。例えば、パチンコ屋を開店しようとしたところ、必要な風俗営業の許可が受けられなかったとか、あるいは建物そのものの建築確認が受けられなかったり、建築確認が得られたとしても相当の期間を超えて遅延した場合、資金が余計にかかって損害を受けたとか、開店そのものを断念せざるを得なくなり、投資が無駄になってしまったというような場合がこれに当たる。そういった場合は、国家賠償法1条の違法な「公権力の行使」ということで損害賠償（国家賠償）を求めることになる。

3 その他の問題

　以上、行政行為(行政庁の処分)に関する救済手段についてその一部を概観したが、行政訴訟制度の中で上に述べた抗告訴訟と当事者訴訟(行訴4)は、私人の権利利益の救済を目的とする訴訟(**主観訴訟**)として位置づけられている。しかし行政訴訟には私人の権利利益の保護を目的とせず、行政活動の適法性の維持のみを目的とする訴訟(**客観訴訟**)もある。行訴法に規定されている**民衆訴訟**(行訴5)と**機関訴訟**(行訴6)がそれである。

　また行政救済法で論じられる制度は、行政活動が違法(または場合によっては不当)に行われた場合についての救済手段が中心に論じられることはいうまでもないが、違法な行政活動に起因するのではなく、適法な行政活動に基づく損失(収用や権利制限に関わる特別の犠牲)について「補償」する**損失補償制度**も、国家賠償制度とともに、「国家補償」という分野として行政救済法で論じられる分野の1つである。

第Ⅰ部

行政争訟法

　行政上の法律関係に関する争訟を「**行政争訟**」という。行政争訟に対する裁断（判決など）は、裁判所のみならず行政機関によっても行われるのであり、裁判所によって行われる「**行政訴訟**」と行政機関によって行われる「**狭義の行政争訟**」に大別される。

　違法な行政行為の「取消し」には、「職権取消」と「争訟取消」があるが、後者の争訟取消には裁判所が裁断する取消訴訟（行訴3②）と行政機関が裁断する行政上の不服申立て（行審）がある。

第1章　行政訴訟法

第1節　行政訴訟制度と憲法

1　基本的視点

　現行の行政訴訟制度において中心となる法源は、行政事件訴訟法（昭和37年法律139号）であるが、行政訴訟の裁判が「裁判」という国家作用の1つである以上、そこには憲法上の規律ないし要請が存在するはずである。本書ではまず、行政訴訟制度について詳細な説明に入る前に、行政訴訟制度と憲法との関係について論ずる。ここで行政訴訟制度と憲法との関係について検討することは、単に憲法の知識を復習することにとどまるものではなく、後に説明する行政事件訴訟法における種々の訴訟類型（行政訴訟制度の制度設計）、ひいては個別の解釈論にもさまざまな形で関連するものである。

　まず、行政訴訟制度と憲法との関係を考察する際には、次の2つの視点から論ずることができる。

— 7 —

① 現行行政訴訟制度の**憲法上の根拠**は何か。
② 行政訴訟制度のあり方(行政事件訴訟法の解釈など)に対する**憲法上の要請**は何か。

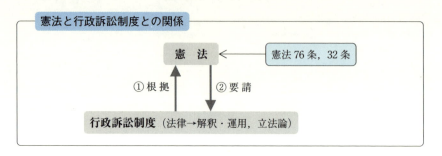

補足 **行政法における憲法と法律の関係**
　憲法は、それのみで国家作用を規律しつくすことはできない。したがって、憲法はそれを具体化ないし補完する法律等の下位法令と一体となって、国家作用（ここでいえば、行政訴訟制度）についての法規範を形成することになる。そしてそこにいう憲法と法律との関係も、より詳細にみるならば、一方において、行政訴訟制度（行政事件訴訟法を初めとする法律が中心となる）の形成にあたって、立法者（国会）が、立法裁量の範囲内でこれを行う際に、憲法76条（司法権）や32条（裁判を受ける権利）が考慮されることになる（上掲の図の①）。しかしそれにとどまらず、他方において、行政訴訟制度の具体的な運用にあたっても、行政訴訟制度に対する憲法上の要請が踏まえられなければならない（上掲の図の②）。すなわち、行政事件訴訟法など法令の解釈において、憲法の規定や趣旨が踏まえられるべきであるし、仮に法令の規定に欠缺がある場合には、憲法から直接具体的な要請を導き出さなければならない場合もあろう。さらに場合によっては、現行制度について憲法上の観点から改善の余地があるということもありうるが、そのような場合には、何らかの立法論にも繋がることとなる。

2　本節の内容
　以上のような観点を踏まえて、まず第1款においては、① **現行行政訴訟制度の憲法上の根拠**の問題、すなわち(i) **憲法上の「司法権」概念**、そしてそれを具体化したものとされる(ii) **裁判所法3条の「法律上の争訟」概念**について説明する［→11以下］。そして第2款において、② **現行の行政訴訟制度における解釈・運用（さらには立法論）に対する憲法上の要請**について論ずる［→23以下］。

第1節　行政訴訟制度と憲法

🔵 第1款 🔵 行政訴訟制度の憲法上の根拠

【1】　憲法上の「司法権」概念

1　裁判所の憲法上の地位

11

　裁判所の権限について日本国憲法（憲法典）76条1項は、「すべて司法権は、最高裁判所及び法律の定めるところにより設置する下級裁判所に属する。」と規定している。ここで「司法権」という語が登場するが、この**「司法権」**こそが、**憲法典そのものが**裁判所の**《憲法上の権限》**として定めたものである。もちろん、「司法権」というだけでは、その具体的な権限の内容・範囲については明らかではないので、この「司法権」の概念をどのように捉えるかが、一つの憲法解釈論上の問題となる。

　さらに、憲法は裁判所の権限として、この《憲法上の権限》＝「司法権」の行使に加えて、法律が特に権限を付加することを禁じてはいないと考えられるので、裁判所の権限としては、《憲法上の権限》に加えて《法律上の権限》が加わることとなる。すなわち、裁判所法3条1項はこのことについて、「裁判所は、日本国憲法に特別の定のある場合を除いて一切の**法律上の争訟**を裁判し、その他**法律において特に定める権限**を有する。」と規定している[1]。

2　歴史的経緯

12

　「司法権」概念については、憲法学において現在に至るまで種々の議論がなされているところであるが、その論点は、時代とともに変化している。

　まず帝国憲法（旧憲法）は、57条1項において、「司法権ハ天皇ノ名ニ於テ法律ニ依リ裁判所之ヲ行フ」と規定していたが、そこにいう「司法権」とは、民事事件及び刑事事件の裁判のみを指すと解されていた。そして行政事件の裁判については、別途61条において、「行政官庁ノ違法処分ニ由リ権利ヲ傷害セラレタリトスルノ訴訟ニシテ別ニ法律ヲ以テ定メタル行政裁判所ノ裁判ニ属スヘキモノハ司法裁判所ニ於テ受理スルノ限ニ在ラス」と規定し、これを根拠にして司法権（大審院を最上級審とする「司法権」に属する裁判所の系統）とは独立した行政裁判所（東京に1ヶ所・一審のみ）が設置されていたのである。すなわち、そこで行政事件の裁判の中でも少なくとも、違法な行政庁の処分に対して私人の権利を救

（1）　もっとも、法律によって裁判所にいかなる権限が認められうるかについては、全く国会の立法裁量に委ねられると解されるべきではなく、そこには一定の限界が存すると解される。

－9－

済するための訴訟、すなわち現在でいう抗告訴訟（行訴3①、特に処分の取消訴訟[→29以下参照]）は、「司法権」ではなく、「行政権」の作用に属するものと解されたわけである[(2)]。

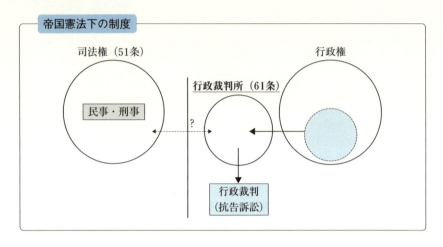

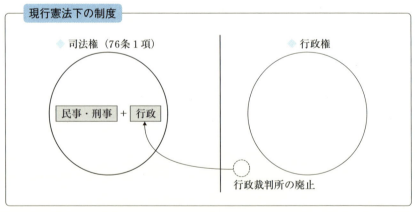

これに対して、現行憲法76条1項の「司法権」概念は、「具体的事件性・争訟性」をその内容とし、民事事件および刑事事件の裁判のみならず、ある種の行政事件の裁判もこれに含まれると解されている。このような考え方は、アメリカ憲

（2） したがって、行政裁判所と通常の（司法）裁判所との間で権限管轄をどのように分配するかという問題は、司法権内部の問題ではなく、行政権と司法権という三権相互の権限分配の問題ということになる。この点は、後にとり上げる無効の行政行為とその救済手段［→156〜］などとの関係でも問題となったところである（塩野・Ⅱ181頁）。

法における「司法権」概念（アメリカ合衆国連邦憲法3条1節）に由来するものとされているが、憲法の文理解釈からしても、憲法81条において裁判所に「処分」の違憲性を判断することを認めているのは、一般的に行政処分の違法性について判断する権限（すなわち、抗告訴訟などの権限）を（司法）裁判所に認めているからだとされる。そして、裁判所法3条1項が、上述のごとく、原則として「一切・の法律上の争訟を裁判」を裁判所の権限としているのは、このような「司法権」概念を確認したものとされている（藤田宙靖「『司法』の概念と行政訴訟」『行政法の基礎理論・上巻』〔2005年〕218頁）。

　ただし、ここで注意しなければならないのは、すべての行政事件の裁判が当然に司法権の範囲に含まれると解されてきたわけではない、ということである。すなわち行政訴訟には、**憲法上の権限＝「司法権」＝「法律上の争訟」の裁判**に属するものと、**法律上の権限＝「法律において特に定める権限」**に属するものがある、とされているわけである。この点については後述する [→ 15]。

3　司法権の限界

　このように「司法権」が、裁判所法3条1項にいう「法律上の争訟」の裁判であるという解釈を前提にすると、**司法権の限界**ないし制約の問題として、次のような場合が問題となる。

①　ある訴えが、そもそも「法律上の争訟」に当たらないとして司法権の外にあるとされる場合（**司法権の内在的限界**）

②　ある訴えが、さしあたり「法律上の争訟」に当たるとしても、その主張にかかる法律問題ないし事実問題について、裁判所が何らかの理由で審判を行わない場合（**司法権の外在的限界**）[3]

①の場合は、そもそも司法権の範囲内に属しないものであるから、（そのような訴えを許容する法律上の規定が特に存在しない限り）不適法な訴えとして**却下**となる。これに対して、②の場合は、訴えそのものは適法であるが、原告の請求は**棄却**されることになろう。

　そこで次に、裁判所法3条1項の「法律上の争訟」概念について検討する。

（3）　司法権の内在的限界・外在的限界の区別については、憲法学で採られている概念にならった（渋谷＝赤坂憲法2・106頁以下、渋谷・憲法650頁以下、長谷部・憲法401頁以下参照）。

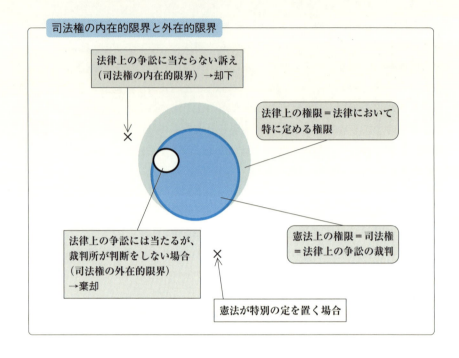

【2】「法律上の争訟」概念と司法権の内在的限界

1 通説・判例の立場

　裁判所法3条1項にいう「法律上の争訟」について、通説・判例は、次の2つの要件を満たすものとしている。

　要件①　当事者間の具体的な権利義務ないし法律関係に関する争いであること（**具体的事件性・争訟性**）

　要件②　それが法律の適用により終局的に解決しうべきものであること（**法律の適用による解決可能性**）

以下、この2つの要件について分説する[4]。

> **補足**　日本国憲法に特別の定のある場合
> 　裁判所法3条1項は、「法律上の争訟」の裁判であっても、日本国憲法に特別の定めのある場合については、裁判所の権限に属しないとしている。具体的には、議員の資格争訟裁判（憲55）、裁判官の弾劾裁判（憲76②I）が挙げられる。

---

(4)　民事訴訟法の概説書では、要件①「訴訟物が当事者間の具体的権利義務または法律関係とみなされること」、要件②「訴訟物についての攻撃防御方法が法令の適用に適するもの」と表現されている（伊藤眞『民事訴訟法［第4版］』〔2011年〕168頁）。

第1節　行政訴訟制度と憲法

2　要件①：具体的事件性・争訟性

(1)　**権利義務ないし法律関係に関する争い**　　要件①から第1に、「**権利義務な
いし法律関係に関する争い**」が**存在**することを要する。民事訴訟や刑事訴訟がこ
の「権利義務に関する争い」であることについては、争いがない。すなわち、民
事訴訟は私法上の法律関係（権利義務関係）の存否ないし形成に関する訴訟であ
り、刑事訴訟は、刑罰権の具体的実現を目的とする訴訟である。これに対して、
行政訴訟については、行政事件訴訟法の定める訴訟類型のうち、**抗告訴訟**（行訴
3）と当事者訴訟（行訴4）が、「**法律上の争訟**」の裁判であるとされ、**民衆訴訟**
（行訴5）と機関訴訟（行訴6）は、「**法律上の争訟**」の裁判ではなく、「**法律にお
いて特に定める権限**」であると位置づけられている。

　行政事件訴訟法が定めるこれらの訴訟類型については、後に詳述するが（第2
節［→28］以下）、抗告訴訟は、「公権力の行使に関する不服の訴訟」であり（行訴
3①）、当事者訴訟は、「当事者間の法律関係を確認し又は形成する処分又は裁決
に関する訴訟で法令の規定によりその法律関係の当事者の一方を被告とするも
の」と「公法上の法律関係に関する確認の訴えその他の公法上の法律関係に関す
る訴訟」である（行訴4）。いずれも私人の権利利益の保護を目的とする訴訟で
あって、原告となりうるものも、当該訴訟の結果に直接かつ特別の利害関係を有
する者（例えば、「当該処分……の取消しを求めるにつき法律上の利益を有する者」＝行訴9
①［→62］）に限定されている。そのような訴訟を講学上、「**主観訴訟**」という。
これに対して、民衆訴訟は、「国又は公共団体の機関の法規に適合しない行為の
是正を求める訴訟で、選挙人たる資格その他自己の法律上の利益にかかわらない
資格で提起するもの」であり（行訴5）、機関訴訟は、「国又は公共団体の機関相
互間における権限の存否又はその行使に関する紛争についての訴訟」であるが
（行訴6）、ともに、私人の権利利益の保護ではなく、もっぱら行政活動の適法性
の維持を目的とする訴訟であって、提訴しうる者の資格も、私人の権利利益との
関係に関わらない形で（「自己の法律上の利益に関らない資格」や「国又は公共団体
の機関」）規定されている。このような訴訟を講学上、「**客観訴訟**」という。

> **発　展**　**「法律上の争訟」と主観訴訟・客観訴訟**
>
> 　「主観訴訟」「客観訴訟」の区別は、もともとフランス法に由来するもので、
> あくまで講学上の概念であるから、何をもってその区別の標準とするかについ
> ては議論の余地がある（この点については、村上裕章『行政訴訟の基礎理論』〔2007
> 年〕102頁以下参照。本書の定義は、宮沢俊義『行政争訟法』〔1936年〕9頁に基本的
> に依拠している）。そしてわが国においては、通常、上述のように、《司法権＝法

－ 13 －

第Ⅰ部　行政争訟法　第1章　行政訴訟法

律上の争訟＝主観訴訟》という図式で理解されてきたわけであるが（亘理格「法律上の争訟と司法権の範囲」新構想Ⅲ1頁以下）、そこで「法律上の争訟」の要件①にいう「当事者間の具体的な権利義務関係に関する争い」というときの「当事者」としては、（行政主体に対置する意味での）「私人」が想定されていると解される。したがって、行政主体がそこで「当事者」となりうるとしても、それは「私人と同じ立場」に立つ場合に限られるということにもなりうる。現に後に述べる宝塚市パチンコ店規制条例上告審判決（最(三小)判平成14年7月9日）は、そのような考え方を前提にしていると解される [→ 18]。

　もっともこのように考えると、刑事訴訟が「法律上の争訟」であるということと平仄が合わないことになる（渋谷・640頁以下）。確かに、刑事訴訟の場合は、民事訴訟のように双方の当事者の間に権利義務の争いがあるわけではなく、国家の刑罰権を実現する手続として、検察官と被告人を対立させているにとどまる。しかしながら、民事事件と刑事事件の裁判が司法権に属することは歴史的に確立されたものであり、この点理論的に必ずしも説明できないとしても、「司法権」概念の歴史性ということで納得するほかない。

　また帝国憲法の下、憲法上、（行政権に属する）行政裁判所の権限とされたのは、現在でいう抗告訴訟（処分取消訴訟）であり [→ 12]、ここでいう「主観訴訟」であった。それが、現行憲法の下で、行政裁判所の廃止と共に、司法権の一部（それも民事事件の特例的な位置づけ）とされたわけである [→ 27]。客観訴訟に当たるもので、帝国憲法時代に存在したものとして選挙関係訴訟があるが、それについては当時においても憲法上規定するところではなかったので、現在と同じく立法政策に委ねられたものとされた。現に、市町村会議員選挙にかかる選挙関連訴訟は、市制町村制（法律）により、原則として行政裁判所が最終審であったが、衆議院議員選挙については、衆議院議員選挙法により、大審院（司法裁判所）が、形式上民事訴訟として裁判するものとされた。その意味で、現在と同じ「法律において特に定める権限」、当時の用語によれば、憲法上の「主権限」に対する「副権限」（佐々木惣一『日本憲法要論』531頁）とされていたわけである（神橋一彦「法律上の争訟と『義務』の概念」法学教室377号70頁・注(5)参照）。したがって、帝国憲法時代においても、すべての行政事件が憲法上行政裁判所の権限とされていたわけではない。

16　**(2)　具体的な争いであること**　　さらに要件①から要請されることの第2は、**「権利義務に関する争い」が「具体的」でなければならない**、ということである。この点を併せて、要件①は、**「具体的事件性・争訟性」**ないし**「紛争の成熟性」**の要件と呼ばれる。したがって、権利義務に関する争いであっても具体性を欠く抽象的なもの、あるいは仮定的な法律問題にとどまるものについては、ここにいう「法律上の争訟」には当たらない。

　この「具体的事件性・争訟性」の要件は、違憲立法審査のレベルでは、裁判所

－ 14 －

法3条に直接言及するものではないものの、警察予備隊訴訟最高裁判決（最（大）判昭和27年10月8日民集6巻9号783頁）において示されている。すなわちこの判決は、「わが裁判所が現行の制度上与えられているのは司法権を行う権限であり、そして司法権が発動するためには具体的な争訟事件が提起されることを必要とする」とした上で、「最高裁判所は法律命令等に関し違憲審査権を有するが、この権限は司法権の範囲内において行使されるものであり、この点においては最高裁判所と下級裁判所との間に異るところはないのである（憲法76条1項参照）」とし、いわゆる抽象的違憲審査を否定した。

そして裁判所法3条にいう「法律上の争訟」の解釈のリーディング・ケースとなったのは、**村議会予算議決無効確認訴訟は「法律上の争訟」にあたらないとした次の判例である。**

CASE 最（一小）判昭和29年2月11日民集8巻2号419頁
（村議会予算議決）

「裁判所法3条によれば「裁判所は、日本国憲法に特別の定のある場合を除いて一切の法律上の争訟を裁判し、その他法律において特に定める権限を有する」ものであり、ここに「法律上の争訟」とは法令を適用することによって解決し得べき権利義務に関する当事者間の紛争をいうのである。本件村議会の予算議決は、単にそれだけでは村住民の具体的な権利義務に直接関係なく、村長において、右議決に基き、課税その他の行政処分を行うに至ってはじめて、これに直接関係を生ずるに至るのであるから、本件村議会の予算議決があったというだけでは、未だ行政処分はないのであり具体的な権利義務に関する争訟があるとはいえず、従って裁判所法3条の「法律上の争訟」に当るということはできない。また、本件のごとき村議会の議決に対し単にその効力を争う趣旨の出訴を認めた特別の法律の規定も存在しない。」

このほかに、国会の教育勅語失効確認決議に対して教育勅語は憲法違反ではないことの確認を求める訴えもまた、原告の具体的権利義務に関わる争いではないとして、却下されている（最（三小）判昭和28年11月17日最高裁判所裁判集民事10号455頁）。

また、仮に何らかの私人の権利救済を求める訴えの形式を採っていたとしても、その実質において具体的事件を離れた抽象的な法令の解釈・効力をめぐる争いであると解される場合は、「法律上の争訟」に当たらないとされる。**最高裁判所規則取消請求事件上告審判決**は次のように判示する。

－ 15 －

第Ⅰ部　行政争訟法　第1章　行政訴訟法

> **CASE** 最(二小)判平成 3 年 4 月 19 日民集 45 巻 4 号 518 頁
> （最高裁判所規則）
>
> 　「本件各訴えは、地方裁判所及び家庭裁判所支部設置規則及び家庭裁判所出
> 張所設置規則の一部を改正する規則（平成元年最高裁判所規則第 5 号。以下「本
> 件改正規則」という。）のうち、福岡地方裁判所及び福岡家庭裁判所の各甘木支
> 部を廃止する部分について、これが憲法 32 条、14 条 1 項、前文に違反すると
> し、また、本件改正規則の制定には同法 77 条 1 項所定の規則制定権の濫用の
> 違法がある等として、上告人らが廃止に係る福岡地方裁判所及び福岡家庭裁
> 判所の各甘木支部の管轄区域内に居住する国民としての立場でその取消しを
> 求めるというものであり、上告人らが、本件各訴えにおいて、裁判所に対し、
> 右の立場以上に進んで上告人らにかかわる具体的な紛争についてその審判を
> 求めるものでないことは、その主張自体から明らかである。そうすると、本
> 件各訴えは、結局、裁判所に対して抽象的に最高裁判所規則が憲法に適合す
> るかしないかの判断を求めるものに帰し、裁判所法 3 条 1 項にいう「法律上
> の争訟」に当たらないというほかはない。」

　この事件は、廃止対象となった地家裁支部の管轄区域内に居住する住民が、
「日本国民として憲法で保障されている『裁判を受ける権利』の行使を著しく阻
害され、実質的に同権利についての権利侵害を受ける立場」にあることを主張し
たものであるが、そこで主張されている原告の利益は、（裁判所へのアクセスの遠
近はあるにせよ）裁判所を利用するという国民一般が享受する利益であって、原
告について特に法的に保護された利益とはいえない（その意味で、後述する原告適
格がないのと似た状況にある→62 以下）ので、その結果、訴えそのものも、実質的
には抽象的違憲審査を求めたものにすぎないと解したわけである。

> **補　足**　「法律上の争訟」と個別の訴訟要件
>
> 　この要件①で問題となる「具体的事件性・争訟性」ないし「紛争の成熟性」
> は、行政事件訴訟法のレベルでは、取消訴訟の訴訟要件である処分性（行訴 3 ①、
> ②→36 以下）や原告適格（行訴 9 →62 以下）、さらには義務付け訴訟・差止訴訟
> の訴訟要件（行訴 37 の 2 ①、37 の 4 ①［→184、195］以下）と内容的に重なる部分
> がある。すなわち、これらの訴訟要件は、「法律上の争訟」該当性を具体化した
> ものと解することができる。例えば、村議会予算議決無効確認訴訟は、そもそも
> 「法律上の争訟」に該当しないということもできれば、予算議決は「処分」では
> ない、という理由で訴えを不適法とすることもできるであろう。もっとも、行
> 政活動をめぐる訴訟においても、そもそも司法権の限界を越える訴えというの
> はありうるのであって、そのような場合には、「法律上の争訟」該当性判断は、
> 行訴法の定める個別の訴訟要件には吸収されない独自の意味がある、というこ
> とになる。さらに、那覇市情報公開事例事件訴訟上告審判決のように、法律上

－ 16 －

第 1 節　行政訴訟制度と憲法

の争訟性は肯定されながらも、原告適格が否定された事例もある [→ 18]。

3　要件 ② : 法令による終局的解決可能性

要件 ② は、要件 ① をクリアーした後に問題となる。行政事件においても、例えば単なる技術上または学術上の問題についての争いは、この ② の要件を満たさないものとして却下される。その一例が、**技術士国家試験訴訟**である。

> **CASE**　最(三小)判昭和 41 年 2 月 8 日民集 20 巻 2 号 196 頁
> （技術士国家試験）
>
> 　「……法令の適用によって解決するに適さない単なる政治的または経済的問題や技術上または学術上に関する争は、裁判所の裁判を受けうべき事柄ではないのである。国家試験における合格、不合格の判定も学問または技術上の知識、能力、意見等の優劣、当否の判断を内容とする行為であるから、その試験実施機関の最終判断に委せられるべきものであって、その判断の当否を審査し具体的に法令を適用して、その争を解決調整できるものとはいえない。」

　またこの要件は、宗教団体の内部紛争に関する民事訴訟において、もっぱら宗教上の教義が問題となった場合に問題となる（いわゆる板まんだら事件上告審判決＝最(三小)判昭和 56 年 4 月 7 日民集 35 巻 3 号 443 頁、蓮華寺事件上告審判決＝最(二小)判平成元年 9 月 8 日民集 43 巻 8 号 889 頁など)。これらの事件においては、信仰の対象の価値や宗教上の教義に関する判断が当該訴訟の帰すうを左右する必要不可欠のものと認められるとしても、それはあくまで請求の当否の前提をなすものであって、訴え自体としては、寄付金にかかる不当利得返還請求（板まんだら事件）や家屋引渡し請求・代表役員地位確認請求（蓮華寺事件）といった形で、一応、訴訟物としては権利義務ないし法律関係が争われている。従って、板まんだらが偽物であるとか、特定宗派の法主の地位継承が正当に行われたものではない、といった当事者の主張について、仮に裁判所がそれについて判断できないとしても、それは当事者の攻撃防御方法の成否の問題として扱い、（訴えを不適法・却下するのではなく）それを前提に本案判決をする（その限りで紛争に終局的解決を与える）ことも理論的には可能であろう[5]。また、そのような宗教上の教義が関係する問題につ

---

(5)　すなわち、板まんだら事件の場合であれば、訴えを不適法却下にするのではなく、原告の請求を棄却するということも考えられるわけであって、その点については、同事件上告審判決における寺田治郎裁判官意見が、「……このように請求の当否を決する前提問題について宗教上の判断を必要とするため裁判所の審判権が及ばない場合には、裁判所は、当該宗教上の問題に関する被上告人らの錯誤の主張を肯認して本件金銭の給付が

いては、場合によっては、当該宗教団体の自律的決定を裁判所が受容し、それを前提に請求について実体判断を行うことも考えられる（自律的決定受容論）。したがって、ここで注意すべきことは、このような事件においては、《法令の適用により終局的に解決することが·で·き·る·か·ど·う·か》を問う要件 ② において、実質的には、裁判所が《法令を適用して終局的に解決することが·妥·当·か·ど·う·か》を問題にしているとみられるということである。すなわち、具体的な権利義務についての争いがあっても、裁判所が当事者の主張について判断を下し、紛争に最終的な決着をつけることが妥当でない場合がありうるということである。そうなると、【3】[→ 19] で論及する司法権の外在的制約に関わる事例との違いは微妙といわざるをえないが、これら宗教上の問題が·本·質·的·争·点となっている訴えについて、前掲の最高裁判例が、これを「法律上の争訟」に当たらないとして訴えを却下（門前払い）したのは、国家はそのような宗教上の紛争には介入しない、という裁判所としての決断を表明したものといえるであろう。

18
4　行政主体が提起する訴訟と「法律上の争訟」

　前述のように、《司法権＝法律上の争訟＝主観訴訟》という図式に従うと、「法律上の争訟」の裁判は、**私人の権利利益の保護を目的とするものである**、という一般的な理解が成立することになる。しかしそのように限定されると、行政主体（国や地方公共団体など）が原告となって提起する訴訟は「法律上の争訟」に当たるか、という問題が生ずる。もちろん、国や地方公共団体でも私法上の取引を行うことがあり、そのような場合は、私法上の請求権を実現するために行政主体が民事訴訟を起こすことができるのはいうまでもない。したがって問題となるのは、① 行政主体が、私人に対して、行政上の義務の履行を求める訴訟（民事訴訟など）、② 行政主体が他の行政主体に対して（例えば、地方公共団体が国を被告として）提起する一定の訴訟についてである。このような訴訟については、それが「法律上の争訟」に該当すれば、当然、司法権の範囲内として、裁判所の審判の対象とされるが、もしそうでないとすれば、「その他法律において特に定める権限」として規定されていない限り、不適法な訴えということになる (裁3①)。

　まず① に属するものとして、**宝塚市パチンコ店規制条例事件**が挙げられる。

<hr>

　　無効であるとの判断をすることはできないこととなる（無効原因として単に錯誤があると主張するのみでその具体的内容を主張しない場合、錯誤にあたらない事実を錯誤として主張する場合等と同視される。）から、該給付の無効を前提とする被上告人らの本訴請求を理由がないものとして請求棄却の判決をすべきものである」と指摘しているところである。

第1節　行政訴訟制度と憲法

ここで問題となった宝塚市パチンコ店等、ゲームセンター及びラブホテルの建築等の規制に関する条例（昭和58年宝塚市条例第19号）は、市内においてパチンコ店の建築をしようとするものは、市長の同意を得なければならないと規定し、同意を得ないで建築を行った者に対して、市長は、建築中止命令を発することができるものとしていた。しかしながら、ある業者が市長の同意を得ずにパチンコ店の建築に着手したので、市長が当該業者に対して建築中止命令を発したものの、それにも従わないため、宝塚市が原告となって同業者に対し、建築の続行の禁止を求める民事訴訟を提起したのが本件の事案である。第1審判決（神戸地判平成9年4月28日）と控訴審判決（大阪高判平成10年6月2日）は、ともに、同条例は違法であるとして、原告・宝塚市の請求を棄却した。これに対して、原告が上告した。

> **CASE**　最(三小)判平成14年7月9日民集56巻6号1134頁
> （宝塚市パチンコ店規制条例事件）
>
> 　「行政事件を含む民事事件において裁判所がその固有の権限に基づいて審判することのできる対象は、裁判所法3条1項にいう『法律上の争訟』、すなわち当事者間の具体的な権利義務ないし法律関係の存否に関する紛争であって、かつ、それが法令の適用により終局的に解決することができるものに限られる（最高裁昭和51年(オ)第749号同56年4月7日第三小法廷判決・民集35巻3号443頁参照）。国又は地方公共団体が提起した訴訟であって、財産権の主体として自己の財産上の権利利益の保護救済を求めるような場合には、法律上の争訟に当たるというべきであるが、国又は地方公共団体が専ら行政権の主体として国民に対して行政上の義務の履行を求める訴訟は、法規の適用の適正ないし一般公益の保護を目的とするものであって、自己の権利利益の保護救済を目的とするものということはできないから、法律上の争訟として当然に裁判所の審判の対象となるものではなく、法律に特別の規定がある場合に限り、提起することが許されるものと解される。そして、行政代執行法は、行政上の義務の履行確保に関しては、別に法律で定めるものを除いては、同法の定めるところによるものと規定して（1条）、同法が行政上の義務の履行に関する一般法であることを明らかにした上で、その具体的な方法としては、同法2条の規定による代執行のみを認めている。また、行政事件訴訟法その他の法律にも、一般に国又は地方公共団体が国民に対して行政上の義務の履行を求める訴訟を提起することを認める特別の規定は存在しない。したがって、国又は地方公共団体が専ら行政権の主体として国民に対して行政上の義務の履行を求める訴訟は、裁判所法3条1項にいう法律上の争訟に当たらず、これを認める特別の規定もないから、不適法というべきである。
> 　本件訴えは、地方公共団体である上告人が本件条例8条に基づく行政上の義務の履行を求めて提起したものであり、原審が確定したところによると、当該義務が上告人の財産的権利に由来するものであるという事情も認められないから、法律上の争訟に当たらず、不適法というほかはない。そうすると、

— 19 —

> 原判決には判決に影響を及ぼすことが明らかな法令の違反があり、原判決は破棄を免れない。そして、以上によれば、第1審判決を取消して、本件訴えを却下すべきである。」

　そもそも行政上の義務の履行確保手段としては、① 行政上の強制執行制度、② 行政罰、③ 公表などの新たな制度が考えられる（塩野・I 245頁以下）。そして行政上の強制執行制度としては、代執行、執行罰、直接強制の3つがあるが、現行法の下では、行政代執行法により代執行が行政上の強制執行制度の中心になる（代執1）。しかしこの行政代執行は、いわゆる代替的作為義務（他人が代わってなすことのできる義務）に限られており（代執2）、さらに仮にそれ以外の義務の不履行が問題となったとしても、条例で独自に強制執行制度を規定すること（例えば、執行罰の規定を置くこと）はできないとされている（同1条の通説的解釈）。たまたまこの宝塚市条例には、問題となった建築中止命令違反に対し罰則の規定もなかったので（この平成14年判決以後の平成15年改正で罰則を導入）、建築中止命令に違反した者に対する法的制裁がなかったのである。そして、行政上の義務の司法的執行については、従来から学説上これを肯定する説が強かったため、この判決に対しては強い批判がなされた。とりわけ、行政上の義務の民事執行の問題は、このように**行政上の義務の履行確保システム全体をどのように考えるかという問題**にも関わるものであって、これをもっぱら「法律上の争訟」という裁判所の権限の範囲の問題として断じたことについては、疑問の余地がある。

　またこの宝塚判決の論理に従った場合、前述 ② [→18] の**行政主体相互間の訴訟**も、それが「財産権の主体として自己の財産上の権利利益の保護救済を求めるような場合」ではなく、「専ら行政権の主体として」提起した場合については、法律上の争訟に当たらないということになる。例えば、住基ネットには個人情報の流出等の危険が存在するとして、杉並区が、東京都を被告として、住基ネットの安全性が確認されるまでの間、本人確認情報の通知を受諾した「通知希望者」に係る本人確認情報のみを通知することを前提に、その受信義務があることの確認を求める訴えを提起したが、かかる訴えは法律上の争訟に当たらないとされている（東京高判平成19年11月29日判例地方自治299号41頁、最(三小)判平成20年7月8日判例集未登載＝上告不受理〔杉並区住基ネット訴訟〕）。この判決に対しては、地方公共団体の自治権の問題としてとらえれば、法律上の争訟たりうるという批判がある（なお、同時に提起された国家賠償請求訴訟については、法律上の争訟性が肯定されたが、その点については [→20] 参照）。

第1節　行政訴訟制度と憲法

補足　「法律上の争訟」と行政主体・私人の立場

　この宝塚市パチンコ店規制条例上告審判決のとる思考の根底には、どのような考え方があるのであろうか。同判決は、行政主体が提起した訴訟であって、「財産権の主体として自己の財産上の権利利益の保護救済を求めるような場合」については、法律上の争訟性を認めている。この「財産権の主体として自己の財産上の権利利益の保護救済を求めるような場合」とは、正確にいえばどのような意味であるかについて考えてみたい。

　行政上のさまざまな法関係には、行政主体（国・地方公共団体など）と私人（自然人・法人双方を含む）という2つの主体が登場する。すなわちここでは、（行政主体の内部関係を度外視すれば）① 行政主体相互間、② 行政主体—私人間の2つの組み合わせが問題となる。

　既に述べたように、行政主体が私人との間で行なった取引（例えば、東京都が発注した都立学校の校舎の建築請負契約）などによって生じた紛争において、行政主体（東京都）が私人（某建設会社）に対して債務不履行責任などを追及して民事訴訟を提起することができるのはいうまでもない。すなわちそのような場合、行政主体は私人（自宅を新築する某氏）と同じ立場で、訴訟を提起することになる。しかし、行政主体が提起する訴訟で、法律上の争訟性を認められるのは、このような「財産権の主体」に限定されるのであろうか。判決自体

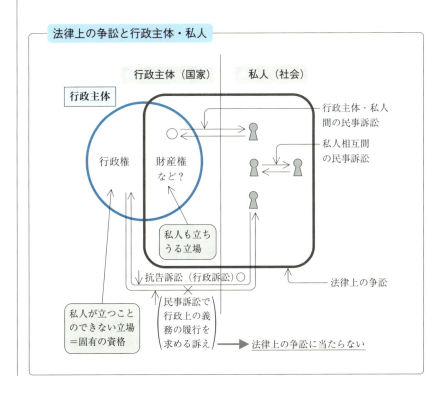

— 21 —

が「～ような場合」と述べているところをみると、行政主体が「財産権の主体」として訴訟をする場合というのは、法律上の争訟の1つの例であるようにもみえる。例えば、地方公共団体が路線バス事業を営む場合は、道路運送法に基づいて一般乗合旅客自動車運送事業の許可を受けることになる（3条）。もし万一、許可申請に対して拒否処分がなされた場合、当該地方公共団体は、当該拒否処分に対して取消訴訟を提起することができるが、これは、民間の鉄道会社などがバス事業を行う場合と同じ立場である。しかしこの場合、地方公共団体が路線バス事業を行うのを当該地方公共団体の財産権の行使とみるのはやや無理があろう。やはりこれらは行政活動の一環であり、公益目的で行っている事業といわなければならない。そうなると、法律上の争訟性が認められるのは、「財産権」の保護救済の場合に限られず、行政主体が《私人も立つことのできる立場》にある場合は、広く法律上の争訟性が認められるというべきであろう。

このように行政主体が原告となって「法律上の争訟」たる訴訟を提起することができる場合は、「財産権の主体」としての立場よりは広く、《私人も立つことのできる立場》といいうる場合であるが、この点について、行政手続法も、行政主体が名宛人であるときの適用について、同様の区別をしているように解される規定を置いている。すなわち、同法は、「国の機関又は地方公共団体若しくはその機関に対する処分（これらの機関又は団体がその固有の資格において当該処分の名あて人となるものに限る。）及び行政指導並びにこれらの機関又は団体がする届出（これらの機関又は団体がその固有の資格においてすべきこととされているものに限る。）については、この法律の規定は、適用しない。」と規定する（行手4①）。すなわち、行政主体（その機関も含む）に対する処分は、「固有の資格」として名宛人となる場合には行政手続法が適用にならないが、**「固有の資格」ではない場合**、すなわち「私人もまた立ちうる立場」に立つ場合には、行政手続法が適用されることになる（藤田宙靖『行政組織法』〔2005年〕48頁以下）。

このような行政主体の立場を「固有の資格」と「私人もまた立ちうる立場」に二分する思考は、宝塚判決の「行政権」の主体と「財産権」の主体の二分論に対応するものとみることができる。従って「財産権」の主体とは、「私人も立ちうる立場」の1つの例であり[6]、宝塚判決が、「財産権の主体として自己の財産上の権利利益の保護救済を求めるような場合」と含みをもたせた表現をしているのも、そのためであろう。

以上のことがらをまとめると、次頁のような図になる。

なお他に行政主体相互間の訴訟としては、那覇防衛施設局長が建築基準法に基づいて建築主事に提出した自衛隊庁舎建築工事の建築工事計画通知書等につ

---

(6) 「私人の立ちうる立場」としては、＜財産的利益＞のほかに＜人格的利益＞があるが、行政主体には＜人格的利益＞は帰属しないであろう。また、これに対して＜権力＞ないし＜公権力の行使＞は、私人の立ちうる立場には属さないであろう（市民社会に成立する基本的諸秩序としての財貨秩序・人格秩序・権力秩序については、広中俊雄『新版民法綱要・第1巻』〔2006年〕1頁以下）。

いて、那覇市情報公開条例に基づいて那覇市長がこれを開示する旨の決定を行ったところ、国がその取消しを求めて出訴した事件がある。最高裁は、国の請求について、「本件文書の公開によって国有財産である本件建物の内部構造等が明らかになると、警備上の支障が生じるほか、外部からの攻撃に対応する機能の減殺により本件建物の安全性が低減するなど、本件建物の所有者として有する固有の利益が侵害されることをも理由として、本件各処分の取消しを求めていると理解することができる」として法律上の争訟性を肯定している（最（二小）判平成13年7月13日訟務月報48巻8号2014頁——同判決は、法律上の争訟性は肯定しつつも、国の主張に係る利益は、那覇市情報公開条例において個別的利益として保護されていないとして原告適格を否定した）。

第Ⅰ部　行政争訟法　第1章　行政訴訟法

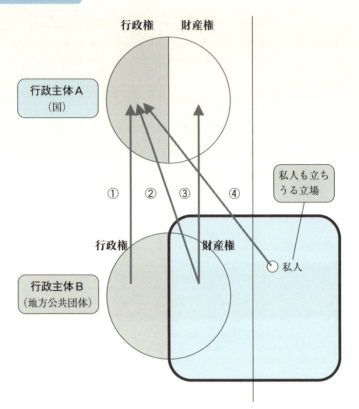

① 行政権としての行政主体（原告）──行政権としての行政主体（被告）
　→法律上の争訟性否定×（例・住基ネット受信義務確認訴訟）
② 財産権としての行政主体（原告）──行政権としての行政主体（被告）
　→法律上の争訟性・肯定○（例・公営交通事業にかかる一般乗合旅客自動車運送事業許可拒否処分の取消訴訟）
③ 財産権としての行政主体（原告）──財産権としての行政主体（被告）
　→法律上の争訟性・肯定○（例・行政主体間の物品や土地の購入契約にかかる民事訴訟）
④ 私人（原告）──行政権としての行政主体（被告）
　→法律上の争訟性・肯定（例・民間鉄道会社に対する一般乗合旅客自動車運送事業許可拒否処分の取消訴訟）

第1節　行政訴訟制度と憲法

> **補足** **行政契約上の義務の履行を求める訴訟と「法律上の争訟」**
>
> 　宝塚判決が示した法理にはさらに問題がある。すなわち、法律上の争訟には
> あたらないとされた、《行政権の主体としての行政主体が原告となって私人に対
> して義務の履行を求める場合》の具体的な範囲——端的にいえばそこでいう「行
> 政権」とは何か——である。おそらく、同判決で問題となったのは、宝塚市長が
> 発した建築中止命令という、（罰則の担保はないものの）名宛人に対して一方的
> に不作為義務を命じる処分である。したがって、行政処分のように一方的に私
> 人に対して義務を課した場合であれば、「行政権の主体」として義務の履行確保
> を求めることになるのであろう。しかしながら、行政主体と私人との間の合意、
> すなわち行政契約によって私人が一定の義務を負うこともありうる。例えば、
> 普通地方公共団体と産業廃棄物処理業を営む企業との間で公害防止協定を締結
> し、当該企業の産業廃棄物処理施設につき、廃棄物処理法に基づく産業廃棄物
> 処分業の許可にかかわらず、一定の使用期限を設定した（すなわち、使用期限
> を経過したら施設の使用をやめることを約束した）場合において、仮に、使用
> 期限を過ぎたのにもかかわらず、当該企業が当該施設の使用をやめない場合、
> 一方当事者である普通地方公共団体は、公害防止協定で定められた当該施設の
> 使用期限が経過したと主張して、当該施設のある土地を施設として使用するこ
> との差止めを求めることができるであろうか。この事案について、最高裁判例
> は、法律上の争訟性に特に言及することなく、請求を棄却した原判決を破棄し、
> 差戻している（最(二小)判平成21年7月10日判例時報2058号53頁）。すなわち、法
> 律上の争訟であることを当然の前提としているのであるが、このような公害防
> 止協定も、当該行政主体が財産権の行使として締結したものではなく、あくま
> で公益目的で締結したものである。だとすると、宝塚判決のいう「行政権の主
> 体」＝《私人の立ち得ない固有の立場》とは、さしあたり、行政処分のような
> 一方的に義務を課した場合——その意味で「公権力性」を有する場合——を念頭
> においていると解されよう。

【3】　司法権の外在的限界

1　概　念

　【2】で述べたように、「法律上の争訟」に当たらないものを対象とする訴えは、
不適法・却下される［→14以下］。しかし、裁判所の審判権の限界が問題とされる
場合には、このような《司法権の内在的限界》のほかに、ある訴えがさしあたり
「法律上の争訟」に当たるとしても、その請求の前提となる法律問題ないし事実
問題について、裁判所が何らかの理由（主として憲法上の理由）から独自の判断
を行なわない場合がある。これは、**司法権の本質**などから**憲法上導かれる限界**で
あり、本書では、これを《司法権の外在的限界》と呼ぶ。具体的には、① **政治
部門（国会・内閣）の自律権**に属する行為、② **政治部門（内閣・行政機関）の自**

由裁量行為、③ 団体の内部事項に関する行為、④ 統治行為が挙げられる。ただし、③については、そもそも「法律上の争訟」にあたらないとされることもある。この点については**2**で触れる。

そしてこのような場合には、(i) 裁判所がそもそも判断を放棄する場合と (ii) 裁判所が問題となっている政治部門や団体の決定を有効なものとして受容する場合がありうる（安念潤司「司法権の概念」大石眞・石川健治編『憲法の争点』〔2008年〕250頁以下、さらに民事訴訟法からの解説として高橋宏志「審判権の限界」伊藤眞・山本和彦編『民事訴訟法の争点』〔2009年〕18頁以下）。

またこういった場合、さしあたり《当事者間の具体的な権利義務関係ないし法律関係に関する争い》が存在するわけであるから、判決としては、（本案判決である）棄却判決となる場合が通常である。しかし、既に述べたように、宗教団体の内部紛争にかかわる訴えについては、その前提たる法律問題ないし事実問題が、信仰の対象の価値や宗教上の教義に関わり、かつそれが当該紛争の本質的争点をなすような場合、最高裁は、そのような争点につき判断を放棄し、訴えそのものが「法律上の争訟」に当たらない（法令の適用によって終局的に解決できない）、として不適法却下としている［→17］。

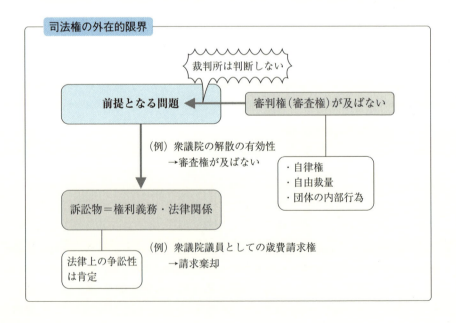

2　行政救済法との関係

この問題についての詳細は、憲法や民事訴訟法に譲ることとし、ここでは行政救済法との関係に限定する。

(1)　**行政裁量と司法審査**　行政訴訟や国家賠償請求訴訟においては、行政活動に対する司法審査が行われるが、そこで審査が及ぶのは当該行為の違法性（ないし適法性）のみであって、**裁量判断にかかる当・不当の問題**には及ばない。ただし、裁量権の逸脱・濫用は違法であるから、その限りにおいて司法審査が及ぶことになる（取消訴訟についてそのことを定めるものとして、行訴30）。

行政裁量はこのように、法令が当該活動の内容を一義的に定めず、その要件や効果について行政機関に委ねている一定の《判断の余地》であるということができる。したがって、その意味で行政裁量は、あくまで法令（当該行政活動の根拠法規のみならず、憲法や法の一般原則なども含む）の枠の中で認められたものであり、そのような法令の枠に収まった形で行われる判断については、裁判所の審判権は及ばないということになる。逆に、かかる判断が、法令の枠を超えた場合は、違法ということで法律問題（司法審査の及ぶ問題）となるわけである。

そしてこのような行政裁量は、行政行為（抗告訴訟の対象となる「行政庁の処分」—行訴3①、②）のみならず、行政立法、行政契約、行政計画などその他の行政の活動形式についても認められるところである（行政法総論の教科書等を見よ）。いずれにしてもこれらは、請求（取消請求や国家賠償請求）について判断するわけであるから、法律上の争訟（司法権の範囲に属するもの）であることは当然である。

しかし、国家賠償請求訴訟においては、単に政府の政策判断の誤りによって損害を受けたとして訴えが提起されることがある。例えば、政府の経済政策や経済見通しの誤りによって、**郵便貯金が消費者物価の上昇の結果目減りし、損害を蒙ったとして提起された訴訟**について、政府の経済政策の立案施行は、「事の性質上専ら政府の裁量的な政策判断に委ねられていることがら」であって、政府の政治的責任が問われることがあるとしても、法律上の義務違反ないし違法行為として国家賠償法上の損害賠償責任の問題を生ずるものとすることはできないとして、請求を棄却した判決がある（最(一小)判昭和57年7月15日判例時報1053号93頁）。

ここで判例は、「政府の裁量的な政策判断」という表現を用いているが、かかる判断は、もとより法令が法の適用・執行において行政機関に委ねたものではなく、まさに国政上の政治判断そのものである。すなわち、その意味で、マクリーン事件上告審判決（最(大)判昭和53年10月4日民集32巻7号1223頁）などにみられる、

第Ⅰ部　行政争訟法　第1章　行政訴訟法

裁量判断における政治的考慮などとは全く性質を異にするものである。またかかる訴えは、原告の意図としても、もっぱら政府の政策判断の不当を主張する点にあるのであって、その意味で実質的には政治判断の当否を争う訴訟であるとも考えられるので、学説の中には、そもそも法律上の争訟性を否定すべきであるとの主張もあるところである（新正幸・憲法訴訟論36頁など）。これに対して、判例は、国賠訴訟の訴訟物は損害賠償請求権の存否であり、その前提問題としての政府の政策判断に公務員の義務違反や違法行為は認められないとして、法律上の争訟性を肯定し（すなわち、法令の適用によって終局的に解決可能なものとして捉え）、請求を棄却するという、いわば原則論に立った判断をしているのである。

　また前掲の**杉並区住基ネット訴訟**［→ 18］においても、杉並区が東京都を被告として提起した受信義務の確認訴訟は、法律上の争訟性が否定される可能性があったために（現に法律上の争訟性が否定されている）、併せて国家賠償請求訴訟が提起されている。これに対して、被告・東京都は、このような国賠請求に係る訴えの実体は、住基法上の権限の存否又は行使に関する紛争であるとして、法律上の争訟に当たらない、と主張したが、この場合も、国家賠償請求は棄却されたものの、平成14年の宝塚市パチンコ店建築規制条例事件上告審判決［→ 18］のいう「財産権の主体として自己の財産上の権利利益の保護救済を求める」場合にあたるとして、法律上の争訟性そのものは否定されていない（東京地判平成18年3月24日判例地方自治278号19頁、前掲・東京高判平成19年11月29日）。

21　**(2)　団体の内部事項に関する行為**　　行政救済法との関係で問題となるのは、地方議会における議員の懲罰（最(大)判昭和35年10月19日民集14巻12号2633頁）や国立大学における単位認定の場合などである。

　国立大学における単位認定に関し、**富山大学経済学部単位不認定事件上告審判決**は、「部分社会の法理」によりつつ、次のように述べる。

> **CASE**　最(三小)判昭和52年3月15日民集31巻2号234頁
> （富山大学単位不認定事件）
>
> 「裁判所は、憲法に特別の定めがある場合を除いて、一切の法律上の争訟を裁判する権限を有するのであるが（裁判所法3条1項）、ここにいう一切の法律上の争訟とはあらゆる法律上の係争を意味するものではない。すなわち、ひと口に法律上の係争といっても、その範囲は広汎であり、その中には事柄の特質上裁判所の司法審査の対象外におくのを適当とするものもあるのであって、例えば、一般市民社会の中にあってこれとは別個に自律的な法規範を有する特殊な部分社会における法律上の係争のごときは、それが一般市民

－ 28 －

第1節　行政訴訟制度と憲法

法秩序と直接の関係を有しない内部的な問題にとどまる限り、その自主的、自律的な解決に委ねるのを適当とし、裁判所の司法審査の対象にはならないものと解するのが、相当である……。そして、大学は、国公立であると私立であるとを問わず、学生の教育と学術の研究とを目的とする教育研究施設であって、その設置目的を達成するために必要な諸事項については、法令に格別の規定がない場合でも、学則等によりこれを規定し、実施することのできる自律的、包括的な権能を有し、一般市民社会とは異なる特殊な部分社会を形成しているのであるから、このような特殊な部分社会である大学における法律上の係争のすべてが当然に裁判所の司法審査の対象になるものではなく、一般市民法秩序と直接の関係を有しない内部的な問題は右司法審査の対象から除かれるべきものであることは、叙上説示の点に照らし、明らかというべきである。」

　このような立場に立ち、同判決は、大学における単位認定については、「他にそれが一般市民法秩序と直接の関係を有するものであることを肯認するに足りる特段の事情のない限り、純然たる大学内部の問題として大学の自主的、自律的な判断に委ねられるべきものであつて、裁判所の司法審査の対象にはならないものと解するのが、相当である」としたが、同じ大学学部の専攻科の修了については、「国公立の大学において右のように大学が専攻科修了の認定をしないことは、実質的にみて、一般市民としての学生の国公立大学の利用を拒否することにほかならないものというべく、その意味において、学生が一般市民として有する公の施設を利用する権利を侵害するものである」として、修了認定行為は、行政事件訴訟法3条にいう「行政庁の処分」に当たると判示している（最(三小)判昭和52年3月15日民集31巻2号280頁）。

　(3)　**統治行為**　統治行為についても憲法学において議論のあるところであるが、衆議院の解散の違法・無効が問題となった**苫米地事件上告審判決**では、この問題が、うべかりし歳費請求権の前提問題として主張された。この点について、同判決は次のようにいう。

CASE　最(大)判昭和35年6月8日民集14巻7号1206頁（苫米地事件）

　「……わが憲法の三権分立の制度の下においても、司法権の行使についておのずからある限度の制約は免れないのであって、あらゆる国家行為が無制限に司法審査の対象となるものと即断すべきでない。直接国家統治の基本に関する高度に政治性のある国家行為のごときはたとえそれが法律上の争訟となり、これに対する有効無効の判断が法律上可能である場合であっても、かか

— 29 —

第Ⅰ部　行政争訟法　第1章　行政訴訟法

> る国家行為は裁判所の審査権の外にあり、その判断は主権者たる国民に対して政治的責任を負うところの政府、国会等の政治部門の判断に委され、最終的には国民の政治判断に委ねられているものと解すべきである。この司法権に対する制約は、結局、三権分立の原理に由来し、当該国家行為の高度の政治性、裁判所の司法機関としての性格、裁判に必然的に随伴する手続上の制約等にかんがみ、特定の明文による規定はないけれども、<u>司法権の憲法上の本質に内在する制約</u>と理解すべきである。」

　この事件では、第1審判決（東京地判昭和28年10月19日）、第2審判決（東京高判昭和29年9月22日）ともに、衆議院の解散の有効性については、司法審査が及ぶとの立場に立っている。その上で、第1審判決は、当該衆議院解散は違法・無効であるとして、解散により失職した衆議院議員の請求を認容したのに対し、第2審判決は、解散は有効であるとして、請求を棄却している。これに対して、上告審判決は、解散の有効・無効について裁判所の審査権は及ばない、として請求を棄却しているのである。要するに、ここにいう「司法権の憲法上の本質に内在する制約」とは、裁判を受ける権利や裁判による公権的紛争解決の要請（さらにはそれに密接に関連する法治主義の要請）は、重要憲法原理の1つではあるが、絶対のものではなく、国民主権主義、権力分立、議会制民主主義などといったその他の憲法諸原理との関係で一定の制約ないし限界がある、ということを意味する。すなわち、政治的に重要な意味を持つ行為の当否は、民主主義の原則からすれば、民主的正当性の低い（選挙によって表明された国民の意思から距離の遠い）裁判所において、訴訟手続によって解決されるよりも、内閣、国会等の政治部門における決定に委ねるほうが妥当であるというわけである（雄川・争訟法127頁）。

補足　部分社会論について

　部分社会論も統治行為論も、ともに従来からさまざまな批判がなされてきたところであるが、いずれも、裁判を受ける権利や裁判による公権的紛争解決の要請以外の憲法原理との関係で司法権の限界が問題となる点において共通している。部分社会の法理と憲法原理との関係については必ずしも明らかではないが、宗教団体については信教の自由に基づく宗教結社の自由が、大学については大学の自治が、それぞれ司法権の外在的限界を要請する憲法原理であるといえる。その他政党や地方議会等についても、単に「部分社会」というだけではなく、なぜそれらの団体の内部における自律的決定を裁判所が尊重しなければならないのかについて、それを根拠づける憲法原理との関係で検討がなされなければならないであろう。

— 30 —

第1節　行政訴訟制度と憲法

🔵 第2款 🔵 現行行政訴訟制度に対する憲法上の要請
：実効的な権利救済の問題

1　実効性のない救済？

　以上、司法権および法律上の争訟の概念について、通説的な理解によりつつ説明した。しかし例えば、司法権の発動には、「紛争の成熟性」が充たされなければならないとされるが、そういった要件を厳格に解釈適用すると、私人の権利救済を不当に狭めることもありうる。例えば、次のような例について考えてみよう。

> [事例]　戦災復興のためA地区で、土地区画整理事業計画が決定・公告された。「具体的事件性・争訟性」ということを厳格に解するとすれば、多段階の行為からなる土地区画整理事業のうち、最終的に事業区域内の地権者にとって権利変動が生ずるのは、「換地処分」（あるいは仮換地の指定）という処分が行われた時点である。しかし実際にこのA地区については、土地区画整理事業計画が認可された後、手続は一向に進まないため、実際に換地処分が行われるに至らず、いわば「塩漬け」状態となっていた。ところが他方で、土地区画整理事業の対象地域内においては建築物の新築等が制限されるなどの規制がかかってくる。古びた家にいつまでも住まなければならない羽目に陥った住民はどのようにすればよいか？

　これは、平成20年最高裁判決によって判例変更された昭和41年最高裁判決（青写真判決）にかかる事案であるが、ここで問題となっているのは、計画から処分へと連なる一連のプロセスのどこで出訴を認めるべきか、という点である。この事件については後に取消訴訟の対象（処分性の要件）のところで改めてとりあげるが［→47］、具体的な権利義務の変動があったかどうかという基準を厳格に（あるいは杓子定規に）適用して「具体的事件性・争訟性」であるとか「紛争の成熟性」を判断したのでは、この当該紛争（すなわち、計画のプロセスが止まってしまって古い家にいつまでも住まなければならないという状態）には正面から答えたことにならない、ということは注意されるべきである。これは問題の一例であるが、これを一般化していうと、《**行政争訟を通じた私人の権利保護といっても、それは実効性のあるものでなければならないのではないか**》ということである。わが国の現行憲法にこのような権利救済の実効性を明文で規定する条文はないが、ドイツの基本法（Grundgesetz für die Bundesrepublik Deutschland）19条4項（「何人も、公権力によって自己の権利を侵害されたときは、裁判で争う途が開かれている。」）をめぐる学説・判例などの影響を受け、《**実効的権利救済の要請**》を1つの憲法原理として認めようという主張がなされているし、「司法権」概念についても再検討

― 31 ―

第Ⅰ部　行政争訟法　第1章　行政訴訟法

の試みがなされている（笹田栄司『実効的基本権保障論』〔1993 年〕153 頁以下のほか、公法研究 63 号（2001 年）所収の諸論文を参照）。

　さらに、憲法 32 条の**裁判を受ける権利**も単に形式的に適法に組織された裁判所において裁判を受ける権利を保障しただけではなく、「**実効的な救済をもたらす裁判**」を受ける権利であると主張されている。また、法治主義（法律による行政の原理）の目的が、私人の権利利益の保障にあるとすれば、それを担保すべき行政争訟制度が実効的に運用されるべきであるとはいうまでもないことであるから、（広い意味での）法治主義（＝法律による行政の原理）の要請としても、この《実効的権利救済の要請》は、紛争解決を考える際の 1 つの考慮すべき要素と考えられる。そしてまたこれは、第 1 節の最初に述べた行政訴訟制度と憲法との関係を考える際の視点 ②《行政訴訟制度のあり方・運用に対する憲法上の要請は何か》ということに関わる問題である ［→ 9］。

24

2　紛争の多極化・複雑化

　このような《権利保護の実効性》という点からみて、行政訴訟制度のあり方をめぐっては、従来からさまざまな問題が存在した。とりわけ、昭和 30 年代の前半までは、行政訴訟といえば、課税処分や土地収用、農地の買収、さらには営業不許可処分など、基本的には行政庁が名宛人たる私人に対してその権利利益を侵害する処分（侵害的処分）に対し、当該名宛人が救済を求めるという、いわゆる《二当事者》的な法関係をめぐる紛争が中心であった。ところが、昭和 30 年代後半以降になると、社会や経済の高度化、複雑化あるいは科学技術の進歩発展等により、行政法関係をめぐる紛争も複雑化する。そうなるとむしろ、許可処分（例えば建築や種々の施設の建設・設置の許可）などの名宛人にとっては授益的な処分によって、名宛人以外の第三者の利益が侵害されるというケースにおいて、そういった第三者が許可処分を争う、といった事例が重要になってくる。このようないわゆる《三(多数)当事者》的な法関係をめぐる紛争は、環境（都市環境、自然環境）法、建築法、消費者法などの領域において次々と起き、法解釈論的にも難しい問題を提起している。

　すなわち、このような現代型の行政訴訟においては、例えば前述の 事例 ［→ 23］で挙げた土地区画整理事業計画をめぐる紛争のように、多段階にわたる行政作用のプロセスが絡んだものもあるし、土地収用についても、単に補償額が折り合わないからというだけではなく、自由裁量に対する司法審査に関する判例として著名な「日光太郎杉事件」（宇都宮地判昭和 44 年 4 月 9 日行裁例集 20 巻 4 号 373 頁、東

－ 32 －

第 1 節　行政訴訟制度と憲法

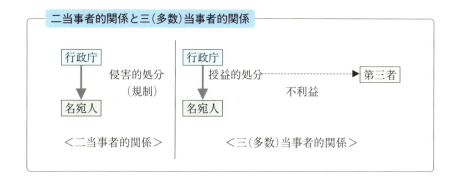

京高判昭和 48 年 7 月 13 日行裁例集 24 巻 6・7 号 533 頁）のように、「事業計画が土地の適正且つ合理的な利用に寄与するものであること」（収用 20 Ⅲ）という事業認定の要件の判断において、事業の公益性が問われる事件もでてくる。

　このように行政訴訟において争われる事件の内容は、時代とともに複雑さを増す傾向にあったわけであるが、そのような中で行政事件に対する裁判所の態度は消極的なものであるという批判が常になされてきた。すなわち第 3 節 [→ 33 ～] でも述べるように、《行政活動が適法か違法か》について裁判所が判断し、争いについて裁断する前に、《訴えそのものが適法かどうか》という**訴訟の入口（訴訟要件）**のところで行政訴訟の間口を相当狭めてきたといえる。とりわけ中でも《取消訴訟の対象となる「処分」とは何か》、《処分の名宛人以外の第三者のうちどの範囲の者が処分（主として名宛人に対する授益処分）の取消しを求めることができるか》といった問題（＝処分性、原告適格の問題）は、実にさまざまな議論を呼んできたものであるが、そのような要件を満たさない訴えは、不適法な訴えとして「却下」ということになるわけである（新聞などで「門前払い」判決とよばれているのはこれである）。その中で、行政訴訟と民事訴訟のどちらで争うべきかといった**訴訟手段選択のリスク**（すなわち行政訴訟で争うべきものを民事訴訟で争い、あるいは民事訴訟で争うべきものを行政訴訟で争った場合、いずれも不適法却下になってしまう）を原告に負わせることは、憲法 32 条の「裁判を受ける権利」の保障などの憲法上の要請に照らして問題ではないか、といった指摘は常になされてきた（とりわけ後に取り上げる**大阪空港訴訟上告審判決** [→ 207]）。もちろん、判例も批判を受けて訴訟要件について徐々に柔軟な解釈を示す傾向にあり、その到達点の一部は、平成 16 年の行訴法の改正の内容にも取り入れられている（例えば、取消訴訟の原告適格に関する行訴法 9 条 2 項の新設── [→ 76 ～]）。しかしながら、行政訴訟の現状に対する不満や批判は、広範かつ根深いものがあった。

3 行政事件訴訟法の改正

25 このような経緯を経て行われた平成16年の**行政事件訴訟法の改正**は、国民の権利救済を拡大・充実させようとする意図に基づくものである。そのことは、改正にあたって司法制度改革推進本部行政訴訟検討会が平成16年1月に発表した「行政訴訟制度の見直しのための考え方」の中でも「基本的な見直しの考え方」として、「行政訴訟制度につき、国民の権利利益のより実効的な救済を図るため、その手続を整備する」と述べていることからも明らかである。ここでは直接憲法の原理や規定が引きあいに出されているわけではないが、いずれにしても**実効的権利救済の要請**が、今後の改正行訴法の運用にあたって考慮されるべき事項であることを示している。

> **補足** 「実効的権利救済の要請」の役割
>
> このように実効的権利救済の要請は、1つの憲法上の原則ということができるが、この原則から直ちに具体的な解釈論上の帰結が導かれるとは解しがたい。この原則は、特に取消訴訟（抗告訴訟）の訴訟要件、すなわち処分性や原告適格において問題となるが、それらの訴訟要件については、その判定基準として、従来からの判例法理＝いわゆる「従来の公式」が存在する。そしてそこでは、かかる「従来の公式」と実効的権利救済の要請との関係が問題となるが、「従来の公式」をさしあたり前提にしつつも、それを具体的な事例に当てはめたとき、導かれる結論が権利救済の実効性に照らして妥当ではないと考えられる場合（上述の青写真判決の例はその典型であって、出訴＝処分性を認める時点が遅すぎるわけである）、救済の実効性を考慮した解釈を工夫することが求められることになる。すなわち、当初の結果が妥当でないとしても、それは「法律が定めているからそうなのだ」（立法政策にゆだねられているのだ）という割り切りは、できるだけ避けなければならない。このように、**実効的権利救済の要請**は、行政事件訴訟制度における解釈・運用に際して求められる**憲法上の要請**であるといえる。この点については、処分性、原告適格それぞれのところで言及する〔→ 57〜、76〜〕。

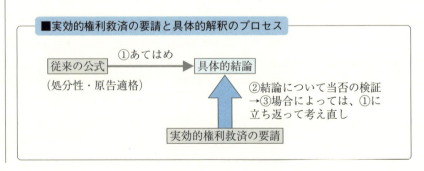

第2節　行政事件訴訟法概観

● 第1款 ● 行政事件訴訟法の特色

1　行政訴訟の沿革

26

(1)　**帝国憲法下の行政訴訟制度**　わが国における行政裁判制度の萌芽は、明治初年において既にみられるが、本格的な行政裁判制度が確立されたのは、明治23年の大日本帝国憲法、及び同年の行政裁判法および「行政庁ノ違法処分ニ関スル行政裁判ノ件」(明治23年法律106号) の制定によってである。既に述べたように、帝国憲法下において行政裁判は「司法権」の範囲の外であると解され、通常裁判所とは別系統の行政裁判所によって行われた (帝国憲法61)［→12］。

(2)　**現行憲法下における行政訴訟制度**　昭和22年の日本国憲法施行に伴い、行　27
政裁判所は廃止され、行政事件の裁判が最高裁判所を最上級審とする通常裁判所の系列に一本化されたが、これに対応して、さしあたり「日本国憲法の施行に伴う民事訴訟法の応急的措置に関する法律」第8条が制定された。その後、翌昭和23年、**行政事件訴訟特例法**が制定され、昭和37年に現在の**行政事件訴訟法**が制定され、今日に至っている。そして同法は、司法制度改革の一環として行政訴訟制度の改革が議論される中、平成16年、制定後42年ぶりに改正され、改正法は平成17年4月より施行された。

2　行政事件訴訟法の性格・位置づけ

28

　行訴法は、行政事件訴訟に関する一般法である (行訴1)。ただし、行政事件訴訟法は、民事訴訟法や刑事訴訟法のような自己完結的な法典ではない。すなわち、行訴法は、口頭弁論や証拠等について独自の規定を設けていないのである。これに対して、戦前、当時の行政裁判法の改正が検討され、昭和7年に「行政訴訟法案」が作成されたが、この法案は全253条からなり、弁論、証拠、訴訟の承継などについての比較的詳細な規定を置いていた。

　戦後において初期 (昭和23年-37年) は、「行政事件訴訟特例法」という形で、民事訴訟法の特例法という位置づけの法律が制定されたわけであるが、現行行訴法は、「行政事件訴訟に関し、この法律に定めがない事項については、民事訴訟の例による。」と規定している (行訴7)。一般に「例による」という表現は、「準用」とほぼ同義とされるが、他の法令の制度または規定を包括的にあてはめて適用するという意味で用いられるものである (法律学辞典や法令用語解説等を参照)。

— 35 —

この規定の場合、行訴法に明文の規定が直ちに見出されない場合、民事訴訟の法理をストレートに当てはめるのではなく、そこには行政事件訴訟固有の法原理の解釈論的な展開が予定されている、という立法者の意図があったといわれている（杉本・解説28頁）。つまり、行政事件訴訟は、民事訴訟の単なる「特例」ではないというわけである。

3　行政事件訴訟の訴訟類型

行政事件訴訟法が定める訴訟類型は、大きく分けて「**抗告訴訟**」「**当事者訴訟**」「**民衆訴訟**」「**機関訴訟**」の4つに分けられる。この4つの訴訟類型は、学問上、「**主観訴訟**」と「**客観訴訟**」に区別される。すなわち、「主観訴訟」に属するのが、「抗告訴訟」と「当事者訴訟」であり、「客観訴訟」に属するのが「民衆訴訟」と「機関訴訟」であるとされる［→15］。

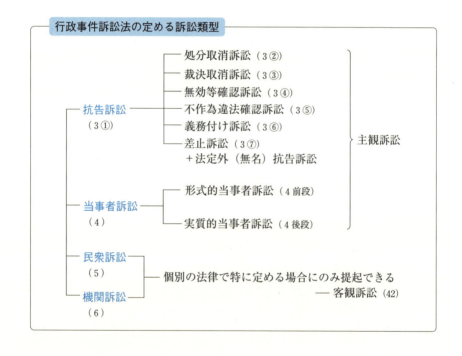

第2節　行政事件訴訟法概観

● 第2款 ● 抗告訴訟の仕組み

1　抗告訴訟の意義

以上、行訴法が法定している4つの主たる訴訟類型について概観したが、その中でも最も主要な位置を占めるのが抗告訴訟である。抗告訴訟とは、「**行政庁の公権力の行使に関する不服の訴訟**」である（行訴3①）。ここにいう「行政庁の公権力の行使」とは、──「行政庁の処分」や「その他公権力の行使に当たる行為」の意義については、後に説明するが──概ね《処分をすること、あるいはしないこと》であると考えてよい（高木光『行政訴訟論』〔2005年〕101頁以下）。この「抗告訴訟」についてはその下位類型として、昭和37年の制定当時は、「**処分取消訴訟**」「**裁決取消訴訟**」「**無効等確認訴訟**」「**不作為違法確認訴訟**」の4つが法定されていたが、平成16年の行訴法改正によって「**義務付け訴訟**」「**差止訴訟**」が加わることになった。

この抗告訴訟の訴訟類型はこの6つに限られるか否かについては議論の余地がある。すなわち、行訴法改正以前において「義務付け訴訟」「差止訴訟」は法定の訴訟類型ではなかったが、立法当初から訴訟類型は明文で規定された4つに限

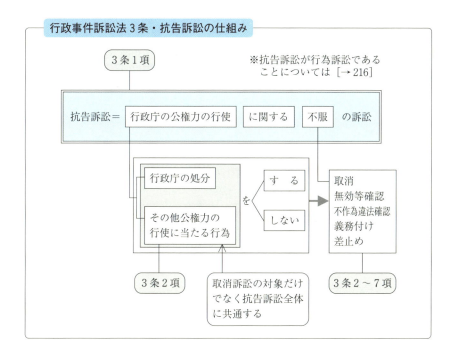

第Ⅰ部　行政争訟法　第1章　行政訴訟法

られるわけではなく、「無名抗告訴訟」ないし「法定外抗告訴訟」として解釈論上、義務付け訴訟などの可能性はありうべし、と考えられていたからである。従って、改正後の6つの訴訟類型のほかに「法定外抗告訴訟」がありうるか否かについては、後に述べるように、なお議論の余地がある（第12節 [→ 202]）。

2　取消訴訟の位置づけ

31

　行政事件訴訟法における抗告訴訟についての規定をみると、「第2章抗告訴訟」は「第1節 取消訴訟」と「第2節 その他の抗告訴訟」の2つの節からなり、具体的な訴訟手続の流れは「第1節 取消訴訟」で規定され、「第2節 その他の抗告訴訟」については、取消訴訟以外の訴訟類型のそれぞれについて、① どのような場合に訴えることができるか、② 誰が訴えを提起することができるか、といった訴訟要件や ③ どのような判決を行うかといった内容について独立の規定を置いているが（行訴36 ～ 37の5）、それ以外の多くの事項については取消訴訟の規定を「準用する」という形を採っている（行訴38）。このような構成をみると、少なくとも条文の体裁上は、抗告訴訟における「**取消訴訟中心主義**」が採られているといえよう。

> **補足　取消訴訟中心主義**
>
> 　「取消訴訟中心主義」といっても、条文の体裁上の意味と抗告訴訟における訴訟類型の位置づけにおける意味の2つがありうる。確かに、平成16年の行訴法改正以前までは、条文上においても、訴訟類型の位置づけにおいても取消訴訟が中心であったといえる。そしてその基礎には、「**行政庁の第一次的判断権の尊重**」[→ 166] という考え方があり、まず行政庁が何らかの処分（公権力の行使）を行って、それを受けて裁判所は事後的に救済を行う、というのが原則とされたわけである。そしてその事後的救済の中心が、一度なされた処分の効力の否定＝「取消し」（補充的に「無効確認」）である。しかし、平成16年の行訴法改正により、義務付け訴訟や差止訴訟が明文で規定され、何らかの処分（公権力の行使）が行われる前の段階で司法的救済を求めることができるようになったわけであるが、その限りで訴訟類型の位置づけとしての「取消訴訟中心主義」ないし「取消訴訟中心の抗告訴訟観」は相対化した（弱まった）といえるであろう。

> **補足　「抗告訴訟」という名称の由来**
>
> 　このように行訴法は、「行政庁の公権力の行使に関する不服の訴訟」を「抗告訴訟」と称しているわけであるが、「抗告訴訟」という用語は、戦前から学説上用いられたものである。すなわちそこでは、民事裁判や刑事裁判が、その第1審から争訟（＝当事者間の争い）の手続をとって行われる（始審的争訟）で

— 38 —

第2節　行政事件訴訟法概観

るのに対し、行政事件は、通常、第1段階ではまず行政庁の処分（行政行為）が行われ、そのあとその違法を主張して当事者から訴えが提起されることによって、はじめて争訟の手続きが開始されるところに特徴がある（覆審的争訟）とされた。そのような捉え方からすれば、行政訴訟（当時にあっては、現在の取消訴訟）は、あたかも民事裁判や刑事裁判における控訴又は抗告に該当するとされたわけである。「取消訴訟中心主義」のイメージも、このような捉え方と同じである。

🔵 第3款 🔵 行政事件訴訟法の改正

　平成16年の行訴法改正は、それ以前の硬直した行訴法の運用を改善し、より実効的な権利利益の救済を目指すものである。しかし、改正後続々と重要な最高裁判決は出ているが、改正後の行政訴訟制度のあり方がどうなるかについては、未だ不透明な部分も残している。したがって、以下、具体的な行政事件訴訟法の内容を改正点にも焦点を当てつつ解説するが、その際に注意すべきことは、行訴法が改正されたといっても、行訴法の基本的なコンセプトが全面的に変更されたというわけではない、ということである。例えば前述のように、抗告訴訟や取消訴訟といった制度の枠組みは基本的に引き継がれたわけであるし、そのような連続性を保つことは、裁判所においてできるだけ混乱のない形で実質的な行政救済の実を挙げる上でも、必要なことであったと考えられる。

　したがって、以下の説明では、従来からの行政訴訟制度の基本的な考え方を一応説明し、それを踏まえる形で、行訴法改正のポイントや新たな近時の判例の展開などについて解説を進めることにしたい。

－ 39 －

第Ⅰ部　行政争訟法　第1章　行政訴訟法

処分取消訴訟の流れと論点

本案前の審理＝訴訟要件 ↓ 訴えの実質的審理に入るための要件 ↓ これを満たさなければ却下（棄却ではない！）	1．「司法権」（憲76①）の範囲内か？→当該訴えが「法律上の争訟」にあたるものであること（裁3）→①具体的権利義務ないし法律関係の存否に関する争いがあること。②それが法令の適用により終局的に解決しうべきものであること。 2．処分性→抗告訴訟の対象であるか？ 　（行訴3①、②） 3．原告適格（行訴9①本文、②）————広義の訴えの利益 4．狭義の訴えの利益（行訴9①かっこ書き） 5．被告適格（行訴11）→被告は行政庁の所属する国又は公共団体（原則）→被告を誤った訴えの救済（行訴15） 6．処分取消訴訟と審査請求との関係（行訴8）→自由選択主義（原則）か不服申立前置主義（例外）か？ 7．出訴期間内（行訴14）に提起されたものであること→不可争力 8．管轄権を有する裁判所に提起すること（行訴12） 9．一定形式の訴状を提出すること（民事訴訟法の原則と同じ）
訴えの提起に付随する問題➡仮の救済制度	執行不停止原則（行訴25①）⇔例外としての執行停止（行訴25②） 事情変更による執行停止の取消し（行訴26）・内閣総理大臣の異議（行訴27） その他行訴28、29
本案における審理	1．訴訟主体　　　　裁判所（行訴12） 　　　　　　原告　　　被告　◀━行政庁の訴訟参加 　　　（行訴9）　（行訴11）　　（行訴23） 2．訴訟の開始と終了→処分権主義 3．訴訟資料の収集→弁論主義（民事訴訟の原則）と職権証拠調べ（行訴24） 4．訴えの併合・変更（行訴13、16、17、18、19、20） 5．立証責任　6．文書提出命令　7．釈明処分（行訴23の2） 8．取消事由の主張制限（行訴10①） 9．原処分主義と裁決主義（行訴10②）←処分取消訴訟と裁決取消訴訟との関連 10．自由裁量行為の審査（行訴30） 11．違法性の判断基準時→「処分時説」と「判決時説」
判決の効力	1． 　　　　　　　　　　　　　　　━▶（原則）認容判決＝取消判決 　┌請求に理由あり━┩ 　│　　　　　　　　（例外）事情判決（行訴31）━┓ 　│　　　　　　　　　　　　　　　　　　　　　┣━▶棄却判決 　└請求に理由なし━━━━━━━━━━━━━━━┛ 2．取消判決の効力　①形成力　②第三者効（行訴32） 　　　　　　　　　③既判力　④拘束力（行訴33）⑤反復禁止効 3．請求棄却判決の効力

－ 40 －

第3節　抗告訴訟①（その１）

第3節　抗告訴訟①——処分取消訴訟（その１）：訴訟要件

🔵 第1款 🔵　序　説

1　訴訟要件の意義

33

　訴訟要件とは、本案において実質的な審理判断をした上で本案判決を行うための要件である。これを欠くときには、訴えそのものが不適法なものとされ、裁判所は訴えに対して本案判決を行わず、**却下判決**を行うことになる。

2　訴訟要件の概観

34

　取消訴訟の訴訟要件としては、① 処分性＝取消訴訟の対象、② 原告適格、③ 狭義の訴えの利益、④ 被告適格、⑤ 裁判管轄、⑥ 出訴期間、⑦ 不服申立前置が規定されている場合は、適法な不服申立てを経たこと、が挙げられる。

　これらの訴訟要件の具体的な内容については、第２款以下で説明するが、取消訴訟（ひいては抗告訴訟全般）において、この訴訟要件は重要な意味をもつ。本来、訴訟要件とは、無用の訴訟を予め排除し、裁判所が効率的に訴えの処理を行うことができるようにするための制度であって、行政訴訟のみならず民事訴訟にも訴訟要件はある。しかし、民事訴訟において訴訟要件を満たさないとして却下される例はさほどないのに対して、取消訴訟においては、この訴訟要件が裁判実務上厳格に解されたため、本案審理に至らない不適法・却下とされる事件が数多くみられる。このことは、行政訴訟が私人の権利救済の目的を十分に果たしているか否かについて批判や疑義を呼ぶと同時に、解釈論上も多くの問題を提起することにもなったのである。

　とりわけ問題となるのは、**処分性＝取消訴訟の対象**（第２款 [→ 36 ～]）と**原告適格**（第３款 [→ 62 ～]）である（被告適格については比較的問題が少ない）。処分性・原告適格・被告適格がクリアーされれば取消訴訟の土俵が一応定まることになるが、さらに訴えの提起から判決までは相当の期間を要するため、さしあたりこれらの要件をクリアーしたとしても、その間に生じるさまざまな事情の変化が訴訟を継続させるだけの利益がなくなってしまうことがある。この点は、狭義の訴えの利益（第４款 [→ 83 ～]）に関わる。したがって、処分性、原告適格、狭義の訴えの利益は併せて、司法権の発動要件である「事件性・争訟性」の要件に関わるものである。

－ 41 －

3　各訴訟類型に共通する訴訟要件

取消訴訟の訴訟要件の中には、取消訴訟に限らずそれ以外の抗告訴訟に共通するものがある。

とりわけ**取消訴訟の対象（処分性）**である「行政庁の処分その他公権力の行使に当たる行為」、すなわち「**行政庁の公権力の行使**」の要件は、抗告訴訟の各訴訟類型に共通する要件でもある（第2款［→36～]）。

また**原告適格**については、取消訴訟につき「当該処分……の取消しを求めるにつき法律上の利益を有する者」とされているのに対し（行訴9①）、無効等確認訴訟においては、「当該処分……の無効等の確認を求めるにつき法律上の利益を有する者」とされ、さらには義務付け訴訟（直接型義務付け訴訟）、差止訴訟についても「～を求めるにつき法律上の利益を有する者」という表現が用いられている（行訴37の2③、37の4③）。これらの要件の解釈については後に述べるが、共通する考え方に立って解釈される（行訴9②、37の2④、37の4④参照）ものと考えてよい。

ちなみに抗告訴訟の中でも、**申請に対する処分**が問題となる不作為違法確認訴訟及び申請型義務付け訴訟の原告適格については、当該処分の申請をした者に限り認められるので注意が必要である（行訴37、37の3②［→170、178]）。

第3節　抗告訴訟①（その１）

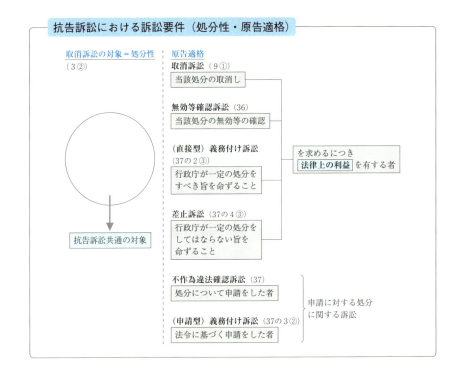

● 第２款 ● 取消訴訟の対象──処分性

【１】 概括主義の採用

　取消訴訟の対象は、「行政庁の処分その他公権力の行使に当たる行為」である（行訴３②）。行訴法は、取消訴訟（ひいては抗告訴訟）の対象について、いわゆる「**概括主義**」（一定の要件を充たす場合、原則として出訴を認める方式）を採っている。これは、帝国憲法下の旧行政裁判法時代における「**列挙主義**」（一般法や個別法で出訴事項を列挙する方式）に対するもので、旧行政事件訴訟特例法（昭和23年制定）以来採用しているところである。

　以下、①「行政庁の処分」（【２】〜【３】［→37〜］）、②「その他公権力の行使に当たる行為」（【４】［→56］）について分説する。

第Ⅰ部　行政争訟法　第1章　行政訴訟法

【2】　行政庁の処分⑴ ── 概　　説

37　　**1　判例の基本的な立場**

　　最高裁は、「行政庁の処分」の意義について、昭和39年の**東京都ごみ焼却場設置条例無効等請求事件判決**において次のように述べている。

> **CASE**　最(一小)判昭和39年10月29日民集18巻8号1809頁
>
> 　「行政事件訴訟特例法1条にいう行政庁の処分とは、所論のごとく行政庁の法令に基づく行為のすべてを意味するものではなく、① <u>公権力の主体たる国または公共団体が行う行為のうち、その行為によって、直接国民の権利義務を形成しまたはその範囲を確定することが法律上認められているもの</u>をいうものであることは、当裁判所の判例とするところである（昭和28年（オ）第1362号、同30年2月24日第一小法廷判決、民集9巻2号217頁）。そして、かかる行政庁の行為は、公共の福祉の維持、増進のために、法の内容を実現することを目的とし、正当の権限ある行政庁により、法に準拠してなされるもので、社会公共の福祉に極めて関係の深い事柄であるから、法律は、行政庁の右のような行為の特殊性に鑑み、一方このような行政目的を可及的速かに達成せしめる必要性と、他方これによって権利、利益を侵害された者の法律上の救済を図ることの必要性とを勘案して、② <u>行政庁の右のような行為は仮りに違法なものであっても、それが正当な権限を有する機関により取り消されるまでは、一応適法性の推定を受け有効として取り扱われるものであることを認め</u>、③ <u>これによって権利、利益を侵害された者の救済については、通常の民事訴訟の方法によることなく、特別の規定によるべきこととしたのである</u>。従ってまた、行政庁の行為によって権利、利益を侵害された者が、右行為を当然無効と主張し、行政事件訴訟特例法によつて救済を求め得るには、当該行為が前叙のごとき性質を有し、その無効が正当な権限のある機関により確認されるまでは事実上有効なものとして取り扱われている場合でなければならない。」

　　この判決は旧行政事件訴訟特例法の下でのものであるが、行訴法3条2項の「行政庁の処分」についてのリーディング・ケースとされている。要するに、ここにいう「行政庁の処分」の概念は、講学上の「行政行為」の概念と等しいものである。すなわち、上掲引用①の基準を充たす行為については、引用②、③において述べられているような争訟上の特別な取り扱い（＝公定力・取消制度の排他性）が認められることになるというわけである（塩野・Ⅱ100頁以下）。従って、取消訴訟の対象となる行為は何かという処分性の問題は、もっぱら引用①の部分にかかわるものであるが、ここから具体的な基準を抽出するならば、さしあたり次の4つのポイントを挙げることができる。

── 44 ──

第3節　抗告訴訟①（その1）

処分性についての「従来の公式」

① 私人（国民）に対して（外部性）
　　→行政の内部行為は「行政庁の処分」には当たらない。
② 直接に（個別・具体性）
　　→特定の名宛人に対して、具体的にその法的地位（権利義務、法律関係）に影響を及ぼすものであること。この点は、名宛人が不特定なもの、内容が抽象的なもの（行政計画、条例、一般処分など）について問題となる［→44～］。
③ 一方的に（公権力性）
　　→双方の合意に基づく契約は、「行政庁の処分」には当たらない。
④ 権利義務に変動を及ぼす法的効果を有すること
　（法的効果の有無）
　　→法的効果のない行政指導などは、「行政庁の処分」には当たらない。
＊　③と④は一体のものとして考えてよい。

補足　「行政庁の処分」の公権力性

　行政庁の処分とされる行為には、ある種の「公権力性」が認められるといわれる。この点は、講学上の「行政行為」についても同様のことがいわれてきたところであるが、ここでは、「公権力性」という言葉自体が、多義的なものであることに注意しなければならない。

　すなわちここでいう「公権力性」の意味としては、さしあたり① 権利義務関係を相手方との合意なしに一方的に変動させること（**規律力**）、② 規律力をめぐって紛争が生じたときに特別な手当てでその通用力を保障していること（**公定力や不可争力**）、③ 規律力によって形成された法状態の強制的実現可能性（**強制執行や罰則などによる担保**）といった3つの意味が挙げられる。処分性の（必然的・本質的）要素として挙げられる「公権力性」は、この①の意味、すなわち権利義務関係に対する一方的な変動可能性であって、それは、上述の昭和39年最高裁判決も、「行政庁の処分」とは「その行為によって、直接国民の権利義務を形成しまたはその範囲を確定することが法律上認められているもの」をいう、と述べているところである。

　ちなみに「公権力性」ということが語られるその他の要素について付言しておくと、まず公定力は、《取消制度の排他性》に由来するものと解されているから、行政庁の処分はもっぱら取消訴訟によらなければ、行政庁の処分の効果を否定することはできない、ということになる。これは、訴訟制度的には、本来、**法律上の争訟は、権利義務関係ないし法律関係に関する争い**とされるにもかかわらず、行政庁の処分の効果が問題となっている場合は、直接これらを争わず、行政庁の処分という**行為の取消し**という**特殊な訴訟形態**が採られている点で重要である（この点は、抗告訴訟とその他の訴訟類型との間での訴訟類型の選択におい

— 45 —

ても留意されるべきである。第 13 節参照 [→ 203 ～])。

さらに強制行為（強制執行・刑罰など）による強制的実現可能性についていえば、これは主として名宛人に対して法的義務を課す命令的行政行為について問題となるが、形成的行政行為の場合、それが違法になされてもその効果は、当該行為が無効であるにとどまるため、通常、強制行為は問題とならないし、とりわけ権利を与える処分（例えば、社会保障給付や補助金給付などの給付行政の領域における決定）については、強制行為による実効性確保は不要である。こういった行為は、理論的には契約などの処分以外の形式でも行いうるものであるが、技術的な理由から法令が「処分」という形式を選択したのである[7]。

2 処分性を判断する際の観点

昭和 39 年最高裁判決が示したこのような「処分性」の基準（これを以下、「従来の公式」と呼ぶ。）は、（講学上の）行政行為とほぼ同じものであるといえるから、典型的な行政行為については、この基準を当てはめて処分性が肯定されることになる。

しかし、解釈論上問題となるのは、それ以外のものをめぐって何らかの訴訟の提起＝権利救済が必要とされる場合、そのような行為に処分性を認め、取消訴訟（抗告訴訟）の土俵に載せることができるかである。具体的にいえば、

① **抗告訴訟とその他の訴訟類型**（民事訴訟・公法上の当事者訴訟）**の選択が問題となる場合**

② さしあたり抗告訴訟の守備範囲に属することを前提にして、**一連の行政過程のどの段階で処分性を認めるかが問題となる場合**（いわゆる紛争の成熟性の問題）

である（橋本博之『行政判例と仕組み解釈』〔2009 年〕16 頁以下）。そして具体的な処分性の判断に当たっては、当該行為の法的効果のみならず、特定の行為の時点で取消訴訟の出訴を認めることが、実効的な権利救済の要請から適切かどうか、といった訴訟法ないし具体的救済の観点もあわせて問題となる。この点については、以下、具体的な事例をみながら考えていくことにしよう。

（7） このような民事法上の法律行為によることも可能な行政活動に関し、行政処分の方式が用いられる場合を、塩野・Ⅱ105 頁以下では、「法律行為代替的行為」として説明されている。給付行政において処分という形式を採った場合、通常は私人からの申請をまって、その上で給付の可否について決定を行うことになる。そしてこのような場合、一般には、大量かつ画一的な処理がなされることになるため、処分形式を採ることによって、決定をめぐる争訟も不服申立てや抗告訴訟の制度に乗ることになり、それには一定のメリットがある。また、申請に対する処分の場合、行政手続法上の手続が要求されることになるが、これは私人にとってメリットとなる点であろう。

第3節　抗告訴訟①（その1）

> **補足** 救済の観点として考えるべきこと
>
> 　実効的権利救済の要請は、具体的には救済のタイミングの問題として現れる。すなわち、当該行為の法的効果にのみ着目して処分性を判断したのでは、権利救済のタイミングとして問題である場合には、処分性を柔軟に考えることになる。例えば、処分性について疑いのない行為が後に控えているとしても、その段階で出訴したのでは十分な権利救済が不可能である場合や、その段階に至るまでに原告に過大のリスクを課すような場合については、処分性を柔軟に認めるか、あるいは処分性を否定するとしても他の争訟手段で早期に救済することが必要である［→ 25］。
>
> 　もっとも、処分性を認めて取消訴訟で争うことを認めた場合、**出訴期間の適用**［→ 101 ～］や**仮処分の排除**（行訴 44）［→ 107］がかかってくるという、いわばマイナスの部分もあることや、一連の過程に複数処分が存在することにより、**違法性の承継の問題**［→ 123 ～］が生じうることに注意が必要である。

【3】　行政庁の処分(2) ──具体的な判断

以下、具体的な処分性判断について、行為類型ごとに概観することにする。

1　行政行為

講学上（行政法総論において）、行政行為とされるものは、すなわち「行政庁の処分」と考えてよい。

> **補足** 行政行為の分類
>
> 　行政行為についてここで再度確認しておく。行政行為の分類をめぐっては、伝統的な分類（法律行為的行政行為と準法律行為的行政行為の区別──後述）に対してさまざまな批判があり、種々の分類が提案されている。ここでは、主に行政行為の効果に着目して、命令的行為と形成的行為の区別についてとりあげる（藤田・総論 191 頁以下）。
>
> 　① **命令的行為**　「下命」は、まさに相手方たる私人に対してある行為をなすべきこと・なさざるべきことを義務づけるものであるから、「処分」にあたる。「許可」は、例えば営業の許可の場合、それ自体の効果としては、「営業を行う自由」の回復をもたらすにとどまり、特定の場所で営業を排他的に行う権利を設定するものではない。しかし、排他性はないものの、当該営業を適法に行いうる法的地位を私人に与えるもの（一旦禁止された自由の回復）と解されるから、ここにいう「処分」である。
>
> 　② **形成的行為**　「特許」は、「私人に直接、特定の排他的・独占的な権利を与えたり、あるいは、私人と行政主体との間に包括的な法律関係を設定したりする行政行為」であるから、ここにいう「処分」にあたる。「認可」は、私人の法律行為を補充してその法的効果を完成する行為であるから、私人の権利義務を形成する行為といえ、ここにいう「処分」にあたる。

第Ⅰ部　行政争訟法　第1章　行政訴訟法

発展　法律行為的行政行為と準法律行為的行政行為

　行政行為にはさまざまなものがあるが、伝統的な行政行為の分類によれば、「**法律行為的行政行為**」と「**準法律行為的行政行為**」の2つに分類される。すなわち前者は、「意思表示をその要素とし、行為者が一定の効果を欲するが故にその効果を生ずる行為」といい、後者は、「判断・認識・観念など、意思表示以外の精神作用の発現を要素とし、行為者がその効果を欲するが故にではなく、一定の精神作用の発現について、専ら法規の定めるところにより法的効果の付せられる行為」をいう（田中・上116頁）。（この考え方によれば、法律行為的行政行為の下位分類として命令的行為と形成的行為が位置づけられることになる。）この伝統的な分類に対しては、その後さまざまな批判が加えられたが、処分性との関係でいえば、前者は、行政庁が表示した私人の権利義務に変動をもたらす旨の意思（効果意思）に沿った効果（すなわち、行政庁が欲した内容の効果）が法令上認められるので、「行政庁の処分」であることは比較的わかりやすいが、後者は、意思表示以外のものに法令が特に一定の法的効果を付与しているがゆえに、行政行為（処分）とされるものであるから、そこでいかなる法的効果が付与されたものとみるべきかが問題となる。

　準法律行為的行政行為に属するものとしては、「確認」「公証」「通知」「受理」の4つが挙げられる（田中・上123頁以下）。すなわち、「**確認**」とは、特定の事実又は法律関係に関し疑い又は争いがある場合に公の権威をもってその存否又は真否を確認する行為をいう（例・所得額の更正決定、建築確認、当選人の決定、恩給権の裁定、土地収用の事業認定、健康保険法上の被保険者の資格取得の認定、公害病患者の認定等—芝池・総論131頁以下参照）。これに対して、「**公証（証明）**」は、特定の事実又は法律関係の存否を公に証明する行為をいう。確認が判断の表示であるのに対し、公証は認識の表示であるとされる（例・選挙人名簿・土地台帳その他の公簿への登録、退職者の恩給証書・各種の証明書・鑑札・免状等の公布、行政庁への登録など）さらに、「**通知**」とは、特定又は不特定多数の人に対して特定の事項を知らしめる行為をいい（例・納税の督促、行政代執行の前提としての戒告など）、「**受理**」とは、他人の行為を有効な行為として受領する行為をいう（例・願書・届書・不服申立書・訴状の受理など）。

　例えば「通知」についてみると、行政行為とされる「通知」と単なる「お知らせ」はどのように異なるのであろうか。例えば関税定率法において輸入禁制品とされている「公安又は風俗を害すべき書籍、図画、彫刻物その他の物品」（3号物件—当時の関税定率法21条1項3号）に該当する旨の通知は、輸入禁制品該当通知書によって、対象品名、数量、理由を挙げて、「貴殿が輸入しようとする……物品は、……の理由により関税定率法第21条第1項○号に該当するものと認められますので、同条第3項の規定に基づき通知します。」と伝達するものである。そこで輸入禁制品に該当する場合、その物件は法律上当然にその輸入が禁止されているけれども、3号物件に当たるか否かは、それ自体一種の価値判断を介在させざるをえないものである。従って、そのような判断は、「輸入申

－ 48 －

告に対する行政庁側の最終的な拒否の態度を表明するもの」であり（＝最終性・この段階での救済の必要性）、実質的な拒否処分（不許可処分）として機能している（＝法的効果）、として処分性が肯定される（最（大）判昭和 59 年 12 月 12 日民集 38 巻 12 号 1308 頁〔札幌税関検閲違憲訴訟上告審判決〕）。この他、食品衛生法 16 条に基づき検疫所長が同条所定の食品等の輸入の届出をした者に対して行う、当該食品等が同法に違反する旨の通知（最（一小）判平成 16 年 4 月 26 日民集 58 巻 4 号 989 頁）や、土壌汚染対策法 3 条 2 項の通知（通知を受けた土地所有者等に土壌汚染状況について調査および報告の義務を課すという理由による─最（二小）判平成 24 年 2 月 3 日民集 66 巻 2 号 148 頁）について、処分性が認められている。

また、行政代執行法の規定する**戒告**（3 条）も、それ自体既存の権利義務に新たなる変動を生ぜしめるものではないにしても、単なる通知行為ではなく「代執行の前提要件たる準法律行為的行政行為」であるとして処分性が肯定される（旭川地判昭和 29 年 11 月 20 日行裁例集 5 巻 11 号 2810 頁など）。すなわち代執行を行うための**手続的行為**（今村・入門 81 頁以下）であること（代執行の適法要件となるとともに、義務者にとっては義務の履行期限が定められる。）に着目して処分性を認めたものと解される。

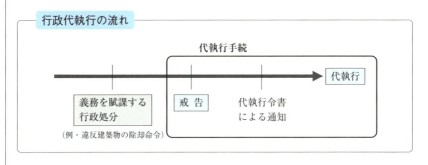

ちなみにこの場合、戒告に処分性を認めた場合、一連のプロセスに義務を賦課する行政処分（例えば違反建築物の除却命令）と戒告という 2 つの行政処分が存在することになる。そうなると、戒告の取消訴訟の中でもともとの義務賦課処分の違法性を争うことができるか、という**違法性の承継**の問題［→ 123］が生じる。義務賦課処分と強制執行における処分は、それぞれ目的が異なるので違法性の承継を認めないという立場に立つと、戒告の取消訴訟の中で義務賦課処分の違法性は主張できないということになる。

2　私法上の行為

契約締結などの私法上の行為は、「処分」にあたらない。それ自体は争いがないが、民法上の契約締結行為が公共事業等の過程の一コマをなす場合がある。例えば、前掲・昭和 39 年最高裁判決で問題となった東京都のごみ焼却場設置行為は、被告東京都と訴外西松建設株式会社との間で締結した建築請負契約、ごみ焼

却場の設置計画案の策定、都議会における計画案の議決、更には同議決の公布行為などの複数の行為からなっている。

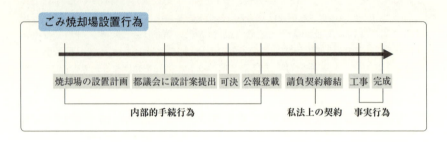

　この判決の特徴は、一連の過程を個々の行為に分解し、その中に「行政庁の処分」に当たる行為が含まれているかどうかを個別に判定して、「処分」性を判断するという方法をとったところにある（原田尚彦「判批」行政判例百選〈第3版〉〔1993年〕373頁）。すなわち、東京都と西松建設との間の建築請負契約締結は、私法上の契約ということで「処分」にあたらないし、焼却場設置計画案の策定および同案を都議会に提出した行為は、ともに東京都という行政主体の内部行為（次の3参照［→41］）であり、処分にはあたらないとされている。つまりこの判決は、ごみ焼却場設置行為全体をとらえて一体的に考察する（「総合的考察」ないし「一体的構成」）のではなく、個々の手続行為それぞれを分解して判断したところに特徴がある（「分析的考察」ないし「分解的構成」——高木光『事実行為と行政訴訟』〔1988年〕18頁）。この判決以降、この種の公共施設の建設については行政訴訟ではなく、民事訴訟で差止めを求めるという方法がひとまず定着したわけであるが［→225a］、このような考え方については、空港の夜間使用差止めを民事訴訟で求めた訴えを不適法とした**大阪空港訴訟上告審判決**（最（大）判昭和56年12月16日民集35巻10号1369頁）［→207］との整合性が問題とされる。

3　行政の内部行為

　(1)　**訓令・通達、職務命令**　　行政主体内部の機関相互間の行為は、直接私人（国民）の権利義務を形成しまたはその範囲を確定する効果をもたないため、「行政庁の処分」には当たらない。行政の内部関係における行為には、上級機関が下級機関に対してその指揮監督権に基づいて発する一般的・抽象的な訓令・通達等の行政規則と、個別的・具体的に発せられる職務命令があるが、そのいずれにも処分性は認められない、ということになる。

　例えば、墓地、埋葬等に関する法律（墓地埋葬法）は、墓地の管理者は、埋葬

の求めを受けたとき正当の理由がなければ、これを拒んではならないと規定しているが（13条）、その解釈について、従前の見解を改め、宗教団体が経営する墓地の管理者は埋葬等を請求するものが他の宗教団体の信者であることのみを理由としてその請求を拒むことはできない、と指示する通達について、判例は、次のように述べて、処分性を否定している。

> **CASE** 最（三小）判昭和43年12月24日民集22巻13号3147頁（通達）
>
> 「元来、通達は、原則として、法規の性質をもつものではなく、上級行政機関が関係下級行政機関および職員に対してその職務権限の行使を指揮し、職務に関して命令するために発するものであり、このような通達は右機関および職員に対する行政組織内部における命令にすぎないから、これらのものがその通達に拘束されることはあっても、一般の国民は直接これに拘束されるものではなく、このことは、通達の内容が、法令の解釈や取扱いに関するもので、国民の権利義務に重大なかかわりをもつようなものである場合においても別段異なるところはない。このように、通達は、元来、法規の性質をもつものではないから、行政機関が通達の趣旨に反する処分をした場合においても、そのことを理由として、その処分の効力が左右されるものではない。また、裁判所がこれらの通達に拘束されることのないことはもちろんで、裁判所は、法令の解釈適用にあたっては、通達に示された法令の解釈とは異なる独自の解釈をすることができ、通達に定める取扱いが法の趣旨に反するときは独自にその違法を判定することもできる筋合である。」

この事件で問題となった通達は、墓地埋葬法13条に関する内閣法制局の見解に基づいて、厚生省の担当者から都道府県等の担当者に宛てて発せられたものであるが、原告は、本件通達によって、刑罰による制裁をもって埋葬の受忍義務を課される、と主張している。これに対して、判決は、**通達に「法規」性（一般の私人への法的拘束・裁判規範性）**がないことを理由に、処分性を否定している。この点は、処分性や「法規」概念に関する従来の見解（塩野・Ⅰ99頁以下。藤田・総論57頁以下参照）に沿ったものであるが、通達の発出が「国民の権利義務に重大なかかわりをもつようなものである場合」があることを否定するものではなく、そのような場合の争訟手段については、検討の余地がある［→223］。

また、懲戒処分差止訴訟の適法性が問われた、いわゆる**国旗・国歌訴訟上告審判決**（後述［→224a］）は、入学式、卒業式等における国旗掲揚および国歌斉唱の実施について都教委が学校長にあてた通達、および校長が教職員に対して発した国歌斉唱・ピアノ伴奏等の職務命令について、その法的性格を次のように述べて

— 51 —

第Ⅰ部　行政争訟法　第1章　行政訴訟法

いる。

> **CASE** 最(一小)判平成24年2月9日民集66巻2号183頁
> （国旗・国歌訴訟）
>
> 　「本件通達は、行政組織の内部における上級行政機関で都教委から関係下級行政機関である都立学校の各校長に対する示達ないし命令にとどまり、それ自体によって教職員個人の権利義務を直接形成し又はその範囲を確定することが法律上認められているものとはいえないから、抗告訴訟の対象となる行政処分には当たらないというべきである。」
> 　「本件職務命令も、教科とともに教育課程を構成する特別活動である都立学校の儀式的行事における教育公務員としての職務の遂行の在り方に関する校長の上司としての職務上の指示を内容とするものであって、教職員個人の身分や勤務条件に係る権利義務に直接影響を及ぼすものではないから、抗告訴訟の対象となる行政処分には当たらないと解される。」

　このような判断のうち、職務命令については、これによって命令の相手方たる教職員は、確かに公務員としての職務上の義務（公的義務）を課せられることになる。したがって、その点だけを捉えれば、職務命令にも処分性があるのではないかという疑問が生ずる。しかし他方で、行政組織内部でのかかる職務命令について、その違法を取消訴訟で争わせるということは、（公定力や不可争力に対応する）出訴期間等の特殊な訴訟上の取扱いを適用することになるため、争訟のあり方として必ずしも妥当であるとはいえない面がある。したがって、上記のような職務命令については、教職員「個人」の身分等には関わらないものとして処分性を否定し、その違法は、職務命令違反を理由とする懲戒処分（これに処分性があることには争いがない。）の段階において争うべきとしたわけである。

43　　(2)　**行政機関相互の個別的行為**　　消防法7条に規定する建築許可に対する消防長の同意は、消防長が知事に対して行う**行政機関相互間の行為**であり、国民に対する直接の関係において、その権利義務に影響を与えるものではないとして、抗告訴訟の対象とはならないとされる（最(一小)判昭和34年1月29日民集13巻1号32頁）。

　このような行政主体内部の機関相互間の行為の他に、一応は行政主体相互間、すなわち本来独立した法主体の間の行為であっても、その実質に照らして行政主体内部の監督手段と同視される場合がある。日本鉄道建設公団が、運輸大臣の指示を受けて策定した成田新幹線建設工事実施計画に対する運輸大臣の認可処分について、最高裁は、処分性を否定した。

— 52 —

第 3 節 抗告訴訟①（その 1）

> **CASE** 最（二小）判昭和 53 年 12 月 8 日民集 32 巻 9 号 1617 頁
> （成田新幹線）
>
> 「本件認可は、いわば上級行政機関としての運輸大臣が下級行政機関としての日本鉄道建設公団に対しその作成した本件工事実施計画の整備計画との整合性等を審査してなす監督手段としての承認の性質を有するもので、行政機関相互の行為と同視すべきものであり、行政行為として外部に対する効力を有するものではなく、また、これによって直接国民の権利義務を形成し、又はその範囲を確定する効果を伴うものではないから、抗告訴訟の対象となる行政処分にあたらないとした原審の判断は、正当として是認することができ、原判決に所論の違法はない。」

　ちなみに、国民健康保険事業の被保険者資格を認められなかった者が、国民健康保険審査会（＝大阪府国民健康保険審査会）に対して行った審査請求に対する裁決について、国民健康保険事業の主体（保険者）たる地方公共団体（＝大阪市）がその取消しを求めた訴訟で、同様の内部行為論に立ち原告適格を否定した判例がある。

> **CASE** 最（一小）判昭和 49 年 5 月 30 日民集 28 巻 4 号 594 頁
> （国民健康保険の保険者の原告適格）
>
> 「以上のような国民健康保険事業の運営に関する法の建前と審査会による審査の性質から考えれば、保険者のした保険給付等に関する処分の審査に関するかぎり、審査会と保険者とは、一般的な上級行政庁とその指揮監督に服する下級行政庁の場合と同様の関係に立ち、右処分の適否については審査会の裁決に優越的効力が認められ、保険者はこれによって拘束されるべきことが制度上予定されているものとみるべきであって、その裁決により保険者の事業主体としての権利義務に影響が及ぶことを理由として保険者が右裁決を争うことは、法の認めていないところであるといわざるをえない。」

　この場合は、審査請求に対する裁決が行訴法 3 条 3 項の「裁決」であることは疑いがないので、問題は、原告・大阪市に取消訴訟の原告適格があるか、という点であった。

4　行政立法（法規命令）ないし一般処分

　行政立法は、① 法規たる性格を有する**「法規命令」**と ② 法規たる性格を有さず行政主体内部のみに効力を有する**「行政規則」**（訓令、通達など）とに分かれるが、②については **3** [→41～] で述べたところである。

　法規命令は、法律と一体となって法律の内容や執行の手続等を具体化するもの

－ 53 －

であって、行政過程においては、一般にその後、具体的な行政庁の処分が予定されている場合が多い。そのような場合は、法律の執行段階の中間段階にあるというべきであるから、その適用対象の範囲や規律の内容が具体的に確定していない段階であるという理由で、後続の具体的処分が行われるのをまって、その取消訴訟を提起すべきである、ということになろう。「法律上の争訟」に関する《紛争の成熟性・具体的事件性》の要件からしてもそういう結論になる。

この点に関しては、執行停止の申立てに対する下級審の決定であるが、健康保険法の規定に基づき、「厚生省告示」という形式で「健康保険法の規定による療養に要する費用の額の算定方法」と「看護、給食及び寝具設備の基準」を決定する行為（医療費値上げの告示）の処分性を認めたものがある（東京地決昭和40年4月22日行裁例集16巻4号708頁＝判例時報406号26頁）。この場合は、告示（法規命令）をさらに具体化する処分などはないため、告示そのものの取消しを求めることができるかどうかが問題となった。

> **補足** **法律の執行の諸相と処分性—非完結型と完結型**
>
> 　法律の適用執行は、一般に、法律などの《一般的・抽象的》規範から、行政行為や裁判判決などの《個別的・具体的》行為へと展開するのが一般的である。本書では、**名宛人が不特定多数か特定された者かによって《一般的⇔個別的》**を区別し、**規律の内容に着目して《抽象的⇔具体的》**を区別することにする。そしてそのような観点から、処分性が問題となる典型的事例における法律の執行のあり方をみると、通常念頭に置かれているのは、①法律から、法規命令や行政計画における計画決定などの名宛人が不特定多数である行為（これを仮に《一般的行為》と呼ぶ。通常、この段階では、内容的にもいまだ抽象的である。）を経て、最終的に具体的処分によって個別の名宛人の権利義務が具体的に変動する場合（個別的・具体的行為）である。しかし場合によっては、②このような《一般的行為》によって（不特定多数の）名宛人の権利義務関係が変動するものの、それ以上名宛人を限定する処分というものが存在しない場合（一般的・具体的行為）もある。①を《一般的行為》では完結しない場合ということで《典型＝非完結型》といい、②を《一般的行為》でさしあたり権利義務の変動が完結するということで《非典型＝完結型》と呼ぶことにしよう[8]。

（8）　そもそも、この《完結型・非完結型》の区別は、後に取り上げる土地利用計画における権利義務変動のあり方について論じられてきたものであるが、法律の執行のあり方一般についても適用できる。いわゆる「完結型の土地利用計画」が、「不特定多数の者を対象とした一般的、抽象的規制である」という性格付けがなされてきたことについて、遠州鉄道土地区画整理事業事件大法廷判決（最（大）判平成20年9月10日民集62巻8号2029頁——後述【3】6(2)［→48～］）における藤田裁判官補足意見は、「規制の内容自体から言えば、完結型土地利用計画は、まさに『完結型』なのであって、私人の権利へ

— 54 —

第3節　抗告訴訟①（その1）

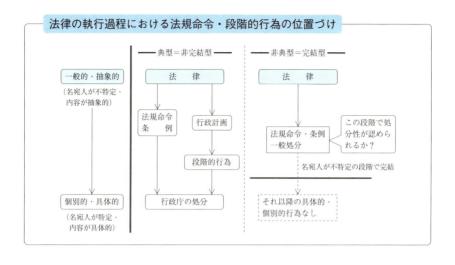

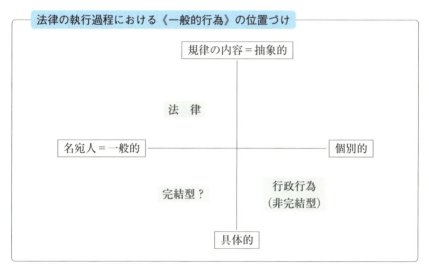

発展　名宛人が不特定な行為（非典型＝完結型）の処分性

　このような《非典型＝完結型》の場合、名宛人は不特定であっても、名宛人の権利義務に対する影響は抽象的ではなく、（程度の問題は若干あるにせよ）具体的である。このような場合、そのようないわば《一般的・具体的行為》について処分性を認めるべきか、また認められない場合、どのような訴訟類型が考

──────────
の侵害は、（土地区画整理事業計画決定に伴う建築行為等の制限の場合と同様、あるいは見方によってはより一層）直接的かつ究極的な（暫定的規制に止まらない）ものである」と指摘している。

えられるかが問題となる。

例えば、前述の医療費値上げの職権告示をめぐっては、名宛人（この場合、健康保険組合）が不特定多数に及ぶので、仮に取消判決が下された場合、当該訴訟においては当事者ではないが同様の立場に立つ他の名宛人（第三者）にも当該判決の効力が及ぶのかという問題（取消判決の第三者効力の問題［→140～］）など、検討すべき問題があることが指摘されてきた(9)。

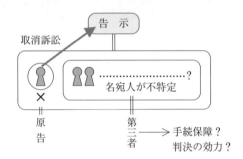

ここで一般論を述べておくと、このような名宛人が不特定の行為（一般的行為）が仮に名宛人の権利義務に具体的な影響を及ぼすとしても、そこから直ちに処分性を認める（すなわち抗告訴訟の対象とする）ことが躊躇される理由としては、次の2つの理由が考えられる。

第1は、上述で述べたように、名宛人が不特定である場合、原告以外の名宛人は、当該訴訟においては第三者ということになるが、かかる第三者の立場、とりわけ手続保障と判決の効力が問題となる。この点にかかわるのは、第三者の訴訟参加（行訴22［→114］）、取消判決の第三者効力（同32［→140～］）、第三者の再審の訴え（同34）であり、詳しくは後に触れるが、いずれにしても、名宛人が画定されない場合、これらの手続保障に困難が伴う。場合によっては、名宛人の間で、当該行為をめぐって利害対立がある場合がないではないであろうから、そのような場合にはなおさらである。

第2は、このような一般的行為の場合、一般的法規範を定立することになるが、そのような一般的法規範は、**制定後継続的に適用されることを予定している**のが通常である。そうだとすると、名宛人は、継続的に変動しうるわけであるが、なによりもって、取消訴訟の対象ということになると、出訴期間（行訴14）の適用がある［101～］。そうなると、出訴期間が過ぎた場合、不可争力が生じ、当該行為が無効でない限り、裁判上の救済が求められないということになる。例えば、条例の制定行為の取消訴訟については、後に述べるように、近時、限られたものについて処分性を認める判例もあるが、条例は、通常の場合、制定後継続的に適用されるわけであるから、条例制定行為に処分性を認めた場合、

（9） この点については、行訴法が制定された当初余り検討されなかったようである（雄川一郎「行政事件訴訟法立法の回顧と反省」『行政争訟の理論』〔1986年〕200頁）。

第3節　抗告訴訟①（その1）

出訴期間が過ぎた後に例えば、当該地方公共団体に転入してきた住民が当該条例を争おうとしても、当該条例の制定行為の無効を前提とした訴訟（無効確認訴訟など）を提起するほかない。その場合、主張しなければならない違法の程度は、重大明白な瑕疵に限られ、その分、ハードルは高くなってしまう。この点は、次の5［→45］で触れる。

　もっとも、仮に処分性が認められないとしても、抗告訴訟以外の訴訟（とりわけ、公法上の当事者訴訟——行訴4）による救済も考えられるから、その点も考慮に入れながら、救済方法を考えることになろう［→214～］。

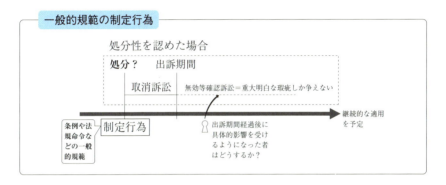

補足　一般処分

　講学上「行政行為」とされるものの中に、「一般処分」といわれるものがある。これは、《一般的・具体的行為》に属する法律の執行段階としては（強制行為＝強制執行・刑罰の手前の）最終段階であってそれ以上の内容的具体化はない段階にあるが、名宛人が不特定多数（ここでいう「一般」とは名宛人が不特定であるという意味であろう）である。判例では、**禁猟区の設定行為の処分性**を否定した判例（最(二小)判昭和40年11月19日判例時報430号24頁）がある。

　最高裁判例では、建築基準法42条2項に基づくいわゆる「2項道路」（同条1項の道路とみなされる道路）の指定を行う「告示」（奈良県告示）に対する処分不存在確認訴訟（行訴36）において、告示の処分性が認められている。

> **CASE**　最(一小)判平成14年1月17日民集56巻1号1頁（2項道路）
>
> 　「〔建築基準〕法42条2項は、同条1項各号の道路に該当しない道であっても、法第3章の規定が適用されるに至った時点において、現に建築物が立ち並んでいる幅員4m未満の道で、特定行政庁の指定したものは、同項の道路とみなし、その中心線から水平距離2mの線を道路の境界とみなすものとしている。
> 　同条2項の特定行政庁の指定は、同項の要件を満たしている道について、

— 57 —

第Ⅰ部　行政争訟法　第1章　行政訴訟法

個別具体的に対象となる道を2項道路に指定するいわゆる個別指定の方法でされることがある一方で、本件告示のように、一定の条件に合致する道について一律に2項道路に指定するいわゆる一括指定の方法でされることがある。……（略）……

　本件告示は、幅員4ｍ未満1.8ｍ以上の道を一括して2項道路として指定するものであるが、これによって、法第3章の規定が適用されるに至った時点において現に建築物が立ち並んでいる幅員4ｍ未満の道のうち、本件告示の定める幅員1.8ｍ以上の条件に合致するものすべてについて2項道路としての指定がされたこととなり、当該道につき指定の効果が生じるものと解される。……（略）……

　そして、本件告示によって2項道路の指定の効果が生じるものと解する以上、このような指定の効果が及ぶ個々の道は2項道路とされ、その敷地所有者は当該道路につき道路内の建築等が制限され（法44条）、私道の変更又は廃止が制限される（法45条）等の具体的な私権の制限を受けることになるのである。そうすると、特定行政庁による2項道路の指定は、それが一括指定の方法でされた場合であっても、個別の土地についてその本来的な効果として具体的な私権制限を発生させるものであり、個人の権利義務に対して直接影響を与えるものということができる。

　したがって、本件告示のような一括指定の方法による2項道路の指定も、抗告訴訟の対象となる行政処分に当たると解すべきである。」

　建築基準法42条1項は、「道路」について、同項各号に該当する幅員4メートル以上のものをいうとしているが、同条2項は、幅員4メートル未満のものでも「特定行政庁の指定」により「道路」とみなし、その中心線から水平距離2メートルの線を境界とみなすとしている。そして2項道路の指定がなされると、さまざまな私権の制限を受けることになる（例えば、判決も述べているように、建築物等を道路内に建てることはできないから（建基44①）、指定当初は具体的な不利益はないとしても、将来的に増改築の時に、その部分には建物が建てられない、という不利益が生じうる）。そしてこの2項道路の指定方式としては、道路を一つずつ個別に2項道路として指定する「個別指定」と、一定の要件を告示で定め、それに該当する道路を2項道路として指定する「一括指定」という2つの方式が存在する。もっとも、一括指定がなされても、告示で要件が定められているのみで、具体的に「誰それの家の前のこの道路が、その要件に当たる2項道路である」という公的認定は存在しない（すなわちそれ以上具体的な行政処分はない）ので、結局、指定後の増改築等において建築確認の際に、2項道路に該当するから建築確認がおりないとか、本件のように何らかの訴訟でそのことが裁判によって確認されるということによって、公権的に明らかになるわけである（2項道路については、金子正

－ 58 －

第3節　抗告訴訟①（その１）

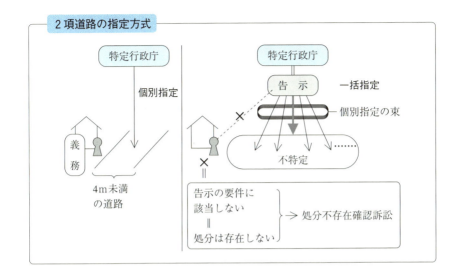

史『まちづくり行政訴訟』(2008年) 63頁、生田・都市法82頁以下参照)。この判決は、一括指定を行う告示について、いわば処分の束がそこにあるとみて、２項道路の要件に該当しない場合は、処分は不存在であったと構成するわけである。原告が求めているのも、一括指定そのものを覆滅することではなく、単に自分の土地はそれにかからないことを確認したい、ということであるので、その限りでそのような請求の趣旨にも合致しているといえる。ただし、このような理論構成には疑問の余地がないではない（詳細については、本書初版66頁以下参照）。

また、地家裁支部を廃止した最高裁判所規則の取消しを求めた訴えが、「法律上の争訟」に当たらないとして不適法却下されたことについては、既に述べた（最（二小）判平成3年4月19日［→16］）。

5　条例制定行為[10]

条例制定行為についても、一般にはそれだけで私人の権利義務が個別的・具体的に変動することはないので、処分性は認められない[11]。**既存の小学校の廃校**

---

(10)　抗告訴訟は、「行政庁の公権力の行使に当たる行為」であるから、「行政庁の処分」という行為、あるいは「その他公権力の行使に当たる行為」を攻撃の対象とするものである。したがって、条例については、《条例を取り消す》のではなく、《条例の制定行為を取り消す》ことになることに注意が必要である。すなわち、条例制定行為が取り消されることによって、いったん制定された条例の効力が遡及的になくなるわけである（この点は、行政庁の処分と同様である）。

(11)　条例制定行為が場合によっては処分性を有することもありうることを示唆した最高裁判決として、飛地の再編に関する富山県令について判断した最（三小）判昭和34年6月2

と新たな小学校の設置を決めた条例の制定行為の取消しを求めた事件について、最高裁は、同条例は一般的規範にほかならず、原告は、被告（東京都千代田区）が「社会生活上通学可能な範囲内に設置する小学校においてその子らに法定年限の普通教育を受けさせる権利ないし法的利益を有するが、具体的に特定の区立小学校で教育を受けさせる権利ないし法的利益を有するとはいえない」として処分性を否定している（最（一小）判平成14年4月25日判例地方自治229号52頁）。この場合、そもそも原告には「特定の区立小学校で教育を受けさせる権利ないし法的利益」がないことが判断の前提となっている。

しかし場合によっては条例が、名宛人が不特定の一般的なものであるにせよ、具体的に権利義務に変動を及ぼす場合がある。例えば、別荘地を抱える地方公共団体の水道料金について、条例で別荘給水契約者の基本料金をそれ以外の者の3倍以上値上げした高根町簡易水道事業給水条例の無効確認が争われた事件について、最高裁は、「本件改正条例は、旧高根町が営む簡易水道事業の水道料金を一般的に改定するものであって、そもそも限られた特定の者に対してのみ適用されるものではなく、本件改正条例の制定行為をもって行政庁が法の執行として行う**処分と実質的に同視することはできない**」として、条例改正行為の処分性を否定した（最（二小）判平成18年7月14日民集60巻6号2369頁(12)）。

その後、**公立保育所廃止条例の制定行為に処分性を認める最高裁判決**が出された。保育所については、児童福祉法上、保育所の受入れ能力がある限り、市町村は、希望どおりの入所を図らなければならないこととして、保護者の選択を制度上保障したものと解される（この点が、多くの公立小学校と異なる点である）。そして判決は、公立保育所の利用関係が、保護者の選択に基づき、保育所及び保育の実施期間を定めて設定されるものであり、保育の実施の解除がされない限り、保育の実施期間が満了するまで継続するものであることを前提にして、特定の保育所で現に保育を受けている児童及びその保護者は、保育の実施期間が満了するまでの間は「**当該保育所における保育を受けることを期待し得る法的地位**」を有するとした。そして条例の制定行為とかかる法的地位との関係について、次のよう

日民集13巻6号639頁が挙げられることがあるが、そのような読み方には疑問がある（神橋一彦「判批」『地方自治判例百選〈第3版〉』〔2003年〕18頁）。

(12) その上で同判決は、別荘給水契約者で高根町の住民でない者も「住民に準ずる者」とし、地方自治法244条3項の禁ずる「不当な差別的取扱い」に当たるとして、条例を違法無効とし、改定前の差額分に関する未払水道料金の債務不存在確認及び支払済みの水道料金相当額の不当利得返還請求などを認容した。すなわち、民事訴訟の前提問題として当該条例の無効を判断したわけである。

第3節　抗告訴訟①（その1）

に述べる。

> **CASE**　最（一小）判平成21年11月26日民集63巻9号2124頁
> （保育所廃止条例）
>
> 　「ところで、公の施設である保育所を廃止するのは、市町村長の担任事務で
> あるが（地方自治法149条7号）、これについては条例をもって定めることが必
> 要とされている（同法244条の2）。条例の制定は、普通地方公共団体の議会が
> 行う立法作用に属するから、一般的には、抗告訴訟の対象となる行政処分に
> 当たるものでないことはいうまでもないが、本件改正条例は、本件各保育所
> の廃止のみを内容とするものであって、他に行政庁の処分を待つことなく、
> その施行により各保育所廃止の効果を発生させ、当該保育所に現に入所中の
> 児童及びその保護者という限られた特定の者らに対して、直接、当該保育所
> において保育を受けることを期待し得る上記の法的地位を奪う結果を生じさ
> せるものであるから、その制定行為は、行政庁の処分と実質的に同視し得る
> ものということができる。
> 　また、市町村の設置する保育所で保育を受けている児童又はその保護者が、
> 当該保育所を廃止する条例の効力を争って、当該市町村を相手に当事者訴訟
> ないし民事訴訟を提起し、勝訴判決や保全命令を得たとしても、これらは訴
> 訟の当事者である当該児童又はその保護者と当該市町村との間でのみ効力を
> 生ずるにすぎないから、これらを受けた市町村としては当該保育所を存続さ
> せるかどうかについての実際の対応に困難を来すことにもなり、処分の取消
> 判決や執行停止の決定に第三者効（行政事件訴訟法32条）が認められている取
> 消訴訟において当該条例の制定行為の適法性を争い得るとすることには合理
> 性がある。
> 　以上によれば、本件改正条例の制定行為は、抗告訴訟の対象となる行政処
> 分に当たると解するのが相当である。」

　すなわちこの判決は、**条例制定行為の処分性を認める理由**として、① 条例が、
保護者の保育所選択の自由に基づく「当該保育所における保育を受けることを期
待し得る法的地位」を侵害するものであるという法的効果の面を挙げている。さ
らに、条例が一般的には名宛人が不特定であるものであるが、その点については、
②「当該保育所に現に入所中の児童及びその保護者という限られた特定の者」の
法的地位に影響を及ぼすものであるから、名宛人の範囲も画定されているとみて
いる。おそらく条例の内容が、特定の公立保育所の廃止という1回限りのもので
あって、継続的な適用を想定するものではなく、名宛人の範囲もこのように画定
可能で、この程度ならば原告以外の第三者についても、訴訟における手続保障を
行うことが可能とみたのであろう。そして、そのような手続保障の前提に立った
上で、取消判決に第三者効もあって一回的に解決が可能な取消訴訟ないし執行停

－ 61 －

第Ⅰ部 行政争訟法 第1章 行政訴訟法

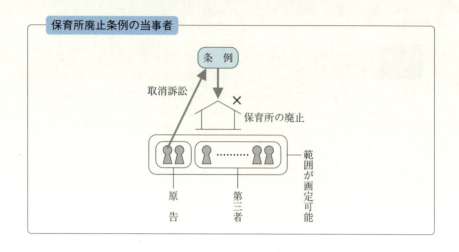

止によるのが、妥当であると判断したと解される。

したがって、この判例は、条例制定行為一般の処分性を認めたものではなく、①相手方の法的地位への直接具体的な影響、②名宛人の範囲が画定されており、原告以外の名宛人に手続保障が可能であること、③条例といっても、内容的に継続的に適用されることを予定するものではないこと、④取消判決・執行停止によることが紛争解決に適切である、などの限定が付された場合について、処分性を認めたものと解される(13)。この①と②は条例制定行為が「行政庁の処分と実質的に同視しうるもの」であるか否かにかかわるものであり、③と④は当該事件を取消訴訟の対象とすることが適切かどうかという訴訟法上の考慮にかかわるものである。

6 行政計画

行政計画には多種多様なものがあるので、結局、行政計画の決定行為が処分性を有するか否かは、① 私人の権利義務との関わりがどうか、② それと関連して、行政計画の一連のプロセスの中で、当該行為がどのように位置づけられているか、

---

(13) なお、公立小学校の廃校条例にかかる前出・平成14年最高裁判決においては、保護者はその子を「具体的に特定の区立小学校で教育を受けさせる権利ないし法的利益」はないが、「社会生活上通学可能な範囲内に設置する小学校においてその子らに法定年限の普通教育を受けさせる権利ないし法的利益」は認めているがごとくである。例えば、広範な区域を有する市町村において、小学校を統合して1校とし、特定の子に寄宿舎生活を強いるような条例が制定された場合、そのような条例については、その子の保護者は、当該条例の制定行為の取消訴訟を提起するということになろう。

第3節　抗告訴訟①（その1）

といった点を総合的に考慮して決するほかない。またその際には、救済のタイミング（後に述べるように、わが国では、執行不停止原則が採られているため（行訴25①）、なおさらである［→106～］）や原告にかける負担といった《実効的権利救済の要請》も考慮に入れなければならない。

（1）**昭和41年の青写真判決**　　行政計画決定の処分性に関するリーディング・　　47
ケースとされてきたのが、昭和41年の**高円寺土地区画整理事業事件**大法廷判決
（最（大）判昭和41年2月23日民集20巻2号271頁、以下「**昭和41年判決**」という──いわゆる
青写真判決）であった。この判決の事案については、《実効的な権利保護の要請》
について考える際に紹介したところであるが［→23］、この判決は、土地区画整理
法に基づく土地区画整理事業計画決定[14]の処分性を否定した。その理由は、次
の2点である。

① 　事業計画自体ではその遂行によって利害関係者の権利にどのような変動を
　　及ぼすかが、必ずしも具体的に確定されているわけではなく、いわば当該土
　　地区画整理事業の青写真たる性格を有するにすぎないと解すべきである（い
　　わゆる**青写真論**）。

② 　当該事業計画が法律の定めるところにより公告されると、爾後、施行地区
　　内において宅地、建物等を所有する者は、土地の形質の変更、建物等の新築、
　　改築、増築等につき一定の制限を受けることとなるが、これは、当該事業計
　　画の円滑な遂行に対する障害を除去するための必要に基づき、法律が特に付
　　与した公告に伴う付随的な効果にとどまるものであって、事業計画の決定な
　　いし公告そのものの効果として発生する権利制限とはいえない（**付随的効果
　　論**）。

その上で同判決は、「……土地区画整理事業の進展に伴い、やがては利害関係

---

(14)　土地区画整理事業の詳細については生田・都市法148頁以下参照。土地区画整理事業
　　の事業主体としては個人施行者、土地区画整理組合、「都道府県及び市町村」、及び「建
　　設大臣（＝国土交通大臣）、都道府県知事、市町村長」の4種類がある。土地区画整理
　　事業の主たる手段は換地処分である。換地処分とは、「施行者が、施行地区内の整理工
　　事施行前の土地各筆（従前の土地）及びその上に存する借地権等の権利の目的たる部分
　　に照応した、これに変わるべき整理施行後の土地（換地）及び従前の借地権等権利の目
　　的たる換地の部分の位置、範囲を指定する処分」及び、「従前の土地に照応しない換地
　　の位置、範囲を指定し、若しくは指定せずにこれによる土地の権利相互間に生じる不公
　　平を金銭で清算する処分」をいう。これによって、土地区画整理の本質をなす土地の形
　　質の変更を実現し、終局的に確定することになる（換地処分の効果については法104条
　　参照）。

－ 63 －

者の権利に直接変動を与える具体的な処分が行なわれることがあるとか、また、計画の決定ないし公告がなされたままで、相当の期間放置されることがあるとしても、右事業計画の決定ないし公告の段階で、その取消又は無効確認を求める訴えの提起を許さなければ、利害関係者の権利保護に欠けるところがあるとはいい難く、そのような訴えは、抗告訴訟を中心とするわが国の行政訴訟制度のもとにおいては、争訟の成熟性ないし具体的事件性を欠くものといわなければならない」とした。さらに、一連の手続の中で「土地区画整理事業の施行に対する障害を排除するため、当該行政庁が、当該土地の所有者等に対し、原状回復を命じ、又は当該建築物等の移転若しくは除却を命じた場合において、それらの違法を主張する者は、その取消（または無効確認）を訴求することができ、また、当該行政庁が換地計画の実施の一環として、仮換地の指定又は換地処分を行なった場合

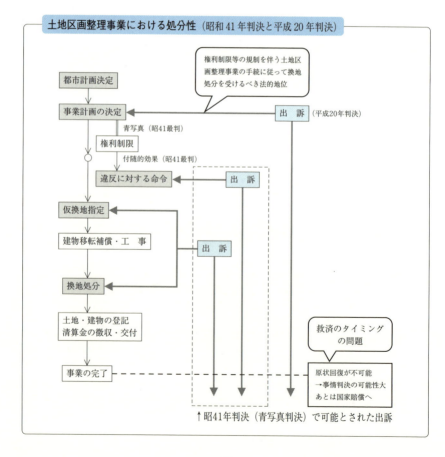

第3節　抗告訴訟①（その1）

において、その違法を主張する者は、これらの具体的処分の取消（または無効確認）を訴求することができる。これらの救済手段によって、具体的な権利侵害に対する救済の目的は、十分に達成することができる」としている。このような考え方は、**実効的権利救済の観点**からすると大いに問題があるところであるが、その前提には、一連の手続を経て行われる行政作用について、どの段階で訴えを認めるかは「立法政策」の問題である、という認識がある。すなわち、土地区画整理法がそのように定めているのだから、それはそれで仕方がない、というわけである。

(2)　**平成20年の判例変更**　このような昭和41年判決に対しては、さまざまな批判がなされた。とりわけこの事件において、原告は土地区画整理事業の進行が長期にわたって中断し、権利制限（これは「付随的効果」に過ぎないとされたわけであるが）のみが存続し、家の建替えも大規模な修繕もままならないといった事態に対して、救済を訴えていたわけである。しかしながら判決は、「計画の決定ないし公告がなされたままで、相当の期間放置されることがあるとしても、右事業計画の決定ないし公告の段階で、その取消又は無効確認を求める訴えの提起を許さなければ、利害関係者の権利保護に欠けるところがあるとは」いい難いと断じたのである。

もっともその後、最高裁は、同じ行政計画にかかる決定行為でも、都市再開発法に基づく第二種市街地再開発事業の事業計画の決定については、同決定が、その公告の日から、土地収用法上の事業の認定（収用20）と同一の法律効果を生ずるものであり（同26④）、市町村は、同決定の公告により、同法に基づく収用権限を取得するとともに、「その結果として、施行地区内の土地の所有者等は、特段の事情のない限り、自己の所有地等が収用されるべき地位に立たされることとなる」などを理由として、処分性を認めている（最(一小)判平成4年11月26日民集46巻8号2658頁）。しかしながら、昭和41年判決自体は、次に挙げる平成20年の**遠州鉄道土地区画整理事業事件大法廷判決**（以下、「**平成20年判決**」という）によって判例変更がなされるまで、行政計画上の決定の処分性についてのリーディング・ケースとされた。

以下、**平成20年判決の概要**を論点に沿って紹介するが、法廷意見の含意と内容的射程を理解するには、藤田宙靖裁判官補足意見を参照することが有益である。

— 65 —

第Ⅰ部　行政争訟法　第1章　行政訴訟法

CASE	最（大）判平成20年9月10日民集62巻8号2029頁 （遠州鉄道土地区画整理事業）

1）事業計画決定の法的効果 — 青写真論・付随的効果論の否定
法廷意見

「……そうすると、施行地区内の宅地所有者等は、事業計画の決定がされることによって、前記のような規制を伴う土地区画整理事業の手続に従って換地処分を受けるべき地位に立たされるものということができ、その意味で、その法的地位に直接的な影響が生ずるものというべきであり、事業計画の決定に伴う法的効果が一般的、抽象的なものにすぎないということはできない。」

藤田裁判官補足意見

「換地の法的効果自体は、土地区画整理事業計画決定から直接に生じるものではないが、一度計画が決定されれば、制度の構造上、極めて高い蓋然性をもって換地処分にまで到ることは否定し得ないのみならず、まさに、その段階に到るまでの現実の障害の発生を防止することを目的とする（いわば計画実施保障制限とも称すべき）建築行為等の制限効果が直接に生じることとなっている。そして、この制限は換地処分の公告がなされるまで継続的に課されるのであって、この意味において、事業計画決定は、土地区画整理事業の全プロセスの中において、いわば、換地にまで到る権利制限の連鎖の発端を成す行為であるということができる。多数意見が「施行地区内の宅地所有者等は、事業計画の決定がされることによって、前記のような規制を伴う土地区画整理事業の手続に従って換地処分を受けるべき地位に立たされるものということができ、その意味で、その法的地位に直接的な影響が生ずるものというべき」であるというのは、まさにこの意味であって、冒頭に見た従来の判例における「処分」概念との整合性についても、このように理解されるべきである。」

2）土地区画整理事業の特殊性と権利救済の要請
法廷意見

「もとより、換地処分を受けた宅地所有者等やその前に仮換地の指定を受けた宅地所有者等は、当該換地処分等を対象として取消訴訟を提起することができるが、換地処分等がされた段階では、実際上、既に工事等も進ちょくし、換地計画も具体的に定められるなどしており、その時点で事業計画の違法を理由として当該換地処分等を取り消した場合には、事業全体に著しい混乱をもたらすことになりかねない。それゆえ、換地処分等の取消訴訟において、宅地所有者等が事業計画の違法を主張し、その主張が認められたとしても、当該換地処分等を取り消すことは公共の福祉に適合しないとして事情判決（行政事件訴訟法31条1項）がされる可能性が相当程度あるのであり、換地処分等がされた段階でこれを対象として取消訴訟を提起することができるとしても、宅地所有者等の被る権利侵害に対する救済が十分に果たされるとはいい難い。そうすると、事業計画の適否が争われる場合、実効的な権利救済を

— 66 —

図るためには、事業計画の決定がされた段階で、これを対象とした取消訴訟の提起を認めることに合理性があるというべきである。」

「以上によれば、市町村の施行に係る土地区画整理事業の事業計画の決定は、施行地区内の宅地所有者等の法的地位に変動をもたらすものであって、抗告訴訟の対象とするに足りる法的効果を有するものということができ、実効的な権利救済を図るという観点から見ても、これを対象とした抗告訴訟の提起を認めるのが合理的である。したがって、上記事業計画の決定は、行政事件訴訟法３条２項にいう「行政庁の処分その他公権力の行使に当たる行為」に当たると解するのが相当である。」

藤田裁判官補足意見

「私自身は、土地利用計画と異なる土地区画整理事業計画決定の固有の問題は、本来、換地制度をその中核的骨格とするこの制度の特有性からして、私人の救済の実効性を保障するためには事業計画決定の段階で出訴することを認めざるを得ないというところにあるものと考える。すなわち、土地区画整理事業計画の場合には、純粋に理論的には、計画の適法性を、後続の換地処分等個別的処分の取消訴訟においてその前提問題として争うことも可能であるとは言い得るものの、多数意見も指摘するとおり、換地制度という権利交換システムをその骨格とする制度の性質上、実際問題としては、この段階で計画の違法性を理由に個別的処分の取消しないし無効確認を認めることになれば、事業全体に著しい混乱をもたらすこととなりかねない。それ故、換地処分の取消訴訟においては、仮に処分ないしその前提としての計画の違法性が認められても、結果としては事情判決をせざるを得ないという状況が、容易に生じ得る。このような事態を避け実効的な権利救済を図るためには、事業プロセスのより早い段階で出訴を認めることが合理的であり、かつ不可欠である、ということができる（同様のことは、同じく権利交換システムないし権利変換システムを骨格とする土地改良事業、第一種市街地再開発事業等についても言える。）。これに対して、完結型土地利用計画の場合には、例えば各種用途地域において例外許可が認められることもあるように、仮に個別的開発行為や建築確認等の段階でその許可等の拒否処分が争われ、その前提問題として計画自体の違法性が認定され取消判決がなされたとしても、そのことが直ちに、システムの全体に著しい混乱をもたらすということにはならない（少なくとも、裁判所が事情判決をせざるを得ないといった状況が広く生じるものとは考えられない）。」

このように判決は、「（種々の）**規制を伴う土地区画整理事業の手続に従って換地処分を受けるべき地位**」という１つの**《法的地位》**を措定し、土地区画整理事業決定は、施行地区内の宅地所有者等をかかる地位に置くとして、処分性を認めている。確かに、事業計画決定そのものは、個別的な権利義務の変動を直接にもたらすものではないが、土地区画整理事業の全プロセスを（個別の行為に分断す

— 67 —

第 I 部　行政争訟法　第 1 章　行政訴訟法

るのではなく）一体としてみたときに、「換地に至る権利制限の連鎖の発端をなす
行為」（藤田裁判官補足意見）と位置づけられるわけである。

　そしてこのような見方は、《実効的権利救済の要請》によるものである。すな
わち、換地処分等プロセスの最終段階で争ったのでは、換地処分の段階から訴訟
が始まることになり、またそこで少なからぬ時間が費やされるとすれば、せいぜ
い得られる救済は**事情判決**（行訴31[→ 136]）にとどまる可能性が高く、**救済のタ
イミングとして遅すぎる**、というわけである。そして、事業計画決定は、1 つの
《法的地位》を当事者に課すがゆえに処分性を認める、という本判決のロジック
は、**実効的権利救済の要請と土地利用計画における権利救済システムの機能的限
界の双方を考慮する中から生み出された解釈論上の所産である**ともいえる（ここ
で改めて[→ 25]を読み返して欲しい）。次に挙げる藤田裁判官補足意見はそのことを
示唆している。

CASE　最（大）判平成 20 年 9 月 10 日（つづき）

藤田裁判官補足意見
　「一般的に言って、行政計画については、一度それが策定された後に個々の
利害関係者が個別的な訴訟によってその取消しを求めるというような権利救
済システムには、そもそも制度の性質上多少とも無理が伴うものと言わざる
を得ないのであって、立法政策的見地からは、決定前の事前手続における関
係者の参加システムを充全なものとし、その上で、一度決まったことについ
ては、原則として一切の訴訟を認めないという制度を構築することが必要と
いうべきである。問題はしかし、現行法上、このような構想を前提とした上
での計画の事前手続の整備がなされてはいないというところにあり、こう
いった事態を前提として、司法が、その本来の責務に照らしてどのような法
解釈を行うのが最も合理的であるかが問われることになる。」

49　**(3)　平成 20 年判決の射程──「完結型」と「非完結型」**　このように平成20年判
決は、行政計画決定の処分性について、その法的効果が抽象的ではない、具体的
なものであることを理由にこれを肯定したわけであるが、名宛人の範囲は、当該
土地区画整理事業の対象区域内の宅地所有者等であり、個別的に画定されたもの
であった。すなわちその限りで《個別的・具体的》な内容を持つものであったと
いえる。しかしながら、行政計画における決定の中には、**盛岡広域都市計画用途
地域指定無効確認請求事件**において問題となった都市計画法に基づく用途地域指
定のように、**名宛人が不特定多数であることを理由に処分性が否定されたものが
ある**。

－ 68 －

第 3 節　抗告訴訟①（その 1）

| CASE | 最（一小）判昭和 57 年 4 月 22 日民集 36 巻 4 号 705 頁（用途地域指定） |

　「都市計画区域内において工業地域を指定する決定は、都市計画法 8 条 1 項 1 号に基づき都市計画決定の 1 つとしてされるものであり、右決定が告示されて効力を生ずると、当該地域内においては、建築物の用途、容積率、建ぺい率等につき従前と異なる基準が適用され（建築基準法 48 条 7 項、52 条 1 項 3 号、53 条 1 項 2 号等）、これらの基準に適合しない建築物については、建築確認を受けることができず、ひいてその建築等をすることができないこととなるから（同法 6 条 4 項、5 項）、右決定が、当該地域内の土地所有者等に建築基準法上新たな制約を課し、その限度で一定の法状態の変動を生ぜしめるものであることは否定できないが、かかる効果は、あたかも新たに右のような制約を課する法令が制定された場合におけると同様の当該地域内の不特定多数の者に対する一般的抽象的なそれにすぎず、このような効果を生ずるということだけから直ちに右地域内の個人に対する具体的な権利侵害を伴う処分があったものとして、これに対する抗告訴訟を肯定することはできない。もっとも、右のような法状態の変動に伴い将来における土地の利用計画が事実上制約されたり、地価や土地環境に影響が生ずる等の事態の発生も予想されるが、これらの事由は未だ右の結論を左右するに足りるものではない。なお、右地域内の土地上に現実に前記のような建築の制限を超える建物の建築をしようとしてそれが妨げられている者が存する場合には、その者は現実に自己の土地利用上の権利を侵害されているということができるが、この場合右の者は<u>右建築の実現を阻止する行政庁の具体的処分をとらえ、前記の地域指定が違法であることを主張して右処分の取消を求めることにより権利救済の目的を達する途が残されている</u>と解されるから、前記のような解釈をとっても格別の不都合は生じないというべきである。」

　この事件で問題となった**用途地域**（工業地域）**の指定**は、《完結型》の最終段階の行為として位置づけられる。要するに、それ以上の行政庁の処分は予定されていないわけであるが、それでもなお判決は、「右建築の実現を阻止する行政庁の具体的処分をとらえ、前記の地域指定が違法であることを主張して右処分の取消を求めることにより権利救済の目的を達する途が残されている」としている。そうだとすると、あえて工業地域に適用される基準等に反する建築計画について建築確認を申請し、その拒否処分を争うというということになろうが、そのような方法は、**原告に極めてリスクを負わせるものであって**、**実際上は出訴の断念を強いるものである**。

　問題は、このような工業地域の指定のような場合についても、平成 20 年判決の射程内で処分性が認められることになるかである。

－ 69 －

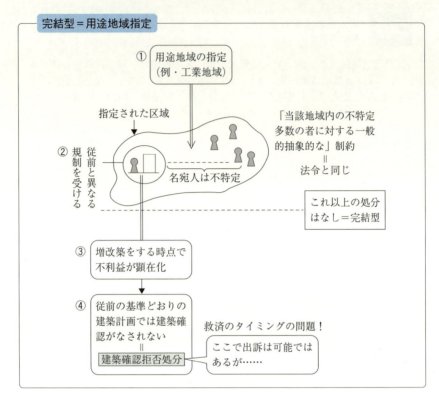

確かに、工業地域の指定により名宛人が不特定多数であれ、その者に一定の権利制限が及ぶことは確かである。しかし、平成20年判決が土地区画整理事業計画決定の処分性を認める理由を、「換地制度という権利交換システムをその骨格とする制度の性質上、実際問題としては、この段階で計画の違法性を理由に個別的処分の取消しないし無効確認を認めることになれば、事業全体に著しい混乱をもたらすこととなりかねない」点に求めているのに対して、工業地域の指定にあってはそのような事情はない（藤田裁判官補足意見参照）。したがって、平成20年判決のロジックから直ちにこのような完結型の場合について処分性を認める結論にはならない。しかしながら、出訴に至るまでに原告に過重なリスクを負わせる点においては、実効的権利救済の要請に反するものであることは否定できず、他の訴訟類型（とりわけ当事者訴訟）の可能性も含め検討が必要である。

50　**(4)　その他の判例**　いずれにしても、行政計画などにおける中間段階での決定の処分性は、結局当該制度のシステムの中での当該決定の位置づけに照らして

第3節　抗告訴訟①（その1）

判断するほかない。

　とりわけ、**法律上不服申立ての規定が設けられている**場合、それを手がかりに処分性がみとめられている。例えば、土地改良法に基づく国営・都道府県営の土地改良事業において農林水産大臣や都道府県知事が行う事業計画の決定につき、同法が異議申立ての規定を置いているのは、同決定の処分性(15)を前提としたものであるとし、それを媒介にして、不服申立ての規定のない市町村営の土地改良事業について都道府県知事が行う事業施行認可についても、それが国営・都道府県営における事業計画決定と「土地改良事業の一連の手続の中で占める位置・役割を同じくする」ものとして処分性が認められている（最(一小)判昭和61年2月13日民集40巻1号1頁）。

　もっともこのような考え方は、不服申立てと抗告訴訟が一連の争訟手段として位置づけられていることからして妥当な考え方であるが、他方で、不服申立ての規定がないことをもって、処分性を認めない理由づけとする、いわば**逆推論に転じ**かねない、ということにも注意が必要である。

　例えば、都市計画法に基づく開発許可を申請しようとする者は、あらかじめ、開発行為に関係がある**公共施設の管理者の同意**を得なければならないが（32条）、国または地方公共団体の行政機関が公共施設の管理権限を有する場合には、当該行政機関がこの場合の同意を求める相手方となり、その際、同意が拒否されることがある。かかる公共施設の管理者の同意は、「公共施設の適正な管理上当該開発行為を行うことは相当でない旨の公法上の判断を表示する行為」ではあり、同意が得られなければ公共施設に影響を与える開発行為を行うことができないが、「これは、法が前記のような要件を満たす場合に限ってこのような開発行為を行うことを認めた結果にほかならないのであって、右の同意を拒否する行為それ自体は、開発行為を禁止又は制限する効果をもつものとはいえない」として処分性が否定されている。すなわち、開発行為を行おうとする者が、この同意を得ることができず、開発行為を行うことができなくなったとしても、「その権利ないし

---

(15)　同判決は処分性を肯定する理由として、① 当該事業施行地域内の土地につき土地改良事業を施行することを決定するもので、公告すべきものとされていること（土地改良法87⑤）、② 当該公告があった後において土地の形質を変更し、工作物の新築、改築若しくは修繕をし、又は物件を附加増置した場合には、これについての損失は、原則として補償しなくてもよいものとされていること（同法122②）、③ 当該事業計画が異議申立手続を経て確定したときは、これに基づき工事が着手される運びとなること（同法87条8項）を挙げている。なお、この判決の差戻審判決については第4款［→87］で言及する。

— 71 —

第Ⅰ部　行政争訟法　第1章　行政訴訟法

法的地位が侵害されたものとはいえないから、右の同意を拒否する行為が、国民の権利ないし法律上の地位に直接影響を及ぼすものであると解することはできない」とするわけであるが、さらに「もとより、このような公法上の判断について、立法政策上、一定の者に右判断を求める権利を付与し、これに係る行為を抗告訴訟の対象とすることも可能ではあるが、その場合には、それに相応する法令の定めが整備されるべきところ、法及びその関係法令には、〔都市計画〕法32条の同意に関し、手続、基準ないし要件、通知等に関する規定が置かれていないのみならず、法の定める各種処分に対する不服申立て及び争訟について規定する法50条、51条も、右の同意やこれを拒否する行為については何ら規定するところがないのである」としている（最(一小)判平成7年3月23日民集49巻3号1006頁）。

7　行 政 指 導

　行政指導は、私人の権利義務に関わるものではないから、処分性はない。しかし近時、医療法（平成12年法律第141号による改正前のもの）30条の7の規定に基づき都道府県知事が病院を開設しようとする者に対して行う病院開設中止勧告は、抗告訴訟の対象となる行政処分に当たる、とした最高裁判決が出された。

> **CASE**　最(二小)判平成17年7月15日民集59巻6号1661頁
> （病院開設中止勧告）
>
> 　「(1)　医療法は、病院を開設しようとするときは、開設地の都道府県知事の許可を受けなければならない旨を定めているところ（7条1項）、都道府県知事は、一定の要件に適合する限り、病院開設の許可を与えなければならないが（同条3項）、医療計画の達成の推進のために特に必要がある場合には、都道府県医療審議会の意見を聴いて、病院開設申請者等に対し、病院の開設、病床数の増加等に関し勧告することができる（30条の7）。そして、医療法上は、上記の勧告に従わない場合にも、そのことを理由に病院開設の不許可等の不利益処分がされることはない。
> 　他方、健康保険法（平成10年法律第109号による改正前のもの）43条ノ3第2項は、都道府県知事は、保険医療機関等の指定の申請があった場合に、一定の事由があるときは、その指定を拒むことができると規定しているが、この拒否事由の定めの中には、「保険医療機関等トシテ著シク不適当ト認ムルモノナルトキ」との定めがあり、昭和62年保険局長通知において、「医療法第30条の7の規定に基づき、都道府県知事が医療計画達成の推進のため特に必要があるものとして勧告を行ったにもかかわらず、病院開設が行われ、当該病院から保険医療機関の指定申請があった場合にあっては、健康保険法43条ノ3第2項に規定する「著シク不適当ト認ムルモノナルトキ」に該当するものとして、地方社会保険医療協議会に対し、指定拒否の諮問を行うこと」とされていた（なお、平成10年法律第109号による改正後の健康保険法

－ 72 －

（平成11年法律第87号による改正前のもの）43条ノ3第4項2号は、医療法30条の7の規定による都道府県知事の勧告を受けてこれに従わない場合には、その申請に係る病床の全部又は一部を除いて保険医療機関の指定を行うことができる旨を規定するに至った。）。

　(2)　上記の医療法及び健康保険法の規定の内容やその運用の実情に照らすと、医療法30条の7の規定に基づく病院開設中止の勧告は、医療法上は当該勧告を受けた者が任意にこれに従うことを期待してされる行政指導として定められているけれども、当該勧告を受けた者に対し、これに従わない場合には、相当程度の確実さをもって、病院を開設しても保険医療機関の指定を受けることができなくなるという結果をもたらすものということができる。そして、いわゆる国民皆保険制度が採用されている我が国においては、健康保険、国民健康保険等を利用しないで病院で受診する者はほとんどなく、保険医療機関の指定を受けずに診療行為を行う病院がほとんど存在しないことは公知の事実であるから、保険医療機関の指定を受けることができない場合には、実際上病院の開設自体を断念せざるを得ないことになる。このような医療法30条の7の規定に基づく病院開設中止の勧告の保険医療機関の指定に及ぼす効果及び病院経営における保険医療機関の指定の持つ意義を併せ考えると、この勧告は、行政事件訴訟法3条2項にいう「行政庁の処分その他公権力の行使に当たる行為」に当たると解するのが相当である。後に保険医療機関の指定拒否処分の効力を抗告訴訟によって争うことができるとしても、そのことは上記の結論を左右するものではない。

　したがって、本件勧告は、行政事件訴訟法3条2項の「行政庁の処分その他公権力の行使に当たる行為」に当たるというべきである。」

　この判決で問題となっている「勧告」の位置づけについては、注意すべき点がある。すなわち、法律上「勧告」が規定されている例があるが、本件で問題となった**医療法**（当時）の勧告の場合、それに従わないとしても、同法そのものには、それを要件とした措置命令等の不利益処分は存在しない。したがって、同法の枠内でみる限り、その不服従になんらの不利益処分も伴わない「行政指導」とみることができ、その点は判決も述べているところである。

　これに対して、法律上規定された「勧告」であっても、例えば**介護保険法**では、「都道府県知事は、介護老人保健施設が、次の各号に掲げる場合に該当すると認めるときは、当該介護老人保健施設の開設者に対し期限を定めて、それぞれ当該各号に定める措置を取るべきことを勧告することができる」と規定し（103条1項）、例えば「〔同法〕第97条第3項に規定する介護老人保健施設の設備及び運営に関する基準（運営に関する部分に限る。）に適合していない場合」については、「当該介護老人保健施設の設備及び運営に関する基準に適合すること」を勧告することができるとしている（同項2号）。そして「正当な理由がなくてその勧告に

— 73 —

第Ⅰ部　行政争訟法　第1章　行政訴訟法

係る措置をとらなかったときは」「都道府県知事は、……当該介護老人保健施設の開設者に対し、期限を定めて、その勧告に係る措置をとるべきことを命じ、又は期間を定めて、その業務の停止を命ずることができる。」(同法103③) とし、最終的に措置命令にも従わない場合は、「許可を取り消し、又は期間を定めてその許可の全部若しくは一部の効力を停止することができる」(同104①) としている。このような場合、「勧告」に係る措置は、勧告不履行の後、措置命令の内容となるわけであるから、「勧告」といってもそれは服従が任意であるとはいい難く、いわば措置命令の予告として、義務を命ずるに等しいもの (ないし、かなり近いもの) と解される。のみならず、「勧告」の不服従は業務停止という不利益処分の要件になっているほか、**公表という制裁的措置**の要件にもなっている。この点は、開設者にとっては重要であり、また公表の差止めを求める上でも勧告に対する取消訴訟 (さらには執行停止) を求める必要がある。したがって、この場合の「勧告」は処分とみるのが妥当であろう[16]。

　これに対して平成17年判決は、法定の行政指導について、それに従わない場合、法令上そのことを要件として何らかの制裁的な不利益が結び付けられているわけではないが、通達に基づく「運用」によって他の法律 (健康保険法) における不利益的取り扱いが「相当程度の確実さをもって」なされることを理由に、処分性を認めたものである。この判決は、「行政庁の処分」についての昭和39年最高裁判決の定式を引くことなく、単に「行政庁の処分その他公権力の行使に当たる行為」に当たると結論づけているが、まず法的効果の面については、勧告を拒否した場合、保険医療機関の指定が相当程度の確実さをもって得られなくなり、その結果「実際上病院の開設自体を断念せざるを得ないことになる」と述べている。すなわち、勧告の拒否は、結果的に、職業遂行の自由 (営業の自由) を制限するに近い事実上の効果をもつことに着目して (いわばその限りで法的効果をいわば"擬制"して)「行政庁の処分その他公権力の行使に当たる行為」に当たると判断したとみることができよう (神橋一彦「行政訴訟の現在と憲法の視点」ジュリスト1400

------

(16)　ちなみに、現行の健康保険法65条4項2号は、「当該申請に係る病床の種別に応じ、医療法第7条の2第1項に規定する地域における保険医療機関の病床数が、その指定により同法第30条の4第1項に規定する医療計画において定める基準病床数を勘案して厚生労働大臣が定めるところにより算定した数を超えることになると認める場合 (その数を既に超えている場合を含む。) であって、当該病院又は診療所の開設者又は管理者が同法第30条の11の規定による都道府県知事の勧告を受け、これに従わないとき」は、「厚生労働大臣は、……その申請に係る病床の全部又は一部を除いて」保険医療機関の指定を行うことができる、と規定している。

第3節　抗告訴訟①（その1）

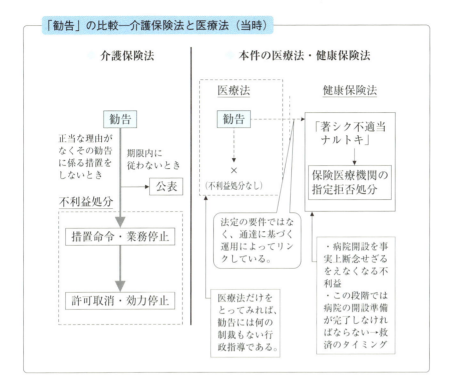

号〔2010年〕47頁以下）。さらに、救済方法の問題に着目すれば、仮に勧告に従わなくても、病院の開設自体は許可されることになるものの、その次の段階で、保険医療機関指定を申請してその拒否処分を争うとしても、指定申請のために病院の建設等多額の投資をする必要があり、原告に大きなリスクを強いることになる（杉原則彦「本件調査官解説」『最高裁判所判例解説民事篇・平成17年度』446頁）。その意味では、勧告の時点で取消しを認めたことは、**救済のタイミング**という点で、最（一小）判昭和57年4月22日（盛岡広域都市計画用途地域指定無効確認請求事件〔→49〕）よりは妥当な判断といえるであろう（ちなみに、同様の事件〔病床数削減勧告〕について、最（三小）判平成17年10月25日判例時報1920号32頁、とりわけ藤田裁判官補足意見参照）。

8　その他

(1) **権利義務、法的地位に影響を及ぼさない行為**　直接の法的効果をもたない行為には処分性は認められない。したがって、例えば民法上の契約に基づく道路工事、建築工事の実施といった物理的な事実行為や、行政指導のように私人の権利義務に直接の法的効果を及ぼさないような行為（そういった意味での事実行為）

第Ⅰ部　行政争訟法　第1章　行政訴訟法

は、一般には処分性は認められない。

　判例は、**更正の通知**について、納付すべき税額を増減するものでなく、単なる「教示」に過ぎないから行政処分に当たらないとしている（最(一小)判平成9年6月5日税務訴訟資料223号949頁）。納税義務の内容を変動させる効果がないということであろう。また、**地方公務員の採用内定の通知**は、単に採用発令の手続を支障なく行うための準備手続としてされる事実上の行為にすぎないから、採用内定の取消しも、採用内定を受けた者の法律上の地位ないし権利関係に影響を及ぼすものではないという理由で、採用内定取消しの処分性は否定されている（最(一小)判昭和57年5月27日民集36巻5号777頁）。さらに、海難審判法に基づく海難審判庁の**海難の原因を明らかにする裁決**も、海難の原因を明らかにするにとどまるもので、名宛人の権利義務に影響を及ぼすものはないし、また当該海難にかかる過失を確定する効力もないこととして処分性を否定している（最(大)判昭和36年3月15日民集15巻3号467頁）。

　この他、道路交通法127条1項に基づく**反則金の通告**については、刑事手続との関係で処分性を否定している（最(一小)判昭和57年7月15日民集36巻6号1169頁）。

53　**(2)　不服申立ての規定と処分性**　　不服申立ての規定が規定されている場合、それを手がかりに処分性が認められていることについては、行政計画との関係で述べたところであるが［→50］、そのほか、**供託金取戻請求の却下**について、それに対して審査請求の途が開かれていること（供託法1ノ3ないし6）を、処分性肯定の理由にしている（最(大)判昭和45年7月15日民集24巻7号771頁）。

54　**(3)　処分性の判断と法律の根拠**　　いちいち不服申立ての規定がなくとも、**法律において要件が定まっており、効果として一方的に私人の権利義務を直接に変動する**ことが定められている場合、処分性が認められることはもちろんである。しかし、特に給付行政（社会保障給付・補助金等）の領域においては、給付の具体的要件や手続が（法律ではなく行政規則である）通達に定められている場合があり、そのような場合、当該給付にかかる拒否決定に処分性を認め、抗告訴訟の対象とみるべきか、あるいは処分性を否定し、通常の私法上の契約関係として処理すべきかについては議論の余地がある。これは、給付行政においては、必ずしも処分という形式を採らなければならないという必然性はなく、贈与契約として構成することも可能であることに由来するが、ある決定が「処分」とされるためには、要件等が法律で定まっているか、少なくとも不服申立ての規定が定められていることが必要か否か、すなわちその限りで何らかの法律の根拠が必要か、という問

－ 76 －

第3節　抗告訴訟①（その1）

題である。

　例えば、労働者災害補償保険法に基づく**労災就学援護費の支給**について、同法は、「政府は、労働福祉事業として、遺族の就学の援護等、被災労働者及びその遺族の援護を図るために必要な事業を行うことができる。」とし、労働福祉事業の実施に関して必要な基準は労働省令で定めると規定するにとどめ（23条）、労災就学援護費の具体的な支給方法等（すなわち労災就学援護費の支給対象者、支給額、支給期間、欠格事由、支給手続や支給を受ける場合の申請手続、さらには、申請を受けた所轄の労働基準監督署長は、同申請書を受け取ったときは、支給、不支給等を決定し、その旨を申請者に通知しなければならないことなど）については、（行政規則である）通達で定められている。要するに労災就学援護費に関することがらは、ほぼすべて通達において定められているわけであるが、かような場合、不支給決定に処分性が認められるであろうか。

> **CASE**　最（一小）判平成15年9月4日判例時報1841号89頁
> （労災就学援護費不支給処分）
>
> 　「このような労災就学援護費に関する制度の仕組みにかんがみれば、〔労働者災害補償保険〕法は、労働者が業務災害等を被った場合に、政府が、法第3章の規定に基づいて行う保険給付を補完するために、労働福祉事業として、保険給付と同様の手続により、被災労働者又はその遺族に対して労災就学援護費を支給することができる旨を規定しているものと解するのが相当である。そして、被災労働者又はその遺族は、上記のとおり、所定の支給要件を具備するときは所定額の労災就学援護費の支給を受けることができるという抽象的な地位を与えられているが、具体的に支給を受けるためには、労働基準監督署長に申請し、所定の支給要件を具備していることの確認を受けなければならず、労働基準監督署長の支給決定によって初めて具体的な労災就学援護費の支給請求権を取得するものといわなければならない。
> 　そうすると、労働基準監督署長の行う労災就学援護費の支給又は不支給の決定は、法を根拠とする優越的な地位に基づいて一方的に行う公権力の行使であり、被災労働者又はその遺族の上記権利に直接影響を及ぼす法的効果を有するものであるから、抗告訴訟の対象となる行政処分に当たるものと解するのが相当である。」

　本件第1審判決は、不服申立ての規定の有無に着目し、それについて特段の規定のない労働福祉事業については、「労働省令において、労災就学援護金の支給の実体上の要件及び金額等の内容を具体的に定めて要件に該当する者に支給を受ける請求権を付与することとすることは委任の範囲内であるし、あるいは贈与契

— 77 —

第Ⅰ部　行政争訟法　第1章　行政訴訟法

約として支給を行うこととし、その支給の要件及び内容の骨子だけを定め、詳細は通達によって定めることとすることも委任の範囲内であるが、行政庁が公定力を有する処分により支給に関する決定を行うこととしてその手続を定めることは労災法23条2項の委任の範囲を超えるもの」とし、処分性を否定した。このような考え方の基礎には、給付行政においては、特別の規定がない限り、**契約方式の推定**が働くという考え方（塩野・Ⅰ211頁以下）、ないし一種の**権力留保説**的な考え方（塩野・Ⅰ85頁）があるのであろうか。これに対し上告審判決は、法第3章が規定する「保険給付」と第3章の2が規定する「労働福祉事業」をセットとしてとらえ、「保険給付」決定については不服申立ての規定が法定されており処分性が認められるのと同様に、「労働福祉事業」の一環として行われる労災就学援護費の支給決定についても、不服申立ての規定がないにもかかわらず、処分性を認めたものである。

　このほか、地方公共団体が設置管理していた公共施設の民間移管先公募において、選考の結果、提案につき決定に至らなかった旨の通知につき、かかる通知は契約の相手方を選考するための手法として行ったものであり、法令の根拠もないとして処分性を否定している（最(三小)判平成23年6月14日最高裁判所裁判集民事237号21頁）。

55　　(4)　**処分によって影響を受ける「法的地位」の問題**　　昭和39年最高裁判決で示された処分性に関する従来の公式は、「その行為によって、直接国民の権利義務を形成しまたはその範囲を確定する」ものとして、「権利」「義務」に対する変動を処分性のメルクマールの1つとしている〔→37〕。しかし、判例は厳密な意味での「権利」「義務」に限定せず、広く「法的地位」に影響をもたらす法的効果をもって、処分性を判断している。確かに、従来の学説・判例においても、行政行為（処分）によって変動をもたらされるものには、「権利」「義務」のみならず「法的地位」も含まれることは当然の前提とされてきた。例えば、公務員の任命行為のごときは、「公務員」たる法的地位の設定であるが、ここでいう「法的地位」は、いわば任命から辞職に至るまでの継続的関係のなかで生じるさまざまな具体的権利（給与請求権など）・義務（職務専念義務など）の基礎をなすものである。しかし近時の判例は、この**「法的地位」の概念を緩やかに捉え、処分性肯定の理由づけに用いているようにみうけられる。**

　例えば、土地区画整理事業計画決定に関わる前掲・平成20年最高裁判決においては、種々の権利制限などの**「規制を伴う土地区画整理事業の手続に従って換**

地処分を受けるべき地位」に立たされることをもって、処分性を肯定する理由としていたのであるが、このような解釈の背景には、土地利用計画において争訟による事後的救済には限界がある中で、いかに実効的権利救済を図るべく処分性を判断すべきか、という考慮があったことは既に述べたとおりである [→ 48]。

このほかに、登録免許税法は、過大に登録免許税を納付して登記等を受けたときなどの事実があるときは、登記機関が職権で遅滞なく所轄税務署長に過誤納金の還付に関する通知をしなければならないことを規定し（同法31①）、登記等を受けた者が登記機関に申し出て上記の通知をすべき旨の請求をすることができることとしている（同②）。この請求の制度は、納税者が簡易迅速に過誤納金の還付を受けることができるように便宜を図るものであるが（ただし当該登記等を受けた日から1年を経過した日までに限られる）、請求に対して登記機関が拒否通知を行った場合の通知について、「登録免許税法31条2項は、登記等を受けた者に対し、簡易迅速に還付を受けることができる手続を利用することができる地位を保障しているもの」であり、「同項に基づく還付通知をすべき旨の請求に対してされた拒否通知は、登記機関が還付通知を行わず、還付手続を執らないことを明らかにするものであって、これにより、登記等を受けた者は、簡易迅速に還付を受けることができる手続を利用することができなくなる」として処分性を肯定している。納税者にある種の手続的地位が認められることを前提にしたものである（最（一小）判平成17年4月14日民集59巻3号491頁——ただし、この制度によらなくても、還付金の消滅時効期間の5年以内であれば、国税通則法56条に基づいて、過誤納金の還付を請求することができるとし、制度の排他性を否定している）。

【4】「その他公権力の行使に当たる行為」の意義

56

「その他公権力の行使に当たる行為」とは、「行政庁の処分」以外の行為で「行政行為類似の優越性」を持つものである。「人の収容、物の留置」のように、継続的な性質を持った事実行為がこれに当たるとされるが、これらは、平成26年改正前の旧行政不服審査法では「処分」概念の中に明示されていたものである（旧行審2①）。

ここでいう「人の収容」の例としては、精神障害者の入院措置（精神保健及び精神障害者福祉に関する法律29）、外国人の送還前の収容（出入国管理及び難民認定法39）などがあり、「物の留置」の例としては旅客等の携帯品の留置（関税法86①）、食品等の収去（食品衛生法28）が挙げられる。これらの行為は、行政行為のように相手方に義務を命じて一定のことを履行させる、という性質のものではない。これ

らは、義務を前提とせず、(すなわち、何々すべしと命じ、相手方がそれに応じて何かをする、というものではなく) 直接私人の身体・財産に実力を加える「**即時強制**」に当たるものとされる。

例えば、食品衛生法の定める食品の収去の場合をみると、同法は、「厚生労働大臣、内閣総理大臣又は都道府県知事等は、必要があると認めるときは、営業者その他の関係者から必要な報告を求め、……試験の用に供するのに必要な限度において、販売の用に供し、若しくは営業上使用する食品、添加物、器具若しくは容器包装を無償で収去させることができる。」と規定している (同法28①)。そして、収去するということについては、**法律**(食品衛生法)**が直接**、**それを受忍するよう義務づけている**。現に食品衛生法は、収去を拒んだものについては罰則を定めているが (同75Ⅰ)、これはそのような法律に基づく一般的な受忍義務 (拒んではいけないという義務) を前提にしているといえる。

したがって、かかる事実行為＝「その他公権力の行使に当たる行為」の取消 (収去の取消し) は、このような受忍義務の解除を目的とするもの (逆にいえば、そのような受忍義務を課しているがゆえに、「公権力の行使に当たる行為」とみるもの) である。

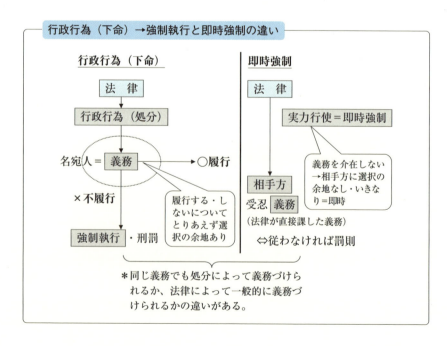

第3節　抗告訴訟①（その1）

【5】　処分性をめぐる議論

1　ここまでのまとめ

最初にも述べたように、処分性が問題となる事例には、① 取消訴訟（抗告訴訟）とその他の訴訟類型（当事者訴訟・民事訴訟）との間で訴訟類型の選択が問題となる場合、② 紛争の成熟性が問題となる場合の2つがある。これらの場合において、処分性の判定になぜ困難が伴うのか、ここでこれまでのまとめもかねて整理しておくことにしよう。

これらの場合における処分性の判定においては、まず処分性に関する「従来の公式」（昭和39年最高裁判決 [→37]）との関係が問題となろう。本書では、この従来の公式のポイントを① 外部性、② 直接性（個別・具体性）、③ 公権力性、④ 法的効果の有無の4つにまとめた。しかし、これらのポイントは、講学上の行政行為を念頭におかれた基準であることは明らかである（昭和39年最高裁判決では、これらのポイントに続いて、公定力という特殊な効力についても言及していた）。

しかし、紛争解決のために取消訴訟という手段の可能性が視野に入ってくる行政機関の行為は、このような典型的な行政行為には限られないところに問題の出発点がある。すなわち、今までみてきた多くの事例は、何らかの形で処分性を拡大しようとするものであって、そこには「従来の公式」の単なる当てはめにとどまらない《プラス・アルファの考慮》があるはずである。その点について整理すると次のようになる。

第Ⅰ部　行政争訟法　第1章　行政訴訟法

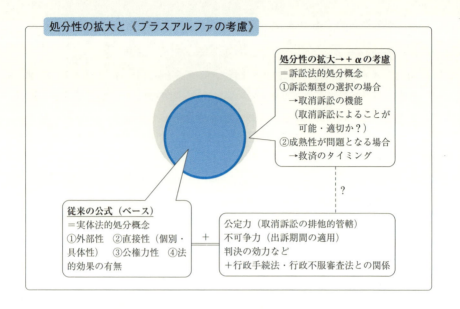

58　(1)　**訴訟類型の選択が問題となる場合**　この場合は要するに、当該紛争について取消訴訟という訴訟を用いることが適切かどうかということであるが、そこでは**取消訴訟の機能的な限界**が問題となる。この点は、特に条例制定行為のような立法行為や名宛人が不特定多数に及ぶ決定行為についてとりわけ問題となる。すなわちそこでは名宛人が画定されるかどうかという問題に加えて、一般的な法規範（条例など）に処分性を認め、取消訴訟の対象とすべきか否かの判断に当たっては、それが継続的に適用されることが予定されているものについては、取消訴訟の出訴期間（6カ月ないし1年で原則として争えなくなること）による制限になじまないのではないか、という問題がある。**水道料金を定める条例の制定行為**などについては、判例は必ずしも明言はしていないものの、取消訴訟の機能的な限界への考慮があるとおもわれる〔→45〕。

これに対して、**保育所廃止条例の制定行為の取消しの事例**においては、むしろ**取消判決の効力**（第三者効）が紛争解決に資するという点が、名宛人（子と保護者）の法的地位に変動をもたらすということとあいまって、プラス・アルファの考慮（いわば取消訴訟の機能的利点）として注目されたといえよう〔→45〕（以上の点は、これから扱う取消訴訟の出訴期間〔→101～〕や判決の効力〔→133～〕にも関連するので、これらを学んだあと、またあとで立ち戻って考えてほしい）。

第3節　抗告訴訟①（その1）

(2)　紛争の成熟性が問題となる場合　　この場合は、**実効的権利救済の要請から
くる救済のタイミングが問題となる**（阿部・解釈学Ⅱ118頁）。すなわちこの場合は、
どこかで取消訴訟を提起することは許されるが、そのどの時点で（場合によって
は一つのプロセスに複数の機会もありうる）出訴を許すかという問題である。**土地
区画整理事業計画決定の処分性**をめぐる**平成20年最高裁判決**では、まさにこの
点が問題となったのである［→ 48］。

2　実体法上の処分概念と訴訟法上の処分概念

このように行政行為ないし行政処分の概念（**実体法上の処分概念**）と行訴法3
条の「行政庁の処分」の概念（**訴訟法上の処分概念**）に乖離が生ずることになる
が、これは、訴訟法上の処分概念が取消訴訟の対象を示す概念であり、他の訴訟
類型との役割分担や実効的な権利保護の要請といった訴訟法（救済法）独自の要
請も踏まえて、その内容を論じなければならない以上、ある意味で当然のことで
ある。また学説においても、以前から、国民の権利救済のために、実体法上の処
分概念にとらわれず、処分性（訴訟法上の処分概念）を拡大すべきであるという
主張（相対的処分概念——阿部・解釈学Ⅱ122、135頁）はみられたし、執行停止決定で
はあるが、横断歩道橋の設置行為に処分性を認めた決定例（東京地決昭和45年10
月14日行裁例集21巻10号1187頁——国立歩道橋事件決定・申立て自体は却下）は有名
である。

ただし処分性を拡大した場合、そこで「処分」とされた行為については、前述
の1(1)［→ 58］で述べた問題に加えて、① その行為については裁判上は取消訴訟
でしか争えないのか（**公定力の問題**）、② 取消訴訟の対象となるとして出訴期間
の適用があるはずであるが、どのように考えるべきか（**不可争力の問題**）、③ 行
政庁には**教示義務**が生じることになるのか（行訴46［→ 61］）、④ さらに行訴法上
の処分概念と行政手続法上の処分概念が同じであるとすると、**処分性が認められ
た行為については行政手続法上の規定が適用されることになるのか**、といった点
が問題となるが、一定の行為を取消訴訟の対象とすることと、これらのことがら
がどこまで連動するのか、問題となるところである[17]。この点については、あ

---

(17)　この点について塩野・Ⅱ119頁は、「……取消訴訟は、処分の違法性の確認、違法行為
の取消判決のほか、公定力、不可争力という諸要素（これを部分制度と呼ぶこともでき
る）からなる制度を構成している。さらに、行政手続法、行政不服審査法も、少なくと
も文言上は行政事件訴訟法と同じ『処分』を用いており、基本的には処分に関してこれ
らの法律が予定している規定の適用をみることになる。これらを処分の標準装備といっ
てもよい。」とする。

る行為に処分性を認めることによって、公定力や不可争力などの一種の遮断的効果が生じることがありうる（その限りで当事者にとって不利益になることもありうる）考えられるが、それに対しては、必要に応じ行訴法の定める教示義務（行訴46）や出訴期間等の徒過についての「正当な理由」条項（行訴14①但書、②但書）などの活用により対処することが考えられる（最（三小）判平成17年10月25日裁判所時報1398号4頁における藤田裁判官補足意見）。また前述の「勧告」[→51] について処分性を認めることについては、これに行手法の不利益処分の規定が適用になるか否かが問題となるが、場合によっては、取消訴訟の対象たる処分概念と行手法上のそれとの間で不一致が生じる可能性もあるであろう。

60   **3 行訴法改正後の方向性**

このように「行政庁の処分」に当たるかどうかという問題は、抗告訴訟による救済の範囲をどこまで及ぼすかという問題であるが、他方で「行政庁の処分」でないとされたものについては、抗告訴訟以外の訴訟によって救済の途を探らざるをえない。具体的には、私法上の権利に基づいて民事訴訟（例えば人格権に基づく建設差止めなど）を起こすことも考えられるほか、平成16年の行訴法改正でとりわけ注目されているのは、行訴法4条が規定する「公法上の法律関係に関する確認の訴えその他公法上の法律関係に関する訴訟」としての**確認訴訟が**（従来も可能であるとされていたが）**明文的根拠を得たことである** [→214]。そしてそこでは、救済の道筋として、処分性自体の拡大には慎重な態度をとり、「行政庁の処分」には当たらないもの（例えば、行政指導や行政主体内部での通達など）については、私人と行政主体との間の「公法上の法律関係」として構成し、公法上の当事者訴訟、なかんずく「確認訴訟」によって救済の途を拓くという方向性が示されている。ただし判例は、前述のように処分性を一定程度拡大している。このような**抗告訴訟と当事者訴訟との間の役割分担**については、改めて後に述べることにする [→218〜]。

61   **【6】 教示規定の新設**

平成16年の行訴法改正で、取消訴訟の対象となる処分等についての**教示義務の規定**（行訴46）が設けられた。処分性に関わる事項以外も含めて、ここで教示義務の内容を一括して取り上げる。いずれも行政事件訴訟法に定める出訴の方法について、処分ないし裁決の相手方に対して情報提供を行うことによって、権利利益の救済を充全ならしめるためものである。

第3節　抗告訴訟①（その1）

　すなわち第1に、行政庁は、取消訴訟をすることができる処分または裁決をする場合には、当該処分又は裁決の相手方に対し、① 当該処分または裁決に係る取消訴訟の被告とすべき者、② 当該処分または裁決に係る取消訴訟の出訴期間、③ 法律に当該処分についての審査請求に対する裁決を経た後でなければ処分の取消の訴えを提起することができない旨の定めがあるとき（行訴8①但書＝自由選択主義の例外としての不服申立前置の場合）は、その旨を書面で教示しなければならない（行訴46①本文）。ただし、処分を口頭で行う場合には教示の義務はない（行訴46①但書）。行政不服審査法は、① 当該処分につき不服申立てをすることができる旨、② 不服申立てをすることができる期間を書面で教示しなければならない（処分を口頭で行う場合を除く）、と定めているが（行審82①本文）、平成16年の改正により、取消訴訟についても同様の教示の規定を置いたわけである。

　第2に、行政庁は、法律に処分についての審査請求に対する裁決に対してのみ取消訴訟を提起することができる旨の定めがある場合において、当該処分をするときは、当該処分の相手方に対し、法律にその定めがある旨を書面で教示しなければならない（行訴46②・口頭で処分を行う場合を除く）。これは、裁決主義の定めのある処分をする場合 [→258] について、教示をする義務を定めたものである。

　第3に、行政庁は、当事者間の法律関係を確認し形成する処分又は裁決に関する訴訟で法令の規定によりその法律関係の一方の当事者を被告とするもの（＝行訴4前段の形式的当事者訴訟 [→210〜]）を提起することができる処分又は裁決をする場合には、当該処分又は裁決の相手方に対し、① 当該訴訟の被告とすべき者、② 当該訴訟の出訴期間について教示しなければならない（行訴46③・口頭で処分を行う場合を除く）。

🔵 第3款 🔵 取消訴訟を提起できる者の範囲：原告適格

【1】　問題の所在

　処分取消訴訟の訴訟要件の第2は、**原告適格**である。行訴法9条1項本文は、次のように限定している。

　　「処分の取消しの訴え……は、当該処分……の取消しを求めるにつき法律上の利益を有する者……に限り、提起することができる。」

行政主体―私人間の《二当事者的関係》、すなわち行政庁が私人に対してその権

利利益を侵害するような侵害処分（営業許可等の申請に対する拒否処分や、公務員の懲戒処分や営業許可の取消しなどの不利益処分など）を行った場合、それが違法であれば、当然取消しを求めることができる。すなわち、侵害（不利益）処分の名宛人に当該処分の取消訴訟の原告適格があるということは、その結論において争いはない。

> **補足** **侵害処分の名宛人の原告適格**
>
> 　侵害処分の名宛人が、当該処分に対する取消訴訟の原告適格を有することについては争いがないが、その根拠については、① 当該名宛人の自由権（憲法上の権利）が侵害されたから、とする考え方の他に、② 名宛人についても「法律上保護された利益説」が妥当し、処分の根拠法規は、名宛人の利益についても《要件規定に違反してその利益を侵害されることがないこと》を保障しているのであるから、違法な行政庁の処分が行なわれた場合、このような名宛人の《処分の根拠法規が保護する利益》が侵害された、とする考え方がある。いずれの考え方をとっても、結論に差は生じない。

> **発展** **処分の根拠法規以外の法によって保護された利益**
>
> 　処分の根拠法規以外の憲法や民法によって保護された利益が侵害されるという理由で第三者に原告適格を認めることができるか、という問題があるが、現在の判例の枠組みを前提にすると難しいというのも、判例（法律上保護された利益説）によると、原告適格は、処分の根拠法規が個別に保護しているか否かが問題となるところ、憲法や民法はここでいう処分の根拠法規にはなりえないからである。またそのような理由で原告適格を認めた最高裁判例はない。

　問題となるのは、行政庁が私人（名宛人）に対して行った授益処分（種々の施設の建設操業・営業等の許可処分など）について、名宛人以外の「第三者」が争う場合であって、問題となる領域もさまざまな法領域にわたっている。以下、この「第三者」の原告適格を中心に説明する。

【2】　法律上保護された利益説の基本的な考え方

1　考え方の出発点

　行訴法9条1項にいう「**法律上の利益を有する者**」の意義につき、判例は、「取消訴訟の原告適格について規定する行政事件訴訟法9条［1項］にいう当該処分の取消しを求めるにつき『**法律上の利益を有する者**』とは、当該処分により自己の権利若しくは法律上保護された利益を侵害され又は必然的に侵害されるおそれのある者をいう」としている（最(二小)判平成元年2月17日民集43巻2号56頁（新潟空港訴訟上告審判決）など）。このような考え方を「法律上保護された利益説」とい

い、判例が一貫して採ってきた考え方である。

　そして次に問題となるのは、「第三者」のうちどの範囲の者が、ここにいう「法律上保護された利益」を有するかである。その点について、この「法律上保護された利益説」は、処分の根拠法規（すなわち処分の要件・手続等を定める規定）の中に、(A) 一定の私人の利益の保護を目的とする規定と、(B) 公益一般の保護ないし実現のみを目的とするものがある、ということを出発点とする。

$$A \;=\; \boxed{\text{一定の公益保護（実現）} \;+\; \text{特定の私人の利益を保護}}$$

$$B \;=\; \boxed{\text{一定の公益保護（実現）}} \;\text{のみを目的とする規定}$$

　およそ行政活動は一定の公益（ないし公共の福祉）の実現を目的とするものであるから、その点だけをとってみれば、Aのタイプの規定もBのタイプの規定も同じことである。ところが、Bのタイプの規定はさしあたり公益の保護ないし実現だけを目的とするのに対して、Aのタイプの規定は、それに加えて《特定の私人の利益の保護》を目的とするわけである。

　そして、前者の特定の私人の利益を保護する目的で定められたAタイプの規定に違反する行政処分は、当該特定私人の「法律上保護された利益」を侵害することになる。しかし、後者の公益一般を保護する目的で定められたBタイプの規定に違反する行政処分は、なるほど違法な行政処分ではあるが、これによって侵害されるのはいわば公益一般に過ぎず、そのような規定違反によって私人が何らかの不利益を被ったとしても、それは「反射的利益」を失ったにとどまり、「法律上保護された利益」が侵害されたわけではなく、したがってそのような者の取消訴訟の提起は認められない、言い換えると、不適法な訴えとして却下ということになるのである。

　すなわち、法律上保護された利益説においては、私人が違法処分によって侵害されたと主張する利益が、① 処分の根拠法規によって保護された利益であること、さらに、② その利益が、特定の私人について特に保護されたものであることが要求される。この点について、事例を挙げながら説明する。

2　具体的な導入事例(1)

　まず《① 処分の根拠法規によって保護された利益であること》について、2つの事例を対比させて考えてみよう。いずれも実際の判例となった事案であるが、

第Ⅰ部　行政争訟法　第1章　行政訴訟法

ともに違法処分によって自己の営業上の利益が損なわれたと主張している事例である。

事例1　広島県の三段峡は、文化財保護法により特別名勝に指定されていたが、現状変更許可処分が行われた。これに対して近隣のみやげ物屋X₁が、処分がなされると三段峡の景観が破壊され、自分の経営するみやげ物屋の営業上の利益が損なわれるとして、同処分の取消訴訟を提起した。

事例2　公衆浴場法2条は、公衆浴場を許可制にしているが、それには距離制限規定がついている。X₂はかねてより公衆浴場を営んでいたが、公衆浴場法施行条例で定められた距離制限に違反して、Aに対して新規の営業許可処分がなされた。X₂は、Aに対する新規許可によって、自分の経営する公衆浴場の営業上の利益が損なわれるとして、同処分の取消訴訟を提起した。

いずれも営業上の利益が損なわれるということを主張している点で共通しているが、問題は《それが処分の根拠法規によって保護されているか否か》である。

まず事例1については、法律上保護された利益説に立つ限り、原告適格を認めるのは難しいということになろう。すなわち、文化財保護法は、みやげ物屋の営業上の利益をそもそも保護していない、と考えられるからである。

CASE　東京地判昭和30年10月14日行政事件裁判例集
6巻10号2370頁（みやげ物屋の原告適格）

「文化財保護法による特別名勝の指定は、同法第1条に規定するとおり特別名勝等の文化財を大切に保存し、その活用を図り、もって国民の文化的向上に資するとともに、世界文化に貢献するためその管理を適正に規制するためになされるものであって、この指定があったからといって特にその開発者、地元住民又は国民一般にこれを観賞する権利を与えているものではないのである。原告等は特別名勝を観賞する権利といっているが、文化財の所有者その他の関係者はできるだけこれを公開する等その他文化的活用に努めなければならないとされているが（同法第4条第2項参照）、同法はこれ等の者に公開その他文化的活用に努力すべき義務を負担しているのではなく、単にこれ等の者に文化財の文化的活用に関する心構を要望しているのに過ぎないのであって、その公開等によって地元住民その他国民一般が文化財の文化的活用をし得る機会を与えられ、特別名勝についていえばこれを観覧し観賞し、写真に収め、絵画に画く等の自由と利益が与えられている場合があっても、これは右の公開等による反射的利益に過ぎないものであって、法律によって保護せられる法律上の利益ということはできないものである。又その指定によって原告等主張の如き地元部落民に対し、文化生活の向上による利益をもたらすことがあり、又その地元の特産物、天恵物の販売或いは旅館の営業主に対して観光客の集来に伴う売上げの増加という利益を来すことがあっても、これは指定により法律の付与した利益ではなくて、指定による反射的利益と

— 88 —

第3節　抗告訴訟①（その1）

いうべきものである。これを要するに、原告等の主張する権利又は利益というものは、三段峡の地元民として事実上享受しているものであって、法律の認める権利又は法律上の利益ということはできないと云わざるを得ない。」

次に 事例2 であるが、この問題を考える際には、まず処分の根拠法規である公衆浴場法の規定をみよ、ということになる。この事例で問題となった**営業許可の根拠法規**(当時)は以下の通りである。

□**公衆浴場法**　**第2条**　① 業として公衆浴場を経営しようとする者は、政令の定める手数料を納めて、都道府県知事の許可を受けなければならない。
　　② 都道府県知事は、公衆浴場の設置の場所若しくはその構造設備が、公衆衛生上不適当であると認めるとき又はその設置の場所が配置の適正を欠くと認めるときは、前項の許可を与えないことができる。但し、この場合においては、都道府県知事は、理由を附した書面をもって、その旨を通知しなければならない。
　　③ 前項の設置の場所の配置の基準については、都道府県が条例で、これを定める。
□**公衆浴場法施行条例**（昭和25年9月8日京都府条例第48号）
　　第1条　公衆浴場法（昭和23年法律第139号）（以下「法」という。）第2条第3項の規定による公衆浴場の設置場所の配置の基準は、右公衆浴場との最短距離を、250メートル間隔とする。但し、土地の状況、人口の密度及び入浴回数等により知事が適正配置と認めたときは、この限りでない。

この**距離制限規定**を根拠に、既存業者X₂の営業上の利益は、処分の根拠法規によって保護された利益であるとされる。

CASE　最(二小)判昭和37年1月19日民集16巻1号57頁
（公衆浴場業者の原告適格）

　「同条〔＝公衆浴場法2条〕はその第3項において右設置場所の配置の基準については都道府県条例の定めるところに委任し、京都府公衆浴場法施行条例は各公衆浴場との最短距離は250米間隔とする旨を規定している。
　これら規定の趣旨から考えると公衆浴場法が許可制を採用し前述のような規定を設けたのは、主として「国民保健及び環境衛生」という公共の福祉の見地から出たものであることはむろんであるが、他面、同時に、無用の競争により経営が不合理化することのないように濫立を防止することが公共の福祉のため必要であるとの見地から、被許可者を濫立による経営の不合理化から守ろうとする意図をも有するものであることは否定し得ないところであって、適正な許可制度の運用によって保護せらるべき業者の営業上の利益は、単なる事実上の反射的利益というにとどまらず公衆浴場法によって保護せら

— 89 —

第Ⅰ部　行政争訟法　第1章　行政訴訟法

れる法的利益と解するを相当とする。」

　要するに、この公衆浴場法2条は、上述の分類でいえば、《Ａタイプ＝公益の保護・実現（＝国民保健及び環境衛生の実現）＋特定の私人の利益の保護（＝既存業者の営業利益の保護）》の規定である。従って、もし距離制限規定が廃止された場合、既存業者の営業上の利益が、「法律上保護された利益」になるかどうか問題となるであろう[18]。

3　具体的な導入事例(2)

　次に《② その利益が、特定の私人について特に保護されたものであること》であるが、根拠法令が保護することを目的としている利益であっても、例えば国民皆が享受する利益などについては、「**公益**」とされ、原告適格は認められない。すなわち、原告適格（すなわち、「法律上保護された利益」）が認められるためには、《特定の私人》について特に保護されていることを要する。そして「公益」とされる利益について私人がこれに与って利益を享受したとしても、そのような利益は「公益」の反射として享受する利益、すなわち「**反射的利益**」とされる。

　このような「法律上保護された利益」と「公益」＝「反射的利益」の区別に関する判例が、**主婦連ジュース事件上告審判決**である。これは不当景品類及び不当表示防止法（景表法）に基づいて公正取引委員会が行った公正競争規約の認定に対して、第三者である主婦連合会やその会員らが不服申立てを行ったものである[19]。

> **CASE**　最（三小）判昭和53年3月14日民集32巻2号211頁
> （主婦連ジュース事件）
>
> 「① ところで、右にいう法律上保護された利益とは、行政法規が私人等権利主体の個人的利益を保護することを目的として行政権の行使に制約を課し

---

(18)　ここで注意すべきは、公衆浴場法は、既存業者の営業利益の保護を独立のものとして保護しているのではなく、あくまで「国民保健及び環境衛生」という公益（公共の福祉）の実現という目的の手段として位置づけているのである。

(19)　このように、この事件自体は、行政上の不服申立てに関する不服申立適格についての判例であって、直接に取消訴訟の原告適格を論じたものではない。しかし、不服申立制度も取消訴訟と同様に私人の権利利益の保護を目的とするものであるから、不服申立てのできる者の範囲＝不服申立適格に関しては、「当該処分について不服申立をする法律上の利益がある者、すなわち、当該処分により自己の権利若しくは法律上保護された利益を侵害され又は必然的に侵害されるおそれのある者をいう、と解すべきである」として、取消訴訟と同様の基準によると解されるわけである［→ 242］。

ていることにより保障されている利益であって、それは、行政法規が他の目的、特に公益の実現を目的として行政権の行使に制約を課している結果たまたま一定の者が受けることとなる反射的利益とは区別されるべきものである。この点を公正競争規約の認定に対する不服申立についてみると、景表法〔＝不当景品類及び不当表示防止法〕は、私的独占の禁止及び公正取引の確保に関する法律（以下「独禁法」という。）が禁止する不公正な取引方法の一類型である不当顧客誘引行為のうち不当な景品及び表示によるものを適切かつ迅速に規制するために、独禁法に定める規制手続の特例を定めた法律であって、② 景表法１条は、「一般消費者の利益を保護すること」をその目的として掲げている。ところが、まず、独禁法は、「公正且つ自由な競争を促進し……一般消費者の利益を確保するとともに、国民経済の民主的で健全な発達を促進することを目的とする。」と規定し（１条）、公正な競争秩序の維持、すなわち公共の利益の実現を目的としているものであることが明らかである。したがって、その特例を定める景表法も、本来、同様の目的をもつものと解するのが相当である。更に、景表法の規定を通覧すれば、同法は、３条において公正取引委員会は景品類の提供に関する事項を制限し又は景品類の提供を禁止することができることを、４条において事業者に対し自己の供給する商品又は役務の取引について不当な表示をしてはならないことを定めるとともに、６条において公正取引委員会は３条の規定による制限若しくは禁止又は４条の規定に違反する行為があるときは事業者に対し排除命令を発することができることを、９条１項、独禁法90条３号において排除命令の違反に対しては罰則の適用をもってのぞむことを、それぞれ定め、また、景表法10条１項において事業者又は事業者団体が公正取引委員会の認定を受けて公正競争規約を締結し又は設定することができることを定め、同条２項において公正取引委員会が公正競争規約の認定をする場合の制約について定めている。これらは、同法が、事業者又は事業団体の権利ないし自由を制限する規定を設け、しかも、その実効性は公正取引委員会による右規定の適正な運用によって確保されるべきであるとの見地から公正取引委員会に前記のような権限を与えるとともにその権限行使の要件を定める規定を設け、これにより公益の実現を図ろうとしていることを示すものと解すべきであって、③ このように、景表法の目的とするところは公益の実現にあり、同法１条にいう一般消費者の利益の保護もそれが直接的な目的であるか間接的な目的であるかは別として、公益保護の一環としてのそれであるというべきである。してみると、同法の規定にいう一般消費者も国民を消費者としての側面からとらえたものというべきであり、景表法の規定により一般消費者が受ける利益は、公正取引委員会による同法の適正な運用によって実現されるべき公益の保護を通じ国民一般が共通してもつにいたる抽象的、平均的、一般的な利益、換言すれば、同法の規定の目的である公益の保護の結果として生ずる反射的な利益ないし事実上の利益であって、本来私人等権利主体の個人的な利益を保護することを目的とする法規により保障される法律上保護された利益とはいえないものである。④ もとより、一般消費者といっても、個々の消費者を離れて存在するものではないが、景表法上かかる個々の消費者の利益は、同法の規定が目的

第Ⅰ部　行政争訟法　第1章　行政訴訟法

> とする公益の保護を通じその結果として保護されるべきもの、換言すれば、公益に完全に包摂されるような性質のものにすぎないと解すべきである。したがって、仮に、公正取引委員会による公正競争規約の認定が正当にされなかったとしても、一般消費者としては、景表法の規定の適正な運用によって得られるべき反射的な利益ないし事実上の利益が得られなかったにとどまり、その本来有する法律上の地位には、なんら消長はないといわなければならない。そこで、単に一般消費者であるというだけでは、公正取引委員会による公正競争規約の認定につき景表法10条6項による不服申立をする法律上の利益をもつ者であるということはできないのであり、これを更に、「果汁等を飲用するという点において、他の一般の消費者と区別された特定範囲の者」と限定してみても、それは、単に反射的な利益をもつにすぎない一般消費者の範囲を一部相対的に限定したにとどまり、反射的な利益をもつにすぎない者であるという点において何ら変わりはないのであるから、これをもって不服申立をする法律上の利益をもつ者と認めることはできないものといわなければならない。」

　以上の判示のうち①においては、「法律上保護された利益」と「公益」＝「反射的利益」の区別が論じられており、それに続く②および③において、景表法の規定の趣旨は、もっぱら公益の保護を目的とするものである（すなわち上述のBのタイプの規定である）ということが説かれているのである。さらに④において、「法律上保護された利益」というためには、誰か特定された範囲の私人の利益でなければならず、**一般消費者**（要するに不特定の消費者みんな）の利益というものは結局「公益」であって、「**法律上保護された利益**」ではない、としている。

　このように単に「公益」＝「反射的利益」が侵害されたに過ぎない場合、そのような「反射的利益」を享受するに過ぎない者について原告適格は認められない、ということになるが、主婦連ジュース事件における一般消費者の利益は、一応、処分の根拠法規が実現を目指した利益であることは認められている。問題は、**特定の者**について**特に保護**された利益ではないから、原告適格を基礎づける「**法律上保護された利益**」に当たらないとされているわけである。

【3】　法律上保護された利益説の判断枠組み

　以上のように原告適格の判断は、次の3つの要件に従って行われることになる（用語も含め小早川・下Ⅲ256頁以下参照）。

> ①　違法な行政庁の処分によって何らかの不利益が生じたこと（**不利益要件**）。

－ 92 －

② それが処分の根拠法規によって保護されていること（**保護範囲要件**）。
③ それが特定の（個別の）私人について保護されたものであること（**個別保護要件**）。

　この３つの要件によって、ある利益が「法律上保護された利益」であるとされる（第１段階＝保護利益の判定）。そして、このような判断においては、原告適格を基礎づける処分の根拠規範が問題となるが、そのような規範のことを「**保護規範**」という。

　しかし、後で述べるように、大規模施設許可、例えば原子炉設置認可処分や都市計画施設許可処分（鉄道の建設）などの場合における周辺住民の利益のように、以上のような判断枠組みによって、周辺住民のある利益（例えば、生命、身体の安全、場合によっては財産など）が《処分の根拠法規によって保護された利益》であるとされても、さらに、具体的にどの範囲の住民がそのような《処分の根拠法規によって保護された利益》を侵害されうるのか、という範囲の画定の問題がある（第２段階＝保護範囲の画定）。

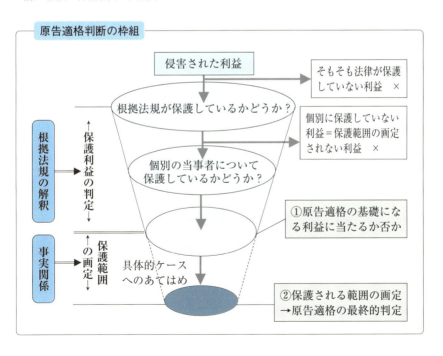

66 a

― 93 ―

第Ⅰ部　行政争訟法　第1章　行政訴訟法

【4】　「公益」と「法律上保護された利益」の関係

1　並立型と包摂型

このように原告適格の判断は、処分の根拠法規の定める処分要件規定が、一定の私人を個別に保護していると解されるか否か、によって決せられることになる。この点については、主婦連ジュース事件が、「法律上保護された利益」とは、「行政法規が私人等権利主体の個人的利益を保護することを目的として行政権の行使に制約を課していることにより保障されている利益」であると述べているところであって、ここにいう「行政権の行使に制約」を課す規範がすなわち、（処分を行うための要件を規定することによって行政権の行使に制約を課す）処分の要件規定である、ということになる。

もっとも、《公益》と《法律上保護された利益》の関係は、以下に整理するように、公益と法律上保護された利益が、質的・内容的に異なるものとして並立している場合（並立型）と、公益の一部または全部を特定の私人に《法律上保護された利益》として保護する場合（包摂型）とがありうる。前者の並立型としては、公衆浴場業許可における既存業者の場合（前述【2】2［→64]）が挙げられるが、解釈論上しばしば問題となるのは、後者の包摂型の場合である。すなわちこの場合は、処分の根拠法規によって一般的公益として保護されている利益が、特定の（ないし一定範囲の）私人についても保護されることになるが、その根拠をどこに見出すかが、解釈論上の問題となるのである。以下、この点について、具体的な判例を紹介しながら検討する。

— 94 —

「法律上保護された利益説」における「法律上保護された利益」と「公益」の関係

① 公益の保護・実現のみが目的とされる場合（Bのタイプの規定）
　（例）主婦連ジュース事件

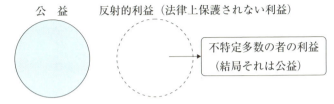

② 公益の保護・実現と法律上保護された利益が並立する場合
　（Aタイプの規定－1・並立型）
　（例）公衆浴場許可事件

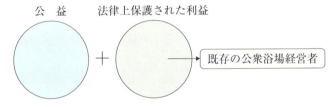

③ 公益の保護・実現と同じ利益が一部の特定の私人の法律上保護された利益とされる場合（Aタイプの規定－2・包摂型）
　（例）長沼ナイキ基地事件

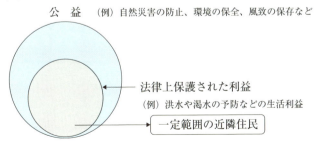

第Ⅰ部　行政争訟法　第1章　行政訴訟法

68　　**2　包摂型の具体的事例**

（1）　**長沼ナイキ基地訴訟**　　包摂型においては、「公益」とされるものが、一定範囲の私人にとっては「法律上保護された利益」として保護されることになる。この点を明らかにしたのが、森林法に基づく保安林指定解除処分の取消が争われた**長沼ナイキ基地訴訟上告審判決**である。以下、同判決の原告適格に関する部分を読みながら、原告適格判断における論証の流れをみていくことにしよう。

まず森林法（以下すべて当時）によれば、農林水産大臣は、保安林の指定を行い（同法25）、また公益上の理由に基づき指定を解除することができるとなっている（同26条②）。

□**森　林　法**
　　第25条　①　農林大臣は、左の各号に掲げる目的を達成するため必要があるときは、森林を保安林として指定することができる。（以下略）
　　一　水源のかん養
　　二　土砂の流出の防備
　　三　土砂の崩壊の防備
　　四　飛砂の防備
　　五　風害、水害、潮害、干害、雪害又は霧害の防備……（以下略）
　　第26条　①　農林大臣は、保安林について、その指定の理由が消滅したときは、遅滞なくその部分につき保安林の指定を解除しなければならない。
　　②　農林大臣は、公益上の理由により必要が生じたときは、その部分につき保安林の指定を解除することができる。……（以下略）
　　第27条　①　保安林の指定若しくは解除に利害関係を有する地方公共団体の長又はその指定若しくは解除に直接の利害関係を有する者は、省令で定める手続に従い、森林を保安林として指定すべき旨又は保安林の指定を解除すべき旨を書面により農林水産大臣に申請することができる。……（以下略）

本件では、この農林水産大臣の保安林指定解除処分（この場合、水源かん養林——法25①Ⅰ）を周辺住民が争ったのであるが、最高裁は一定範囲の住民の原告適格を認めた。同判決はまず、**保安林指定処分の根拠法規**である森林法25条1項は、「自然災害の防止、環境の保全、風致の保存などの一般的公益」を保護することを目的とするものであるとする。

> **CASE**　最（一小）判昭和57年9月9日民集36巻9号1679頁（長沼ナイキ基地訴訟）
>
> 　「森林法（以下「法」という。）上、農林水産大臣は、水源のかん養その他法25条1項各号に掲げられている目的を達成するため必要があるときは、森林を保安林として指定することができるとされており、いったん保安林の指定

があると、当該森林における立木竹の伐採、立木の損傷、家畜の放牧、下草・落葉・落枝の採取又は土石・樹根の採掘、開墾その他の土地の形質を変更する行為が原則として禁止され、当該森林の所有者等が立木の伐採跡地につき植栽義務を負うなど、種々の制限が課せられるほか（法34条、34条の2）、違反者に対しては、都道府県知事の監督処分が規定されており（法38条）、また、罰則による制裁も設けられている（法206条3号ないし5号、209条等）。このように、保安林指定処分は、森林所有者等その直接の名宛人に対しては、私権の制限を伴う不利益処分の性格を有するものであるが、他方、右処分によって達成しようとする目的として法25条1項各号が掲げるところを通覧すると、それらはおおむね、当該森林の存続によって周辺住民その他の不特定多数者が受ける生活上の利益とみられるものであって、法は、これらの利益を自然災害の防止、環境の保全、風致の保存などの一般的公益としてとらえ、かかる公益の保護、増進を目的として保安林指定という私権制限処分を定めたものと考えられるのである。」

しかし、この一般的公益とされる利益の全部または一部について、特定の私人について特に個別的利益として保護することはありうる。続けて判決はこの点を次のように説く。

CASE 最（一小）判昭和57年9月9日（つづき）

「ところで、一般に法律が対立する利益の調整として一方の利益のために他方の利益に制約を課す場合において、それが個々の利益主体間の利害の調整を図るというよりもむしろ、一方の利益が現在及び将来における不特定多数者の顕在的又は潜在的な利益の全体を包含するものであることに鑑み、これを個別的利益を超えた抽象的・一般的な公益としてとらえ、かかる公益保護の見地からこれと対立する他方の利益に制限を課したものとみられるときには、通常、当該公益に包含される不特定多数者の個々人に帰属する具体的利益は、直接的には右法律の保護する個別的利益としての地位を有せず、いわば右の一般的公益の保護を通じて附随的、反射的に保護される利益たる地位を有するにすぎないとされているものと解されるから、そうである限りは、かかる公益保護のための私権制限に関する措置についての行政庁の処分が法律の規定に違反し、法の保護する公益を違法に侵害するものであっても、そこに包含される不特定多数者の個別的利益の侵害は単なる法の反射的利益の侵害にとどまり、かかる侵害を受けたにすぎない者は、右処分の取消しを求めるについて行政事件訴訟法9条に定める法律上の利益を有する者には該当しないものと解すべきである。しかしながら、他方、法律が、これらの利益を専ら右のような一般的公益の中に吸収解消せしめるにとどめず、これと並んで、それらの利益の全部又は一部につきそれが帰属する個々人の個別的利益としてもこれを保護すべきものとすることももとより可能であって、特定の法律の規定がこのような趣旨を含むものと解されるときは、右法律の規定

第Ⅰ部　行政争訟法　第1章　行政訴訟法

に違反してされた行政庁の処分に対し、これらの利益を害されたとする個々人においてその処分の取消しを訴求する原告適格を有するものと解することに、なんら妨げはないというべきである。」

そして森林法27条1項にいう「直接の利害関係を有する者」、すなわち「保安林の有する理水機能が重要に作用する一定範囲の地域、すなわち保安林の伐採による理水機能の低下により洪水緩和、渇水予防の点において直接に影響を被る一定範囲の地域に居住する住民」に原告適格を認めているのである。

> **CASE** 最(一小)判昭和57年9月9日（つづき）
>
> 　「これを前記森林法所定の保安林指定処分についてみるのに、右処分が一般的公益の保護を目的とする処分とみられることは前記のとおりであるが、法は他方において、利害関係を有する地方公共団体の長のほかに、保安林の指定に「直接の利害関係を有する者」において、森林を保安林として指定すべき旨を農林水産大臣に申請することができるものとし（法27条1項）、また、農林水産大臣が保安林の指定を解除しようとする場合に、右の「直接の利害関係を有する者」がこれに異議があるときは、意見書を提出し、公開の聴聞手続に参加することができるものとしており（法29条、30条、32条）、これらの規定と、旧森林法（明治40年法律第43号）24条においては「直接利害ノ関係ヲ有スル者」に対して保安林の指定及び解除の処分に対する訴願及び行政訴訟の提起が認められていた沿革とをあわせ考えると、法は、森林の存続によって不特定多数者の受ける生活利益のうち一定範囲のものを公益と並んで保護すべき個人の個別的利益としてとらえ、かかる利益の帰属者に対し保安林の指定につき「直接の利害関係を有する者」としてその利益主張をすることができる地位を法律上付与しているものと解するのが相当である。そうすると、かかる「直接の利害関係を有する者」は、保安林の指定が違法に解除され、それによって自己の利益を害された場合には、右解除処分に対する取消しの訴えを提起する原告適格を有する者ということができるけれども、その反面、それ以外の者は、たといこれによってなんらかの事実上の利益を害されることがあっても、右のような取消訴訟の原告適格を有するものとすることはできないというべきである。
>
> 　そこで進んで法27条1項にいう「直接の利害関係を有する者」の意義ないし範囲について考えるのに、法25条1項各号に掲げる目的に含まれる不特定多数者の生活利益は極めて多種多様であるから、結局、そのそれぞれの生活利益の具体的内容と性質、その重要性、森林の存続との具体的な関連の内容及び程度等に照らし、「直接の利害関係を有する者」として前記のような法的地位を付与するのが相当であるかどうかによって、これを決するほかはないと考えられる。原審は、特定の保安林の指定に際して、具体的な地形、地質、気象条件、受益主体との関連等から、処分に伴う直接的影響が及ぶものとして配慮されたものと認めうる個々人の生活利益をもって、当該処分による個

— 98 —

第 3 節　抗告訴訟①（その 1）

> 別的・具体的な法的利益と認めるべきものとし、**本件保安林は、長沼町一円の農業用水確保目的を動機として、水源かん養保安林として指定されたもの**であり、その指定に当たっては、右農業用水の確保のほか、洪水予防、飲料水の確保という効果も配慮され、右処分によるその実現が期待されていたものと認め、これらの利益を右の個別的・具体的な法的利益とし、進んで右の見地から、本件保安林の有する理水機能が直接重要に作用する一定範囲の地域、すなわち保安林の伐採による理水機能の低下により洪水緩和、渇水予防の点において直接に影響を被る一定範囲の地域に居住する住民についてのみ原告適格を認めるべきものとしているのであるが、原審の右見解は、おおむね前記「直接の利害関係を有する者」に相当するものを限定指示しているものということができるのであって、その限りにおいて原審の右見解は、結論において正当というべきである。」

　つまり、一定範囲の地域に居住する住民に認められた法律上保護された利益（＝保安林の理水機能による洪水緩和、渇水予防等の利益）は、「自然災害の防止、環境の保全、風致の保存など」の「一般的公益」の一部をなすものといえるが、本判決は、それを特に特定の私人の個別的利益としても位置づけたわけである。

　(2)　**新潟空港訴訟**　　同様の判例として、**新潟空港訴訟上告審判決**（前掲）が　69
挙げられる。この判決では、「飛行場周辺の環境上の利益」は**定期航空運送事業免許処分の根拠法規**（当時の航空法 101 条 1 項——ここでは 3 号が問題となる）が保護している公益であると同時に、飛行場周辺に居住する者については個別的利益として保護されたものであるとしている。

> **CASE**　最（二小）判平成元年 2 月 17 日民集 43 巻 2 号 56 頁
> （新潟空港訴訟）
>
> 　「航空機の騒音による障害の被害者は、飛行場周辺の一定の地域的範囲の住民に限定され、その障害の程度は居住地域が離着陸経路に接近するにつれて増大するものであり、他面、飛行場に航空機が発着する場合に常にある程度の騒音が伴うことはやむをえないところであり、また、航空交通による利便が政治、経済、文化等の面において今日の社会に多大の効用をもたらしていることにかんがみれば、飛行場周辺に居住する者は、ある程度の航空機騒音については、不可避のものとしてこれを甘受すべきであるといわざるをえず、その騒音による障害が著しい程度に至ったときに初めて、その防止・軽減を求めるための法的手段に訴えることを許容しうるような利益侵害が生じたものとせざるをえないのである。このような航空機の騒音による障害の性質等を踏まえて、前述した航空機騒音障害の防止の観点からの定期航空運送事業に対する規制に関する法体系をみると、法が、定期航空運送事業免許の審査において、航空機の騒音による障害の防止の観点から、申請に係る事業計画

－ 99 －

第Ⅰ部　行政争訟法　第1章　行政訴訟法

> が法101条1項3号にいう「経営上及び航空保安上適切なもの」であるかどうかを、当該事業計画による使用飛行場周辺における当該事業計画に基づく航空機の航行による騒音障害の有無及び程度を考慮に入れたうえで判断すべきものとしているのは、単に飛行場周辺の環境上の利益を一般的公益として保護しようとするにとどまらず、飛行場周辺に居住する者が航空機の騒音によって著しい障害を受けないという利益をこれら個々人の個別的利益としても保護すべきとする趣旨を含むものと解することができるのである。したがって、新たに付与された定期航空運送事業免許に係る路線の使用飛行場の周辺に居住していて、当該免許に係る事業が行われる結果、当該飛行場を使用する各種航空機の騒音の程度、当該飛行場の一日の離着陸回数、離着陸の時間帯等からして、当該免許に係る路線を航行する航空機の騒音によって社会通念上著しい障害を受けることとなる者は、当該免許の取消しを求めるにつき法律上の利益を有する者として、その取消訴訟における原告適格を有すると解するのが相当である。」

　以上、2つの最高裁判決を紹介したが、そこではともに、周辺住民が侵害されたとする利益を「専ら右のような**一般的公益の中に吸収解消せしめるにとどめず、これと並んで、それらの利益の全部又は一部につきそれが帰属する個々人の個別的利益としてもこれを保護すべきもの**」としているわけであるが、そのような結論を導くにあたって、それぞれ当該処分の根拠法規についてどのような解釈が行われたかが問題となる。この点については、次の【5】[→70]で検討する。

【5】　処分の根拠法規の解釈

70　**1　基本的な着眼点**

　このように、原告適格判断においてまず問題となるのは、処分の根拠法規の中でも**処分の要件規定の解釈**である。そしてそこでは、① そもそも解釈の対象となる処分の要件規定はどのようなものか（要件規定の特定）と、② 対象とされる処分の要件規定を解釈するに当たってどのような方法でこれを行うか（解釈方法）の2つが問題となる。

2　要件規定の特定①　──狭義の処分要件

　そうなるとまず、処分の要件規定についてどのようにみていくかが問題となるが、判例をみると、具体的解釈にあたって、個々の要件規定のかなり細かい部分まで特定して、原告適格判断の論証を行っている。例えば、**もんじゅ行政訴訟上告審判決**（最(三小)判平成4年9月22日民集46巻7号1174頁）で問題となったのは核原料物質、核燃料物質及び原子炉の規制に関する法律（原子炉規制法）23条及び

第3節 抗告訴訟①（その1）

24条(当時)である。

□核原料物質、核燃料物質及び原子炉の規制に関する法律

第23条 ① 原子炉を設置しようとする者は、政令で定めるところにより、内閣総理大臣の許可を受けなければならない。……（以下略）

第24条 ① 内閣総理大臣は、第23条第1項の許可の申請があつた場合においては、その申請が次の各号に適合していると認めるときでなければ、同項の許可をしてはならない。

一 原子炉が平和の目的以外に利用されるおそれがないこと。

二 その許可をすることによつて原子力の開発及び利用の計画的な遂行に支障を及ぼすおそれがないこと。

三 その者（原子炉を船舶に設置する場合にあつては、その船舶を建造する造船事業者を含む。）に原子炉を設置するために必要な技術的能力及び経理的基礎があり、かつ、原子炉の運転を適確に遂行するに足りる技術的能力があること。

四 原子炉施設の位置、構造及び設備が核燃料物質（使用済燃料を含む。以下同じ。）、核燃料物質によつて汚染された物（原子核分裂生成物を含む。以下同じ。）又は原子炉による災害の防止上支障がないものであること。

② 内閣総理大臣は、第23条第1項の許可をする場合においては、前項各号に規定する基準の適用について、あらかじめ原子力委員会の意見をきき、これを尊重しなければならない。

判決は、「当該行政法規が、不特定多数者の具体的利益をそれが帰属する個々人の個別的利益としても保護すべきものとする趣旨を含むか否かは、**当該行政法規の趣旨・目的、当該行政法規が当該処分を通して保護しようとしている利益の内容・性質等を考慮して判断すべきである**」とした上で、規制法24条1項の3号（技術的能力に係る部分のみ）及び4号から、周辺住民の原告適格を認めている（この点については後述［→78]）。

> CASE　最(三小)判平成4年9月22日民集46巻7号1174頁（もんじゅ行政訴訟）
>
> 「〔原子炉〕規制法は、原子力基本法の精神にのっとり、核原料物質、核燃料物質及び原子炉の利用が平和の目的に限られ、かつ、これらの利用が計画的に行われることを確保するとともに、これらによる災害を防止し、及び核燃料物質を防護して、公共の安全を図るために、製錬、加工、再処理及び廃棄の事業並びに原子炉の設置及び運転等に関する必要な規制等を行うことなどを目的として制定されたものである（1条）。規制法23条1項に基づく原子炉の設置の許可申請は、同項各号所定の原子炉の区分に応じ、主務大臣に対して行われるが、主務大臣は、右許可申請が同法24条1項各号に適合してい

— 101 —

ると認めるときでなければ許可をしてはならず、また、右許可をする場合において、あらかじめ、同項1号、2号及び3号（経理的基礎に係る部分に限る。）に規定する基準の適用については原子力委員会、同項3号（技術的能力に係る部分に限る。）及び4号に規定する基準の適用については、核燃料物質及び原子炉に関する安全の確保のための規制等を所管事項とする原子力安全委員会の意見を聴き、これを十分に尊重してしなければならないものとされている（24条）。同法24条1項各号所定の許可基準のうち、3号（技術的能力に係る部分に限る。）は、当該申請者が原子炉を設置するために必要な技術的能力及びその運転を適確に遂行するに足りる技術的能力を有するか否かにつき、また、4号は、当該申請に係る原子炉施設の位置、構造及び設備が核燃料物質（使用済燃料を含む。）、核燃料物質によって汚染された物（原子核分裂生成物を含む。）又は原子炉による災害の防止上支障がないものであるか否かにつき、審査を行うべきものと定めている。原子炉設置許可の基準として、右の3号（技術的能力に係る部分に限る。）及び4号が設けられた趣旨は、原子炉が、原子核分裂の過程において高エネルギーを放出するウラン等の核燃料物質を燃料として使用する装置であり、その稼働により、内部に多量の人体に有害な放射性物質を発生させるものであって、原子炉を設置しようとする者が原子炉の設置、運転につき所定の技術的能力を欠くとき、又は原子炉施設の安全性が確保されないときは、当該原子炉施設の従業員やその周辺住民等の生命、身体に重大な危害を及ぼし、周辺の環境を放射能によって汚染するなど、深刻な災害を引き起こすおそれがあることにかんがみ、右災害が万が一にも起こらないようにするため、原子炉設置許可の段階で、原子炉を設置しようとする者の右技術的能力の有無及び申請に係る原子炉施設の位置、構造及び設備の安全性につき十分な審査をし、右の者において所定の技術的能力があり、かつ、原子炉施設の位置、構造及び設備が右災害の防止上支障がないものであると認められる場合でない限り、主務大臣は原子炉設置許可処分をしてはならないとした点にある。そして、同法24条1項3号所定の技術的能力の有無及び4号所定の安全性に関する各審査に過誤、欠落があった場合には重大な原子炉事故が起こる可能性があり、事故が起こったときは、原子炉施設に近い住民ほど被害を受ける蓋然性が高く、しかも、その被害の程度はより直接的かつ重大なものとなるのであって、特に、原子炉施設の近くに居住する者はその生命、身体等に直接的かつ重大な被害を受けるものと想定されるのであり、右各号は、このような原子炉の事故等がもたらす災害による被害の性質を考慮した上で、右技術的能力及び安全性に関する基準を定めているものと解される。右の3号（技術的能力に係る部分に限る。）及び4号の設けられた趣旨、右各号が考慮している被害の性質等にかんがみると、右各号は、単に公衆の生命、身体の安全、環境上の利益を一般的公益として保護しようとするにとどまらず、原子炉施設周辺に居住し、右事故等がもたらす災害により直接的かつ重大な被害を受けることが想定される範囲の住民の生命、身体の安全等を個々人の個別的利益としても保護すべきものとする趣旨を含むと解するのが相当である。」

第3節　抗告訴訟①（その1）

　もっとも、処分の根拠法規そのものが相当以前に制定されたものであり、関係する第三者の利益を最初から考慮していないものもありうる。次に掲げる**伊達火力発電所事件上告審判決**で問題となった公有水面埋立法4条の規定は、その例である。この法律は大正10年に制定されたものであって、この事件で適用が問題となったのは、昭和48年の改正以前の規定であった。

□**公有水面埋立法**
　第4条　地方長官ハ埋立ニ関スル工事ノ施行区域内ニ於ケル公有水面ニ関シ権利ヲ有スル者アルトキハ左ノ各号ノ一ニ該当スル場合ヲ除クノ外埋立ノ免許ヲ為スコトヲ得ズ
　　一　其ノ公有水面ニ関シ権利ヲ有スル者埋立ニ同意シタルトキ
　　二　其ノ埋立ニ因リテ生スル利益ノ程度カ損害ノ程度ヲ著シク超過スルトキ
　　三　其ノ埋立カ法令ニ依リ土地ヲ収用又ハ使用スルコトヲウル事業ノ為必要ナルトキ

　そして同判決は、当時の公有水面埋立法には、周辺漁業者等を保護する規定はないとして、原告適格を否定した。

> **CASE**　最(三小)判昭和60年12月17日判例時報1179号56頁
> （伊達火力発電所事件）
>
> 　「……行政処分の取消訴訟は、その取消判決の効力によって処分の法的効果を遡及的に失わしめ、処分の法的効果として個人に生じている権利利益の侵害状態を解消させ、右権利利益の回復を図ることをその目的とするものであり、行政事件訴訟法9条が処分の取消しを求めるについての法律上の利益といっているのも、このような権利利益の回復を指すものである。したがって、処分の法的効果として自己の権利利益を侵害され又は必然的に侵害されるおそれのある者に限って、行政処分の取消訴訟の原告適格を有するものというべきであるが、処分の法律上の影響を受ける権利利益は、処分がその本来的効果として制限を加える権利利益に限られるものではなく、行政法規が個人の権利利益を保護することを目的として行政権の行使に制約を課していることにより保障されている権利利益もこれに当たり、右の制約に違反して処分が行われ行政法規による権利利益の保護を無視されたとする者も、当該処分の取消しを訴求することができると解すべきである。そして、右にいう行政法規による行政権の行使の制約とは、明文の規定による制約に限られるものではなく、直接明文の規定はなくとも、法律の合理的解釈により当然に導かれる制約を含むものである。
> 　三　これを本件についてみるに、旧埋立法に基づく公有水面の埋立免許は、一定の公有水面の埋立てを排他的に行って土地を造成すべき権利を付与する処分であり、埋立工事の竣功認可は、埋立免許を受けた者に認可の日をもっ

－ 103 －

第Ⅰ部 行政争訟法 第1章 行政訴訟法

て埋立地の所有権を取消させる処分であるから、当該公有水面に関し権利利益を有する者は、右の埋立免許及び竣功認可により当該権利利益を直接奪われる関係にあり、その取消しを訴求することができる。しかしながら、原審の認定した前記事実関係に照らせば、上告人らは、本件公有水面に関し権利利益を有する者とはいえないのである。この点に関し、論旨は、漁業権変更の議決については、漁業法8条3項及び5項の規定により、特定区画漁業又は第一種共同漁業を営む者で地元地区又は関係地区の区域内に住所を有するものの3分の2以上の書面による事前の同意を必要とするところ、伊達漁協の前記漁業権変更の議決は右同意を欠き無効であるから、伊達漁協は本件公有水面において依然漁業権を有し、したがって上告人佐々木弘も本件公有水面において漁業を営む権利を有するというが、漁業権の変更につき漁業法8条3項及び5項の規定の適用はなく、また、これを類推適用すべきものともいうことができないから、伊達漁協の前記漁業権変更の議決を無効とすることはできない。さらに、論旨は、X［原告］の所属する有珠漁協は、本件公有水面に近接する水面において漁業権を有しているから、本件公有水面から引水をなしこれに排水をなす者又はこれに準ずる者であるというが、近接する水面において漁業権を用いているからといって本件公有水面に関し引水又は排水の権利利益を有するとは到底いうことができない。
　そうすると、上告人らは、本件公有水面の周辺の水面において漁業を営む権利を有するにすぎない者というべきであるが、本件埋立免許及び本件竣功認可が右の権利に対し直接の法律上の影響を与えるものでないことは明らかである。そして、旧埋立法には、当該公有水面の周辺の水面において漁業を営む者の権利を保護することを目的として埋立免許権又は竣功認可権の行使に制約を課している明文の規定はなく、また、同法の解釈からかかる制約を導くことも困難である。」

　この判決が、原告適格の根拠となる「行政法規による行政権の行使の制約」には、「直接明文の規定」（主として、処分要件を定めた明文の規定がこれに当たるのであろう）のみならず、「**法律の合理的解釈によって当然に導かれる制約**」も含まれるとしていることは、その具体的内容が必ずしも明らかではないものの、処分の根拠法規の柔軟な解釈の途を示したものとして、注目に値する。しかし、大正時代に作られた法律に、環境の保護保全が考慮されていないのはある意味で当然であろう。公有水面埋立法の免許要件に「二　其ノ埋立ガ環境保全及災害防止ニ付十分配慮セラレタルモノナルコト」という条項が加わったのは、昭和48年の法改正以降のことである。この条項を根拠に周辺漁業者などの原告適格を認めることは可能であろう。

— 104 —

第3節　抗告訴訟①（その1）

発展 **やや複雑な事例**

　このように第三者の原告適格の判断は、処分の根拠法規の解釈によることになるが、いったん行われた侵害的処分を取消す（撤回する）処分について、第三者が取消訴訟を提起する場合、そこでは元の侵害的処分の根拠法規が何を保護していたかによることになるから、解釈の対象となるのもその侵害的処分の根拠法規ということになる。例えば、長沼ナイキ基地訴訟の例でいえば、提起されたのは保安林指定解除処分の取消訴訟であるが、第三者が保護を求めているのは保安林指定処分によって保護された利益であるから、原告適格で問題となるのも、その点である。ちなみに、直接型義務付け訴訟における原告適格のも、取消訴訟の原告適格と同様の判断がなされるが [→185]、廃棄物処理法に基づく産業廃棄物処分場設置許可を取消す処分の義務付け訴訟の原告適格も、設置許可処分の根拠法規が何を保護しているか（この場合は、周辺住民の生命、身体の安全や健康）が問題となる。

　また建築確認は、建築主事が、建築主の申請に係る建築計画が建築基準関係規定に適合するものであることについて確認するものであるが（建築基準法6①）、そこでは建築基準関係規定（例えば、接道義務に関する建築基準法43条など）が実質的な基準（要件規定）となるわけであるから、それらの規定が原告の利益（生命、身体の安全、さらに財産など）を個別に保護しているかどうかが問題となる。

3　要件規定の特定② ──広義の処分要件　　71

　(1)　手続参加規定　　以上の判例で問題となった《処分の根拠規範》の解釈というのは、基本的には狭義の処分要件（～のときは）の解釈であった。ところが、処分の根拠法規ないし要件規定というのは、もう少し拡張して捉えることができるのであって、**処分を行うに当たっての手続規定もまた広い意味での処分の要件規定と呼ぶことができ**（広義の処分要件）、**それが特定の私人を保護する目的のものであれば、原告適格を認める際の手掛かりとなることがある**。前掲の**長沼ナイキ基地訴訟上告審判決**で一定範囲の周辺住民に原告適格を認める手掛かりとされたのは、保安林指定解除の際に要求される**意見書の提出手続**（当時の森林法29条など）であったが、それはその一例である（前掲条文および判決文参照）。

　(2)　委任立法（政省令・委任条例）　　処分要件の規定は、しばしば、政省令　72（施行規則・施行令）やさらに一部は条例に委任されることがある。そのような場合、当該政省令や委任条例も、原告適格判断にあたって、保護規範の視野に入ってくることになる。

— 105 —

第Ⅰ部　行政争訟法　第1章　行政訴訟法

CASE 最(一小)判平成10年12月17日民集52巻9号1821頁
（風営法に基づく営業許可）

　「法［＝風俗営業の規制及び業務の適正化に関する法律］は、善良の風俗と清浄な風俗環境を保持し、及び少年の健全な育成に障害を及ぼす行為を防止するため、風俗営業及び風俗関連営業等について、営業時間、営業区域等を制限し、及び年少者をこれらの営業所に立ち入らせること等を規制するとともに、風俗営業の健全化に資するため、その業務の適正化を促進する等の措置を講ずることを目的とする（法1条）。右の目的規定から、法の風俗営業の許可に関する規定が一般的公益の保護に加えて個々人の個別的利益をも保護すべきものとする趣旨を含むことを読み取ることは、困難である。
　また、風俗営業の許可の基準を定める法4条2項2号は、良好な風俗環境を保全するため特にその設置を制限する必要があるものとして政令で定める基準に従い都道府県の条例で定める地域内に営業所があるときは、風俗営業の許可をしてはならないと規定している。右の規定は、具体的地域指定を条例に、その基準の決定を政令にゆだねており、<u>それらが公益に加えて個々人の個別的利益をも保護するものとすることを禁じているとまでは解されないもの</u>の、良好な風俗環境の保全という公益的な見地から風俗営業の制限地域の指定を行うことを予定しているものと解されるのであって、同号自体が当該営業制限地域の居住者個々人の個別的利益をも保護することを目的としているものとは解し難い。」

発展 **委任立法の保護規範性**

　例えば、風俗営業許可処分についてみると、処分の根拠規定である風俗営業の規制及び業務の適正化に関する法律（風営法）は、許可をしてはならない地域を指定する形で消極的要件を定めているが（同法4②Ⅱ）、その具体的な要件は施行令、さらに具体的な保護対象施設については、委任条例に委ねている。
　この点について上掲の最(一小)判平成10年12月17日は、基本的に風営法の定める風俗営業許可の規定は、善良の風俗を保全するという一般的公益を保護するにとどまるものと解している。
　このような考え方の背景には、風営法の規制のような営業許可（警察許可）は、公共の安全や秩序の維持といった「公益」を目的としたものであって、特定の個人の利益を特に保護するものではない、という**警察法の伝統的な理解**があるように見受けられる。しかし、「政令や省令が個別的利益をも保護することを禁じているとまでは解されない」と述べて、消極的ながら、施行令や施行条例の規定の仕方いかんによっては、原告適格が認められうることを示している。
　この点について風営法施行令の規定をみると、風俗営業の制限地域の指定については、「イ住居が多数集合しており、住居以外の用途に供される土地が少ない地域」（住居集合地域基準）、「ロその他の地域のうち、学校その他の施設で学生等のその利用者の構成その他のその特性にかんがみ特にその周辺における良好な風俗環境を保全する必要がある施設として都道府県の条例で定めるものの

― 106 ―

周辺の地域」（保護対象施設周辺地域基準）の２つを挙げ（６条１項）、後者の基準につき指定を行う場合には、当該施設の敷地の周囲おおむね100メートルの区域を限度として、その区域内の地域について指定を行うこととされている（６条２項）。最高裁は、この判決に先立つ平成６年の判決で、保護対象施設周辺地域基準を受けて制定された施行条例（神奈川県条例）において診療所等が指定されている事例について、風営法４条２項２号、同法施行令６条２号及びこれを受けて制定された同施行条例は、「〔同条例にいう〕診療所等の施設につき善良で静穏な環境の下で円滑に業務を運営するという利益をも保護していると解すべきである」としていた（最(三小)判平成６年９月27日判例時報1518号10頁）。この平成10年判決は、平成６年判決を受けて、住居集合地域に住む周辺住民が起こした取消訴訟に対するものであるが、保護対象施設周辺地域基準（最終的に何が保護対象施設に当たるかは施行条例で定まる）に保護規範性が認められたとしても、風営法の許可全体が個別の私人を保護しているのではなく、住居集合地域基準には保護規範性は認められないとし、周辺住民の原告適格を否定したのである。

　このほかに委任立法の保護規範性が問題となったものとしては、墓地経営許可処分の取消しを周辺住民が求めた事件について墓地埋葬法と条例との関係が問題となった事例（最(二小)判平成12年３月17日判例時報1708号62頁・原告適格を否定）、場外車券販売施設許可処分の取消しを周辺住民や周辺の医療施設の開設者などが求めた事例（最(一小)判平成21年10月15日民集63巻８号1711頁〔サテライト大阪訴訟〕＝医療施設開設者の原告適格のみ肯定〔→81〕）がある。

　もっとも「法律上保護された利益説」が正当化されるのは、法律（国会制定法）において公益と私益が調整されて処分の根拠法規が定められているからだ、と考えられるとすれば、このように処分の根拠法規たる法律が、実質的な内容を自ら定めず、下位法令に委任しているのは問題であろう（この問題は、法律の留保理論で問題となる本質性理論（重要事項留保説）にもかかわるものである―この点については、神橋一彦「原告適格論と憲法の視点」立教法学82号〔2011年〕264頁以下参照）。

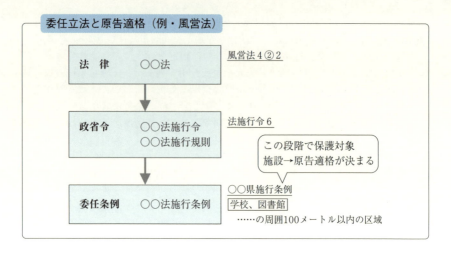

4　要件規定の解釈方法

　さらに処分の根拠法規の解釈に当たっては、その方法が問題となる。特に、処分の根拠法規（要件規定）の文言のみならず、《処分の根拠法規及びそれと目的を共通する関連法規の関係規定によって形成される法体系の中において、当該処分の根拠規定が、当該処分を通して個々人の個別的利益をも保護すべきものとして位置付けられているとみることができるかどうか》についても考慮しなければならない、ということを判示して注目された判決として前掲・**新潟空港訴訟上告審判決**がある。この判決の冒頭部分（その一部は【2】［→69］で引用したところである）で次のように述べる。

> **CASE**　最（二小）判平成元年2月17日民集43巻2号56頁（新潟空港訴訟）
>
> 「取消訴訟の原告適格について規定する行政事件訴訟法9条にいう当該処分の取消しを求めるにつき「法律上の利益を有する者」とは、当該処分により自己の権利若しくは法律上保護された利益を侵害され又は必然的に侵害されるおそれのある者をいうのであるが、当該処分を定めた行政法規が、不特定多数者の具体的利益をもっぱら一般的公益の中に吸収解消させるにとどめず、それが帰属する個々人の個別的利益としてもこれを保護すべきものとする趣旨を含むと解される場合には、かかる利益も右にいう法律上保護された利益に当たり、当該処分によりこれを侵害され又は必然的に侵害されるおそれのある者は、当該処分の取消訴訟における原告適格を有するということができる（最高裁昭和49年（行ツ）第99号同53年3月14日第3小法廷判決・民集32巻2号211頁〔＝主婦連ジュース事件〕、最高裁昭和52年（行ツ）第56号同57年9月9日第1小法廷判決・民集36巻9号1679頁〔＝長沼ナイキ基地訴訟〕参照）。そして、

第3節　抗告訴訟①（その1）

> 当該行政法規が、不特定多数者の具体的利益をそれが帰属する個々人の個別的利益としても保護すべきものとする趣旨を含むか否かは、当該行政法規及びそれと目的を共通する関連法規の関係規定によって形成される法体系の中において、当該処分の根拠規定が、当該処分を通して右のような個々人の個別的利益をも保護すべきものとして位置付けられているとみることができるかどうかによって決すべきである。」

　この判示の前半部分は、前掲・長沼ナイキ基地訴訟上告審判決 [→68] で述べられたことがらであって、それに対応する具体的な判示についても既に述べたとおりである。この事件で問題となったのは、航空法100条、101条（当時）に基づく定期航空運送事業免許につき、飛行場周辺に居住する者が、当該免許に係る路線を運行する航空機の騒音を受けることを理由として、その取消しを求めることができるか、という問題であった。

□**航 空 法**
　第100条　定期航空運送事業を経営しようとする者は、路線ごとに運輸大臣の免許を受けなければならない。……（以下略）
　第101条　①　運輸大臣は、前条の免許の申請があったときは、その申請が左の各号に適合するかどうかを審査しなければならない。
　一　当該事業の開始が公衆の利用に適応するものであること。
　二　当該事業の開始によって当該路線における航空輸送力が航空輸送需要に対し、著しく供給過剰にならないこと。
　三　事業計画が経営上及び航空保安上適切なものであること。
　四　申請者が当該事業を適確に遂行するに足る能力を有するものであること。
　五　申請者が左に掲げる者に該当するものでないこと。……（以下略）
　②　運輸大臣は、前項の規定により審査した結果、その申請が同項の基準に適合していると認めたときは、定期航空運送事業の免許をしなければならない。

　判決は、飛行場周辺に居住していて、当該免許に係る事業が行われる結果、当該免許に係る路線を運行する航空機の騒音によって社会通念上著しい障害を受けることとなる者に原告適格を認めたわけであるが、その際、決め手となったのは、処分の根拠法規である航空法101条1項3号の「**事業計画が……航空保安上適切なものであること**」という**要件**の解釈であった。

— 109 —

第 I 部　行政争訟法　第 1 章　行政訴訟法

CASE　最（二小）判平成元年 2 月 17 日（つづき）

　「〔航空〕法は、国際民間航空条約の規定並びに同条約の附属書として採択された標準、方式及び手続に準拠しているものであるが、航空機の航行に起因する障害の防止を図ることをその直接の目的の一つとしている（法 1 条）。この目的は、右条約の第 16 附属書として採択された航空機騒音に対する標準及び勧告方式に準拠して、法の一部改正（昭和 50 年法律第 58 号）により、航空機騒音の排出規制の観点から航空機の型式等に応じて定められた騒音の基準に適合した航空機につき運輸大臣がその証明を行う騒音基準適合証明制度に関する法 20 条以下の規定が新設された際に、新たに追加されたものであるから、右にいう航空機の航行に起因する障害に航空機の騒音による障害が含まれることは明らかである。

　ところで、定期航空運送事業を経営しようとする者が運輸大臣の免許を受けるときに、免許基準の一つである、事業計画が経営上及び航空保安上適切なものであることについて審査を受けなければならないのであるが（法 100 条 1 項、2 項、101 条 1 項 3 号）、事業計画には、当該路線の起点、寄航地及び終点並びに当該路線の使用飛行場、使用航空機の型式、運航回数及び発着日時ほかの事項を定めるべきものとされている（法 100 条 2 項、航空法施行規則 210 条 1 項 8 号、2 項 6 号）。そして、右免許を受けた定期航空運送事業者は、免許に係る事業計画に従って業務を行うべき義務を負い（法 108 条）、また、事業計画を変更しようとするときは、運輸大臣の認可を要するのである（法 109 条）。このように、事業計画は、定期航空運送事業者が業務を行ううえで準拠すべき基本的規準であるから、申請に係る事業計画についての審査は、その内容が法 1 条に定める目的に沿うかどうかという観点から行われるべきことは当然である。

　更に、運輸大臣は、定期航空運送事業について公共の福祉を阻害している事実があると認めるときは、事業改善命令の一つとして、事業計画の変更を命ずることができるのであるが（法 112 条）、右にいう公共の福祉を阻害している事実に、飛行場周辺に居住する者に与える航空機騒音障害が一つの要素として含まれることは、航空機の航行に起因する障害の防止を図るという、前述した法 1 条に定める目的に照らし明らかである。また、航空運送事業の免許権限を有する運輸大臣は、他方において、公共用飛行場の周辺における航空機の騒音による障害の防止等を目的とする公共用飛行場周辺における航空機騒音による障害の防止等に関する法律 3 条に基づき、公共用飛行場周辺における航空機の騒音による障害の防止・軽減のために必要があるときは、航空機の航行方法の指定をする権限を有しているのであるが、同一の行政機関である運輸大臣が行う定期航空運送事業免許の審査は、関連法規である同法の航空機の騒音による障害の防止の趣旨をも踏まえて行われることが求められるといわなければならない。

　以上のような航空機騒音障害の防止の観点からの定期航空運送事業に対する規制に関する法体系をみると、法は、前記の目的を達成する一つの方法と

— 110 —

第3節　抗告訴訟①（その1）

して、あらかじめ定期航空運送事業免許の審査の段階において、当該路線の使用飛行場、使用航空機の型式、運航回数及び発着日時など申請に係る事業計画の内容が、航空機の騒音による障害の防止の観点からも適切なものであるか否かを審査すべきものとしているといわなければならない。換言すれば、申請に係る事業計画が法101条1項3号にいう「経営上及び航空保安上適切なもの」であるかどうかは、当該事業計画による使用飛行場周辺における当該事業計画に基づく航空機の航行による騒音障害の有無及び程度を考慮に入れたうえで判断されるべきものである。したがって、申請に係る事業計画に従って航空機が航行すれば、当該路線の航空機の航行自体により、あるいは従前から当該飛行場を使用している航空機の航行とあいまって、使用飛行場の周辺に居住する者に騒音障害をもたらすことになるにもかかわらず、当該事業計画が適切なものであるとして定期航空運送事業免許が付与されたときに、その騒音障害の程度及び障害を受ける住民の範囲など騒音障害の影響と、当該路線の社会的効用、飛行場使用の回数又は時間帯の変更の余地、騒音防止に関する技術水準、騒音障害に対する行政上の防止・軽減、補償等の措置等との比較衡量において妥当を欠き、そのため免許権者に委ねられた裁量の逸脱があると判断される場合がありうるのであって、そのような場合には、当該免許は、申請が法101条1項3号の免許基準に適合しないのに付与されたものとして、違法となるといわなければならない。」

　ここで問題となっているのは、あくまで処分の根拠法規である航空法101条の解釈であるが、同条1項3号の「……航空保安上適切なもの」という要件の文言のみから「航空機の航行による騒音障害の有無及び程度」を考慮することによって周辺住民の生活利益が保護されている趣旨であるとは、ストレートには解釈しにくい。しかし、航空法の目的や関連規定、さらには関連する法律である「公共用飛行場周辺における航空機騒音による障害の防止等に関する法律」の規定（3条）など、処分の根拠法規の周辺の法体系も考慮して、当該根拠法規を解釈すべし、ということ述べているわけである。要するに原告適格の判断にあたっては、処分の根拠法規の文言のみにとらわれるのではなく、《法律の目的》や《根拠法規と目的を共通する関連法規の関係規定によって形成される法体系》なども考慮すべし、ということであるが、このこと自体は、文理解釈を基本としつつも、目的解釈や体系解釈が必要であるとする、法解釈の一般的方法と基本的に変わるところはないというべきであろう。しかし、原告適格の判断においては、原告適格を拡大する方向でこのことが強調され、改正行訴法で新設された9条2項にも取り入れられているのである。その点については、【7】[→76]で述べる。

— 111 —

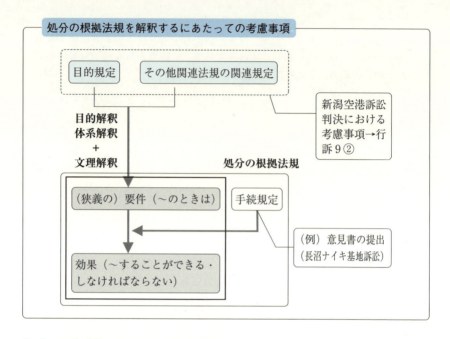

【6】 原告適格をめぐる学説上の議論

1 法律上保護された利益説の問題点

　取消訴訟の原告適格は、行政法学の中でも最も盛んに議論された問題の１つであるが、「法律上保護された利益説」については次のような問題点が指摘されてきた（原告適格そのものの存在意義につき、宮田・行政訴訟法 116 頁以下）。

　① 処分の根拠法規が保護しているか否か、ということを原告適格の基準にすることは、立法者が要件規定をどのように定めるかによって、原告適格の範囲が決まってしまうということになりかねない。それに、立法者は実際に原告適格のことまで考えて立法を行っているかどうかは疑わしい。

　② 処分の根拠法規が保護しているか否かにかかわらず、行政処分が周辺住民等の第三者のさまざまな利益に影響を与えることはありうるのであって、そのような場合について、一律に「反射的利益」であるとして原告適格を否定するのは妥当ではないのではないか。とりわけ、「公益」と「法律上保護された利益」（私人の利益）という二項対立では、さまざまな現代型の訴訟に対応できないのではないか（例えば、環境に関わる利益というのは、公益かそれとも特定の私人について保護される利益か？）。

　③ 実際に、「法律上保護された利益説」を採用した判例は、原告適格を狭く解

第3節　抗告訴訟①（その1）

しており、原告適格がないと訴えは却下されてしまうわけであるから、救済の観
点からして問題である。

2　法的保護に値する利益説

このように学説上「法律上保護された利益説」に対しては、昭和40年代後半
以降さまざまな批判がなされていたが、その中で主張されたのが、「法的保護に
値する利益説」である。この説の主唱者は原田尚彦教授であるが、すなわちこの
説によれば、行政事件訴訟法9条1項にいう「法律上の利益」は、「法律によっ
て保護された利益」という実体法上の利益としてではなく、「法的保護に値する
利益」とでもいうべきいわば一種の訴訟法上の利益として解釈すべきである、と
いうことになる。

具体的にいえば、① 原告適格を拡大することは国民の権利救済の観点から必
要であるが、「法律上保護された利益説」によれば不十分であって、「法律上保護
された利益」とはいえないまでも、救済が必要な場合は原告適格を柔軟に認める
べきである。② たとえ請求が棄却されたとしても、審理の過程において争われ
ている行政に関わる種々の紛争が世論の注目を集めるところとなり、それがきっ
かけとなって問題解決への道が開けることがある、あるいは行政過程の問題点が
その中で明らかになる、そのようなことがあるのだから、原告適格（訴訟要件）
のところで打ち切るのではなく、本案審理を積極的に行うべきある。「法的保護
に値する利益説」が主張する「訴訟法上の利益」の中にはこのような利益が含ま
れている、といった主張が展開される。

> **補足**　**法的保護に値する利益説**
>
> 原田教授は、「法的保護に値する利益説」の具体的な帰結について、質屋営業
> 許可処分を例にとり、「出訴してきた既存の質屋が、新規の質屋への営業許可に
> よって現実にどのような被害を受けるか、その被害がその者を一般国民から区
> 別して裁判で保護するに値する（いいかえれば、その者に訴訟手続を利用させ
> るに足る）真摯かつ実質的な内容をそなえた具体的個別的利益と評価できるか
> どうか、といった視点から紛争事案の実態や利益状況を分析し、ケースごとに
> 救済の必要性を勘案して訴えの利益を判定する」とする。また、判例が「法律
> 上保護された利益」の範囲を柔軟に認定するようなった結果、「法律上保護され
> た利益説」と「法的保護に値する利益説」との間の差はあまりなくなった、と
> しつつも、この両説の相違は、必ずしも訴えの利益の広狭にのみかかわるもの
> ではなく、「行政訴訟の目的を行政処分の適法性をめぐる紛争の解決を通じて国
> 民の（実生活上の）利益の救済にあるとみるのか、実定法の予定する権利ない
> し法益の保護にあるとみるのかという、訴訟制度の本質理解にかかわる原理論

— 113 —

的な見方に起因している。両説の対立は、その実益がかなり薄れたとしても、理論的意味までは失っていない」とする（原田・要論392頁以下）。

【7】 行訴法9条2項の新設

1 規定の内容

このように学説においては、「法律上保護された利益説」と「法的保護に値する利益説」の対立があったが、判例は、「法律上保護された利益説」の考え方に立ちつつも、既に述べたように、処分の根拠法規の解釈方法を柔軟にすることによって、原告適格の範囲を徐々に拡大してきたといえよう。

このような流れをうけて、平成16年の行訴法改正において、9条に次のような第2項が追加された（条文中の⓪〜④の番号及び下線・カッコ内は、本書において付したものである）。

> 「裁判所は、処分又は裁決の相手方以外の者について前項に規定する法律上の利益の有無を判断するに当たっては、⓪ 当該処分又は裁決の根拠となる法令の規定の文言のみによることなく、
> ① 当該法令の趣旨及び目的（＝第1の考慮事項）並びに
> ② 当該処分において考慮されるべき利益の内容及び性質（＝第2の考慮事項）
> を考慮するものとする。この場合において、
> ③ 当該法令の趣旨及び目的を考慮するに当たっては、当該法令と目的を共通にする関係法令があるときはその趣旨及び目的をも参酌するものとし（＝第3の考慮事項）、
> ④ 当該利益の内容及び性質を考慮するに当たっては、当該処分又は裁決がその根拠となる法令に違反してされた場合に害されることとなる利益の内容及び性質並びにこれが害される態様及び程度をも勘案するものとする（＝第4の考慮事項）。」

なおこの規定は、もっぱら取消訴訟における**第三者の原告適格**について**解釈指針**を示したものであって、名宛人の原告適格（それ自体あまり問題にはならないが）には関わらないものであることに注意されたい。

2 規定の性格

この規定の性格であるが、まず、**この規定から直接、原告適格が結論づけられるわけではない**。すなわち、あくまで原告適格の判断は、既に述べてきたように、処分の根拠法規（すなわち、要件規定）の解釈の問題であって、そのような解釈にあたって、どのように解釈すべきか、どのようなことを考慮に入れて解釈すべ

きか（考慮事項）について指図するのが、この９条２項の趣旨である。その意味で、この規定は、**実効的権利救済の要請を受けた解釈指針を示すものである**。したがって、ここに示された解釈指針が、唯一のものであるわけでもなければ、まずもって何より、**この規定を直接当てはめることによって原告適格が導かれるわけではない**、ということに注意する必要がある。また、原告適格について実際に判断するのは、裁判官であるから、９条２項は誰の誰に対する指図（指針）かといえば、それは、立法者（国会）が裁判官に対して行った指図であるということになろう（藤田・総論439頁・注（1）参照）。

したがって、この規定は、原告適格を判断するに当たって、処分の根拠法規の解釈を初めとして、どのようなことを考慮にいれて判断すべきかについての一つの指針を示したものである。すなわちここでは、処分の根拠法規の解釈にあたっては、⓪で「当該処分又は裁決の根拠となる法令の規定の文言のみによることなく」行うべし、という一般原則を述べた後、考慮事項として ① 当該法令の趣旨及び目的と ② 当該処分において考慮されるべき利益の内容及び性質を挙げる。すなわち、条文の読み方としては、①と③が対応し、②と④が対応した形となっている。これらの解釈指針や考慮事項は、これまでの原告適格に関する最高裁判例 [→73] を踏まえたものである。

3　考慮事項の内容

(1)　**規定の読み方**　⓪については、例えば、**伊達火力発電所公有水面埋立免許取消請求事件上告審判決**（前掲・最(三小)判昭和60年12月17日 [→ 70]）で「法律の合理的解釈」ということが述べられていた。

①＋③で問題となる根拠法令の趣旨および目的の考慮については、**新潟空港訴訟上告審判決**などで述べられていたところである。③「当該目的と目的を共通にする関連法令」については、既に述べた通りである [→73]。

②＋④で問題となる②の「当該処分において考慮されるべき利益の内容及び性質」というのはやや内容が曖昧であるが、生命や身体の安全などの人格的に重要な利益が問題となっている場合、そのような利益の保護は特に配慮されなければならない、という**一種の価値秩序**を想定することもできる。その点については、**もんじゅ行政訴訟上告審判決**（前掲・最(三小)判平成4年9月22日 [→ 70]）で問題となったところであるし、都市計画法が、開発区域内の土地が、がけ崩れのおそれが多い土地であるときは、「地盤の改良、擁壁の設置等安全上必要な措置が講ぜられるように設計が定められていること」を開発許可の要件としているところ

（同法33①Ⅶ）、同規定は、「がけ崩れ等による被害が直接的に及ぶことが想定される開発区域内外の一定範囲の地域の住民の生命、身体の安全等を、個々人の個別的利益としても保護すべきものとする趣旨を含むもの」と解されるとして、がけ崩れ等による直接的な被害を受けることが予想される範囲の地域に居住する者に開発許可取消訴訟の原告適格を認めた判例（最（三小）判平成9年1月28日民集51巻1号250頁）も、そのような考慮の上に立つものといえよう。

　④については、若干解釈の余地を残しているが、ここで述べられている考慮事項は、(i)《害されることとなる利益の内容及び性質》と、(ii)《これが害される態様及び程度》の2つに分けることができる。

　これらは、もんじゅ訴訟上告審判決でも述べられていた点で、同判決は、「当該原子炉施設の従業員やその周辺住民等の生命、身体に重大な危害を及ぼし、周辺の環境を放射能によって汚染するなど、深刻な災害を引き起こすおそれ」を指摘し、(i)《内容及び性質》が生命、身体といった（個人の人格に関わる）重大な法益であること、また(ii)《態様及び程度》についても、「原子炉施設に近い住民ほど被害を受ける蓋然性が高く、しかも、その被害の程度は直接的かつ重大なものとなる」ことから、「原子炉施設周辺に居住し、右事故等がもたらす災害により直接的かつ重大な被害を受けることが想定される範囲の住民の生命、身体の安全等を個々人の個別的利益としても保護」しているとしたわけである。

　ただし、(ii)《態様及び程度》については、このように《周辺住民の生命、身体の安全》が、「法律上保護された利益」に当たることかどうか（すなわち、個別保護要件を充たすかどうか）を判断する際（＝保護利益の判定）に問題になる。そしてこれを受けて具体的にどの範囲の原告に原告適格が認められるかという保護範囲の画定（具体的なあてはめ）の段階に移るわけであるが、この点について、もんじゅ訴訟上告審判決は、「前記の原子炉事故等による災害により直接的かつ重大な被害を受けるものと想定される地域であるか否かについては、当該原子炉の種類、構造、規模等の当該原子炉に関する具体的な諸条件を考慮に入れた上で、当該住民の居住する地域と原子炉の位置との距離関係を中心として、社会通念に照らし、合理的に判断すべきものである」として、原子炉の位置から29〜58キロに居住する原告に原告適格を認めたわけである（そのような範囲の根拠については、高橋利文「最高裁調査官解説」『最高裁判所判例解説民事篇・平成5年度』349頁以下参照）。このように、具体的な保護範囲をどのように画定するかは（[→66a]の図）、次に挙げる平成17年の小田急訴訟上告審判決でも問題になる点である。

第3節　抗告訴訟①（その1）

(2)　**第4の考慮事項と個別保護要件**　　この④の**第4の考慮事項**をめぐっては、その射程について議論の余地がある。

　まず、この第4の考慮事項によって、法律上保護された利益説に基づく原告適格の判断枠組みからは離れて、ある利益侵害について、その利益が法律上保護されたものか否かを問うことなく、ストレートに利益侵害の程度の大きさのみから原告適格を導く、といったことは認められないであろう。その意味で、第4の考慮事項についても、あくまで法律上保護された利益説の枠組の中で捉えられるものであろう。

　したがって、この第4の考慮事項によって、判断枠組みの第3の要件であった《個別保護要件》がなくなったと解釈する向きもあるが、現時点でそのような解釈は、裁判実務上受け容れられていない。

　そうなると、従来の判断枠組みの中で第4の考慮事項をどのように理解すべきかであるが、さしあたり次の2つのことがいえるであろう。

　第1は、違法処分によって侵害されたとされる利益が、単に処分の根拠法規によって公益として保護されているのではなく、個別の当該当事者について保護されていると解するには、まず、そのように個別に保護している具体的な規定があれば、そのように解してよい、ということになる（例えば、**長沼ナイキ基地訴訟**における利害関係者の手続参加規定など[→68]）。しかし、**侵害される利益が、生命や身体の安全などにかかわる場合**であれば、それが処分の根拠法規によって公益として保護されている以上、仮に、個別に保護する規定がなくても、その《**利益の性質**》に鑑み、個別に保護されていると解すべきであろう。なんとなれば、そのような人格的に重要な利益は、個人主義（憲13）の観点からしても、そもそも**公益に吸収解消せしめることのできないもの**だからである（まさに《利益の性質》に照らしてそうだ、ということである）。その意味で、前述のように、そこに一種の**価値秩序**が認められることになろう。

　第2は、そもそも処分の根拠法規そのものに問題がある場合、すなわち、処分の根拠要件において保護されるべき利益が正当に考慮されていない場合、どのように考えるべきか。これは、前掲・**伊達火力発電所事件判決**において、公有水面埋立免許の許可要件の中にそもそも埋立予定地域周辺の水域において漁業を営む者の利益が考慮されていない場合について問題となった点である。このような場合には、法律上保護された利益説の枠内では、原告適格が認められない、ということになるが、そもそも法律上保護された利益説の前提として、処分要件規定において適切に公益と私益が調整されていることが必要であると考えるとすると、

— 117 —

第Ⅰ部　行政争訟法　第1章　行政訴訟法

重要な私益がそもそも処分要件規定において考慮されていないとするならば、立法の不備といわざるを得ず、その場合には、憲法上の基本権（例えば財産権など）に基づいて、直接に原告適格が認められるべきであろう。ただし、そのような場合には、利益の《内容及び性質》に加えて、侵害の《態様及び程度》についても重大な損害（重大かつ受忍しがたい損害）が生じていることが要求されるであろう。

【8】　改正後の判例の展開

1　小田急訴訟大法廷判決

80　　行訴法9条2項の新設後、取消訴訟の原告適格について出された最高裁判例としては、小田急訴訟大法廷判決がある。

本件で問題となっている鉄道事業認可は、都市計画法59条による認可を受けて行なわれる「都市計画事業」（同法4⑮）であり、その事業の内容が都市計画に適合することが認可の要件とされている（同法61Ⅰ）。そして、次のように論理を展開する。

①　都市計画に関する都市計画法の規定中、都市計画の目的、基本理念（同法1条、2条）を受けて、当該都市について公害防止計画が定められているときは都市計画がこれに適合したものでなければならないとした都市計画法13条1項但書が援用され、それを媒介に、公害防止計画の根拠となる公害対策基本法の目的規定等（同法1、2、4、5、19）が援用されている。

②　その他に都市計画法の中では、都市計画が公害防止計画に適合することを要求した前掲13条1項柱書のほかに、都市施設は良好な都市環境を保持するように定めることを定めた13条1項5号のほか、公聴会の開催等、住民の意見を反映させるために必要な措置を講ずるものとした16条1項、関係市町村の住民及び利害関係人に都市計画の案について意見書の提出を認めた17条1項、2項の規定が援用されている。

③　ついで判決は、東京都環境影響評価条例（以下、「東京都条例」という）を援用して、次のように述べる。

> **CASE**　最（大）判平成17年12月7日民集59巻10号2645頁（小田急訴訟）
>
> 「さらに、東京都においては、環境に著しい影響を及ぼすおそれのある事業の実施が環境に及ぼす影響について事前に調査、予測及び評価を行い、これらの結果について公表すること等の手続に関し必要な事項を定めることにより、事業の実施に際し公害の防止等に適正な配慮がされることを期し、都民

— 118 —

第3節　抗告訴訟①（その1）

の健康で快適な生活の確保に資することを目的として、本件条例が制定されている。本件条例は、被上告参加人が、良好な環境を保全し、都民の健康で快適な生活を確保するため、本件条例に定める手続が適正かつ円滑に行われるよう努めなければならない基本的責務を負うものとした上で（3条）、事業者から提出された環境影響評価書及びその概要の写しを対象事業に係る許認可権者（都市計画の決定又は変更の権限を有する者を含む。2条8号）に送付して（24条2項）、許認可等を行う際に評価書の内容に十分配慮するよう要請しなければならないとし（25条）、対象事業が都市計画法の規定により都市計画に定められる場合においては、本件条例による手続を都市計画の決定の手続に合わせて行うよう努めるものとしている（45条）。これらの規定は、都市計画の決定又は変更に際し、環境影響評価等の手続を通じて公害の防止等に適正な配慮が図られるようにすることも、その趣旨及び目的とするものということができる。」

④　以上のように、種々の関連法令に言及した上で、判決は周辺住民の原告適格について、次のように結論づける。

> CASE　最（大）判平成17年12月7日（つづき）
>
> 「ウ　そして、都市計画事業の認可は、都市計画に事業の内容が適合することを基準としてされるものであるところ、前記アのような都市計画に関する都市計画法の規定に加えて、前記イの公害対策基本法等の規定の趣旨及び目的をも参酌し、併せて、都市計画法66条が、認可の告示があったときは、施行者が、事業の概要について事業地及びその付近地の住民に説明し、意見を聴取する等の措置を講ずることにより、事業の施行についてこれらの者の協力が得られるように努めなければならないと規定していることも考慮すれば、都市計画事業の認可に関する同法の規定は、事業に伴う騒音、振動等によって、事業地の周辺地域に居住する住民に健康又は生活環境の被害が発生することを防止し、もって健康で文化的な都市生活を確保し、良好な生活環境を保全することも、その趣旨及び目的とするものと解される。
>
> エ　都市計画法又はその関係法令に違反した違法な都市計画の決定又は変更を基礎として都市計画事業の認可がされた場合に、そのような事業に起因する騒音、振動等による被害を直接的に受けるのは、事業地の周辺の一定範囲の地域に居住する住民に限られ、その被害の程度は、居住地が事業地に接近するにつれて増大するものと考えられる。また、このような事業に係る事業地の周辺地域に居住する住民が、当該地域に居住し続けることにより上記の被害を反復、継続して受けた場合、その被害は、これらの住民の健康や生活環境に係る著しい被害にも至りかねないものである。そして、都市計画事業の認可に関する同法の規定は、その趣旨及び目的にかんがみれば、事業地の周辺地域に居住する住民に対し、違法な事業に起因する騒音、振動等によってこのような健康又は生活環境に係る著しい被害を受けないという具体的利

— 119 —

第Ⅰ部　行政争訟法　第1章　行政訴訟法

益を保護しようとするものと解されるところ、前記のような被害の内容、性質、程度等に照らせば、この具体的利益は、一般的公益の中に吸収解消させることが困難なものといわざるを得ない。

　オ　以上のような都市計画事業の認可に関する都市計画法の規定の趣旨及び目的、これらの規定が都市計画事業の認可の制度を通して保護しようとしている利益の内容及び性質等を考慮すれば、同法は、これらの規定を通じて、都市の健全な発展と秩序ある整備を図るなどの公益的見地から都市計画施設の整備に関する事業を規制するとともに、騒音、振動等によって健康又は生活環境に係る著しい被害を直接的に受けるおそれのある個々の住民に対して、そのような被害を受けないという利益を個々人の個別的利益としても保護すべきものとする趣旨を含むと解するのが相当である。したがって、都市計画事業の事業地の周辺に居住する住民のうち当該事業が実施されることにより騒音、振動等による健康又は生活環境に係る著しい被害を直接的に受けるおそれのある者は、当該事業の認可の取消しを求めるにつき法律上の利益を有する者として、その取消訴訟における原告適格を有するものといわなければならない。」

　このように判示して、環状6号線訴訟上告審判決（最(一小)判平成11年11月25日判例時報1698号66頁）の判例を変更したわけである。

　⑤　さらに③で引用したように、判決は、東京都条例の「規定は、都市計画の決定又は変更に際し、環境影響評価等の手続を通じて公害の防止等に適正な配慮が図られるようにすることも、その趣旨及び目的とするものということができる」としているわけであるが、上記引用の部分に続いて、次のように述べる。

CASE　最(大)判平成17年12月7日（つづき）

　「カ　以上の見解に立って、本件鉄道事業認可の取消しを求める原告適格についてみると、前記事実関係等によれば、別紙上告人目録一ないし三記載の上告人らは、いずれも本件鉄道事業に係る関係地域内である上記各目録記載の各住所地に居住しているというのである。そして、これらの住所地と本件鉄道事業の事業地との距離関係などに加えて、本件条例［＝東京都条例］2条5号の規定する関係地域が、対象事業を実施しようとする地域及びその周辺地域で当該対象事業の実施が環境に著しい影響を及ぼすおそれがある地域として被上告参加人が定めるものであることを考慮すれば、上記の上告人らについては、本件鉄道事業が実施されることにより騒音、振動等による健康又は生活環境に係る著しい被害を直接的に受けるおそれのある者に当たると認められるから、本件鉄道事業認可の取消しを求める原告適格を有するものと解するのが相当である。」

　このように判決は、東京都環境影響評価条例の定める「関係地域」によりつつ、

－ 120 －

原告適格の具体的範囲を画定しているといえよう（この点については、神橋一彦「取消訴訟における原告適格判断の枠組みについて」立教法学71号〔2006年〕1頁以下参照）。

2　小田急判決以降の判例

小田急訴訟大法廷判決以降、原告適格がどのように拡大されるか注目されていたが、下級審を含めると、かなりの判決が出ている。ここでは最高裁判例に限ってみておくことにしよう（後述［→81a］も参照）。

まず、医療法に基づく病院の開設許可について、病院開設地の周辺において医療施設を開設し、医療行為をする医療法人や医師、さらに地元医師会がその取消しを求めた訴訟について、医療法の病院許可に関する要件規定は、当該病院の開設地の付近で医療施設を開設している者等の利益を考慮することを予定していないとし、また同法に基づいて都道府県が定める医療計画は、それに基づく勧告が仮になされても、それに従わないことに基づいて、病院開設の申請に対する不許可処分を行うことはできないことなどを理由として、原告適格を否定した（最（二小）判平成19年10月19日判例時報1993号3頁）。

さらに、自転車競技法に基づいて経済産業大臣が行った場外車券発売施設の設置許可処分について、周辺の病院・診療所の医師や周辺住民がその取消しを求めた**サテライト大阪訴訟上告審判決**（最（一小）判平成21年10月15日民集63巻8号1711頁）は、一定範囲の病院・診療所の医師の原告適格は認めたものの、周辺住民の原告適格は否定した。すなわち、ここで自転車競技法自体は許可制を定めるのみで、具体的な要件は全く定めておらず、もっぱら同法施行規則に委ねている。そして同規則（当時）は、許可基準として、① 学校その他の文教施設及び病院その他の医療施設から相当の距離を有し、文教上又は保健衛生上著しい支障を来すおそれがないこと（位置基準）、② 施設の規模、構造及び設備並びにこれらの配置は周辺環境と調和したものであること（周辺環境調和基準）を定めていたところ、判決は、位置基準は、一定範囲の病院・診療所の開設者につき、「健全で静穏な環境の下で円滑に業務を行うことのできる利益」を保護しているとして、「当該場外施設の設置、運営に伴い著しい業務上の支障が生ずるおそれがあると位置的に認められる区域に医療施設等を開設する者」について原告適格を認めたが（実際に、3名の原告についてそのような状況にあるか否かを審理するために、第1審へ差し戻した。差戻審は原告適格を認めたものの請求棄却 ——大阪高判平成24年10月11日裁判所HP）、周辺環境調和基準は一般的公益を保護するにとどまるとして、周辺住民の原告適格を否定したのである。

第Ⅰ部　行政争訟法　第1章　行政訴訟法

　いずれの判決も、改正前の原告適格判断の考え方を踏襲したものといえる。とりわけ、平成21年判決は、場外車券発売施設の設置・運営によって「直ちに周辺住民等の生命、身体の安全や健康が脅かされたり、その財産に著しい被害が生じたりすることまでは想定し難い」として、いったん控訴審判決で認められた周辺住民の原告適格を否定し、原告適格の範囲を限定したことが注目される。

　他方で、廃棄物処理法に基づいて市長が行った一般廃棄物収集運搬業及び一般廃棄物処分業の許可更新処分に対して、既に許可を得ている既存業者に取消訴訟の原告適格が認められている。その理由としては、① 市町村長が一般廃棄物処理業の許可を与え得るのは、当該市町村による一般廃棄物の処理が困難である場合に限られているが、これは、一般廃棄物の処理が本来的には市町村がその責任において自ら実施すべき事業であるため、その処理能力の限界等のために市町村以外の者に行わせる必要がある場合にはじめて、その事業の許可を与え得るとされたものであると解されること、② 一定の区域内の一般廃棄物の発生量に応じた需給状況の下における適正な処理が求められること等からすれば、廃棄物処理法において、一般廃棄物処理業は、もっぱら自由競争に委ねられるべき性格の事業とは位置付けられていないことが挙げられる（最(三小)判平成26年1月28日民集68巻1号49頁、一般廃棄物収集運搬業許可の性質については、最(一小)判平成16年1月15日判例時報1849号30頁参照）。自由競争を前提として営業を規制する単なる営業許可と同一視することはできないということであろう。

> **補足** **原告適格判断と事実認定**
>
> 　原告適格の判断が、① 原告の主張している利益が「法律上保護された利益」に当たるか否かという《保護利益の判定》と、② 実際に当該原告がその利益を享受する者であるか否かという《保護範囲の画定》という2段階からなっているとするならば、前者の保護利益の判定は、当該処分の根拠法規の解釈の問題であるから法律解釈の問題であるが、後者の保護範囲の画定は、当該原告の受ける被害の程度（例えば、原子炉の事故によってどの程度まで被害が生じうるか）など、予測も含めた事実の問題ということになる。したがって、原告適格の判断にはある程度の事実認定が必要となるが、あくまで原告適格は訴訟要件の問題であるので、迅速な審理という観点からすれば、この問題で審理の時間を費やすことは望ましいことではないであろう。

81 a

> **発展** **「利益の内容」による判例の整理**
>
> 　ここで利益の内容に即して、従来の判例を整理しておくことにしよう。
>
> 　① 生命・身体の安全など　既に述べたように、生命・身体の安全・健康といった人格的利益の中核にかかわる利益については、その性質上、公益に吸収

— 122 —

解消せしめられないものとして、処分の根拠法規の文言が多少抽象的一般的であっても、個別的に保護された保護利益として認められる。そして、具体的に生命や身体の安全・健康がどの範囲の者に及ぶかという問題であるが、それは保護範囲の画定の問題として第2段の問題として問われることになる。廃棄物処理法に基づく産業廃棄物処分業許可（更新）処分につき、当該最終処分場から排出された有害物質により「健康又は生活環境に係る著しい被害を直接的に受けるおそれ」のある周辺住民に原告適格が認められている（最(三小)判平成26年7月29日民集68巻6号620頁）。

さらに騒音、振動などによって健康や生活環境に著しい被害が生じうる場合も同様に考えられる（前掲・**新潟空港訴訟判決**＝最(二小)判平成元年2月17日民集43巻2号56頁 [→73] のほか、後掲・小田急訴訟＝最(大)判平成17年12月7日 [→80]）。

② **財産**　人の生命、身体の安全などは、かけがえのないものであるが、周辺土地の所有権等の財産権については、例えば、林地開発許可の取消訴訟に関する開発区域の周辺住民の原告適格が問題となった判例（前掲・最(三小)判平成13年3月13日）の調査官解説は、「公益には吸収解消されがたい性質の権利であるということは困難であり、金銭賠償による損害回復が容易であることなどを考慮すると、行政法規が公益のみに着目して規定することは何ら不自然ではない」と述べる。ただし、建築基準法に基づく総合設計許可の取消訴訟においては、周辺の建築物の所有者についても原告適格を認めている（最(三小)判平成14年1月22日民集56巻1号46頁）。これは、都市において建築物は相互に隣の防波堤になっている関係に立っており、建築基準法の規制もそのような特質を踏まえて行われているという事情に基づくものであって、財産一般が性質上当然に保護法益に当たるわけではない、と考えられているようである。しかし、財産が損なわれても損害賠償を求めれば損害は容易に回復されるという考え方は、財産権の理解にもかかわる上、健全な社会通念に照らして大いに問題があるというべきではないか（最(一小)判平成14年3月28日民集56巻3号613頁も参照）。

③ **地域における善良な風俗環境**　これについても、既に述べたように、伝統的な警察法（警察許可）の考え方からすると、一般的公益であって、特に一定の保護施設（学校、診療所など）が法令によって明示されて保護されているとされる場合に限り、当該施設の設置者などに原告適格が認められることになる（前掲・最(三小)判平成6年9月27日判例時報1518号10頁、最(一小)判平成10年12月17日民集52巻9号1821頁 [→72]、後掲・最(一小)判平成21年10月15日 [→81]）。

④ **自然環境・景観**　一般には特定の私人に帰属する利益（私益）とは認めがたいとされやすいが、公益といい切れるものかどうかについては、問題がある。また、この種の利益に関わる処分は、周辺住民など一定の第三者に原告適格が認められないと、環境保護団体などに提訴権を認める団体訴訟が現在のところ法定されていないので、およそ裁判上の適法性コントロールが及ばないということになってしまう（公有水面埋立免許処分の差止め訴訟の原告適格にかかわるものであるが鞆の浦公有水面埋立免許差止請求事件＝広島地判平成21年10月1日判例時報

第Ⅰ部　行政争訟法　第1章　行政訴訟法

2060号3頁が注目されている）。

　⑤ **消費者など**　これについては、**主婦連ジュース事件**で問題となったところであるが（前掲・最(三小)判昭和53年3月14日〔→65〕）、その他に地方鉄道法に基づく特急料金改定認可処分に対する利用者の原告適格は認められない（最(一小)判平成元年4月13日判例時報1313号121頁〔近鉄特急事件〕）。この判決が利用者の原告適格を否定した理由として挙げているのは、地方鉄道法に利用者を保護する規定がないからだという点であるが、一般に、生命・身体の安全・健康などは別として、原告適格の範囲が不明確で画定しにくいものについては、原告適格を認めないというのが判例の傾向である。さらに、静岡県文化財保護条例に基づく史跡指定解除処分の取消訴訟について、県指定史跡を研究対象としている学術研究者の原告適格は認められない。これも保護する規定がないから、というのが理由である（最(三小)判平成元年6月20日判例時報1334頁201頁〔伊場遺跡訴訟〕）。

　⑥ **競業者**　近隣の競業者に違法な処分がなされ、営業上の利益が損なわれたとして、既存業者が当該処分の取消しを求めることができるか。かかる場合には、特にそのような利益を保護する規定がないと原告適格は認められない（肯定例として、前出の公衆浴場業許可〔→64〕、否定例として（質屋営業許可にかかる最(三小)判昭和34年8月18日民集13巻10号1286頁）。この他、病院開設許可（否定）、一般廃棄物収集運搬業・処分業（肯定）については〔→81〕参照。

82　**【9】　団体等の原告適格・団体訴訟**

　最後に残された問題として、団体の原告適格の問題がある。

　例えば、原告適格において周辺住民の財産が保護されているとされる場合、財産についていえば、法人が所有している建築物等がそこにいう財産に当たるわけであるから、あるマンションを法人が所有し、賃貸している場合については、賃借人として住んでいる住民のほか、当該マンションを所有している法人も同様に原告適格を有すると解される。

　団体として問題となるのは、周辺住民や競業者の団体（例えば、町内会や病院開設許可処分における医師会、さらには「地域の環境を守る会」といった団体）が原告となった場合、原告適格が認められるかであるが、処分の根拠法規がこれらの団体の固有の利益を保護していれば別であるが（そのような場合は、まずないであろう）、そうでない限り原告適格は認められないであろう。

　さらに、自然環境の保護などについては、「自然環境」というものは、公益と私益のいずれに属するかというと、確かに公益の一部ということはできるとしても、そう考えると、誰にも原告適格は認められないということになってしまう〔→79〕。そしてそうなると、自然保護に関係する処分について裁判コントロール

— 124 —

を及ぼすことは困難であるということにもなる。このような問題について、従来の枠組みに固執する裁判実務を動かすことは困難であるとして、**立法論として団体訴訟を導入すべしという意見**も根強い。今後の課題であろう。

第4款 原告適格以外の訴えの利益（狭義の訴えの利益）

【1】 序論

以上説明した原告適格という訴訟要件の基礎には、取消訴訟を利用するためには、それを利用するだけの利益がなければならない、という考え方がある。したがって、取消訴訟が提起された時点でさしあたり処分性や原告適格が認められるような訴えでも、なお処分の取消しにつき「法律上の利益」がない場合がありうる。そのような場合には種々のものがあるが、それが「狭義の訴えの利益」として論じられる。

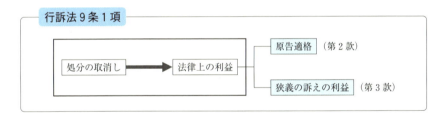

【2】 訴えの利益の消滅

1 行政救済法における「時の問題」

狭義の訴えの利益の問題として主に論じられるのは、**訴えの利益の消滅**のケースである。一般に取消訴訟を提起しても、1日や2日で判決が出るわけではなく、第1審判決が出るまで1年余り、最高裁判決が出るまで、2～3年かかることになる。そうすると、訴えが提起されてから判決が出るまでの間、事件をめぐる種々の事情が変化することがある。これが**行政救済法における「時の問題」**である。ここでとりあげる訴えの利益の消滅の問題も、この「時の問題」の1つであるが、さしあたりこの「時の問題」としては次の3つの論点があり、これらは相互に関連しているものである。

この点は、憲法訴訟の法理とも関わる。皇居外苑使用不許可処分取消事件では、

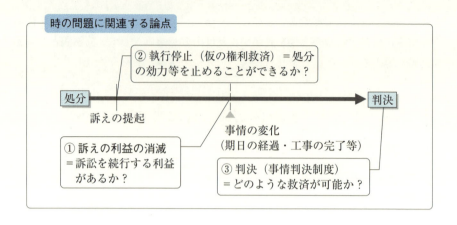

不許可処分の取消訴訟係属中に、申請の使用期日（昭和 27 年 5 月 1 日）が経過し、訴えの利益が消滅したとされるものである（最(大)判昭和 28 年 12 月 23 日民集 7 巻 13 号 1561 頁）。この事件は、憲法学で司法権概念に関わるいわゆる「ムート（moot）の法理」との関係で取り上げられている。すなわち、訴えの利益が消滅し、その限りで事件性・争訟性がなくなった場合において、裁判所はなお憲法判断を行いうるかという問題であるが（佐藤・憲法 633 頁）、この判決では、括弧書きという形で憲法判断を行っている。もっとも、現在では後述のように、申請拒否処分に対する義務付け訴訟と、同時に申し立てられる仮の義務付けにより、このような状況は相当改善されているところである〔→ 177 ～〕。

85　**2　導入事例──後発的事情の発生（工事・事業の完了）と訴えの利益**

　同じく時の経過と訴えの利益が問題となるケースであるが、当該処分の目的が一応終了した場合、その後も訴えの利益があるかどうかについて、一見して結論が正反対にみえる最高裁判例がある。いずれも、当該処分の**法的効果**や**法制度上**の位置づけを考慮しなければ判断できないものであって、**原状回復が可能かどうか**、といった**事実上の問題**によっては決せられるものではないことに注意が必要である。

86　**(1)　建築確認取消訴訟の場合**　建築基準法に基づく建築確認に対して、近隣住民が取消訴訟を起こした事例について、当該近隣住民の原告適格があることは認められても、訴え提起の時点で既に建物が完成していた場合、あるいは係争中に建物が完成した場合、当該訴えの利益はどのようになるのであろうか[21]。この場合、**訴えの利益は消滅する**とされている。

第 3 節　抗告訴訟①（その 1）

| CASE | 最（二小）判昭和 59 年 10 月 26 日民集 38 巻 10 号 1169 頁 （建築確認取消訴訟） |

「建築基準法によれば、建築主は、同法 6 条 1 項の建築物の建築等の工事を
しようとする場合においては、右工事に着手する前に、その計画が当該建築
物の敷地、構造及び建築設備に関する法律並びにこれに基づく命令及び条例
の規定（以下「建築関係規定」という。）に適合するものであることについて、
確認の申請書を提出して建築主事の確認を受けなければならず（6 条 1 項。以
下この確認を「建築確認」という。）、建築確認を受けない右建築物の建築等の
工事は、することができないものとされ（6 条 5 項）、また、建築主は、右工
事を完了した場合においては、その旨を建築主事に届け出なければならず
（7 条 1 項）、建築主事が右届出を受理した場合においては、建築主事又はその
委任を受けた当該市町村若しくは都道府県の吏員は、届出に係る建築物及び
その敷地が建築関係規定に適合しているかどうかを検査し（7 条 2 項）、適合
していることを認めたときは、建築主に対し検査済証を交付しなければなら
ないものとされている（7 条 3 項）。そして、特定行政庁は、建築基準法又は
これに基づく命令若しくは条例の規定に違反した建築物又は建築物の敷地に
ついては、建築主等に対し、当該建築物の除却その他これらの規定に対する
違反を是正するために必要な措置をとることを命ずることができる（9 条 1 項。
以下この命令を「違反是正命令」という。）、とされている。

　これらの一連の規定に照らせば、建築確認は、建築基準法 6 条 1 項の建築
物の建築等の工事が着手される前に、当該建築物の計画が建築関係規定に適
合していることを公権的に判断する行為であって、それを受けなければ右工
事をすることができないという法的効果が付与されており、建築関係規定に
違反する建築物の出現を未然に防止することを目的としたものということが
できる。しかしながら、右工事が完了した後における建築主事等の検査は、
当該建築物及びその敷地が建築関係規定に適合しているかどうかを基準とし、
同じく特定行政庁の違反是正命令は、当該建築物及びその敷地が建築基準法
並びにこれに基づく命令及び条例の規定に適合しているかどうかを基準とし、
いずれも当該建築物及びその敷地が建築確認に係る計画どおりのものである
かどうかを基準とするものでない上、違反是正命令を発するかどうかは、特
定行政庁の裁量にゆだねられているから、建築確認の存在は、検査済証の交
付を拒否し又は違反是正命令を発する上において法的障害となるものではな
く、また、たとえ建築確認が違法であるとして判決で取り消されたとしても、
検査済証の交付を拒否し又は違反是正命令を発すべき法的拘束力が生ずるも
のではない。したがって、建築確認は、それを受けなければ右工事をするこ

(21)　ここで挙げた昭和 59 年最判の事例では、昭和 54 年 5 月 25 日付で取消訴訟の対象と
なった建築確認が行われ、その後、原告らが同年 7 月 24 日、建築審査会に対して当該確
認の取消しを求める審査請求をしたが、翌昭和 55 年 2 月 8 日、棄却裁決がなされ、その
後、取消訴訟が提起されている。この時点で、当該確認の対象となった建物は、いずれ
も既に建築が完成しており、使用に供されていたようである。

－ 127 －

第Ⅰ部　行政争訟法　第1章　行政訴訟法

とができないという法的効果を付与されているにすぎないものというべきであるから、当該工事が完了した場合においては、建築確認の取消しを求める訴えの利益は失われるものといわざるを得ない。」

87　(2)　**土地改良事業施行認可取消訴訟の場合**　これに対して、**土地改良法に基づく土地改良事業施行認可処分の取消訴訟**が提起されたものの、係争中に事業が進行し、工事が完了したため、元の田畑の姿は一変し、もはや原状回復は社会通念上不可能であると考えられる事態に至った場合、当該訴えの利益はどうなるか。この場合は、**訴えの利益は消滅しない**とされる。

> **CASE**　最(二小)判平成4年1月24日民集46巻1号54頁[22]
> （土地改良事業施行認可処分取消訴訟）
>
> 「本件認可処分は、本件事業の施行者である八鹿町に対し、本件事業施行地域内の土地につき土地改良事業を施行することを認可するもの、すなわち、土地改良事業施行権を付与するものであり、本件事業において、本件認可処分後に行われる換地処分等の一連の手続及び処分は、本件認可処分が有効に存在することを前提とするものであるから、本件訴訟において本件認可処分が取り消されるとすれば、これにより右換地処分等の法的効力が影響を受けることは明らかである。そして、本件訴訟において、本件認可処分が取り消

[22]　この判決は、「処分」性のところで紹介した（第2節第2款【3】6(4)[→50]）、最(一小)判昭和61年2月13日民集40巻1号1頁の差戻審上告審判決である。このいわゆる八鹿町営土地改良事業施行認可処分取消請求事件の経過は次の如し。すなわちこの事件は、もともと八鹿町営土地改良事業が、農業生産とは直接結びつくことのない国道9号線バイパス新設のために土地改良法を利用又は流用しようとするものであり、本件事業は、法2条2項各号所定の事業には該当せず、また、本件事業は、農業から商業への産業構造の転換を促すものであり、農業生産の拡大や農業構造の改善には何ら資するところがないから、法施行令2条1号の必要性、同条6号の総合性を欠く違法なものであるとして、土地改良事業施行認可処分（昭和57年10月12日兵庫県告示第2306号）の取消しを求めたものである。
　まず、処分性が争われた差戻審前は、第1審：神戸地判昭和58年8月29日→控訴審：大阪高判昭和59年8月30日→上告審：最(一小)判昭和61年2月13日→処分性あり＝差戻し。次に差戻審は、差戻第1審：神戸地判平成2年2月21日→大阪高判平成2年6月28日→最(二小)判平成4年1月24日という経緯をたどった（各下級審判決については、民集を参照のこと）。
　八鹿町は、本件事業認可後、工事に着手し、昭和62年3月に、本件事業計画に係る工事はすべて完了した。（本件事業計画に基づく工事及び換地処分は、本件差戻審第1審段階ですべて完了しており、工事費2億6790万円、事業主体事務費266万2000円（合計2億7056万2000円）の費用を投じ、39.4ヘクタール（昭和59年の計画変更により、42ヘクタール）の区画、形質は既に変更されており、関係権利者が100人にも及ぶ換地処分による登記も完了していた。）

－ 128 －

> された場合に、本件事業施行地域を本件事業施行以前の原状に回復することが、本件訴訟係属中に本件事業計画に係る工事及び換地処分がすべて完了したため、社会的、経済的損失の観点からみて、社会通念上、不可能であるとしても、右のような事情は、行政事件訴訟法31条の適用に関して考慮されるべき事柄であって、本件認可処分の取消しを求める上告人の法律上の利益を消滅させるものではないと解するのが相当である。」

(3) **両者の違い** いずれの事例においても、原告が阻止しようとした事態は完了してしまっている。おそらく、問題となっている処分について執行停止が認められていれば、このようなことにはならなかったのであろうが、その点は後に論じることとし [→ 106～]、ここでは問わないことにしよう。

問題となっているこの両者の違いは、**当該処分の法的効果・位置づけの違い**に起因する。すなわち前者の**建築確認**は、「建築基準法6条1項の建築物の建築等の工事が着手される前に、当該建築物の計画が建築関係規定に適合していることを公権的に判断する行為であって、それを受けなければ [当該] 工事をすることができないという法的効果が付与されており、建築関係規定に違反する建築物の出現を未然に防止することを目的とするもの」である。したがって、当該工事が完了した後に、建築主事等が当該建築物が建築関係規定に適合しているかどうかを検査し、規定違反の建築物であった場合は、違反是正命令が発せられたり、検査済証の交付が拒否されることになるけれども、それは建築確認に係る計画に沿って行われたかどうかが基準ではなく、あくまで建築関係規定が基準であるから、当該工事が完了した場合においては、建築確認の取消を求める訴えの利益は消滅することになる（建築が完了した後なお当該建築物が建築関係規定に違反している場合は、除却・改修等の是正命令をすべきことを命ずる直接型義務付け訴訟（行訴37の2 [→ 184～]）という別の訴訟を提起することが考えられよう）。換言すれば、**建築確認というのは、建築行為を事前にコントロールするだけの効果を有するにとど**

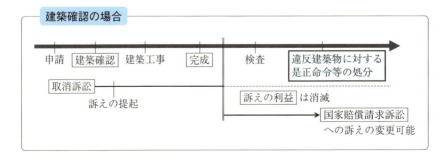

まるのであって、建築完了後の検査等は、当初の建築計画とは関係なく建築関係規定に照らして行われるのである。

しかし、**土地改良事業施行認可**の場合は事情が異なる。土地改良事業施行認可は、事業施行者（この場合は町）に対して土地改良事業施行権を付与する行為であるから、仮にそれが違法だとするならば、その後当該事業において行われた換地処分なども、施行権を与えられるべきではない者（無権限の者）が行った行為であるということになり、無効ということになる。すなわち、**土地改良事業認可の適法性が、後続の手続や処分の適法性に影響を与える**ことになるのである。そうなると、仮に土地改良事業施行認可取消訴訟の係争中に、工事や換地処分が完了し、原状回復が社会通念上不可能になったとしても、だからといって訴えの利益が消滅することにはならない。

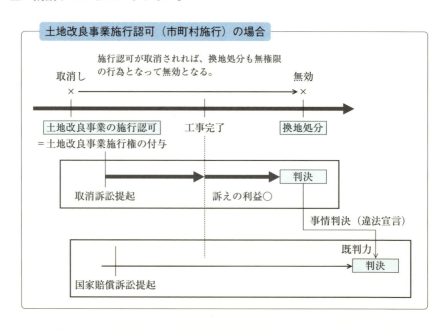

(4) 問題の制度的背景　そもそも、なぜこのような問題が生じるのであろうか？　いまも少し述べたように、わが国の行訴法は「処分の取消しの訴えの提起は、処分の効力、処分の執行又は手続の続行を妨げない。」（行訴25①）と規定していて、執行不停止原則を採っている。例外的に執行停止は可能であるが（同25②以下）、執行が停止されない限り、前掲判例の事案のように、建築行為や土地改良事業は次々と進行していくことになる。そして最終的に、土地改良事業施行認

可のような場合には、判決も述べているように、最終的には行訴法31条のいわゆる「事情判決」の可否の問題になる。

3　9条1項括弧書きの意義

　行訴法9条1項括弧書きは、「処分又は裁決の効果が期間の経過その他の理由によりなくなった後においてもなお処分又は裁決の取消しによって回復すべき法律上の利益を有する者を含む。」としている。

　行訴法が制定された後、最初に問題となったのは、免職処分を受けた公務員が、**免職処分の取消訴訟係属中に公職の選挙に立候補したために、公職選挙法の規定により失職した場合**、取消訴訟の訴えの利益はあるか、というケースである。

> **CASE**　最(大)判昭和40年4月28日民集19巻3号721頁
> （公務員の免職処分）
>
> 　「しかして、原判決（その引用する第1審判決）の認定にかかる前示事実に照らせば、本件免職処分が取り消されたとしても、上告人は市議会議員に立候補したことにより郵政省の職員たる地位を回復するに由ないこと、まさに、原判決（および第1審判決）説示のとおりである。しかし、公務職免職の行政処分は、それが取り消されない限り、免職処分の効力を保有し、当該公務員は、違法な免職処分さえなければ公務員として有するはずであった給料請求権その他の権利、利益につき裁判所に救済を求めることができなくなるのであるから、本件免職処分の効力を排除する判決を求めることは、右の権利、利益を回復するための必要な手段であると認められる。そして、新法〔＝行政事件訴訟法〕9条が、たとえ注意的にもしろ、括弧内において前記のような規定を設けたことに思いを致せば、同法の下においては、広く訴の利益を認めるべきであって、上告人が郵政省の職員たる地位を回復するに由なくなった現在においても、特段の事情の認められない本件において、上告人の叙上のごとき権利、利益が害されたままになっているという不利益状態の存在する余地がある以上、上告人は、なおかつ、本件訴訟を追行する利益を有するものと認めるのが相当である」。

　この判決では、違法な免職処分さえなければ有するはずであった給料請求権などの公務員としての権利・利益の救済をもって、回復すべき法律上の利益としている。確かに俸給請求権だけをとってみれば、一定の金銭の給付を求める請求ということになるが、その根拠となるのは公務員たる地位であって、**公務員としての法的地位があって初めて俸給請求権も発生する**わけである。したがって、復職の可能性がなくなっても、免職処分の取消しによって、免職処分の時点から失職の時点までの公務員としての法的地位を回復する必要があることになる。

第Ⅰ部　行政争訟法　第1章　行政訴訟法

91　**【3】　考え方の整理と判例**

　以上、いくつかの判例を検討したが、狭義の訴えの利益も、原告適格と同様、**取消しを求めるにつき「法律上の利益」があるか否かの問題** (行訴9①) であるから、考え方を整理し、具体例を検討するにあたっても、そのような「法律上の利益」の性質や内容に即した考察が必要である。

92　**1　訴えの利益の事後的消滅**

　(1)　**何らかの法的利益にリンクしているかどうか**　　訴えの提起がなされた後、何らかの事情の変更があったとしても、**処分の取消しを求める「法律上の利益」**の利益として当該処分の取消しと何らかの《法的利益》がリンクしていれば、**訴えの利益は消滅しない**。逆にそのようなリンクが切れた場合、訴えの利益は消滅することになる。そして、ここにいうリンクすべき「法律上の利益」ないし《法的利益》には**実体法上の利益と手続法上ないし訴訟法上の利益**がありうる。また、そのような処分の取消しと法的利益のリンクを判断するにあたっては、既に述べたように、事情が変更したあとの展開をシュミレーションして、何らかのリンクすべき《法的利益》があるかどうかが検討されることになる[23]。

93　**1)　実体法上の利益とのリンクが問題となる場合**　　これは、処分の取消しと原告が有している実体法上の権利・法的地位の救済が、結びつく場合である。

　公務員の免職処分に対する取消訴訟係属中に公職に立候補したことにより現職に復する可能性がなくなった事例においては、公務員としての法的地位及びそこから派生する俸給請求権などの権利の救済にリンクしている (前掲・最(大)判昭和40年4月28日 [→90])。

　特定の日や期日が経過した事例としては、**自動車運転免許の効力停止処分**を受けた者は、当該処分の日から無違反、無処分で1年を経過したときは、処分の取消しによって回復すべき法律上の利益を有しない (前掲・最(三小)判昭和55年11月25日民集34巻6号781頁)。この場合、違反記載のある免許証を所持することにより警察官に当該処分があった事実を覚知され、そのことによって名誉、感情、信用等を損なう可能性が存在するとしても、それらの排除は法の保護に値する利益ではないとしているので、実体法上の法的地位・権利の救済とリンクしていないということなる。すなわち、そこでは**処分の本来的な効果**（これは既に消滅してい

---

[23]　狭義の訴えの利益は、処分性、原告適格が認められることが前提となるので、訴えの利益が消滅したとして却下された事例においても、その前提として原告適格があることについて判断がなされていることに注意されたい。

― 132 ―

る）と事実上の（波及）効果が区別されているのである。同様に、**医業停止処分**を受けた者は、当該停止期間が経過したときは、処分の取消しによって回復すべき法律上の利益を有しない（最(二小)判昭和 56 年 12 月 18 日最高裁判所裁判集民事 134 号 599 頁）。出入国管理及び難民認定法に基づき退去強制令書の執行により国外に送還されて 1 年が経過した場合、もはやわが国への上陸を拒否されることもなくなったのであるから、当該**退去強制令書発付処分**の取消しにより回復すべき法律上の利益なく、訴えの利益は消滅したとされる（最(二小)判平成 8 年 7 月 12 日訟務月報 43 巻 9 号 2339 頁）。また、メーデーのための皇居外苑使用許可拒否処分請求事件（前掲・最(大)判昭和 28 年 12 月 23 日 [→ 84]）も同様である。

　しかし**可能性として何らかの他の法的資格・地位に影響を与える場合**については、その実際上の可能性のいかんにかかわらず、訴えの利益は消滅しない。例えば、弁護士会が行った**弁護士の業務停止処分**に関する日本弁護士連合会の裁決の取消訴訟について、当該処分による業務停止期間が経過したのちにおいても、処分に対し不服申立てができなくなった日から 3 年間は日本弁護士連合会の会長選挙の被選挙資格を有しないので、裁決の取消しによって回復すべき法律上の利益を有するとされている（最(三小)判昭和 58 年 4 月 5 日判例時報 1077 号 50 頁）。

　税務訴訟の分野では、所得税の更正処分がされたのち、これを**増額する再更正処分**（増額再更正処分）がされた場合、当初の更正処分は再更正処分に吸収されるとして、更正処分取消訴訟の訴えの利益は消滅する（最(一小)判昭和 55 年 11 月 20 日判例時報 1001 号 31 頁）。これに対して、更正処分がされたのち、**減額再更正処分**がされた場合、当該再更正処分は、それにより減少した税額に係る部分についてのみ法的効果を及ぼすものであり（国税通則法 29 ②）、それ自体は当初の更正処分とは別個独立の課税処分ではなく、その実質は、当初の更正処分の変更であるから、税額の一部取消という納税者に有利な効果をもたらす処分と解される。したがって、納税者は、減額再更正処分の取消訴訟については訴えの利益はなく、もっぱら減額された当初の更正処分に対して取消訴訟を起こすことになる（最(二小)判昭和 56 年 4 月 24 日民集 35 巻 3 号 672 頁）。

　2）手続法上ないし訴訟法上の利益とのリンクが問題となる場合　この他、訴えの提起の後何らかの事情の変化があっても、なおそこに手続法上ないし訴訟法上の利益が存する場合、訴えの利益は消滅しないと考えられる。

　前出の例でいえば、土地改良事業施行認可処分の事例（前掲・最(二小)判平成 4 年 1 月 24 日 [→ 87]）では、換地処分など後続の効力に影響を与えるという理由で訴えの利益が消滅しないとされたわけであるが、そこには、土地改良事業という

－ 133 －

第Ⅰ部　行政争訟法　第1章　行政訴訟法

一連の行政過程における原告の法的地位がリンクしているとみることができよう。したがって、訴えの利益が消滅するとされた建築確認処分の事例（前掲・最(二小)判昭和59年10月26日［→86］）においても、例えば建築基準法が、建築主において、建築確認がなされた申請の通りに建築物を建てることを義務付け、それを検査や是正命令発動の要件にしていたならば、そこに取消しを求めるにつき法律上の利益が存続するとして、結論が変わることも考えられる（同様に都市計画法に基づく開発許可処分についても、当該開発許可に関する工事が完了し、検査済証の交付がなされた後においては訴えの利益が消滅する——最(二小)判平成5年9月10日民集47巻7号4955頁、ただし最(一小)判平成27年12月14日裁判所時報1642号26頁参照）。訴訟法上の利益に関しては、取消判決の拘束力との関係などが考えられる（一般には否定されるが、代執行の戒告の取消判決により原状回復義務が生ずると解される場合など）［→148］。

　また風営法に基づく**営業停止処分について、その停止期間が満了した場合**にであっても、行政手続法12条1項により公にされている処分基準において、先行処分を受けたことを理由として、後行処分において量定を加重する趣旨の定めがあるときは、先行処分にあたる当該処分の取消訴訟の訴えの利益は消滅しないとされる（最(三小)判平成27年3月3日民集69巻2号143頁）。これは、処分行政庁が行手法上の処分基準がそれと異なる処分を行った場合、そのような取扱いにつきそれを相当と認めるべき特段の事情がない限り、裁量権の逸脱・濫用に当たることになることから、これに従うよう羈束されていることを前提に、手続法上の利益とのリンクにより訴えの利益の存続を認めたものといえよう。その観点からすると、自動車運転免許の効力停止処分に関する事例（前掲・最(三小)判昭和53年11月25日）は、逆にかかる手続法上の利益がないということになろう。

95　(2)　そもそも訴訟を遂行する目的が喪失し、訴訟を継続する利益がない場合

　1)　原告の死亡　　情報公開条例に基づく**公文書公開請求権**や生活保護法に基づく**生活保護受給権**は一身専属的な権利であって、相続の対象にはならないことを理由に、原告の死亡により、訴訟（公文書非開示決定取消訴訟・生活保護処分に関する裁決取消訴訟）は当然に終了する（最(三小)判平成16年2月24日判例時報1854号41頁、最(大)判昭和42年5月24日民集21巻5号1043頁〔朝日訴訟〕）。もっとも、後者の生活保護受給権の一身専属性と訴えの利益の消滅の問題については、議論がある。また、生命・身体の安全等が法律上保護されているとして原告適格が認められても、訴訟係属中に当該原告が死亡した場合、利益の一身専属性を理由に相続人への訴訟承継は認められず、訴訟は終了する（最(三小)判平成9年1月28日民集51巻1号250頁［→79］参照）。

— 134 —

第3節　抗告訴訟①（その1）

2）その他事情の変化　訴訟の目的の喪失との関係では、情報公開条例に基づ　96
く公文書非公開決定の取消訴訟において、**当該公文書が書証として提出された場**
合であっても、訴えの利益は消滅しない（最(一小)判平成14年2月28日民集56巻2号
467頁）。逆に、**更正処分の取消訴訟係属中に、当該更正処分の瑕疵を是正するた**
め再更正処分がなされた場合、訴えの利益は消滅する（最(三小)判昭和42年9月19
日民集21巻7号1828頁）。また、労働組合法に基づいて労働委員会が、使用者に対
し労働組合への金員の支払いを命ずる救済命令を発した場合において、その支払
いを受けるべき労働組合が自然消滅するなどして存続しないこととなったときは、
使用者に対する当該救済命令の拘束力は失われたというべきであり、仮に当該労
働組合の法人格が清算法人として存続していたとしても、もはや不当労働行為に
よって生じた侵害状態の是正にはならないので、このような場合には、取消訴訟
の訴えの利益は消滅する（最(一小)判平成7年2月23日民集49巻2号393頁）。しかし、
使用者に雇用される当該労働組合の組合員がいなくなったとしても、使用者に対
する義務が存続する場合には訴えの利益は消滅しない（最(二小)判平成24年4月27
日民集66巻6号3000頁）。

　その他訴訟を継続する利益がなくなるとされた事例として、建築基準法に基づ
き**除却命令を受けた建築物について代執行による除却工事が完了したときは**、当
該除却命令や代執行令書発付処分の取消訴訟の訴えの利益は失われる（最(三小)
判昭和48年3月6日最高裁判所裁判集民事108号387頁）。また、保安林指定解除処分の
取消訴訟につき周辺住民の原告適格が問題となった長沼ナイキ基地訴訟であるが、
原告適格は認められたものの、保安林の**代替施設の設置**によって、洪水、渇水の
危険が解消され、その防止上からは保安林の存続の必要がなくなったと認められ
るに至ったとして、訴えの利益は消滅したとされている（前掲・最(一小)判昭和57
年9月9日［→68］）。さらに、難民不認定処分の取消訴訟係属中に、原告が退去強
制令書の執行により本邦を出国した場合、もはや難民の認定を受ける余地はない
ので訴えの利益は消滅する（最(二小)判平成8年7月12日判例時報1584号100頁）。再入
国不許可処分を受けた者が本邦から出国した場合も、当該不許可処分取消訴訟の
訴えの利益は失われる（最(二小)判平成10年4月10日民集52巻3号677頁）。

　法令等の改正に関連するものとして、学習指導要領の改正により新たな学習指
導要領が全面的に実施された場合には、原則として、改正前の学習指導要領のも
とでされた教科用図書検定規則による改訂検定不合格処分の取消しの訴えの利益
は失われる（最(一小)判昭和57年4月8日民集36巻4号594頁）。

第Ⅰ部　行政争訟法　第1章　行政訴訟法

97　　**2　救済すべき法的利益の存否が問題となっている場合**

　さしあたり処分性（さらには原告適格）は認められても、取消しによって救済される法的利益がないとされる場合がある。なお、このグループに属する事例は、訴えの提起後における訴えの利益の存続・消滅にかかわらない、既に訴えの提起の時点において確定していることがらであるので、原告適格の問題との区別は相対的であるといえる。

　同一市内の他の公立中学校へ教諭の配置換えを命じた**転任処分取消訴訟**において、当該転任処分の処分性は前提としつつも、同処分によって身分、俸給等の異動、その他客観的また実際的見地からみても、勤務場所、勤務内容等においてなんらの不利益を伴うものでない場合は、取消しを求めるにつき法律上の利益は存在しないとしている（最(一小)判昭和61年10月23日判例時報1219号127頁）。

　また、**外国人の在留期間更新につき、申請書の「新たな希望する在留期間」の欄に「3年」と記入した申請に対して在留期間1年とした許可は**、一定期間本邦に在留する権利を保障されていない在留資格の外国人の権利ないし法律上保護された利益を侵害するものではなく、訴えの利益はないとされる（最(一小)判平成8年2月22日判例時報1562号39頁）。すなわち、ここで記入した「3年」は、法務大臣の裁量判断の一資料にとどまり、申請そのものの内容をなすものではないとするわけである（第1審判決参照）。

　しかしながら、**道路交通法上違反行為があったとして、運転免許証の更新申請に対して優良運転者ではなく一般運転者として更新処分がなされた場合において**、客観的に優良運転者の要件を満たすものであれば優良運転者である記載のある免許証を交付して行う更新処分を受ける法律上の地位を前提に、同更新処分はかかる法律上の地位を否定することをもって、訴えの利益を認めている（最(二小)判平成21年2月27日民集63巻2号299頁）。

　さらに、1つの許認可を複数の申請者の中から審査して付与する**競願関係の場合**、当該許認可を拒否された者がどのような訴えを提起すべきかが問題となる。この場合、自己に対する拒否処分の取消訴訟と、申請を認められた者に対する許認可処分の取消訴訟の2つが考えられるが、最高裁は、**東京12チャンネル事件判決**において、そのいずれも可能であるとした。

> CASE　最(三小)判昭和43年12月24日民集22巻13号3254頁
> （東京12チャンネル事件）
>
> 「㈠訴外財団と被上告人とは、係争の同一周波をめぐって競願関係にあり、

－ 136 －

第3節　抗告訴訟①（その1）

　　上告人は、被上告人よりも訴外財団を優位にあるものと認めて、これに予備
　　免許を与え、被上告人にはこれを拒んだもので、被上告人に対する拒否処分
　　と訴外財団に対する免許付与とは、表裏の関係にあるものである。そして、
　　被上告人が右拒否処分に対して異議申立てをしたのに対し、上告人は、電波
　　監理審議会の議決した決定案に基づいて、これを棄却する決定をしたもので
　　あるが、これが後述のごとき理由により違法たるを免れないとして取り消さ
　　れた場合には、上告人は、右決定前の白紙の状態に立ち返り、あらためて審
　　議会に対し、被上告人の申請と訴外財団の申請とを比較して、はたしていず
　　れを可とすべきか、その優劣についての判定（決定案についての議決）を求め、
　　これに基づいて異議申立てに対する決定をなすべきである。すなわち、本件
　　のごとき場合においては、被上告人は、自己に対する拒否処分の取消しを請
　　求しうるほか、競願者（訴外財団）に対する免許処分の取消しをも訴求しう
　　る（ただし、いずれも裁決主義がとられているので、取消しの対象は異議申
　　立てに対する棄却決定となる。）が、いずれの訴えも、自己の申請が優れてい
　　ることを理由とする場合には、申請の優劣に関し再審査を求める点において
　　その目的を同一にするものであるから、免許処分の取消しを訴求する場合は
　　もとより、拒否処分のみの取消しを訴求する場合にも、上告人による再審査
　　の結果によっては、訴外財団に対する免許を取り消し、被上告人に対し免許
　　を付与するということもありうるのである。
　　　したがって、論旨が、本件棄却決定の取消しが当然に訴外財団に対する免
　　許の取消しを招来するものでないことを理由に、本件訴えの利益を否定する
　　のは早計であって、採用できない。」

　ここで問題となっている「法律上の利益」は、取消判決の拘束力（行訴33）に
関わるものである。この点については後に説明するが、要するに、取消判決がな
されると判決の趣旨に沿って、申請に関する審査はやり直しとなり、改めて決定
がなされることになる [→ 146]。これは、自己に対する拒否処分を取り消す判決
の場合（行訴33②）でも、申請を行った者に対する許認可処分を取り消す判決の
場合（行訴33③）でも同じである。すなわち、そこでは──申請に対する許認可が
もらえるかどうかの可能性にかかわらず──**取消判決の拘束力に基づいて手続を
やり直してもらう利益（手続的利益）が「法律上の利益」**ということになる [→
148 a]。

　したがって、Xが原告となり（処分の名宛人以外の）第三者としてAに対する
許可処分の取消しを求めた場合、そこでXが原告適格（取消しを求めるにつき法
律上の利益）を有するのは、このような手続的利益が認められるからであって、
第2款で論じたような典型的な「法律上保護された利益説」の適用（すなわち、
処分の根拠法規が保護しているか否か）が問題となるわけではない。

— 137 —

第Ⅰ部　行政争訟法　第1章　行政訴訟法

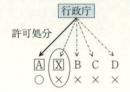

発展　申請認容処分か一部拒否処分か？

　このように申請型処分の場合は、申請者がさしあたり申請時に望んだことがすべて認められる処分がなされれば不満はないが、その一部しか認められなかった場合に、どのように解すべきか。

　この点については、法令上申請の内容がどのように定められているかによる。すなわち、例えば一定の量（期間なども含む）まで含めて申請するという定めであると解されれば、申請した量に足らない処分しかなされなかったときには、そこの一部拒否処分があるとみることができる。したがって、かかる一部拒否処分について訴えの利益（この場合は原告適格というべきか）がある。

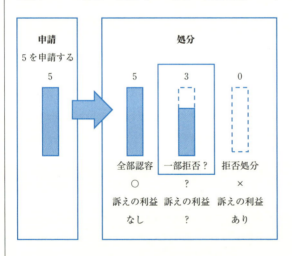

　しかしこれに対して、申請の内容にその量までは含まれず、諾否の2つの選択しかないと解される場合、希望通りの量でなくても、すべて拒否されたものではない限り、認容処分ということになり、訴えの利益はないということになる。しかし、量の決定にあたって裁量権がある場合、瑕疵なき裁量権行使（裁量権の逸脱・濫用のない決定）を求める行使してもらう手続上の権利があると考えれば、そこに訴えの利益が認められる余地がある。

— 138 —

第 3 節　抗告訴訟①（その 1）

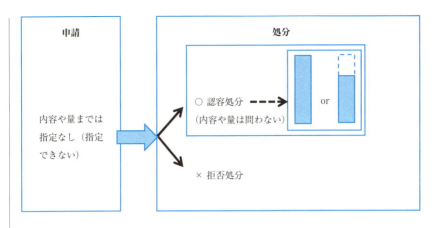

　前掲の外国人の在留期間更新の例でいえば、法令上在留期間まで指定した申請（例えば、3 年更新を求めるという申請）がなされ、それに対して行政庁が応答するという仕組みにはなっていないと解すれば、たとえ 1 年の更新であっても、申請を認容する処分であって、そこには外国人には本邦に在留する権利があるわけではないという理由とあいまって、法的な不利益（実体法上の不利益）はないということになる。自動車運転免許更新処分にあたって、優良運転者か一般運転者かが問われた前掲のケース（最（二小）判平成 21 年 2 月 27 日）においても、「免許証の更新処分は、免許証を有する者の申請に応じて、免許証の有効期間を更新することにより、免許の効力を時間的に延長し、適法に自動車等の運転をすることのできる地位をその名あて人に継続して保有させる効果を生じさせるものであるから、抗告訴訟の対象となる行政処分に当たることが明らかである」として、「優良運転者である旨の記載のある免許証を交付して行う更新処分」かそうでないかといった区別はしていない。判決の趣旨は必ずしも明らかではないが、優良運転者を一つの法的地位とは認めながらも、他方においてある種の付随的なものとみたということになろう。

● 第 5 款 ● 被告適格

1　原則的規定

　取消訴訟の被告適格については、平成 16 年の行訴法改正により改正が行われている。すなわち改正前は、被告適格を有するのは「処分をした行政庁」とされていたところ[24]、改正後においては、処分ないし裁決をした行政庁が国又は公

---

(24)　法人格をもたない行政庁を被告とした改正前の方が民事訴訟法の原則からいえば例外ということになるが、それをあえてそうしたのは、当該の行政処分について最も詳しく、また直接の責任を負っている者は行政庁である、という考え方があったからである。ま

共団体に所属する場合は、**当該行政庁の所属する国又は公共団体が被告適格を有することになった**（行訴11①）(25)。したがって、例えば税務署長が行った課税処分の取消訴訟を提起する場合、改正前には当該税務署長を被告としていたところを、改正後は国を被告とするということになる。土地区画整理組合が行う換地処分の場合は、土地区画整理組合は処分をした行政庁であると同時に公共組合（＝公共団体の一種）であるので、改正の前と後とで被告適格を有するのは当該土地区画整理組合ということで変更はないということになる。このような改正の趣旨としては、① 訴えを提起する際に原告が被告とすべき行政庁を特定する負担をなくすこと、② 訴えの変更や併合などの手続を容易にすること、などが挙げられているが、実際上の効果としても、民事訴訟と同様の取り扱いにすることによって、民事訴訟的な発想に馴染んだ法曹関係者の使い勝手をよくするという利点があるといわれている。

2　その他の規定

処分又は裁決をした行政庁が国又は公共団体に所属しない場合には、取消訴訟は、当該行政庁を被告として提起しなければならない（行訴11②）。例えば、当該行政庁が指定確認検査機関（建基77の18以下）や弁護士会（弁護士の懲戒処分につき弁護士法56②）のような場合、それらは国にも公共団体にも属しないので、この場合にあたる。

　さらに、11条1項、2項により被告とすべき国若しくは公共団体又は行政庁がない場合には、取消訴訟は、当該処分又は裁決に係る事務の帰属する国または公共団体を被告として提起しなければならない（行訴11③）。

　平成16年の行訴法改正により、11条1項の原則的な場合においては、国又は公共団体が被告とされることになるし、また3項のような例外的な場合においても、国や公共団体が被告となる。その場合、原告は、訴状に、当該処分又は裁決を行った行政庁を記載する（行訴11④）。これは行政庁が直接被告とならなくなったことに関連して、訴訟の便宜上求められることになったものであり、誤記・遺

た、平成12年に機関委任事務が廃止されるまでは、都道府県知事や市町村長が行う処分のごときは、処分庁が誰であるかは明らかであるが、その事務の帰属主体が国なのか地方公共団体なのか判断が容易でなかったことなども、理由として挙げられていた。

(25)　なお、被告適格についての特別の定めとして、特許庁長官を被告とする特許等の審決に対する訴え（特許法179本文、これを準用する実用新案法47②、意匠法59②、商標法63②）及び海難審判所長を被告とする海難審判の裁決に対する訴え（海難審判法45）がある。これらは、改正前と同様、行政庁を被告とするものである。

漏等があってもそのリスクを原告に負わせる性格のものではない。また、11条
1項及び3項により国又は公共団体を被告として取消訴訟が提起された場合、当
該被告は、裁判所に対して、当該処分又は裁決をした行政庁を明らかにすること
になる（行訴11⑤）。

　処分又は裁決をした行政庁は、当該処分又は裁決に係る11条1項の規定によ
る国又は公共団体を被告とする訴訟について、裁判上の一切の行為をする権限を
有する（行訴11⑥）。

　さらに原告が故意又は重大な過失によらないで被告とすべき者を誤ったときは、
裁判所は、原告の申立てにより、決定をもって被告を変更することができる（行
訴15①）。

🔵 第6款 🔵 管　轄

　取消訴訟は、管轄権を有する裁判所に提起しなければならない。取消訴訟の第
1審は地方裁判所であるから（裁24Ⅰ、33①Ⅰ）、行訴法上問題となるのは、いず
れの地方裁判所に提起するかという土地管轄ということになる（第1審が地方裁
判所以外の裁判所の管轄となる事物管轄についての特別の定めは、特別法の規定すると
ころによる）。土地管轄については行訴法12条に規定があるが、土地管轄は、普
通裁判籍と特別裁判籍によって決まる。

　(1)　**普通裁判籍による土地管轄**　　事件の種類・内容にかかわりなく一般的に妥
当する裁判籍を**普通裁判籍**という。土地管轄に関する原則的な場合であるが、取
消訴訟については、被告の普通裁判籍の所在地を管轄する裁判所又は処分若しく
は裁決をした行政庁の所在地を管轄する裁判所の管轄がそれである（行訴12①）。
被告が国である場合については、民事訴訟法で国の普通裁判籍は、訴訟について
国を代表する官庁の所在地により定まるとされているので（民訴4⑥、国の利害に
関係のある訴訟についての法務大臣の権限等に関する法律1）、東京地方裁判所というこ
とになる。

　(2)　**特別裁判籍による土地管轄**　　種類内容において限定された事件について認
められる裁判籍を**特別裁判籍**という。行訴法は、普通裁判籍による土地管轄のほ
かに、特別裁判籍による土地管轄について、次の3つを規定している。
　　①　土地の収用、鉱業権の設定その他不動産又は特定の場所に係る処分又は裁
　　　決についての取消訴訟は、その不動産又は場所の所在地の裁判所にも、提起

第Ⅰ部　行政争訟法　第1章　行政訴訟法

することができる（行訴12②）。

②　取消訴訟は、当該処分又は裁決に関し「事案の処理に当たった下級行政機関」の所在地の裁判所にも、提起することができる（行訴12③）。

　すなわち、そのような当該下級行政機関の所在地の裁判所に管轄を認めても、被告の訴訟追行上の対応に支障が生ずることはない反面、原告の出訴及び訴訟追行上の便宜は大きく、また、当該裁判所の管轄区域内に証拠資料や関係者も多く存在するのが通常であると考えられるから証拠調べの便宜にも資することになり、結果として、審理の円滑な遂行を期待することができるからである。そのような趣旨からすれば、ここにいう「事案の処理に当たった下級行政機関」とは、当該処分等に関し事案の処理そのものに実質的に関与した下級行政機関をいうものと解される（最(三小)決平成13年2月27日民集55巻1号149頁）。そして、当該処分に関し事案の処理そのものに実質的に関与したと評価することができるか否かは、当該処分の内容、性質に照らして、当該組織の関与の具体的態様、程度、当該処分に対する影響の度合い等を総合考慮して決すべきである（特殊法人である日本年金機構の県単位で置かれている事務センターがこれに該当するか否かが問題となった事例として、最(一小)判平成26年9月25日民集68巻7号781頁）。

③　国又は独立行政法人通則法2条1項に規定する独立行政法人若しくは行訴法別表に掲げる法人を被告とする取消訴訟は、**原告の普通裁判籍の所在地を管轄する高等裁判所の所在地を管轄する地方裁判所**（特定管轄裁判所）にも、提起することができる（行訴12④、⑤）。これも国民の裁判所へのアクセスを考慮した規定であって、平成16年の行訴法改正で導入されたものである。

(3)　その他　　以上の規定は、専属管轄を定めたものではなく、合意管轄（民訴11）、応訴管轄（民訴12）、移送（民訴16①）なども認められる（行訴7の「民事訴訟の例による」）。また事物管轄についていえば、特別法の定めにより第1審が高等裁判所となる場合がある（電波法97、関連して［→252]）。

－ 142 －

第3節　抗告訴訟①（その１）

🔵 第７款 🔵 出 訴 期 間

1　制度の趣旨

101

　取消訴訟においては、**行政庁の処分によって成立した行政上の法律関係を早期に安定させるため、出訴期間が定められている**。すなわち、出訴期間を経過した後に取消訴訟を提起しても、当該訴えは、不適法な訴えとして却下されることになる（不可争力）。もっとも、出訴期間が経過した後の救済については、無効の行政行為の場合について、無効確認訴訟をはじめとする一定の訴訟を提起することが可能ではあるが（第８節参照［→150～]）、処分が当然無効とされるためには、重大明白な瑕疵が原則として要求されることになるため［→156～]、そのぶん救済のハードルは高くなる。

2　具体的な規定

(1)　**主観的出訴期間と客観的出訴期間**　　行訴法14条は出訴期間につき、① 処 102 分又は裁決があったことを知った日から6カ月を経過したときは、提起することができないと規定し（主観的出訴期間──行訴14①）、さらに② 処分又は裁決の日から1年を経過したときは、提起することができないと規定している（客観的出訴期間──行訴14②）。ただし、いずれの場合も、「正当な理由があるときは、この限りでない」というただし書きが付されている（行訴14①但書、②但書──いずれも「処分又は裁決の日から」という文言から、初日は不算入とされる）。前者の主観的出訴期間について「正当な理由があるとき」とは、災害、病気、けが、海外出張等の事情や行政庁の教示の懈怠等の事情があることが必要で、単に多忙であるとかでは該当しないと解される（宇賀・Ⅱ145頁、関連して最(一小)判平成28年3月10日裁判所ＨＰ）。

　このように、基本的に出訴期間は、「処分……があったことを知った日から6箇月」という主観的出訴期間を基本とし、ただし出訴期間の経過を原告の主観的事情に完全に依拠することは、行政上の法律関係の早期安定の観点から妥当ではないということで、「処分……の日から1年」という客観的出訴期間を置いているわけである。さらに、平成16年の改正において、出訴期間が従来の3カ月から6カ月に延長される改正がなされた。

(2)　**「処分があったことを知った日」の意義**　　自作農創設特別措置法に基づく処 103 分の出訴期間も「その処分のあったことを知った日から1箇月以内」と規定していたところであるが、最高裁はそこにいう「処分のあったことを知った日」とは、「当事者が書類の交付、口頭の告知その他の方法により処分の存在を現実に知っ

── 143 ──

第Ⅰ部　行政争訟法　第1章　行政訴訟法

た日を指すものであって、抽象的な知り得べかりし日を意味するものでない」と
しつつ、「処分を記載した書類が当事者の住所に送達される等のことがあって、
社会通念上処分のあったことを当事者の知り得べき状態に置かれたときは、反証
のない限り、その処分のあったことを知ったものと推定することはできる」とし
ている（最(一小)判昭和27年11月20日民集6巻10号1038頁）。

104　　**(3)　その他**　　処分又は裁決につき不服申立て（審査請求）をすることができ
る場合や行政庁が誤って不服申立てをすることができる旨を教示した場合につい
て、当該処分又は裁決について不服申立てを行ったとき出訴期間はどのようにな
るのかが問題となる。処分がなされたあと不服申立てを行った場合についても、
「処分があったことを知った日」の翌日から出訴期間の計算が始まることになる
とすると、6カ月以内に裁決がでるとは限らないから、不合理であることは当然
である（後に述べるように、不服申立てをあらかじめ行わないと取消訴訟ができない
不服申立前置が規定されている場合はなおさらである）。このような場合における取
消訴訟は、当該不服申立てをした者については、**これに対する裁決（裁決・決
定）があったことを知った日の翌日から出訴期間が始まる**ことになる。すなわち、
その日から6カ月を経過したとき又は当該裁決の日から1年を経過したときは、
提起することができない、と規定されているのである。ただし、正当な理由があ
るときは、この限りでない（行訴14③）。なお、土地収用法133条1項は、収用委
員会の裁決に関する訴え（同条2項及び3項に規定する損失の補償に関する訴えを除
く。）は、裁決書の正本の送達を受けた日から3月の不変期間内に提起しなけれ
ばならないと定めている。この規定は、収用委員会の裁決が、慎重な手続を経て
判断されるものであり、また収用事業の迅速な実施の必要性を考慮して定められ
たものと解されているが、この場合、収用委員会の裁決に対して審査請求を行っ
ている場合、行訴法14条3項が適用されるか、それとも土地収用法133条1項が
優先的に適用されるかが問題となる。この点について判例は、原則通り行訴法
14条3項が適用されるとしている（最(三小)判平成24年11月20日民集66巻11号3521
頁）。

> **発展**　「処分があったことを知った日」をめぐる問題
>
> 　「処分又は裁決があったことを知った日」がいつかをめぐっては、課税処分や
> 申請拒否処分などのように、特定の私人に対して処分が通知されるものについ
> ては、第三者（周辺住民など）の出訴も想定されないので、比較的問題は少な
> いであろう。しかしながら制度的に問題が生じる場合として次の2つがある。

— 144 —

第3節　抗告訴訟①（その1）

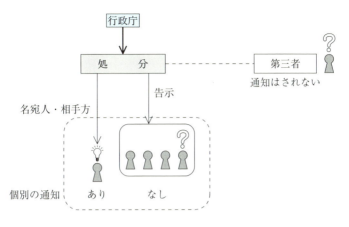

(1) 告示などによってなされ処分が個別に通知されない場合

　処分といっても、例えば、都市計画事業認可のような場合は、事業地内の土地について所有権を有する者に効力の及ぶ処分であるが、事業地内の関係権利者全員を確実に把握して同時期に個別の通知を到達させることが困難であるなどの理由から、個別に通知をせずに告示という形で画一的に告知する方法をとっている。このような場合について判例は、行政不服審査法14条1項（不服申立期間）の「処分があったことを知った日」について、前掲の昭和27年最高裁判決を引用しつつ、「都市計画法における都市計画事業の認可のように、処分が個別の通知ではなく告示をもって多数の関係権利者等に画一的に告知される場合には、そのような告知方法が採られている趣旨にかんがみて、上記の『処分があったことを知った日』というのは、告示があった日をいうと解するのが相当である」とした（最（一小）判平成14年10月24日民集56巻8号1903頁、建築基準法46条1項に基づく壁面線の指定につき同旨・最（一小）判昭和61年6月19日判例時報1206号21頁）。

　さらに判例は、名宛人が不特定で継続的に適用される一般的規範（条例など）について処分性を認めることに消極的であるが（前掲第2款【3】4参照［→45］）、そのような行為については（処分性が認められない限り、出訴期間は現実には問題にならないが）、出訴期間の制度の想定外とみるべきであろう（制定行為があってから何年もたって現実の適用を受ける状況になった者についても「正当な理由」を認めるとすれば、出訴期間の定めがないのと同じことになる）。

(2) 周辺住民などの第三者が知ることが容易でない場合

　確かに名宛人に対しては処分が個別に通知されていても、公に告示が行われるわけではないとすると、仮に当該処分について第三者（周辺住民など）に取消訴訟の原告適格が認められるような場合であったとしても、当該第三者は、処分がなされたことを知りえないということもありうる。この点、第三者の主観的事情と出訴期間との関係は必ずしも明らかではないが、例えば、ある処分Aが行われたものの第三者がそれを知りえなかったとして、その後、続行処分

— 145 —

第Ⅰ部 行政争訟法 第1章 行政訴訟法

たる処分Bがなされたとき、処分Aと処分Bの間で**違法性の承継**が認められる
か（すなわち処分Bの取消訴訟において処分Aの違法を理由に処分Bの取消し
を求めることができるか）という問題において、周辺住民等の**第三者の権利保
障**が問題となる。この点については、後に触れる［→ 123 ～］。

● 第8款 ● 不服申立てとの関係

105　　次の第2章で取り上げるが、処分に関する権利救済には、裁判所における抗告
訴訟の他、行政機関が争訟の裁断を行う行政上の不服申立制度がある［→ 237］。
そこで問題となるのは、この両者の関係、すなわち不服申立て（審査請求）を経
なければ取消訴訟を提起することができないかである。

　　この問題についての原則は、「処分の取消しの訴えは、当該処分につき法令の
規定により審査請求をすることができる場合においても、直ちに提起することを
妨げない」、いわゆる**自由選択主義**である（行訴8①）[26]。すなわち、この原則が
適用される場合については、私人の側は、① 審査請求を行うか、② 審査請求を
経ないで直ちに処分取消訴訟を提起するか、③ 審査請求と処分取消訴訟を両方
提起するか、のいずれかを選択することができる。

　　ただし、特別法によって例外的に審査請求前置の規定を設けることができる
（8①但書）。この点について、立法過程において立案に当たった法制審議会行政
訴訟部会は、① 大量に行われる処分であって、審査請求により行政の統一を図
る必要があるもの、② 専門技術的性質を有する処分、③ 審査請求に対する裁決
が、第三者機関によってなされることになっているものについて、不服申立前置
が認められうるとしていた。その後、平成26年の行政不服審査法の改正と同時
に制定された「行政不服審査法の施行に伴う関連法律の整備等に関する法律」に
より、審査請求前置制度の廃止・縮小の見直しが行われた。そこでは不服申立前
置を存置する場合として、① 不服申立ての手続に裁判の第1審代替性（高裁に提
訴）があり、国民の手続負担の軽減が図られている場合（電波法、特許法など）、②
大量の不服申立てがあり、直ちに出訴されると裁判所の負担が大きくなると考え
られる場合（国税通則法、国民年金法、労働者災害補償保険法など）、③ 第三者的機
関が高度に専門技術的な判断を行う等により、裁判所の負担が低減されると考え

---

(26)　旧行政事件特例法は、法令によって訴願など行政上の不服申立てが認められる場合は、
　　　原則としてその手続を経た後に出訴すべきとする訴願前置主義を定めていた（2条—雄
　　　川・争訟法 131 頁以下）。

— 146 —

られる場合等（公害健康被害補償法、国家公務員法など）に限るとの方針が採られた。この結果、行審法改正時、全体で96あった不服申立前置を定める特別法は、68法律で廃止・縮小され、全部存置は28となった。なかでも＜異議申立て→審査請求＞ないし＜審査請求→再審査請求＞を経なければ出訴できない二重前置は全廃（前置を廃止又は審査請求一段階への一重化）されている（宇賀・Ⅱ150頁以下）。

第4節　抗告訴訟①—処分取消訴訟（その2）：執行停止（仮の救済）の問題

🔵 第1款 🔵 執行不停止原則

1 制度の趣旨

　既に述べたように、処分取消訴訟を提起しても、訴訟は1日や2日で結論が出るものではなく、長引けばそれこそ何年も最高裁まで争う、ということになる（前述・第3款第4款【2】[→84]で触れた**行政救済法**における「時の問題」）。そうすると、その間に処分の効力が停止されなければ、事態はどんどん進み、最終的には処分の目的が達成されてしまい、仮に訴えの利益が消滅しなかったとしても、結局は回復不能な既成事実が形成されてしまうこともありえよう。したがってそのような観点からすれば、ともあれ処分のプロセスを止めること（**執行停止**）が、実効的な権利救済（すなわち**仮の権利救済**）の観点からも必要である。しかしながらその反面、取消訴訟の提起によって処分の効力が無条件に停止されるとなると、例えば計画に基づく比較的大規模な事業（例えば都市計画施設の建設や土地区画整理事業など）がいつまでも停止されることになりかねず、公益の観点から問題が生ずる。この両者のバランスをどのように図るかは、立法論的に1つの問題であるが、実際にこの執行停止制度をめぐっては、各国において立法のあり方に相違が見られる。この点、わが国の行訴法は**執行不停止原則**を採用し、「処分の取消しの訴えの提起は、処分の効力、処分の執行又は手続の続行を妨げない」と規定している（行訴25①）（ちなみに、ドイツは執行停止原則を採るのに対して、アメリカやフランスは執行不停止原則を採る）。このような執行不停止原則が採用されている理由としては、濫訴の弊害を防止し、行政運営の円滑性の保障するためであるとされる[27]。

---

[27]　授益処分（例えば建築確認）を周辺住民などの第三者が争う場合、執行不停止を原則にするということは、その限りで処分の名宛人の利益を第三者の利益よりも重視するという結果になる。すなわち、執行不停止原則によれば、例えば建築基準法に基づく建築

2 執行停止の要件

(1) **規定の趣旨**　行訴法は、執行不停止原則の例外として**執行停止**の手続について定めている。すなわち、処分取消訴訟が提起された場合、処分、処分の執行又は手続の続行により生ずる**重大な損害**を避けるため**緊急の必要**があるときは、裁判所は、申立てにより、決定をもって、処分の効力、処分の執行又は手続の続行(28)の全部又は一部の停止（執行停止）をすることができる（25②本文——なお、同じく仮の救済である仮の義務付け、仮の差止めとの間の要件の比較は、[→ 193] の表を参照）。

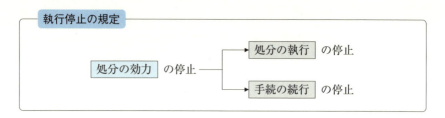

ただし、処分の効力の停止は、処分の執行又は手続の続行の停止によって目的を達することができる場合には、することができない（25②但書——もっとも処分によっては建築確認処分のように、内容上「処分の執行」や「手続の続行」が観念できないものもある）。

平成16年の改正前は、「重大な損害」が「回復困難な損害」となっていたが、**改正により文言上要件が緩和された**ことになる（旧特例法時代は、「償うことのできない損害」とされていた——同10②）。さらにこの改正により新たに解釈指針を定めた規定が設けられ、この「重大な損害」の判断にあたっては、損害の回復の困難の程度を考慮するものとし、損害の性質及び程度並びに処分の内容及び性質をも勘案するものとする、と規定している（行訴25③）。このような改正は、執行停止が仮に例外的な位置づけとはいえ、仮の権利救済手段としての意味合いを持つことに鑑み、実効的権利救済の観点から適切に運用されるべきことを目的とした

確認について取消訴訟を提起しても、次に説明する執行停止が認められない限り、処分の効力は停止されず、結果として建築行為が完了して当該建物が完成してしまえば、建築確認取消訴訟の訴えの利益はなくなり、却下判決が下ることになる（第3節第4款【2】2(1)[→86] で取り上げた最（二小）判昭和59年10月26日の事件を想起されたい）。

(28) 課税処分に対して取消訴訟を提起するとともに、執行停止として「処分の執行」＝滞納処分の停止を求めることはできると解される（大阪高決昭和43年12月14日行裁例集19巻12号1917頁＝肯定、大阪高決昭和43年3月27日行裁例集19巻3号476頁＝否定）。執行停止の可否の問題と、違法性の承継の問題（課税処分の違法は滞納処分には承継されないと通常解されている）は別の問題である。

ものである。

(2) **決定例**　行訴法改正後の決定例をみると、①所属弁護士会から業務停止3月の懲戒処分を受けたが、当該業務停止期間中に期日が指定されているものだけで31件の訴訟案件を受任していたなどの事実関係からして、当該懲戒処分によって相手方に生ずる社会的信用の低下、業務上の信頼関係の毀損等の損害が「重大な損害」に当たるとした事例（最(三小)決平成19年12月18日判例時報1994号21頁）、②建築確認ののち建築工事が進み、完成間近な場合において、当該建築工事が完了した場合、本件処分に係る本件建築物の倒壊、炎上等による自己の生命、財産等の侵害につき「重大な損害」が認められるとともに、建築工事が完了した場合、本案訴訟（建築確認取消訴訟）の訴えの利益がなくなることをもって、本件処分の効力を停止する「緊急の必要」があるとした事例がある（最(一小)決平成21年7月2日判例地方自治327号79頁）。

　また執行停止は、**公共の福祉に重大な影響を及ぼすおそれがあるとき、又は本案について理由がないとみえるときは、することができない**（行訴25④——さらに、手続的規定として25④〜⑧参照）。さらに執行停止の決定が確定した後に、その理由が消滅し、その他事情が変更したときは、裁判所は、相手方の申立てにより、決定をもって、執行停止の決定を取り消すことができる（行訴26①）。

(3) **仮処分の排除**　このような執行停止制度は、その目的において民事保全法に定める仮処分の制度に類似するものであるが、行政庁の公権力の行使に当たる行為の効果を停止させるという行政権の作用に強い影響を与えるものであるから、民事保全法の仮処分にはなじまないとして、別個の制度として設けられたものである。したがって、**行政庁の処分その他公権力の行使に当たる行為については、民事保全法に規定する仮処分をすることができない**（行訴44［→225]）。さらに、執行停止は、仮処分とは異なり、本案訴訟の提起がなされたときでないと申立てることはできず、**単独でこれを申し立てることはできない**ことに注意が必要である（行訴25②本文をみよ）。

> **補足**　「重大な損害」の内容・性質
>
> 　執行停止の要件とされる「重大な損害」については、まず、処分の名宛人が原告（申立人）になる場合、そこで本人以外の第三者の利益にかかわる損害を主張できるかという問題がある。この点については、執行停止は原告の権利利益についての仮の救済を求めるものであるから、この要件において、そのような第三者の利益や公益の侵害を主張することはできないのではないかという主

第Ⅰ部　行政争訟法　第1章　行政訴訟法

張もありうるところである。このような立場に立つと、例えば営業停止処分の場合、原告の企業の営業上の利益侵害は主張できるが、従業員の雇用上の利益を主張することは難しいということになる（また、当該企業の利用者などの利益についても同様であろう）。もっとも、そのような損害を自己の損害に還元させて、従業員を一度解雇した場合、当該企業の大勢に大きな影響があることなどの形で主張することは可能であろう。

　そのほか、処分の名宛人以外の第三者が原告である場合、その原告適格を基礎づけないような利益に関わる損害も主張できるかという問題がある（例えば、自宅の隣地に高層ビルの建築確認の執行停止申立てにおいて、原告適格を基礎づけないプライバシーの侵害を主張するなど）。

発展 申請拒否処分に対する執行停止の申立ての利益

　申請拒否処分の場合、取消訴訟とともに執行停止を申し立てたとしても、申請に対する決定が未だなされない状態に復するにとどまり、申請が認められた状態になるわけではない。従って、申請拒否処分の執行停止は、それが紛争の解決に資する理由がない限り、執行停止の申立ての利益がないということになる。例えば、入学申請の拒否処分の執行停止は、入学という状態をもたらすわけではないので、申立ての利益がないとされる（大阪高決平成3年11月15日行裁例集42巻11＝12号1788頁）のに対して、在留許可更新不許可処分の執行停止は、在留期間更新許可申請をした在留外国人は、その申請に対する決定がなされるまでは、原則として、「たとい旅券に記載された在留期間を徒過した後においても、不法残留者としての責任を問われないという意味において本邦に残留することができるもの」と解されるので、申立ての利益があるとされる（大阪地決昭和55年9月19日訟務月報27巻1号179頁）。前者のような入学申請拒否処分のような場合については、仮の救済としては、（申請型）義務付け訴訟を提起して、仮の義務付け（行訴37の5）を申し立てるほかないということになる［→192〜］。

● 第2款 ● 内閣総理大臣の異議

108 **1　規　定**

　執行停止の申立てがあった場合、**内閣総理大臣は、裁判所に対し異議を述べる**ことができる。執行停止の決定があった後も同様である（行訴27①）。この内閣総理大臣の異議が述べられた場合は、裁判所は執行停止をすることができず、また既に執行停止の決定がなされている場合には、これを取り消さなければならない（27④）。この異議には理由を附し、処分の効力を存続し、処分を執行し、又は手続を続行しなければ、公共の福祉に重大な影響を及ぼすおそれがある事情を示さなければならない（27②、③さらに手続的規定として27⑤、⑥参照）。この制度は旧行

－ 150 －

政事件訴訟特例法の時代から存在するものである[29]。

2　実例と違憲論

　行訴法 27 条 4 項の文言からして、裁判所はさらに内閣総理大臣の異議の適法性を審査することはできない、と解されているから、この内閣総理大臣の異議の制度は、行政権の側の伝家の宝刀というべき制度であるが、比較法的に外国において例のない制度であり、司法権への不当な介入として権力分立原則に反する、とする違憲論もある。つまり、執行停止決定は憲法 76 条にいう司法権に属する権限であって、それを内閣総理大臣の異議によって覆すのは、憲法違反であるというのである。これに対して、立法者の見解や合憲説によれば、判決は確かに司法権固有の権限であるけれども、執行停止決定はむしろ裁判所に委ねられた一種の行政処分的な性質をもつものであって、行政権の担い手である内閣総理大臣が執行停止決定を覆したとしても違憲にはならない、とする（田中・上 341 頁注（ 1 ））。これに対して違憲論はさらに、① 執行停止決定を行政処分的性質を有するものであると言い切ることはできない、すなわち私人の権利救済のための制度という側面も存在する、② 濫用の危険性が存する、と主張する[30]。このように違憲論

---

(29)　この制度の発端は、占領期におけるいわゆる平野事件である。すなわち、元農林大臣であり当時衆議院議員であった平野力三に対する、同人を公職追放の覚書該当者とする指定（昭和 23 年 1 月 14 日付）の効力停止を求めた仮処分に対して、東京地方裁判所は、この指定の効力停止の決定をした。これに対して連合国最高司令官は、最高裁判所長官に対し、公職追放の覚書該当者とする旨の指定の措置は連合国最高司令部の覚書に基づくもので、日本の裁判所はこの指定手続に裁判権を有するものではない、という理由で、仮処分取消しの指令を発した。そしてこの仮処分決定は直ちに取り消され、申請は却下された。GHQ は、平野事件を契機に執行停止条項に、内閣総理大臣の異議を設けることを強く主張し、この制度（旧行政事件訴訟特例法 10 ②）が誕生した。

(30)　藤田・総論 465 頁以下。なお、最（大）決昭和 28 年 1 月 16 日民集 7 巻 1 号 12 頁の真野毅裁判官意見は、内閣総理大臣の異議の制度は、三権分立の原則に違反し違憲である、としている。

　ちなみに、この制度の存廃については、平成 16 年改正の際にも議論されたが、その際に行われた各省庁のヒアリングでは、次のような主張がなされている。

　「裁判所の執行停止決定に対しては、行訴法 25 条第 6 項により即時抗告することができることとされている。しかし、実際のところ、道交法及び公安条例に基づく不許可処分あるいは条例付き許可処分に係る執行停止決定に関しては、当該決定から集団行動が実施されるまでの時間が極めて切迫しているため、即時抗告を行う時間的余裕がない場合や、即時抗告したものの、それに対する高裁の決定がなされないまま時間切れとなる場合がある。内閣総理大臣の異議の制度は、このような場合に、公共の安全と秩序を維持するための最後の砦として極めて重要な役割を果たしているものである。」（司法制度改革審議会行政訴訟検討会第 21 回（平成 15 年 7 月 25 日）における警察庁からの説明資料）

第Ⅰ部　行政争訟法　第1章　行政訴訟法

の強い制度であるが、昭和20年代から40年代前半にかけて、集団示威行進の不許可処分（広島地決昭和46年4月16日行裁例集22巻4号531頁、東京地決昭和42年7月11日行裁例集18巻7号893頁など）、町村を廃しその区域をもって市とする旨を決定した処分（横浜地決昭和30年10月6日行裁例集6巻10号2337頁）、中学教員の転補処分（京都地決昭和29年7月23日行裁例集5巻7号1726頁）、発電用水利使用許可取消処分（福島地決昭和27年9月11日行裁例集3巻9号1859頁）、学校閉鎖命令（大阪高決昭和24年11月30日行政裁判月報23号393頁）などの執行停止に対して異議が述べられている。実際に、内閣総理大臣の異議が述べられれば、改めて合憲性が裁判所によって判断される可能性があろうが、現在（平成27年）のところ、昭和46年を最後にこの制度は発動されていない。

▐ 第5節 抗告訴訟①—処分取消訴訟（その3）：訴えの審理

● 第1款 ● 当事者主義と職権主義

110　**1　民事訴訟法との関係**

訴訟要件をクリアーした訴えにつき、裁判所は、請求に理由があるか否かについて審理しなければならない。そして、この審理の過程は、訴訟主体（すなわち裁判所、原告、被告・国又は公共団体等の、原則として三者）の共同作業として展開していくのである。

行訴法は、審理手続について自己完結的な規定をしておらず、「**民事訴訟の例による**」（行訴7）こととしている。したがって、行訴法に特に定めのない場合で、行政訴訟の特質に照らして許容される限りで民事訴訟法の規定等が適用されることになる（第2節第1款**2**［→28]）。

111　**2　当事者主義との関係**

行政訴訟でも民事訴訟でも、訴訟手続の過程の中で、裁判所と当事者（原告・被告）のどちらにどれだけ役割を分担させるかという問題が生ずる。この点につき、当事者に多くの権能を与える主義を**当事者主義**といい、裁判所に多くの権能を与える主義を**職権主義**という（新堂・新民訴450頁以下）。したがって、当事者主義と職権主義の対立は多分に傾向的なものであるが[31]、民事訴訟においては私

――――――――――

(31)　もっとも、訴訟の遅延の防止や当事者間の実質的な対等を確保するために、裁判所が訴訟指揮を行うことはありうるのであって、裁判所の職権をどの程度重視するかは、時

― 152 ―

第5節　抗告訴訟①（その3）

的自治の原則が基礎にあるので、当事者主義が基本となる。しかしこれに対して、取消訴訟は、一方において私人の権利利益の保護という側面があるものの、他方においていったんなされた処分を取り消し、さらに場合によっては、新たな処分をやり直す端緒を与えるものであるから、単に行政庁と私人との手打ちではすまされない公益性を有しているという点も重視しなければならない。こういった観点を踏まえて当事者主義と職権主義につき検討するが、まず、当事者主義は、**処分権主義**と**弁論主義**とに分かれる。

(1)　**処分権主義**　　これはいわば訴訟の開始と終了、及び訴訟の対象の範囲に関する原則である。すなわち、民事訴訟においては、訴えの提起、訴訟物の特定は、原告の請求によることになる。訴訟の終了についても、判決以外に、当事者間の和解、請求の放棄・認諾（民訴266、さらに267参照）、訴えの取下げ（民訴261）によることが認められている。これに対して、取消訴訟においては、訴訟の終了につき、民事訴訟のように、和解や請求の放棄・認諾が認められるかが問題となる。すなわち、行政処分をはじめとする行政活動は、まず第1に法律による行政の原理に基づいて、法律の範囲内で行われるわけであり、第2に、行政庁に自由な判断の余地（裁量）が認められるとしても、それは私人が私的自治の原則に基づいて法律行為を行うのとは違い、そこには公益に適うか否かの判断がなされなければならない（私人間におけるような互譲の精神は妥当しない）はずである。したがって、和解の可否の問題も、その可能性を完全に否定するものではないにしても、そういった観点からの判断が必要であろう（塩野・Ⅱ179頁以下）。

(2)　**弁論主義**　　これはいわば訴訟資料の収集をめぐる原則である。判決の基礎をなす事実の確定に必要な資料（訴訟資料）の提出（主要事実の主張と必要な証拠の申出）を当事者の権能と責任とする原則を**弁論主義**という。そこでは、裁判所と当事者間の役割分担が問題となる。

　これに対して、それらの資料の探索を当事者の意思にゆだねず、裁判所の職責とする、言い換えれば、当事者が主張しない事実までも真実に即した裁判をする目的で裁判所が探し出す原則を**職権探知主義**という（新堂・新民訴470頁）。かかる職権探知主義が採られる例としては、人事訴訟事件において親子関係（子の否認、認知など）が争いになっている場合、人事訴訟法20条により「裁判所は、当事者が主張しない事実をしん酌し、かつ、職権で証拠調べをすること」ができるとさ

代や立法によって異なる。

— 153 —

第Ⅰ部　行政争訟法　第1章　行政訴訟法

れている。これは親子関係の争いは、訴訟当事者の間限りで解決してすむもので
はなく、公益性に基づく真実発見の必要が高いからである。

　わが国の通説・判例によれば、取消訴訟の審理手続は**弁論主義を基礎**にし、**若
干の職権主義的手続を加味**したものとされている。すなわち行訴法 24 条本文は、
「裁判所は、必要があると認めるときは、職権で、証拠調べをすることができ
る。」と規定しているが、この規定は、単に、当事者が主張する事実が実際に
あったかどうかの判断について当事者の提出する証拠のみでは充分な心証が得ら
れない場合に、裁判所が職権で証拠調べをすることを認めるにとどまり、当事者
が主張しない事実までをも真実に即した裁判をする目的で裁判所が探し出す、職
権探知主義を認めたものではない、と理解されている（藤田・総論471頁）。また職
権証拠調べの義務までを課したものでもない、とされる（最(小)判昭和28年12月24
日民集7巻13号1604頁）。

3　第三者・行政庁の訴訟参加

114

　また行訴法 22 条、23 条において、当該事件に関係のある第三者や行政庁の訴
訟参加が定められている。すなわち、裁判所は、訴訟の結果により権利を害され
る第三者があるときは、当事者若しくはその第三者の申立てにより又は職権で、
決定をもって、その第三者を訴訟に参加させることができる（行訴22、この第三者
の訴訟参加は、取消判決の第三者効力とも関係する——第6節第2款 [→ 140 〜]、詳細は [→
148b]）。通常は被告・行政側に参加することになる。さらに裁判所は、処分又は
裁決をした行政庁以外の行政庁を訴訟に参加させることが必要であると認めると
きは、当事者若しくはその行政庁の申立てにより又は職権で、決定をもって、そ
の行政庁を訴訟に参加させることができる（行訴23）。

4　釈明処分の特則

115

　さらに、平成 16 年の行訴法改正により「釈明処分の特則」の規定が追加され
た。これは、審理の充実・促進を図る目的で新設された規定である。民事訴訟法
151 条 1 項は、裁判所は、訴訟関係を明瞭にするため、① 当事者本人又はその法
定代理人に対し、口頭弁論の期日に出頭することを命じること、② 口頭弁論の
期日において、当事者のため事務を処理し、又は補助する者で裁判所が相当と認
めるものに陳述させること、③ 訴訟書類又は訴訟において引用した文書その他
の物件で当事者の所持するものを提出させること、④ 当事者又は第三者の提出
した文書その他物件を裁判所に留め置くこと、⑤ 検証をし、又は鑑定を命ずる
こと、⑥ 調査を委託することを釈明処分として求めることできることを規定す

— 154 —

る。これに加え、行訴法23条の2第1項は、裁判所は、① 被告である国若しく
は公共団体に所属する行政庁又は被告である行政庁に対し、処分又は裁決の内容、
処分又は裁決の根拠となる法令の条項、処分又は裁決の原因となる事実その他処
分又は裁決の理由を明らかにする資料（同条第2項に規定する審査請求に係る事件の記
録を除く）であって当該行政庁が保有するものの全部又は一部の提出を求めるこ
と（1号）、② 1号に規定する行政庁以外の行政庁に対し、同号に規定する資料
であって当該行政庁が保有するものの全部又は一部の送付を嘱託すること（2号）
を釈明処分として求めることを規定している。

● 第2款 ● 立証責任（挙証責任）

1 民事訴訟における考え方

116

　民事訴訟において立証責任とは、ある事実が存否不明の時には、いずれか一方
の当事者が、その事実を要件とした自分に有利な法律効果の発生が認められない
という危険又は不利益を負わされることをいう。民事訴訟法における法律要件分
類説によれば、例えば貸金返還請求訴訟では、返還約束と金銭交付の事実（権利
発生事実）は原告に、弁済、詐欺取消等の事実（権利滅却事実）、錯誤無効等の事
実（権利障害事実）、民法上の抗弁権を根拠づける事実（権利阻止事実）は被告に
立証責任があることになる（証明責任の分配については、新堂・新民訴610頁以下参照）。
これらは民法などの実体法の定め方によって決まることになるが、事実の存否あ
るいは存否不明の際の判断は裁判官の自由な心証形成にゆだねられている。これ
を**自由心証主義**という。刑事裁判のように唯一の証拠が自白である場合にはいく
ら怪しくても有罪にはできない、といった制限があるが（法定証拠主義）、民事訴
訟の場合はそのような制限は原則として、ない。

2 取消訴訟における立証責任

117

　取消訴訟における**立証責任**についてはさまざまな考え方がある（藤山雅行「行政
訴訟の審理のあり方と立証責任」藤山雅行編『裁判実務大系23 行政争訟［改訂版］』〔2012
年〕389頁以下、塩野・Ⅱ162頁以下の整理による）。
　① かつては《公定力》から立証責任を導き出し、行政行為には公定力がある
　　　から、行政行為には「適法性の推定」が働くとして、立証責任を原告・私人
　　　の側に課すという説もあったが、これはいわば公定力概念の不当な拡張とい
　　　うべきものであるから、現在では採られていない（公定力根拠説）。

第Ⅰ部　行政争訟法　第1章　行政訴訟法

② 逆に、《法治主義の原則》から、行政庁が行政処分の適法事由の全てについて立証責任を負うという考え方もあったが、法治主義も立証責任のあり方を直ちに導くものではない（法治主義根拠説）。

③ 民事訴訟法の法律要件分類説によって解決せよ、という考え方もある。すなわち、この説によれば、「何々なるときは何々なる処分を行う」という規定の場合、この規定が定める処分の要件事実については被告側が証明責任を負う（法律要件分類説）。これに対して要件事実の不存在の主張は、被告側がすることになる。しかしこのような説に対しては、行政法規は裁判の際の立証責任までも考慮して作られたものではない、という批判がある。

④ 国民の自由権的基本権に立脚して、国民の自由を制限し、国民に義務を課す行政行為の取消訴訟においては、行政庁が立証責任を負い、国民の側から国に対して、自己の権利領域を拡張することを求める請求については、原告が立証責任を負う（憲法秩序帰納説）。

⑤ 当事者の公平、事案の性質、事物に関する立証の難易等によって個別具体的に判断すべきものとする（個別検討説）。

⑥ 行政処分をするに当たって、行政庁は法令を誠実に執行すべき任務の一環として当該関係人に対して調査義務を負うことを前提として、被告側が主要事実としての処分を適法ならしめる事実に関して、その調査義務の範囲で立証責任を負う（調査義務説）。

⑦ 侵害処分については原則として行政庁が立証責任を負い、申請拒否処分については一律に分配を考えるのではなく、当該申請制度における原告の地位を考慮して判断する。例えば、当該申請制度が自由の回復・社会保障請求権の充足であるときは被告行政庁が、資金交付請求であるときは原告が負う（塩野・Ⅱ166頁。塩野教授の説は、④や⑤の考え方をも基礎にしている）。

このように立証責任をめぐってはさまざまな説があり、事案の特殊性や当事者の公平等も勘案すべき問題であるが、そもそも立証責任の分配の問題は、当事者が提出した証拠・資料等によっても裁判官が事実の存否について心証形成をすることができないときに、どちらかに不利益を課すという問題である。しかしながら、取消訴訟の場合は、職権証拠調べなどの職権主義的な手続も可能なのであるから、民事訴訟に比べて立証責任の所在の問題が決め手になることは少ないともいえる(32)。

---

(32)　藤田・総論479頁以下。藤田教授も同じ箇所で指摘しているように、行政訴訟においては立証責任それ自体よりも、裁判官の十分な心証形成のための制度や理論が、現実に

第5節　抗告訴訟①（その3）

3　判　例

　立証責任に関する判例としては、**伊方原発原子炉設置許可処分取消請求事件上告審判決**がある。この判例では、高度の専門技術的な問題について行政庁の自由裁量が認められる分野での立証責任の分配、さらには裁判官の心証形成とむすびついた証拠提出責任が問題となっている。

CASE　最（一小）判平成4年10月29日民集46巻7号1174頁

　「原子炉を設置しようとする者は、内閣総理大臣の許可を受けなければならないものとされており（規制法23条1項）、内閣総理大臣は、原子炉設置の許可申請が、同法24条1項各号に適合していると認めるときでなければ許可してはならず（同条1項）、右許可をする場合においては、右各号に規定する基準の適用については、あらかじめ核燃料物質及び原子炉に関する規制に関すること等を所掌事務とする原子力委員会の意見を聴き、これを尊重してしなければならないものとされており（同条2項。なお、昭和53年法律第86号による改正により、実用発電用原子炉の設置の許可は被上告人の権限とされ、同法附則3条により、右改正前の規制法の規定に基づき内閣総理大臣がした右原子炉の設置の許可は、被上告人がしたものとみなされることとなった。）、原子力委員会には、学識経験者及び関係行政機関の職員で組織される原子炉安全専門審査会が置かれ、原子炉の安全性に関する事項の調査審議に当たるものとされている（原子力委員会設置法（昭和53年法律第86号による改正前のもの）14条の2、3）。

　また、規制法24条1項3号は、原子炉を設置しようとする者が原子炉を設置するために必要な技術的能力及びその運転を適確に遂行するに足りる技術的能力を有するか否かにつき、同項4号は、当該申請に係る原子炉施設の位置、構造及び設備が核燃料物質（使用済燃料を含む。）、核燃料物質によって汚染された物（原子核分裂生成物を含む。）又は原子炉による災害の防止上支障がないものであるか否かにつき、審査を行うべきものと定めている。原子炉設置許可の基準として、右のように定められた趣旨は、原子炉が原子核分裂の過程において高エネルギーを放出する核燃料物質を燃料として使用する装置であり、その稼働により、内部に多量の人体に有害な放射性物質を発生させるものであって、原子炉を設置しようとする者が原子炉の設置、運転につき所定の技術的能力を欠くとき、又は原子炉施設の安全性が確保されないときは、当該原子炉施設の従業員やその周辺住民等の生命、身体に重大な危害を及ぼし、周辺の環境を放射能によって汚染するなど、深刻な災害を引き起こすおそれがあることにかんがみ、右災害が万が一にも起こらないようにするため、原子炉設置許可の段階で、原子炉を設置しようとする者の右技術的能力並びに申請に係る原子炉施設の位置、構造及び設備の安全性につき、科学的、専門技術的見地から、十分な審査を行わせることにあるものと解される。

　右の技術的能力を含めた原子炉施設の安全性に関する審査は、当該原子炉

　は一層重要である。

— 157 —

第Ⅰ部　行政争訟法　第1章　行政訴訟法

施設そのものの工学的安全性、平常運転時における従業員、周辺住民及び周辺環境への放射線の影響、事故時における周辺地域への影響等を、原子炉設置予定地の地形、地質、気象等の自然的条件、人口分布等の社会的条件及び当該原子炉設置者の右技術的能力との関連において、多角的、総合的見地から検討するものであり、しかも、右審査の対象には、将来の予測に係る事項も含まれているのであって、右審査においては、原子力工学はもとより、多方面にわたる極めて高度な最新の科学的、専門技術的知見に基づく総合的判断が必要とされるものであることが明らかである。そして、規制法24条2項が、内閣総理大臣は、原子炉設置の許可をする場合においては、同条1項3号（技術的能力に係る部分に限る。）及び4号所定の基準の適用について、あらかじめ原子力委員会の意見を聴き、これを尊重してしなければならないと定めているのは、右のような原子炉施設の安全性に関する審査の特質を考慮し、右各号所定の基準の適合性については、各専門分野の学識経験者等を擁する原子力委員会の科学的、専門技術的知見に基づく意見を尊重して行う内閣総理大臣の合理的な判断にゆだねる趣旨と解するのが相当である。

　以上の点を考慮すると、右の原子炉施設の安全性に関する判断の適否が争われる原子炉設置許可処分の取消訴訟における裁判所の審理、判断は、原子力委員会若しくは原子炉安全専門審査会の専門技術的な調査審議及び判断を基にしてされた被告行政庁の判断に不合理な点があるか否かという観点から行われるべきであって、現在の科学技術水準に照らし、右調査審議において用いられた具体的審査基準に不合理な点があり、あるいは当該原子炉施設が右の具体的審査基準に適合するとした原子力委員会若しくは原子炉安全専門審査会の調査審議及び判断の過程に看過し難い過誤、欠落があり、被告行政庁の判断がこれに依拠してされたと認められる場合には、被告行政庁の右判断に不合理な点があるものとして、右判断に基づく原子炉設置許可処分は違法と解すべきである。

　原子炉設置許可処分についての右取消訴訟においては、右処分が前記のような性質を有することにかんがみると、被告行政庁がした右判断に不合理な点があることの主張、立証責任は、本来、原告が負うべきものと解されるが、当該原子炉施設の安全審査に関する資料をすべて被告行政庁の側が保持していることなどの点を考慮すると、被告行政庁の側において、まず、その依拠した前記の具体的審査基準並びに調査審議及び判断の過程等、被告行政庁の判断に不合理な点のないことを相当の根拠、資料に基づき主張、立証する必要があり、被告行政庁が右主張、立証を尽くさない場合には、被告行政庁がした右判断に不合理な点があることが事実上推認されるものというべきである。」

　この判例は、「裁量」ということばを明示的に使っていないが、原子炉設置認可処分取消訴訟における原子炉施設の安全性（当時の規制法24①Ⅲ、Ⅳ）については、原子力安全委員会の科学的、専門技術的知見に基づく意見を尊重して行う処分庁（内閣総理大臣）の「合理的な判断」に委ねることを前提として、具体的な

－ 158 －

第5節　抗告訴訟①（その3）

審査基準や原子力委員会などの調査審議や判断の過程といった判断過程に看過し
がたい過誤欠落がある場合に限り、処分庁の判断に不合理な点があるとして当該
処分を違法とする、という判断枠組み（判断過程審査）に立っている。そして同
判決は、このような場合、立証責任そのものは原告が負うとしても、そのような
判断過程審査において裁判所が処分庁の「合理的な判断」をその高度の科学的、
専門技術的性格に照らして基本的に尊重する以上、その合理性については、「当
該原子炉施設の安全審査に関する資料」をすべて処分庁の側が保持していること
などとあいまって、被告側に相応の証拠提出責任を求めたものである[33]。

🔵 第3款 🔵　主 張 制 限

【1】　原告側の主張制限

1　行訴法10条1項

取消訴訟の本案審理の中では、争いの対象になっている当該処分が実際に違法
かどうかについての審理が行われる。そこで当然原告は、さまざまな違法事由の
主張を行うわけであるが、そこには一定の制限が設けられている。行訴法10条
1項は、「取消訴訟においては、自己の法律上の利益に関係のない違法を理由と
して取消しを求めることができない」と規定する。すなわち、**「自己の法律上の
利益に関係のない違法」事由の主張は認められない**、ということである。一例を
挙げれば、国税徴収法の定める公売処分について、滞納者がその取消しを求める
法律上の利益を有し、原告適格を有することはいうまでもないが、本案審理の段
階で、滞納者が、例えば（自分本人についてならともかく）他の権利者に対して通
知がなされなかったこと（国税徴収法96①Ⅰ、Ⅱ）を理由として公売処分の取消し
を求めることはできない。

2　新潟空港訴訟における本案審理

原告適格（行訴9①）の段階で、処分の取消しを求めるにつき「法律上の利益」
があるか否か、換言すれば、「法律上保護された利益」の存否が問題となること
は既に説明した（第3節第3款［→62～]）。原告適格の問題は、本案前の訴訟要件
の問題であるのに対して、ここで取り扱う違法事由の主張制限はあくまで、本案

---

(33)　曽和ほか・入門272頁以下は、「この判決は、一般に、裁量濫用の主張・証明責任を
いったん原告に負わせたうえで、事実上の推定のテクニックを用いて原告の主張・証明
責任の軽減をはかったものと評価されている」とする。

－ 159 －

第Ⅰ部　行政争訟法　第1章　行政訴訟法

審理の段階での問題であるが、この両者は、私人の権利利益の保護という取消訴訟の目的に由来している点で共通している。したがって、この違法事由の主張制限の問題は、とりわけ行政処分の名宛人以外の第三者が原告になる場合において、原告適格の判断とある程度リンクして考えられることがある。

　この点を、**新潟空港訴訟上告審判決**（最(二小)判平成元年2月17日──第3節第3款【5】3[→73]）を例に採って考えてみよう。この事件では、航空法100条1項3号の「事業計画が……航空保安上適切なものであること」という規定が、原告・周辺住民を保護する規定であるとして原告適格が認められたのであるが、本案審理の段階で、原告がこの航空法100条1項3号に照らして事業計画が航空保安上適切でない、と主張することはもちろん許される。しかし例えば、この申請にかかる新潟－小松－ソウル便の利用客には韓国における遊興目的の旅行の客が多く、このような客層の開拓に基づく路線開設は、法101条1項1号の「当該事業の開始が公衆の利用に適応するものであること」という規定に違反すると主張したとしても、このような主張は、原告・周辺住民の生活環境（騒音による障害の防止）に関係するものではないので、「自己の法律上の利益」に関係しない違法ということになるであろう。現に、同判決は、原告は自己の法律上の利益に関係のない違法を主張するに過ぎないとして、請求を棄却している。

第5節　抗告訴訟①（その3）

違法事由の主張制限（新潟空港訴訟）	
行訴法9条1項（原告適格＝訴訟要件）	10条1項（違法事由の主張制限＝本案）
処分の取消しの訴え及び裁決の取消しの訴え……は、当該処分又は裁決の取消しを求めるにつき法律上の利益を有する者……に限り、提起することができる。	取消訴訟においては、自己の法律上の利益に関係のない違法を理由として取消しを求めることができない。
運輸大臣は、前条の免許の申請があったときは、その申請が左の各号に適合するかどうかを審査しなければならない。 　一　当該事業の開始が公衆の利用に適応するものであること。 　二　当該事業の開始によって当該路線における航空輸送力が航空輸送需要に対し、著しく供給過剰にならないこと。 　三　事業計画が経営上及び航空保安上適切なものであること。 　四　申請者が当該事業を適確に遂行するに足る能力を有するものであること。 　五　申請者が左に掲げる者に該当するものでないこと。……（以下略）	→1号「当該路線の利用客の大部分が遊興目的の韓国ツアーの団体客である点」× →2号「輸送力が著しく供給過剰となる」× 　　　　自己の法律上の利益に関係しない違法 航空法101条1項3号を根拠に周辺住民の原告適格を承認

したがって、原子炉設置許可にしても、実際に判例では問題にはなっていないが、例えば、核原料物質、核燃料物質及び原子炉の規制に関する法律（現行）43条の3の6第1項1号「発電用原子炉が平和の目的以外に利用されるおそれがないこと」という規定違反を主張しても、これは周辺住民の生命、身体の安全などには関係しない違法事由ということで、主張が認められない可能性が高い（第3節第3款【5】1参照［→70]）。

【2】　被告側の主張制限

1　基本的な考え方

他方、被告側の主張制限として、**処分理由の追加・差替えの可否**の問題がある。すなわち、取消訴訟の審理の途中で、被告側が新たな処分理由を付け加えたり、他の理由と差し替えたりすることが許されるか、という問題である。

例えば、ある公務員が万引きをしたとして懲戒処分（国公82①Ⅲ）を受けたものの、当該懲戒処分の取消訴訟係属中に、別の非行事由、例えば職務に関し、賄賂を収受したからという理由に差し替えたといった場合、どのように考えるべき

か。この場合、公務員の懲戒処分が、公務員の非行に対する一種の制裁であることを考えると、違った非行事実を前提にして処分理由を差し替えたり、追加することには問題があるであろう。また、公務員の懲戒処分の場合、通常、人事院や人事委員会などに対する不服申立てが前置となっているが（国公92の2、地公51の2）、そうだとすればなおさら、そのような不服申立てにおいて主張されなかった理由が、訴訟の段階で処分理由として追加ないし差し替えられることは、手続保障の観点からも問題であろう。

しかしながら他方で、例えば情報公開請求のような場合、一つの情報が、ある非開示事由（例えば、個人識別情報）に該当するとして非開示決定がなされたとしても、その情報が別の非開示事由（例えば、法人事業情報や行政事務又は事業の適正な遂行に支障を及ぼすおそれのある情報）に該当する可能性はあろう。すなわち同じ情報が、見方の違いによって、そのもつ意味合いが異なることはありうることである。そうなると、処分理由の追加・差替えを認めないとすれば、当該処分が取り消されたとしても、係争中においても想定可能な別の理由に基づいて同一処分がなされることになろう。そして、このことはその他の申請に対する拒否処分（例・風営法上の風俗営業不許可処分）にもあてはまる。

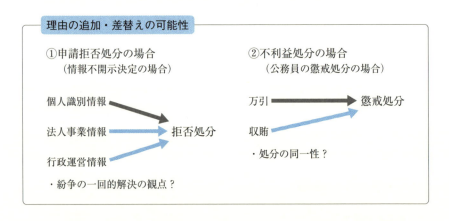

さらに考慮すべきは、**行政手続との関係**である。行政手続法によれば、申請に対する拒否処分や不利益処分を行うにあたっては、理由の提示が義務付けられている。そうだとすれば、安易に理由の追加・差替えを認めるとなると、理由の提示（理由付記）の趣旨（①処分庁の判断の慎重・合理性の担保、②不服申立ての便宜を与えること）を減殺することになる。さらに、不利益処分については聴聞や弁明の機会の付与が規定されているが、そのような事前の聴聞等では示されなかっ

第5節　抗告訴訟①（その3）

た事実が、いきなり訴訟（あるいは不服申立て）の場で主張されるとなると、事前手続の趣旨を没却することになる。

そうなると、理由の差替えや追加について——あくまで理由の提示がさしあたり適切になされていることは前提としつつも——これを一概に否定するものではない、ということになろう。最高裁判例も、「取消訴訟においては、別異に解すべき特別の理由のない限り、行政庁は当該処分の効力を維持するための一切の法律上及び事実上の根拠を主張することが許されるものと解すべきである」（最（三小）判昭和53年9月19日判例時報911号99頁）としている。

2　理由の差替え・追加の限界

122

そうすると問題は、① 処分の同一性、② 理由の提示の機能の担保、③ 聴聞などの手続保障などの観点から、理由の差替え・追加にどのような限界があるかである。すなわち、具体的には《理由の提示の機能を担保するという要請》と《紛争の一回的解決の要請》《理由の追加・差替えが認められないことによる公益上の支障を回避する要請》の調和をどのように図るか、ということになろう（宇賀・Ⅱ259頁）。

例えば、情報公開条例に基づいて住民監査請求に関する記録を申請したところ、当該公文書は、「国の民事訴訟解決の手の内」なども含むものであって、条例の定める非開示理由である「争訟の方針に関する情報」に該当するとして、非公開決定がなされた事案において、その取消訴訟の審理の場で、処分庁側は、非公開決定において示されなかった理由として、当該公文書は、住民監査請求における（非開示理由として定められている）「意思決定過程における情報」にも該当すると主張した。最高裁は、理由付記の規定から、直ちに理由の追加の可能性を排除するものではない、としている。

CASE　最（二小）判平成11年11月19日民集53巻8号1862頁

「2　本件条例9条4項前段が、前記のように非公開決定の通知に併せてその理由を通知すべきものとしているのは、本件条例2条が、逗子市の保有する情報は公開することを原則とし、非公開とすることができる情報は必要最小限にとどめられること、市民にとって分かりやすく利用しやすい情報公開制度となるよう努めること、情報の公開が拒否されたときは公正かつ迅速な救済が保障されることなどを解釈、運用の基本原則とする旨規定していること等にかんがみ、非公開の理由の有無について実施機関の判断の慎重と公正妥当とを担保してそのし意を抑制するとともに、非公開の理由を公開請求者に知らせることによって、その不服申立てに便宜を与えることを目的として

いると解すべきである。そして、そのような目的は非公開の理由を具体的に記載して通知させること（実際には、非公開決定の通知書にその理由を付記する形で行われる。）自体をもってひとまず実現されるところ、本件条例の規定をみても、右の理由通知の定めが、右の趣旨を超えて、一たび通知書に理由を付記した以上、実施機関が当該理由以外の理由を非公開決定処分の取消訴訟において主張することを許さないものとする趣旨をも含むと解すべき根拠はないとみるのが相当である。したがって、上告人が本件処分の通知書に付記しなかった非公開事由を本件訴訟において主張することは許されず、本件各文書が本件条例5条(2)アに該当するとの上告人の主張はそれ自体失当であるとした原審の判断は、本件条例の解釈適用を誤るものであるといわざるを得ない。」

このように具体的検討にあたっては、**申請に対する拒否処分の場合**と、**それ以外の不利益処分などの場合**とで、諸要因の考慮のあり方が異なるであろう。また、後に述べる**義務付け訴訟**（第10節〔→173〜〕）においては、義務付け判決を行なうためには、「一定の処分を行なう旨を命ずるため」に必要な理由が必要であるから、この際、出せる理由は被告側に出させる必要がある。したがって、その場合は理由の追加を広く認める必要があるといえる（曽和＝金子・事例研究171頁以下）。

【3】 違法性の承継

123　**1　違法性の承継の意義**

行訴法に規定されているわけではないが、「違法性の承継」の問題も、広い意味で原告側の違法の主張に可否に関わるものであるから、ここで取り上げることにしよう。

違法性の承継は、複数の処分が連続して行われ、全体が一連の手続として法律効果を生ずる場合において、先行処分（処分A）が違法であるときは、これに続く後行処分（処分B）も、その違法性を承継し、後行処分（処分B）もまた違法処分となるかどうかの問題である。ただし、この問題が論じられるのは、後行処分（処分B）の取消訴訟が提起された場合において、後行処分（処分B）自体には違法がないのに、先行処分（処分A）が違法であることを理由として後行処分（処分B）の取消しを求めることができるかという場面においてである（田中・上330頁・注(4)、さらに福井秀夫「土地収用法による事業認定の違法性の承継」西谷剛・藤田宙靖編『政策実現と行政法』〔2000年〕258頁参照）。

第5節　抗告訴訟①（その3）

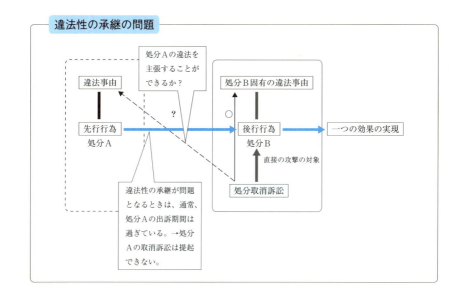

　したがって、違法性の承継が問題となる前提は、処分性が認められる行為が2つ連続していることである。A→Bと2つの行為が連続していても、Aに処分性が認められない場合は、Aの違法は後行の処分Bの取消訴訟で争うほかないのであるから、そのような場合は、ここでいうような違法性の承継の問題は起きない。
　例えば、土地区画整理事業計画決定→換地処分の場合（第3節第2款【3】6(1)(2)［→46～］）、（判例変更前の）昭和41年最高裁判決では、土地区画性事業計画決定の処分性が否定されていたため、計画決定の違法は（1つの可能性としては）換地処分の段階で争うということになる（ただしそのような争い方は、救済のタイミングを失するものであることは既に述べた通りである）。すなわち、両行為の間に違法性の承継の問題は生じない。しかし、平成20年最高裁判決において、計画決定にも処分性が認められるということになると、計画決定と換地処分と処分性のある行為が2つ連続することになる。そうすると、違法性の承継の問題が、そこに新たに生じるということになる（この点については、平成20年最判の近藤崇晴裁判官補足意見参照）。

2　問題の位置づけ

124

　行政行為は、一定の取消制度（職権取消・不服申立て・取消訴訟）によって取り消されない限り、有効なものとして通用する。公定力の問題は、この行政行為の効力とそれを否定する取消制度の排他性に関わる問題であった。したがって、違

第Ⅰ部　行政争訟法　第1章　行政訴訟法

法性の承継の問題は、あくまで処分の違法性の問題であって、処分の効力そのものの問題ではないから、公定力の問題とは区別されることになる（藤田・総論226頁以下）。

　しかしながら、処分Ａと処分Ｂとの間に違法性の承継が認められて、処分Ｂの取消訴訟において処分Ａの違法を主張することができるとした場合、処分Ａについては、出訴期間が過ぎていてもはや争えなくなっていることが考えられる。もしそうだとすれば、違法性の承継を認めることは、実質的には処分Ａについて生じている不可争力を覆す結果になるし、最終的に処分Ｂが取り消された場合、処分Ａは無意味になるので（判決の拘束力により、処分Ａを行った行政庁には、同処分を職権で取り消す義務＝不整合処分の取消義務が生じるとも解される——第6節第3款[→147〜]）、結果的に、処分Ａが取り消されたのと同じ状態をもたらすことになり、その点に着目すれば、公定力と概念的に区別されるとしても、全く無関係ともいえない。

　そうなると、違法性の承継を認めることは、一方において、**私人の権利救済の途を拡大する**という意味をもつが、他方において、出訴期間（不可争力）の目的とされた**行政上の法関係の早期安定の要請を犠牲**にするものであることに注意が必要である（その意味で、行政行為の無効をめぐる問題状況と似た面がある——第8節第1款【3】参照[→156〜]）。

3　どのような場合に認められるか

　それではどのような場合に違法性の承継が認められるかであるが、伝統的な学説においては、先行処分と後行処分が相結合して1つの効果の実現をめざし、これを完成するものである場合には違法性の承継が認められるが、先行処分と後行処分とが相互に関連を有するとはいえ、それぞれ、別個の効果を目的とするものである場合には認められない、とされてきた（田中・上327頁以下）。違法性の承継が肯定される例としては、農地買収計画と農地買収処分、さらには（異論があるものの）土地収用法上の事業認定と収用裁決などが挙げられ、否定される例としては租税賦課処分と租税滞納処分（課税処分は納税すべき租税の確定が目的であり、滞納処分は租税債権の強制的満足が目的であり、目的が違うとされる）が挙げられている。

　ただし、既に述べたように、違法性の承継を認めるということは、**私人の権利救済の要請と行政上の法関係の早期安定の要請という2つの要請をいかに調整する**か、という問題でもある。したがって、違法性の承継の問題を考える際には、

第5節　抗告訴訟①（その3）

後行処分の取消訴訟において先行処分の違法を争わせないことが権利保障の観点から不当かどうかという観点も考慮に入れる必要がある。とりわけ先行処分Aの（名宛人以外の）第三者については、仮に当該第三者に原告適格が認められたとしても、当該第三者に処分Aの通知がなされるわけではないから、知らないうちに手続が進行し、後行処分Bがなされるということもありうる。そういった場合に、違法性の承継を認め、後行処分Bの取消訴訟において先行処分Aの違法を主張させることには合理性があるというべきであろう。

　この点については、マンション建築をめぐる建築確認を周辺住民が争った事件において、**先行処分たる東京都建築安全条例に基づく安全認定と建築確認との間の違法性の承継を認め、後行処分たる建築確認の取消訴訟において安全認定の違法の主張を認めた最高裁判例**が注目される。

> **CASE**　最（一小）判平成21年12月17日民集63巻10号2631頁
>
> 　「3（1）本件条例〔＝東京都建築安全条例〕4条1項は、大規模な建築物の敷地が道路に接する部分の長さを一定以上確保することにより、避難又は通行の安全を確保することを目的とするものであり、これに適合しない建築物の計画について建築主は建築確認を受けることができない。同条3項に基づく安全認定は、同条1項所定の接道要件を満たしていない建築物の計画について、同項を適用しないこととし、建築主に対し、建築確認申請手続において同項所定の接道義務の違反がないものとして扱われるという地位を与えるものである。……（中略）……
>
> 　以上のとおり、〔建築基準法に基づく〕建築確認における接道要件充足の有無の判断と、安全認定における安全上の支障の有無の判断は、〔安全認定は知事、建築確認は建築主事という形で〕異なる機関がそれぞれの権限に基づき行うこととされているが、もともとは〔建築主事において〕一体的に行われていたものであり、避難又は通行の安全の確保という同一の目的を達成するために行われるものである。そして、前記のとおり、安全認定は、建築主に対し建築確認申請手続における一定の地位を与えるものであり、建築確認と結合して初めてその効果を発揮するのである。
>
> 　（2）他方、安全認定があっても、これを申請者以外の者に通知することは予定されておらず、建築確認があるまでは工事が行われることもないから、周辺住民等これを争おうとする者がその存在を速やかに知ることができるとは限らない（これに対し、建築確認については、工事の施工者は、〔建築基準〕法89条1項に従い建築確認があった旨の表示を工事現場にしなければならない。）。そうすると、安全認定について、その適否を争うための手続的保障がこれを争おうとする者に十分に与えられているというのは困難である。仮に周辺住民等が安全認定の存在を知ったとしても、その者において、安全認定によって直ちに不利益を受けることはなく、建築確認があった段階で初

— 167 —

第Ⅰ部　行政争訟法　第1章　行政訴訟法

> めて不利益が現実化すると考えて、その段階までは争訟の提起という手段は執らないという判断をすることがあながち不合理であるともいえない。
> 　（3）以上の事情を考慮すると、安全認定が行われた上で建築確認がされている場合、安全認定が取り消されていなくても、建築確認の取消訴訟において、安全認定が違法であるために本件条例4条1項所定の接道義務の違反があると主張することは許されると解するのが相当である。」

　この判例でも、先行処分たる安全認定については、必ずしも周辺住民等に周知されているとは限らないこと（手続保障の不十分さ）が、違法性の承継を認める理由として挙げられている。

● 第4款 ● 関連請求・訴えの変更など

　取消訴訟については、訴えの取扱いについて、次のような規定を置いている。

126　1　関連請求

　取消訴訟とそれに関連する請求（関連請求）に係る訴訟が各別の裁判所に係属しているとき、相当と認めるときは、関連請求に係る訴訟の係属する裁判所は、申立てにより又は職権で、その訴訟を取消訴訟の係属する裁判所に移送することができる。ただし、取消訴訟又は関連請求に係る訴訟の係属する裁判所が高等裁判所であるときは、この限りでない（行訴13）。

　そして関連請求として列挙されているのは、① 当該処分又は裁決に関連する原状回復又は損害賠償の請求、② 当該処分とともに一個の手続を構成する他の処分の取消しの請求、③ 当該処分に係る裁決の取消しの請求、④ 当該裁決に係る処分の取消しの請求、⑤ 当該処分又は裁決の取消しを求める他の請求、⑥ その他当該処分又は裁決の取消しの請求と関連する請求である（行訴13Ⅰ～Ⅵ）。

127　2　請求の客観的併合

　取消訴訟には、行訴法13条に列挙した関連請求に係る訴えを併合することができる（行訴16①）。この場合において、取消訴訟の第一審裁判所が高等裁判所であるときは、関連請求に係る訴えの被告の同意を得なければならない。被告が異議を述べないで、本案について弁論をし、又は弁論準備手続において申述をしたときは、同意したものとみなされる（行訴16②）。

— 168 —

第5節　抗告訴訟①（その3）

3　共同訴訟

数人は、その数人の請求又はその数人に対する請求が処分又は裁決の取消しの請求と関連請求とである場合に限り、共同訴訟人として訴え、又は訴えられることができる（行訴17①）。この場合、被告の同意にかかる16条2項の規定が準用される。

4　請求の追加的併合

第三者は、取消訴訟の口頭弁論の終結に至るまで、その訴訟の当事者の一方を被告として、行訴法13条に列挙されている関連請求に係る訴えをこれに併合して提起することができる（行訴18）。

また原告は、取消訴訟の口頭弁論の終結に至るまで、関連請求に係る訴えをこれに併合して提起することができる（行訴19①）。この場合、取消訴訟について、訴えの変更にかかる民事訴訟法143条の規定の例によることを妨げない（行訴19②）。さらにある処分の取消訴訟を、当該処分についての審査請求を棄却した裁決取消訴訟に併合提起するときは、処分取消訴訟の被告の同意は必要なく、あとから併合提起する処分取消訴訟の出訴期間については、裁決取消訴訟を提起した時に提起したものとみなして取り扱う（行訴20）。原処分主義（行訴10②──第2章第2節第2款［→258］）を理解せず、裁決取消訴訟のみを最初に起こした場合の救済規定である。

以上のいずれの場合においても、当該取消訴訟が高等裁判所に係属しているときは、被告の同意にかかる16条2項の規定が準用される（行訴18、19）。

5　国又は公共団体に対する請求への訴えの変更

裁判所は、取消訴訟の目的たる請求を当該処分又は裁決に係る事務の帰属する国又は公共団体に対する損害賠償その他の請求に変更することが相当であると認めるときは、請求の基礎に変更がない限り、口頭弁論の終結に至るまで、原告の申立てにより、決定をもって、訴えの変更を許すことができる（行訴21）。

🔵 第5款 🔵 自由裁量行為の審査

行訴法30条は、「行政庁の裁量処分については、裁量権の範囲をこえ又はその濫用があった場合に限り、裁判所はその処分を取り消すことができる」と規定している。

既に述べたように（第1節第1款【3】2［→20］）、裁判所の憲法上の権限である司

法権の外在的制約として、裁判所の審判の対象はもっぱら法律問題に限られ、行政処分においてなされる専門的、技術的、政策的判断については、原則として行政庁の判断＝裁量に委ねられることになる。したがって、行政庁がそのような裁量権の枠内で行った行為は、合目的性の観点からのよしあし（当・不当）の問題にとどまる限り、適法・違法が問題となる法律問題ではないので、取消訴訟では審査されないことになる。しかし、行政庁がそのような裁量権を逸脱濫用して処分を行った場合には、当該処分は違法であるとされ、取り消されることになる。すなわち、その意味で行訴法30条は、司法権の限界・制約に関する確認規定ということができる。そして、裁量権の逸脱濫用に関する具体的な裁判審査のあり方・枠組みについては、多岐の議論がみられるところであるが、その点については行政法総論に譲る（とりわけ行政裁量の概念については芝池・読本63頁以下参照）。

● 第6款 ● 違法性の判断基準時

132　取消訴訟も、もともとの処分がなされてから判決までを考えれば、一つの時間的経過を伴うプロセスであるので、その間に法令の改廃や種々の事情の変化が生じうる。したがって、当該行政処分の違法性を判断するのはいつの時点をもってするか、という問題がある。この問題をめぐっては、当該処分が行われた時点の法令や事実を前提に判決を行うべきなのか（処分時説）、それとも事実審の口頭弁論終結時（判決時）のそれを前提に行うべきなのか（判決時説）について、議論がある。一般に学説・判例は「**処分時説**」を採っているが、事案によっては、例外を認める必要が生じる可能性（議論の詳細については、藤田・総論480頁、塩野・Ⅱ200頁）や、さらに近時、この両者を一つの基準とみて、事案ごとに適用を検討すべきとする見解（山本隆司「取消訴訟の審理・判決の対象——違法判断の基準時を中心に」（1）～（2・完）法曹時報66巻5号、6号〔2014年〕）も主張されている。またこの点は、申請型義務付け訴訟における違法性の判断基準時との関係でも問題となる[→191]。

> CASE　最（二小）判昭和27年1月25日民集6巻1号22頁
>
> 　「論旨は原判決がすでに削除せられた自作農創設特別措置法附則2項を適用し本件買収計画の当否を判断したのは違法であるというのである。
> 　しかし、行政処分の取消又は変更を求める訴において裁判所の判断すべきことは係争の行政処分が違法に行われたかどうかの点である。行政処分の行われた後法律が改正されたからと言って、行政庁は改正法律によって行政処

第6節　抗告訴訟①（その4）

分をしたのではないから裁判所が改正後の法律によって行政処分の当否を判断することはできない。本件買収計画は昭和22年12月26日法律241号による改正前の自作農創設特別措置法附則2項によって定められたのであるから、原判決が本件買収計画が右附則2項による計画として適法であるかどうかを審理したのは当然である。前記法律241号附則2条は改正法施行前に前記附則2項による買収計画に関してされた手続は改正後の法律の6条の2、3、5の規定によりされた手続とみなす旨の規定であることは論旨のとおりであるが、右は改正前の法律による手続が改正法による手続としての効力を有する趣旨の規定に過ぎず、改正前の法律にてらして違法があった計画が法律の改正によって適法になる理由はないのであるから、所論のように本件買収計画が適法であるかどうかについて改正後の法律によって判断すべきものではない。論旨は理由がない。」

第6節　抗告訴訟 ① ——処分取消訴訟（その4）：判決

🔵 第1款 🔵 判決に関する原則——判決の効力と事情判決

1　判決の種類 133

判決には、本案前においてそもそも訴えそのものが訴訟要件を満たしていないなどの理由で不適法とされる**却下判決**があるが（その典型例としては、前述の処分性や原告適格をクリアーしていない訴えが挙げられる）、本案審理を経たあとの判決としては、**認容判決**と**棄却判決**がある。

2　取消判決の効力 134

認容判決は、すなわち取消判決ということになるが、取消判決の効力としては、① 既判力、② 形成力・第三者効力、③ 拘束力がある。このうち第三者効力（行訴32）と拘束力（行訴33）については、行訴法に定めがあるが、その他については、民訴法や訴訟理論に委ねられた形になっている（行訴7）。

まず最初に、取消判決の既判力について説明し、それを踏まえて、取消訴訟に特殊な判決態様である事情判決について説明する。取消判決のその他の効力については、款を改めて説明する［→139〜］。

— 171 —

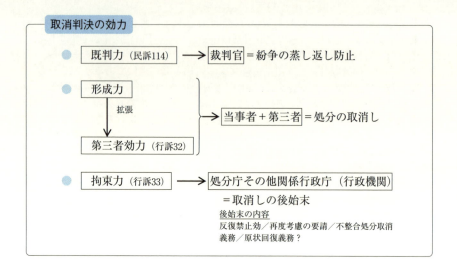

3　取消判決の既判力

　民事訴訟において、終局判決が確定すると、その判決における請求についての判断は、以後、当事者間の法律関係を律する基準となり、同一事項が再び問題になったときには、当事者はこれに矛盾する主張をして争うことが許されず、裁判所もその判断に矛盾抵触する判断をすることが許されなくなる。このような確定判決の判断に与えられる通用性ないし拘束力を既判力という（新堂・新民訴679頁）。既判力は、民事訴訟法114条に規定されているところであるが、**紛争の蒸し返しの防止**を目的とするものであり、審判の対象となった事項（訴訟物）について及ぶと考えられている（既判力の客観的範囲）。取消訴訟の訴訟物については、さまざまな議論があるが（塩野・Ⅱ184頁以下）、通説的な見解によると、《**行政処分の違法一般**》であるとされる（このような考え方に立つと、判決理由に示された判断には既判力は及ばないということになるが、この点については異論もある）。そうなると、取消訴訟において取消判決が下ると、少なくとも《**その当該行政処分が違法である**》ということは、その処分をめぐって何らかの訴訟が起きても、その後の訴訟（後訴）においては、そのことを蒸し返して否定することはできない、ということになる。従って、次の**4**で説明する事情判決の違法宣言についても問題となるが、ある処分について取消判決がなされると、例えば当該処分によって損害を受けたとして国家賠償請求訴訟を提起していても、その判決において当該処分が違法であったということを否定することはできない、ということになる。

第6節　抗告訴訟①（その4）

4　事情判決

(1)　**内　容**　審理の結果、請求に理由があるとされた場合は、原則として請求認容判決＝取消判決が下され、理由なしとされた場合には、請求棄却判決が下される。しかし例外的に処分が違法であっても請求が棄却される場合がある。《違法であるが取消しを行わない》ということ自体は、職権取消の制限などについてもみられるが（塩野・Ⅰ188頁、藤田・総論241頁以下など参照）、行訴法31条は、争訟取消の一つである取消訴訟について事情判決の制度を規定している（なお、行政上の不服申立制度においても類似の事情裁決の制度がある。行審45③、64④参照）。すなわち、行訴法31条1項第1文は次のように規定する。

> 「取消訴訟については、処分……が違法ではあるが、これを取り消すことにより公の利益に著しい障害を生ずる場合において、原告の受ける損害の程度、その損害の賠償又は防止の程度及び方法その他一切の事情を考慮したうえ、処分……を取り消すことが公共の福祉に適合しないと認めるときは、裁判所は、請求を棄却することができる。」

(2)　**具体例——二風谷ダム事件判決**　事情判決の制度が適用された裁判例としては、二風谷ダム事件判決が挙げられる。この事件は、二風谷ダム建設工事に伴う権利取得裁決及び明渡裁決の対象とされた土地の所有者やその相続人である原告らが、当該権利取得裁決や明渡裁決、さらにはこれらに先立つ事業認定の際に、ダムの建設によるアイヌ民族及びアイヌ文化に対する影響が考慮されなかった点で違法があるとして、これら各処分の取消しを求めた事案であるが、第一審判決が出た時点で、すでにダムは完成していたのである。すなわち、判決は本件土地収用にあたって行われた建設大臣（当時）の事業認定は、本件ダム建設の事業計画の達成により得られる利益が、これによって失われる利益に優越するかどうかを判断するために必要な調査、研究等の手続を怠り、本来最も重視すべき諸要素、諸価値を不当に軽視ないし無視し、アイヌ文化に対する影響を可能な限り少なくする等の対策を講じなかったなどの点で、土地収用法20条3号（「事業計画が土地の適正且つ合理的な利用に寄与するものであること。」）の判断に裁量権の逸脱があるとして違法とし、かかる違法は本件収用裁決に承継されるとした。その上で、判決は次のように述べる。

> **CASE**　札幌地判平成9年3月27日判例時報1598号33頁
>
> 「本件収用裁決は、右のとおり違法であるから、本来これを取り消さなければならないものである。そして、沙流川流域においては、これまでの洪水に

— 173 —

第Ⅰ部　行政争訟法　第1章　行政訴訟法

より貴重な人命や財産を数多く失っているため洪水調節の必要性があることは十分理解できるが、率直なところ、自然豊かな山間に、堤高31.5メートル、堤頂長580メートルもの巨大なコンクリート構築物を建設しなければ洪水調節等の治水はできなかったのか、アイヌ民族の自然を損なわず自然と共生するという価値観に倣い、これに沿った方法はなかったのか、といった素朴な疑問ないし感慨を抱かざるを得ない。これらの点のみからすると、本件収用裁決を本来どおり取り消すことも考えられるところである。

　しかしながら、《証拠略》によれば、本件ダム本体は既に数百億円の巨費を投じて完成しており、またこれに湛水していることが認められる。仮に本件収用裁決を取り消すとの判決が確定すると、原告らの所有する本件収用対象地を水没させることは許されないから、本件ダムに貯水された水を放流したうえ、今後湛水することができなくなることは明らかである。そうすると、このように巨額を投じて建設された本件ダムは、湛水できないことにより無用の長物と化するばかりでなく、湛水しない本件ダムが沙流川の正常な流水を妨げるであろうことは容易に推認することができるから、かえって洪水等の危険性が増すことになるのである。また、沙流川において洪水調節等の必要性があることは前記認定のとおりであるから、本件ダムを使用することができないことになると、更に洪水調節等を目的とする堤防等を建設する必要が生じ、その建設のためには、本件ダムを建設するのに要した費用以上の費用が必要となる。そして、沙流川流域に居住する住民は、それらが完成するまでの間、せっかく完成した本件ダムを目の当たりにしながら、その恩恵を受けることなく、かえって生命、身体及び財産について、本件ダムが建設される前以上の危険にさらされることになる。更に、湛水しない本件ダムによる危険を除去するためには、本件ダムを撤去することが必要となるが、これに巨額の費用を要するであろうことは推測するに難くない。これらの事実によれば、既に本件ダム本体が完成し湛水している現状においては、本件収用裁決を取り消すことにより公の利益に著しい障害を生じるといわざるを得ない。

　加えて、ポロモイチャシ跡は本件ダムの建設に伴い消滅し、ペウレプウッカ及びカンカンレレケへのチノミシリは本件ダムの建設工事によりそれぞれ破壊されたことが認められ、本件収用裁決が取り消されたとしても、回復することはできないこと、チャシについて一定限度での保存が図られたり、チプサンケについて代替場所の検討がなされる等、不十分であるものの、アイヌ文化への配慮がなされていること、原告らにおいても今後参加人である国や、北海道及び平取町等の自治体に対し、アイヌ文化の保存伝承等について具体的な施策を求め得ること、そして、これら国等も、今後においては、アイヌ民族の文化等の問題について、十分な配慮をなすであろうことが期待できること、その他本件に表われた一切の事情を考慮すると、本件収用裁決を取り消すことは公共の福祉に適合しないと認められる。

　そこで、本件においては、行政事件訴訟法31条1項を適用することとする。」

— 174 —

第6節　抗告訴訟①（その4）

(3)　**違法宣言**　　しかし、**事情判決は請求棄却判決であるから**、いくら最後まで争ってもそれだけの判決しかもらえないのであれば、訴えを継続する意味はないはずである。事情判決の重要なポイントは、行訴法31条1項2文の次のような規定である。

　「この場合には、当該判決の主文において、処分……が違法であることを宣言しなければならない。」

　事情判決を行った前掲・二風谷ダム事件第一審判決における判決主文は下記の通りである。

CASE　札幌地判平成9年3月27日（つづき）

　「主文　一　原告らの請求をいずれも棄却する。ただし、沙流川総合開発事業に係る一級河川沙流川水系二風谷ダム建設工事に関する権利取得裁決の申請及び明渡裁決の申立てに対して、被告が平成元年2月3日付けでした権利取得裁決及び明渡裁決のうち、別紙物件目録一ないし四記載の各土地に係る部分はいずれも違法である。
　二　訴訟費用のうち、参加によって生じた分は参加人の負担、その余は被告の負担とする。」

　このように判決は、「原告の請求を棄却する。ただし、被告が原告に対し行った何々の処分は違法である。」という形になる。ここでさらに重要なのは、「当該判決の主文」において違法を宣言するということである。すなわち、前述のように、民事訴訟法114条1項により、「確定判決は、主文に包含するものに限り、既判力を有する」とされるので、**違法宣言には既判力が生ずる**ことになる。したがって、例えば、事情判決がなされたあと、同一処分について国家賠償請求訴訟を提起している場合、そこで、当該処分が違法であることについてもはや再度蒸し返すことはできないということになる。

補足　**事情判決と後訴の国家賠償訴訟との関係**

　このように、違法宣言に既判力が生じることになれば、後訴の国家賠償請求訴訟で、少なくとも当該処分が違法であるということについては、もはや否定されることはないということになる。既述の八鹿町土地改良事業事件では、土地改良事業が完成して原状回復ができなくなったとしても、そのことは事情判決の適用において考慮すべきことがらであるとする（最（二小）判平成4年1月24日［→87］）。最終的には国賠訴訟による救済を念頭に置いているのであろう。

　ちなみに、国家賠償法1条1項の「違法性」については、後述するように

— 175 —

第Ⅰ部　行政争訟法　第1章　行政訴訟法

（第2部第1章第2節第5款［→284～］）取消訴訟における「違法」（取消違法）と
国家賠償法1条にいう「違法」（国賠違法）を同じものとして捉える見解（違法
性一元論・違法性同一説）と両者は異なるとする見解（違法性二元論・違法性
相対説）がある。違法性一元論に立てば、取消違法＝国賠違法であるから問題
は生じないが、違法性二元論に立った場合、取消訴訟においてある処分が違法
であるとされることから直ちに、国家賠償請求訴訟において当該公務員の職務
上の行為が「違法」ということにはならず、職務遂行に際して注意義務違反が
認められて初めて国家賠償法1条の適用上「違法」とされるわけである。そう
なると、取消違法＝国賠違法という関係は成り立たないことになる。しかしな
がら、違法性二元論に立ったとしても、違法宣言（あるいは取消判決）に生じ
る既判力によって《当該処分が違法である》ということ自体は蒸し返せないと
おもわれる。

　このように事情判決は、当事者間の損害賠償の問題と関係することが多い。
上述の例は、当事者間の損害賠償が未解決のケースであるが、実際には当事者
間の話し合いで損害賠償がなされたり、その合意が成立したことを前提になさ
れることもある。行訴法31条2項の**中間違法宣言判決**はそういった運用を期待
しているといえる（塩野・Ⅱ197頁、その他、事情判決に関する判例としては、最(二
小)判昭和33年7月25日民集12巻12号1847頁がある）。

　なお、取消訴訟における請求棄却判決の既判力については若干問題がある。
すなわち、取消訴訟において**請求棄却判決**がなされた場合、原告は再度、当該
処分の取消訴訟を提起することは既判力により許されないが、後訴の国家賠償
請求訴訟において、請求棄却判決の既判力により、違法の主張が完全に遮断さ
れるか、という問題がある。これについては、取消訴訟で判断される違法の範
囲と国家賠償訴訟で判断される違法の範囲を比較すると後者の方が広いことや、
取消訴訟において当該処分の違法事由を全て審理し尽くすことは困難であるこ
とを理由に、後訴の国家賠償請求訴訟において一律に違法の主張が遮断される
わけではない、とされている（塩野・Ⅱ194頁、櫻井＝橋本・行政法311頁）。

🔵 第2款 🔵　形成力と第三者効力

1　取消判決の形成力

　取消判決には**形成力**が認められる。すなわち、取消判決がなされれば、当該処
分は処分時に遡って効力を失い、当初から処分がなされなかったのと同じ状態に
回復されることになる（これは職権取消も含む行政行為の取消一般にいえることであ
る）。そしてそうなると、訴訟法上も、同一当事者は後の訴訟で当該処分が有効
に存続していることを主張できなくなり、また裁判所もそのような取扱いができ
なくなる。

2　取消判決の第三者効力

(1)　**規　定**　　行訴法は、「処分又は裁決を取り消す判決は、第三者に対して 140
も効力を有する」と規定し（行訴32①）、このような形成力を「第三者」に対して
も認めている。

　通常の民事訴訟においては、基本的には当事者間の紛争が当該当事者間に限っ
て解決されれば事足りることになるが、民事訴訟でも人事訴訟における親子関係
の確定のように、真実に即して統一的な解決が図られなければならない場合もあ
る（第5節第1款 **2**［→113]）。この点、取消訴訟は、一面において私人の権利利益
の救済のための訴訟であるが、他方において広い意味での行政過程の中に位置づ
けられているものであって、それだけ公益上の要請が強く、具体的には、《**行政
処分の効力を中心とする行政上の法関係を統一的に規律する必要性**》が要請され
ることになる（藤田・総論490頁以下）。

(2)　**典型的なケース**　　問題は、第三者効力の及ぶ「第三者」の範囲であるが、141
典型的なケースとされるのは、取消判決によって自己の権利や法的地位に影響を
受ける者である。すなわちこの場合、原告と利害対立の関係にある者が、「第三
者」ということになる。

　このような「第三者」の具体例としては、農地買収処分がなされた後に当該農
地が売り渡された場合における、売渡処分の相手方が挙げられる。すなわち、農
地買収処分の取消訴訟における原告（X）は、当該農地の元の所有者ということ
になるが、Xとしてはまず農地買収処分の取消訴訟提起して、勝訴判決を得たう
えで、当該買収処分の効力を否定してもらう必要がある。しかしその《**当該買収
処分の効力を否定してもらう効果**》、すなわち取消判決の形成力を売渡処分の相
手方（A）に及ぼすためには、取消判決に第三者効力が認められる必要がある。
そしてそれを前提に、XはAに対して民事訴訟を提起して、土地の返還を求める
ことができるということになる。

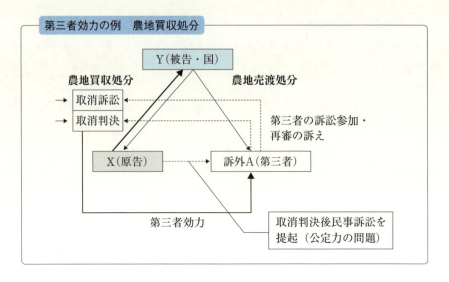

(3) **第三者効力と手続的保障**　しかしこのような第三者効力を認める以上、手続的正義の観点から、対象となる「第三者」に対して、判決の事前事後において訴訟手続への参加を認める必要がある。それが、**第三者の訴訟参加**（行訴22）と**第三者の再審の訴え**（同34）である［→114、148 b］。

3　「第三者」の範囲

第三者効力の及ぶ範囲をめぐっては、行政決定の名宛人が不特定多数に及ぶ場合（いわゆる一般処分など――第3節第2款【3】4～5参照［→44～］）についてどのように考えるべきかが問題となる。このような場合の多くは、原告と第三者の利害は共通しているが、必ずしもそうでない場合もありうるところであろう。そしてそのような決定に処分性を認めた場合、取消訴訟を経てなされる取消判決の効力については、①原告との関係でのみ生じるという考え方（**相対的効力説**）と②当然に不特定多数の名宛人すべてに及ぶという考え方（一種の対世効を認める考え方――**絶対的効力説**）がありうる。

第6節　抗告訴訟①（その4）

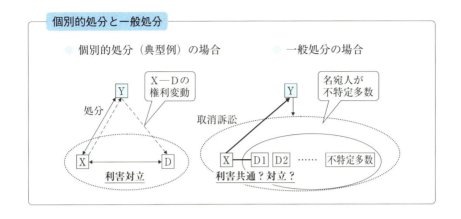

　この問題は、行訴法制定当時に想定されていなかったともいわれ、議論のあるところである。具体的な事例としては、処分性のところで触れた医療費値上げの職権告示の例が挙げられる（第3節第2款【3】4［→44］）。同告示の執行停止決定は、同告示は、「一般的、抽象的な定めを内容とし将来の不特定多数の人をも適用対象とする」法規制定行為ないし立法行為であるとしつつも、処分性を肯定した上で、相対的効力説に立っている(34)。

> **CASE**　東京地決昭和40年4月22日判例時報406号26頁
>
> 「しかしながら、立法行為の性質を有する行政庁の行為が取消訴訟の対象となるとはいつても、それは、その行為が個人の具体的な権利義務ないし法律上の利益に直接法律的変動を与える場合に、その限りにおいて取消訴訟の対象となるにすぎないのであるから、取消判決において取り消されるのは、その立法行為たる性質を有する行政庁の行為のうち、当該行為の取消しを求め

(34)　名宛人が多数に及ぶ行政決定の処分性と取消判決の第三者効力が問題となった事件として、公立保育園廃止条例の制定行為の処分性を認めた最（一小）判平成21年11月26日（前掲）がある。同判決は、既に述べたように（第3節第2款【3】5［→45］）、条例制定行為の処分性を認める論拠として、処分の取消判決や執行停止の決定に第三者効力が認められている取消訴訟において当該条例の制定行為の適法性を争うのが合理的であるとしているが、第三者効力について相対的効力説に立つか、絶対的効力説に立つか触れていない。この点についてはなお検討が必要であるが、同判決は、問題となった当該条例制定行為について、「当該保育所に現に入所中の児童及びその保護者という限られた特定の者ら」に対して及ぶものであるとして、名宛人が特定された行為であるとみているようである。そうだとすると、絶対的効力説と相対的効力説が問題となってきた、名宛人が不特定多数で将来的にも適用が予定されるような立法行為とは異なる事案であるとみることが可能である。

— 179 —

第Ⅰ部　行政争訟法　第1章　行政訴訟法

ている原告に対する関係における部分のみであって、行為一般が取り消されるのではないと解すべきである。けだし、抗告訴訟、特に取消訴訟は行政庁の違法な公権力の行使によつて自己の権利ないし法律上の利益を侵害された者がその権利ないし法律上の利益の救済を求めるために認められた制度であり（行政事件訴訟法第9条、第10条第1項参照）、自己の権利ないし利益に関係なく違法な行政行為一般の是正を求めることを目的とする民衆訴訟は法律に定める場合において法律に定める者からのみ提起しうるものとされている（同法第5条、第42条）趣旨から考えると、行政事件訴訟法は、行政庁の一個の行為であっても原告の権利義務ないし法律上の利益と何ら関係のない部分についてはその取消しを求め得ないものとしているものと解するのが相当であるし、また原告をして自己の権利義務ないし法律上の利益に直接関係する部分をこえて立法行為たる性質を有する行政庁の行為全般を取り消させなければならない必要性も認められず、かく解したからといって何ら当該原告の権利救済の途をとざすことにもならないからである。法第32条第1項は、取消判決の効力は第三者に及ぶ旨規定しているが、その趣旨は、原告に対する関係で行政庁の行為が取り消されたという効果を第三者も争い得なくなること、換言すれば、原告は何人に対する関係においても以後当該行政庁の行為の適用ないし拘束を受けないことを意味するにとどまり、（行為の性質上不可分の場合および実際上の効果は別として）、それ以上に取消判決の効果を第三者も享受し、当該行政庁の行為がすべての人に対する関係で取り消されたことになること、すなわち、何人も以後当該行政庁の行為の適用ないし拘束を受けなくなることを意味するものでないというべきであるから、右条項の存在は何ら前記解釈の妨げとなるものではない。」

● 第3款 ● 拘 束 力

143　　1　取消しの後始末の問題

　取消判決がなされても、取り消された当該処分の効果そのもの以外にも、当該処分の前提としてなされた別の処分をどのようにするか、あるいは申請に対する拒否処分（営業の不許可処分など）が取り消された後、再度行政庁が拒否処分を行うことができるか否か、といった問題がある。いわば、**処分を取り消した後の諸々の後始末の問題**でもある。この点について、行訴法33条は、旧行政事件訴訟特例法12条の規定を引き継ぎ、「処分又は裁決を取り消す判決は、その事件について、処分又は裁決をした行政庁その他の関係行政庁を拘束する。」と規定している。これを**取消判決の拘束力**という。この拘束力の根拠については、これを判決の既判力に求める見解（既判力説）もあるが、通説的見解は、これを取消判決の実効性を確保するために行訴法の規定（行訴33）が特に認めた特殊な効力であるとする（特殊効力説）。いずれにしてもこの拘束力によって**義務づけられる**

— 180 —

のは行政庁（処分庁・関係行政庁）ということになる。

2　拘束力の具体的内容

　拘束力とは、一言でいうならば、判決の趣旨を踏まえて、違法状態を是正すべくその後始末をせよ、ということであり、そこで決め手となるのは、**判決理由中の判断**である。拘束力の具体的内容については、学説上もさまざまな議論があるが、概ね次のようなものが挙げられている。

(1) **消極的義務──反復禁止効**　取消判決がなされると処分庁は、同一事情の下において同一理由で取り消された処分と同一の処分を反復することはできない。取消判決の後、何らかの事情の変化があれば別であるが、このような処分の反復を認めると、取消判決の意味が没却されるからである。なお、この反復禁止効については、既判力から導かれるとする説もある。

(2) **積極的作為義務①──再度考慮機能**　取消判決によって行政庁の処分が取り消された場合、行政庁は処分をやり直すことになる場合がある。そのような場合、同一理由の同一処分を繰り返してはならないということについては上述の通りであるが、さらに、再度の処分に際しては、取消判決において問題となった違法事由を是正するような判断が求められる。

　この点は、とりわけ申請に対する処分について問題となるところであって、行訴法は、① 申請拒否処分に対して名宛人が取消訴訟を提起して取消判決がなされた場合と、② 申請認容処分に対して第三者が取消訴訟を提起して取消判決がなされた場合の２つの場合について規定している。

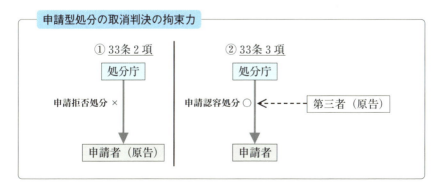

　まず①の場合については、「申請を却下し若しくは棄却した処分又は審査請求を却下し若しくは棄却した裁決が判決により取り消されたときは、その処分又は

裁決をした行政庁は、判決の趣旨に従い、改めて申請に対する処分又は審査請求に対する裁決をしなければならない」と規定する（行訴33②）。すなわち申請拒否処分が取り消された場合、当該申請は振出しに戻った状態に復するから、申請者は改めて申請を行う必要はない。また処分庁の側は《**判決の趣旨**》に従った**再度の処分を行う義務**を負い、その点において申請者は、《**処分のやり直しを受けることについて法的利益**》を有することになる（杉本・解説112頁）。

　この場合、当該処分が実体法上の処分要件に違反するものとして取り消された場合には、その点を考慮して処分庁は改めて処分をやり直すことになるし、当該処分が手続的瑕疵に基づいて取り消された場合には、当該手続を適正にやり直して再度処分を行うことになる。

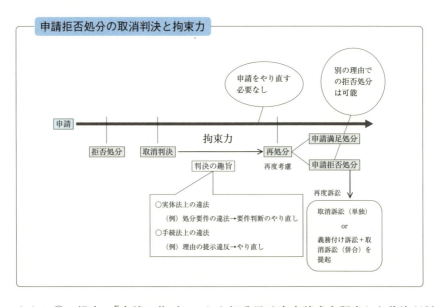

　さらに②の場合、「申請に基づいてした処分又は審査請求を認容した裁決が判決により手続に違法があることを理由として取り消された場合」について、行訴法33条2項が準用され、「その処分又は裁決をした行政庁は、判決の趣旨に従い、改めて申請に対する処分又は審査請求に対する裁決をしなければならない」ということになる（行訴33③）。この場合、処分庁の処分やり直し義務は、**手続的瑕疵があった場合**に限られるが、その理由は、取消判決が、申請認容処分や認容裁決の内容の瑕疵を理由として取り消した場合、当該判決の拘束力により、再びやり直しても認容処分や認容裁決がなされる見込みはないので、再度の処分を強制す

第6節　抗告訴訟①（その4）

るまでもないからであるとされている。したがって、ここにいう手続の違法とは、その取消判決の拘束力の下に行為をやり直すとすれば、再び認容の判断がなされるかもしれないと考える余地のあるような瑕疵を広く意味するものと解される（その例として、処分庁の構成に関する瑕疵、他の機関の同意・承認等の欠缺、行為の方式・表示に関する瑕疵などが挙げられている──杉本・解説113頁）。

　ちなみに、取消判決の拘束力は、「その事件について」及ぶものである。したがって、例えばメーデーのために公共施設の許可を申請したところ不許可処分となった事例において、仮に当該不許可処分が取り消されたとしても、その拘束力は、翌年に同じように行われるメーデーのための当該公共施設の許可処分には及ばない。もし及ぶとすれば、取消訴訟係属中に集会期日が過ぎたとしても、取消訴訟の訴えの利益は消滅しないということになるが（第3節第4款【2】1［→84、94]）、そもそも翌年の申請は「その事件」には該当しないので、拘束力は及ばないのである。

　このように申請に対する処分に関する取消判決の拘束力については、行訴法に明文の規定が置かれているが、**その他の種類の処分の取消判決について、このような拘束力が働くか**については、必ずしも明らかではない。例えば、（不利益処分の例として）公務員の懲戒処分が比例原則に反するとして取り消された場合や、（申請に対する処分に当たらない例として）土地区画整理法に基づく換地処分が照応の原則違反で取り消された（ないし無効確認がなされた）場合などが考えられる（最（二小）判昭和62年4月17日民集41巻3号286頁のようなケース──ただし、実際は請求棄却［→164] 参照）。もっとも、このような場合、仮に処分の取消判決がなされたとしても、**再度の処分を義務付けられるわけではなく、再度の処分をしないで終わりにしても構わない**。この点が、処分庁の再度処分を義務付ける上述の行訴法33条2項、3項と異なる点である。しかし再度の処分を行うとする以上、処分庁としては、取り消された処分における違法を是正することは当然であるから、取消判決の趣旨を踏まえて行うべきことになるとおもわれる。

> **補足**　**取消判決の拘束力＝再度考慮機能と義務付け訴訟**
>
> 　このような拘束力の再度考慮機能は、申請拒否処分における取消訴訟と義務付け訴訟との間の役割分担の観点からも重要である。すなわち、申請拒否処分に対しては、後に述べるように、当該処分の取消しを求める取消訴訟と、一定の処分を求める義務付け訴訟があり、後者を提起するときは、前者を併合して提起しなければならない（行訴37の3③──第10節第2款【1】1(3)［→179]）。すなわち、**義務付け訴訟が、行政権の判断である処分の内容を先取りするのに対し**

－ 183 －

第Ⅰ部　行政争訟法　第1章　行政訴訟法

て、取消訴訟は、この拘束力により、再度――判決の趣旨に従って――処分庁に考慮させ、その上で改めて再処分をさせるという違いがある。

補足　手続的瑕疵の効果と拘束力

　行政法総論の行政手続に関する箇所で、行政手続法違反などの手続的瑕疵が、取消原因（あるいは場合によっては無効原因）になりうるか、という手続的瑕疵の効果の問題が論じられる。すなわち、処分の違法のうち、処分要件などにかかわる実体法上の違法は、取消原因になるのに対して、手続的な瑕疵の場合には、必ずしも常に取消原因にはならないとされるわけである。

　以上述べたように、例えば申請拒否処分に対して取消判決がなされた場合、同判決の拘束力により、処分庁は「判決の趣旨」を踏まえて再度処分することになり、その際に、判決理由が手続法上の違法であった場合は、手続をやり直すというのが「判決の趣旨」ということになる。しかし、軽微な瑕疵や手続を繰り返しても結果に影響がないような場合には、手続そのものをやり直しても意味がない（最(一小)判昭和46年10月28日民集25巻7号1037頁＝個人タクシー免許事件、最(一小)判昭和50年5月29日民集29巻5号662頁＝群馬中央バス事件など――ちなみにこの両判決は、告知・聴聞の瑕疵の事例として取り上げられることがあるが、行政手続法が聴聞の規定を置くような不利益処分についての事例ではなく、申請拒否処分に関する事案であることに注意）。もちろん、行政機関に手続を遵守させるため、**手続的瑕疵が取消原因にならないとすることは慎重でなければならないが、手続的瑕疵が取消原因となるか否かの問題は、このように手続のやり直しを中心にもう一度処分をやり直させるか否かという形で、取消訴訟の拘束力とも密接に関連しているのである**（神橋一彦「手続的瑕疵の効果」『行政法の争点〔第4版〕』〔2014年〕88頁）。

147　(3)　**積極的作為義務②――不整合処分の取消義務**　　これは、ある処分が取り消された場合、その処分に関連して行われたものの、取消判決の趣旨に整合しない処分があるときは、処分庁や関係行政庁は職権でこれを取り消さなければならない、というものである。いわば、処分を前提に展開した法的状態の後始末の問題である。

　しかしこの不整合処分の取消義務の範囲については、異論もある。すなわち、一連のプロセスに2つの処分が連続している場合、すなわちAという処分(先行処分)を前提に、Bという処分(後行処分)が行われた場合に、

① 処分Aが違法として取り消されたときに処分Bを行った行政庁は、処分Bを取り消さなければならないか、

② 逆に、処分Aと処分Bとの間に違法性の承継が認められて、処分Bの取消訴訟において処分Aの違法を理由として処分Bが取り消された場合、処分A

－ 184 －

を行った処分庁は、処分Aを取り消さなければならないか、という2つの問題がありうる。

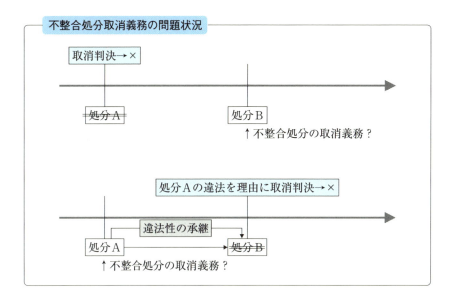

いずれも不整合処分の取消義務の問題として、それぞれの処分を取り消さなければならない、と考えることは可能である。しかし、①の場合（例：処分A・課税処分→処分B・滞納処分）においては、処分Bは処分Aが取り消されることによって前提要件を欠き、無効となるから、あえて不整合処分の取消しを論じる意義はない、とする指摘もある。また②の場合（例：処分A・土地収用法上の事業認定→処分B・収用裁決）については、後行処分である処分Bが取り消されることによって、その後の法関係の展開はないのであるから、これもあえて不整合処分の取消しを論じる意義はない、との指摘がある（塩野・Ⅱ188頁、稲葉ほか・行政法237頁以下）。

このような一連のプロセスにはない他の不整合処分の取消義務について、これを認めた次のような判例がある。

> CASE　最(一小)決平成11年1月11日判例時報1675号61頁
>
> 「原審の適法に確定した事実関係の下においては、本件除名処分の効力停止決定がされることによって、同処分の効力は将来に向かって存在しない状態に置かれ、相手方の川島町議会議員としての地位が回復されることになり、

> これに伴って、相手方の除名による欠員が生じたことに基づいて行われた繰上補充による当選人の定めは、その根拠を失うことになるというべきであるから、関係行政庁である川島町選挙管理委員会は、右効力停止決定に拘束され、繰上補充による当選人の定めを撤回し、その当選を将来に向かって無効とすべき義務を負うとした原審の判断は、正当として是認することができ、原決定に所論の違法はない。」

148　　**(4)　原状回復義務**　　(3)の不整合処分の取消義務は、不整合処分の存在という法律状態の後始末であったのに対し、取り消された処分によってもたらされた事実状態の後始末、すなわち原状回復義務が拘束力の内容として導き出されるかが問題となる。例えば、議論の余地のあるところであるが、行政代執行法に基づいて代執行の戒告がなされ、戒告や代執行令書発布の取消訴訟が提起された場合において、当該訴訟の係属中に代執行が完了した場合、訴えの利益は消滅するとされる（東京地判昭和44年9月25日判例時報576号46頁、札幌地判昭和51年7月30日判例タイムズ348号318頁など）。すなわち、建築物除却命令（東京地判の事例）や家畜殺処分命令（札幌地判の事例）の代執行が行われた事例などにおいては、もはや原状に回復することはできず、その他に何らかの法的利益にリンクしていないというわけである。しかしながら、上述のように限定された場合であるにせよ拘束力の内容として代執行の戒告等が違法であるとして取消された後、代執行を行う前の原状に回復させるべき義務が生ずるということが認められるならば、その限りで戒告等の取消訴訟の訴えの利益は消滅しないということになる（桑名城址公園係留ボート除去事件にかかる名古屋高判平成8年7月18日判例時報1595号58頁）。

148 a　　　**発 展**　**競願関係事例における拘束力と訴えの利益**

　　競願関係の場合における処分取消訴訟の（狭義の）訴えの利益については、東京12チャンネル事件判決を例にして既に述べたところである（第3節第4款**【3】(3)**［→97]）。そこでは、取消判決の拘束力との関係を留保していたので、ここで改めて触れることにしよう。

　　この場合、申請拒否処分を受けた者（X）は、自分に対する拒否処分の取消訴訟（訴訟A）を起こすことが考えられるほか、自分以外の第三者が受けた免許処分の取消訴訟（訴訟B）を起こすことも考えられる。

— 186 —

第6節　抗告訴訟①（その4）

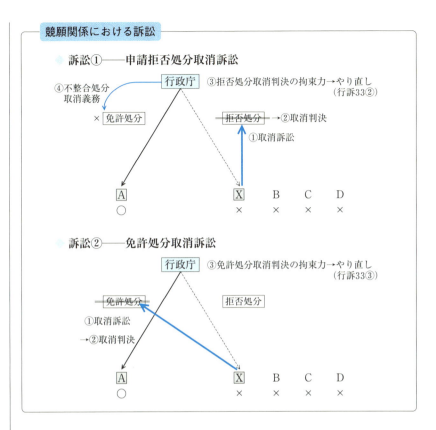

　この場合において、訴訟②の場合、取消判決が下った場合には当然、免許処分は取消されることになるが、訴訟①の場合は、取り消されるのはXに対する拒否処分だけであって、当然にAに対する免許処分が取り消されるわけではない。しかし、訴訟①の場合も訴訟②の場合も、それぞれにおいて取消判決がなされた場合は、いずれも拘束力の内容として、申請に対して再審査が義務付けられることになる（訴訟①については行訴33②、訴訟②については行訴33③）。すなわち、いずれの訴訟においても、Xは取消判決を受けたからといって必ず免許処分を受けられるわけではないが、拘束力による再審査の可能性が法的利益＝訴えの利益として存することになる。

発展　取消判決の効力と第三者の参加　148 b

(1)　「第三者」の概念　既に述べたように〔→114〕、取消判決の効力は、第三者の訴訟参加（行訴22）と不可分の関係にある。
　「第三者」という用語は、①原告適格（行訴9①）などで、処分の相手方以外の者を意味するほか、②訴訟当事者（原告・被告）以外の者を意味することがある。例えば、建築確認の取消訴訟などの場合は、実質的な紛争当事者は、建

築主（建築確認処分の相手方）と当該建築確認にかかる建築物の周辺住民（第三者）であるが、建築主は、訴訟当事者にはならず、それ以外の「第三者」となる。このように取消訴訟においては、被告が行政主体（行訴11）で法定されているため、実質的な紛争当事者と訴訟当事者とが不一致となる事態が生ずるのである。具体的には次のような場合がある。

(2) 具体例①——二面関係の場合

【例1】処分が私人間の法律関係の形成に介在している場合（形成的行政行為の場合）、当該処分が取消されることによって既に形成された法律関係が変動し、既得の権利や法的地位を失う者が出てくる可能性が生ずる。例えば、X所有の農地を国（Y）が買収し、Aに売渡した場合において、Xが自らに対する買収処分の取消訴訟を提起して、同処分が取消された場合、改めてX—A間で当該農地の所有権の帰属が問題となるが、取消判決の第三者効力（形成力—行訴32条）により、買収処分はA（第三者）との関係でも取消されたことになり、Aは当該農地の所有権を失うことになる。

【例2】許可をめぐる競願関係の場合において、Aに対して許可処分がなされ、Xに対しては拒否処分がなされた場合、Xが自己に対する拒否処分の取消訴訟を提起することが考えられるが、そこで取消判決がなされた場合、取消判決の形成力により当該拒否処分が取消されることはもとより、Aに対する許可処分も、取消判決の拘束力により不整合処分として、行政庁は職権で取り消す義務（不整合処分取消義務）を負うことになるので、Aも許可によって得た既得の権利を失う。

(3) 具体例②——三面関係の場合

【例3】処分庁が乙に対して行った許認可等の授益処分（例えば、建築確認、原子炉設置許可処分など）に対して、Xが取消訴訟を提起し、取消判決が出された場合がこの典型である。この場合も、取消判決の効力（形成力）は、X（原告）のみならずA（乙）にも及ぶことになる。このような場合、紛争の実態としては、X—A間の紛争であり、実際にも、Xの私法上の権利に基づく訴訟が併せて提起されることもある（原子炉設置許可の取消訴訟と人格権等に基づく原子炉の建設・操業の差止訴訟など）。

【例4】先に挙げた【例2】の事例において、X（名宛人以外の第三者）はAに対する許可処分の取消訴訟を提起することも可能であるが（最(三小)判昭和43年12月24日民集22巻13号3254頁[→97、148 a]）、そこで取消判決がなされた場合、取消判決の第三者効力（形成力）が及び、Aは既得の地位を失うことになる。

訴訟当事者以外の第三者の具体例

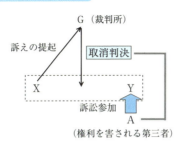

【例1】取消判決により権利移転が覆滅される場合（第三者効力）

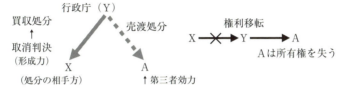

【例2】取消判決によってそれと整合しない処分が取り消される場合（拘束力）

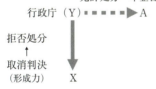

【例3】処分の相手方以外の第三者が訴訟を起こした場合（第三者効力）

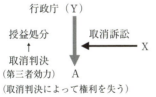

【例4】取消判決によって処分が取り消される場合（第三者効力）

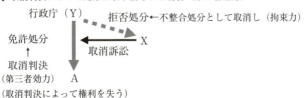

第Ⅰ部　行政争訟法　第1章　行政訴訟法

(4)　**22条参加の基本的な考え方**　このように、行訴法22条1項の「訴訟の結果により権利を害される第三者」とは、取消判決の効力によって直接権利を害される第三者ということになるが、そこでの判決の効力には、形成力（第三者効力）の場合（上記の例1・3・4）と拘束力（不整合処分の取消し）の場合（例2）がある。

このような（訴訟当事者以外の）第三者に何らかの参加をさせることについては、旧特例法下では、職権による訴訟参加のみが規定されていたにとどまったため（旧特例法8条―もっともほとんど活用されなかったといわれる。）、第三者の申立てによるものとしては、民訴法に基づく補助参加（旧民訴64条、民訴42条―要件は「訴訟の結果について利害関係を有する第三者」）が行われていた。また、旧特例法には、現行の行訴法32条のような規定がなかったため、そもそも取消判決に第三者効力を認めるか否かについても、議論が分かれていた。これについて判例は、①取消判決の第三者効力を承認し、②かかる効力が及ぶ第三者が申し立てた民訴法上の補助参加につき、これを共同訴訟的補助参加として扱うことを認め、③被参加人（被告・行政側）だけで控訴を取下げたとしても控訴は効力を失わないとして、当該第三者に強い訴訟法上の地位（現行訴22条4項により、民訴40条1項から3項まで準用）を認めたのである（最（一小）判昭和40年6月24日民集19巻4号1001頁）。行訴法は、このような考え方を踏襲するものである。

したがって、取消訴訟において第三者が参加を申し立てた場合は、それが行訴法22条の参加に当たるか、民訴法42条の補助参加に当たるかについて、裁判所は釈明により明らかにしなければならない。また、第三者があえて民訴法の補助参加を申し立てた場合、これを共同訴訟的補助参加として扱うことができるかについては、これを否定に解し、被参加人である控訴人がした控訴の取下げは、控訴人補助参加人の同意の有無に関わりなく、有効であるとした下級審裁判例がある（仙台高判平成25年1月24日判例時報2186号21頁）。この場合には、民訴法46条の参加的効力が及ぶことになる。

(5)　**その他の抗告訴訟への準用**　行訴法22条は、その他の抗告訴訟にも準用される（38条1項）。しかし、不作為違法確認判決や申請型義務付け判決によって、第三者が直接に権利を害されることは考えにくい。したがって、22条の準用が問題となるとすれば、無効等確認訴訟、直接型義務付け訴訟および差止訴訟ということになろう。

▌第7節　抗告訴訟②―裁決取消訴訟

149　　行訴法は、第2章第1節で「取消訴訟」についての規定を置いているが、取消訴訟には、処分取消訴訟と並んで裁決取消訴訟がある。裁決取消訴訟とは、「審査請求その他の不服申立て（以下単に「審査請求」という）に対する行政庁の裁決、決定その他の行為（以下単に「裁決」という）の取消しを求める訴訟」である（行

― 190 ―

訴3②)。これは、行政上の不服申立てに対する裁決・決定の取消しを求める訴訟であるので、その固有の問題については、第2章第2節 [→257～] において、行政上の不服申立てと併せて説明することにする。

第8節 抗告訴訟 ③ ─無効等確認訴訟

● 第1款 ● 序　説

【1】　無効等確認訴訟の概念

150

　無効等確認訴訟とは、「処分若しくは裁決の存否又はその効力の有無の確認を求める訴訟」をいう (行訴3④)。すなわちそこでは、処分等の**存在・不存在・有効・無効**の4つの確認訴訟が観念されうるが、中心となるのは「無効」確認訴訟である[35]。

【2】　無効の行政行為

151

1　行政行為の取消しと無効

　無効確認訴訟は、行政庁の処分の無効を確認する訴訟であるが、その前提には、行政法総論における**「無効の行政行為」の理論** (「取り消しうべき行政行為」と「無効の行政行為」の区別) がある。

　行政行為は、それに瑕疵 (違法・不当) がある場合であっても、「取消し」を経ない限り、有効なものとして扱われるのが原則である。すなわち、特定の国家機関 (取消機関) が特定の手続によって「取消し」(職権取消・争訟取消) を行わない限り、行政行為の効果を否定することができない (公定力＝取消制度の排他性)。また争訟取消は、一定の期間 (出訴期間・審査請求期間──行訴14、行審18) が経過した後においては、これを求めることができなくなる (不可争力)。このような原則的な場合を、**「取り消しうべき行政行為」**と呼ぶ。

　これに対して、**「無効の行政行為」**は、行政行為として**存在するにかかわらず、**このような「取消し」のあるをまたず、はじめから行政行為の内容に適合する法律的効果を全く生じ得ない行為であるとされる (田中・上137頁)。したがって、

---

[35]　処分の不存在確認訴訟の例としては、建築基準法42条2項に基づく2項道路の指定について、一定の条件に合致する道につき一律に2項道路に指定する、いわゆる「一括指定」を行うために発せられた奈良県告示が問題となった最(一小)判平成14年1月17日民集56巻1号1頁がある。

第Ⅰ部　行政争訟法　第1章　行政訴訟法

無効の行政行為には公定力も不可争力もないということになる。そして、通説・判例は、「重大明白な瑕疵」を無効の行政行為の基準としてきたのである。

152　**2　無効の行政行為を区別する意味**

このように瑕疵ある行政行為の中で「無効の行政行為」を独立に論ずる意味は、単に瑕疵の態様・程度が酷いものを取り出すということそのこと自体にあるのではない。すなわち、それはもっぱら**争訟手続に関連する**ものであって、**出訴期間を経過した後においてなお、例外的に救済の途を拓く**ところにある。言い換えれば、行政争訟制度において出訴期間や不服申立期間が廃止されれば、「取り消しうべき行政行為」と「無効の行政行為」の区別も不要になり、また出訴期間が長くなれば、その分「無効の行政行為」を問題とする意味も少なくなるということになる（平成16年の行訴法改正によって出訴期間は3カ月から6カ月に延長されている［→101～]）。

153　**3　無効の行政行為の具体的な帰結**

このように「無効の行政行為」は、出訴期間が経過した後における例外的な救済を導くための概念であるということができるが、その具体的帰結について、**「無効の行政行為には公定力がない」**ということと、**「不可争力がない」**ということの2点に分けて述べれば、次のようになる。

　(1)　**公定力との関係①──効力の否定**　　無効の行政行為は、その効力の点においては全く行政行為がなされなかったのと同様、最初から何らの効力もないものとされる。取消しの対象となる効力がそもそもないのであるから、取消しを経る必要もない（その意味で、無効の行政行為には**公定力がない**）ということになる。したがって、取消訴訟が（給付訴訟・確認訴訟・形成訴訟という訴訟の基本的類型に即していえば）形成訴訟とされる（通説）のに対して、**無効確認訴訟は、行政行為が無効であることを公権的に確認するにとどまる**という意味で、**確認訴訟**という形態をとることになる。

154　(2)　**公定力との関係②──無効認定権の問題**　　無効の行政行為は、最初から何らの効力もないので、**「何人もこれに拘束されることなく、他の国家機関はもちろん、私人さえも、独自の判断と責任においてこれを無効とすることができる」**とされてきた（田中・上137頁）。すなわち、取り消しうべき行政行為の場合は、国家機関であっても、取消機関以外の機関は、取り消されるまでは私人と同様、一度なされた行政行為に拘束されるわけであるが（公定力＝取消制度の排他性）、無

効の行政行為の場合は、国家機関のみならず私人もこれを「無効とすることができる」というわけである。

しかしながら、**ある行政行為が「無効」であるか否かについての判断について**は、国家機関がこれを行う場合と私人の場合とでは異なることに注意が必要である。

すなわち国家機関の場合は、**取消機関以外の国家機関**（具体的には、取消訴訟以外の民事訴訟や当事者訴訟を担当する裁判官）であっても、**行政行為の無効を公権的に認定することができる**。したがって、行政行為の無効を前提とする民事訴訟や公法上の当事者訴訟（例えば、買収処分が無効であることを理由とする所有権に基づく土地の返還請求訴訟・土地の所有権確認訴訟、免職処分が無効であることを理由とする公務員の地位確認訴訟）が提起された場合において、これらの訴訟を担当する裁判官は、当該行政行為が無効である場合、これを公権的に認定する権限を有することになる。またそうだとすれば、このような場合においては、私人の側としても、**直接これらの民事訴訟や当事者訴訟**（無効を前提とする「現在の法律関係の訴え」──行訴 36）を提起すればよいということになり、あえて**無効確認訴訟を提起する必要はなく、そのような場合には確認訴訟に必要な確認の利益もない**ということになる（第 2 款参照［→ 159 ～］）。

ところが、一般の私人の場合は事情が異なる。例えば、違反建築物の除去命令を受けた私人が、いくらこれを無効であると主張しても、それを処分庁に対して公権的に主張して、後続の代執行（強制執行）を阻止することはできない。すなわち、私人が行政行為についてこれを無効と判断したとしても、あくまで「独自の判断と責任において」これを無効とすることができるにとどまるのであって、**私人には無効を公の権威でもって判断する無効認定権はないということになる**（森田寛二「行政行為の公定力と無効(1)」自治研究 53 巻 11 号〔1977 年〕116 頁以下）。したがって、私人が行政行為を無効であると判断する場合、これを公の権威をもって通用させるためには、**公権的にこれを確認してもらう必要がある**。そのための訴訟が**無効確認訴訟**である。

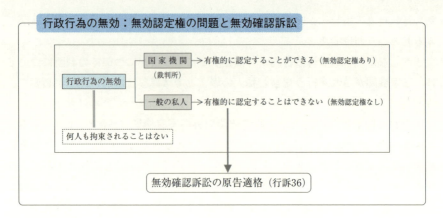

155　**(3) 不可争力との関係**　無効の行政行為には**不可争力**がないので、取消訴訟の出訴期間が過ぎた後においても、私人は訴訟による権利救済を求めることができる（もともと、無効の行政行為の概念そのものが、出訴期間経過後の権利救済を導くためのものであったことは既に述べたとおりである）。現に、行訴法上も、無効等確認訴訟には出訴期間の定めはない。

　無効等確認訴訟は、行訴法以前の特例法時代には明文で定められていなかったため、その可否について解釈論上、種々の議論があったところである。これに対して行訴法は、上述のような無効の行政行為の理論をふまえて、無効等確認訴訟の規定を置いたのである。

【3】　無効の行政行為の基準──重大明白な瑕疵

156　**1　「無効」判断の観点**

　無効の行政行為の判別について、判例・通説は、「**重大明白な瑕疵**」をそのメルクマールとしてきた。そこでいう《瑕疵の重大性・明白性》は、無効の行政行為について瑕疵の態様ないし《実体法の観点》からみたものである。また学説においても、「無効の行政行為」のカタログとして、① 主体に関する瑕疵、② 内容に関する瑕疵、③ 手続の瑕疵、④ 形式の瑕疵、といった分類ごとに典型的な事例が挙げられることがある（藤田・総論258頁以下）。

157　　しかしながら他方で、既に述べたように、無効の行政行為は何のために論じられるかというと、瑕疵の程度に応じて行政行為を分類することそのこと自体が目的なのではなく、どのような場合に出訴期間経過後の例外的救済を認めるかという問題に対応するためであった。したがって、ある行政行為が無効か否かの判断にあたっては、瑕疵の重大性・明白性という観点に加えて、出訴期間制度の目的

第8節　抗告訴訟③

=《行政上の法律関係の早期安定の要請》（これには行政の円滑な運営という公益のみならず、処分の存在を信頼した第三者の利益保護も含まれる——下に引用した昭和48年最判参照）を斟酌してもなお《私人の権利救済の要請》を優先すべき特段の事情があるか否かという《訴訟法(救済)の観点》も必要となる。そうすると、「無効」の判別基準として、明白性の要件は補充的なものであって、必ずしもこれが必要ではない場合もありうるのではないか、あるいは、重大明白な瑕疵という基準を前提とする判例も、実際のところ、具体的な価値衡量（出訴期間を経過後、なお救済の必要があるか否かなど）の上にたって判断しているのではないかという指摘（明白性補充要件説・具体的価値衡量説）がなされてきたところである（詳細は行政法総論に譲る）。

CASE　最(一小)判昭和48年4月26日民集27巻3号629頁

　「もっとも、課税処分につき当然無効の場合を認めるとしても、このような処分については、前記のように、出訴期間の制限を受けることなく、何時まででも争うことができることとなるわけであるから、更正についての期間の制限等を考慮すれば、かかる例外の場合を肯定するについて慎重でなければならないことは当然であるが、一般に、課税処分が課税庁と被課税者との間にのみ存するもので、<u>処分の存在を信頼する第三者の保護を考慮する必要のないこと</u>等を勘案すれば、当該処分における内容上の過誤が課税要件の根幹についてのそれであって、<u>徴税行政の安定とその円滑な運営の要請を斟酌してもなお、不服申立期間の徒過による不可争的効果の発生を理由として被課税者に右処分による不利益を甘受させることが、著しく不当と認められるような例外的な事情のある場合</u>には、前記の過誤による瑕疵は、当該処分を当然無効ならしめるものと解するのが相当である。」

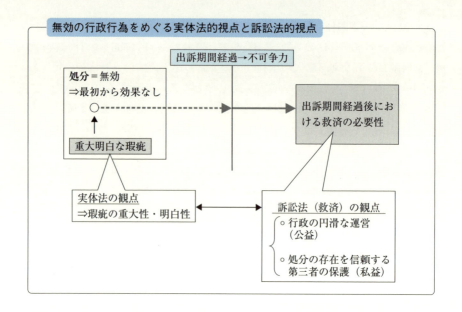

2 判例

この点について最高裁判例は、現在に至るまで「重大明白説」に立ち、瑕疵の重大性に加えて明白性をも要求しているが、「不服申立期間の徒過による不可争的効果の発生を理由として」当該処分による「不利益を甘受させることが著しく不当と認められるような例外的な事情がある場合」については、特に瑕疵の明白性を問うことなく当然無効としている（前掲・最(一小)判昭和48年4月26日［→157］）。しかし他方で、仮に瑕疵の重大性は認められても（更正処分に課税要件の根幹についての過誤があるとしても）、瑕疵の明白性が認められず、かつ上述のような「例外的な事情」はないとして、無効を否定した判例もある（最(三小)判平成16年7月13日判例時報1874号58頁）。このようにみてくると、具体的な無効の判断にあたっては、**瑕疵の重大性と明白性、さらに救済の観点からする「例外的な事情」の有無という三者の関係**が問題となろう。

● 第2款 ● 無効確認訴訟の訴訟要件

1 行訴法36条の規定

行訴法36条は、無効等確認訴訟の一般的訴訟要件につき、次のように規定している。

第8節　抗告訴訟③

　「無効等確認の訴えは、当該処分又は裁決に続く処分により損害を受けるおそれのある者その他当該処分又は裁決の無効等の確認を求めるにつき法律上の利益を有する者で、当該処分若しくは裁決の存否又はその効力の有無を前提とする現在の法律関係に関する訴えによって目的を達することができないものに限り、提起することができる。」

この規定にいう「処分」及び「処分の……無効等の確認を求めるにつき法律上の利益を有する者」の意義については、それぞれ処分取消訴訟の処分性及び原告適格における法理と同じであるから、ここでは繰り返さない（第3節第2款、第3款参照［→36～、62～]）。

　この行訴法36条の規定には、第1款で述べたような無効の行政行為をめぐる行政法理論の考え方が表現されているといえる。そのことを念頭に、以下、この条文について検討を加える。

2　一元説と二元説
160

　さてこの条文の読み方であるが、これについては2つの説がある。すなわちそれは、「当該処分又は裁決に続く処分により損害を受けるおそれのある者」のところで文章が切れるかどうかによる。二元説によれば、「**当該処分又は裁決に続く処分により損害を受けるおそれのある者**」はそれだけで出訴できるということになる。しかし一元説によれば、「当該処分又は裁決に続く処分により損害を受けるおそれのある者」であっても、「当該処分若しくは裁決の存否又はその効力の有無を前提とする現在の法律関係に関する訴えによって目的を達することができないもの」という更に厳格な要件を満たしていなければならない、ということになる。通説・判例は二元説に立って、いわゆる「**予防的無効確認訴訟**」を認めるのである。

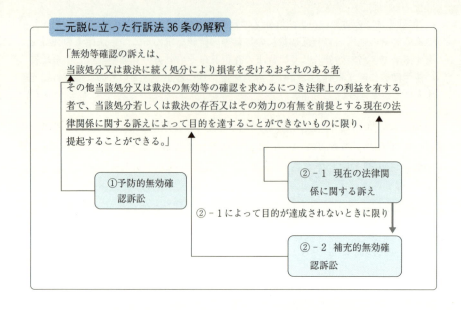

● 第 3 款 ● 無効の行政行為をめぐる訴訟形態

以上述べたように、無効の行政行為をめぐる訴訟形態としては**予防的無効確認訴訟、現在の法律関係に関する訴え（民事訴訟・当事者訴訟）、補充的無効確認訴訟**の 3 つが考えられる。以下、分説する。

1 予防的無効確認訴訟

予防的確認訴訟に関する最高裁判例としては、次のようなものがある。

> **CASE** 最(三小)判昭和 51 年 4 月 27 日民集 30 巻 3 号 384 頁（課税処分）

「納税者が、課税処分を受け、当該課税処分にかかる税金をいまだ納付していないため滞納処分を受けるおそれがある場合において、右課税処分の無効を主張してこれを争おうとするときは、納税者は、行政事件訴訟法 36 条により、右課税処分の無効確認を求める訴えを提起することができるものと解するのが、相当である（最高裁昭和 42 年(行ツ)第 57 号同 48 年 4 月 26 日第一小法廷判決・民集 27 巻 3 号 629 頁参照。なお、最高裁昭和 40 年(行ツ)第 106 号同 42 年 5 月 26 日第二小法廷判決・訟務月報 13 巻 8 号 990 頁は、確定申告にかかる所得税額等を減額した更正処分の無効確認を求める訴えを『行政事件訴訟法 36 条が無効等確認の訴えの提起を許した場合に該当しない』との理由で不適法としているが、右のような減額更正処分については、被処分者はその無効確認を求める法律上の利益を有せず、その理由において右更正処分の無効確認を求める訴えは不適法たるを免れない

第 8 節　抗告訴訟③

（同条参照）のであって、右判決理由もその趣旨を判示したにとどまるものと解されるのである。されば、当裁判所の前示判断は、右判決に牴触するものではない）。」

> **CASE**　最（三小）判昭和 60 年 12 月 17 日民集 39 巻 8 号 1821 頁
> （土地区画整理事業計画）

　「土地区画整理法（以下「法」という。）14 条 1 項、21 条 1 項（なお、法 136 条の 2 第 1 項、法施行令 77 条、地方自治法施行令 174 条の 39 第 1 項参照）による土地区画整理組合の設立の認可は、単に設立認可申請に係る組合の事業計画を確定させる（法 20 条、21 条 3 項）だけのものではなく、その組合の事業施行地区内の宅地について所有権又は借地権を有する者をすべて強制的にその組合員とする公法上の法人たる土地区画整理組合を成立せしめ（法 21 条 4 項、22 条、25 条 1 項）、これに土地区画整理事業を施行する権限を付与する効力を有するものである（法 3 条 2 項、14 条 2 項）から、抗告訴訟の対象となる行政処分であると解するのが相当である。

　そして、組合設立の認可により土地区画整理組合が成立すると、組合の設立に関する費用は組合の負担となり（法 24 条）、また、組合の業務は組合役員たる理事によって執行され（法 28 条）、組合の定款や事業計画の変更を始め賦課金の額及び賦課徴収方法、換地計画、仮換地の指定等事業の施行に係る重要な事項についてはすべて総会の議決を経なければならないものとされている（法 31 条）ところ、組合員は、組合役員及び総代の選挙権、被選挙権及びその解任請求権（法 27 条 3 項、7 項、37 条 1 項、4 項）、総会及びその部会の招集請求権（法 32 条 3 項、35 条 3 項）、総会及びその部会における議決権（法 34 条 1 項、35 条 3 項）、組合の事業又は会計の状況の検査の請求権（法 125 条 2 項）、総会、その部会及び総代会における議決等の取消の請求権（同条 8 項）等の権利を有するとともに、組合の事業経費を分担する義務を負うものである（法 40 条）から、土地区画整理組合の成立に伴い法律上当然に右のような組合員たる地位を取得せしめられることとなる事業施行地区内の宅地の所有権者又は借地権者は、当該組合の設立認可処分の効力を争うにつき法律上の利益を有すると解するのが相当である。

　そして、上告人が被上告組合の事業施行地区内の宅地について所有権を有し、同組合の組合員とされている者であるところ、上告人は、被上告組合の不成立を主張して、同組合の事業施行に伴う仮換地指定処分、換地処分等一切の処分が上告人に対してされることを否定しようとしている者であることは記録上明らかであるから、上告人は被上告人大阪市長がした本件被上告組合の設立認可処分（以下「本件認可処分」という。）の無効確認を求める訴えにつき原告適格を有するというべきである。

　してみれば、本件認可処分の無効確認を求める訴えを不適法であるとして却下した第一審判決及びこれを支持した原判決は、いずれも法律の解釈を誤ったものといわざるを得ない。原判決の引用する当裁判所昭和 37 年（オ）第 122 号同 41 年 2 月 23 日大法廷判決（民集 20 巻 2 号 271 頁──著者注：処分性のところで取り上げた「青写真」判決＝第 1 章第 3 節第 2 款【3】6 参照 ［→ 47]）は、

─ 199 ─

> 都道府県知事の施行する土地区画整理事業の事業計画の決定に関するものであり、土地区画整理組合の設立の認可が単に当該組合の事業組合を確定させるにとどまるものでないことは前述のとおりであるから、本件とは事案を異にするというべきである。」

2 現在の法律関係に関する訴え

前述（第1款【2】3 [→154]）のように、無効の行政行為の場合、取消機関以外の国家機関（裁判所）は、無効を有権的に認定することができる。したがって、無効を前提とする「現在の法律関係に関する訴え」によって目的が達せられるときは、（無効確認訴訟を提起するまでもなく）それによって紛争を解決することになる。

(1) **民事訴訟（争点訴訟）**　第1は、**民事訴訟**で直接争う途がある。例えば、Xの土地について農地買収処分（農地法7①）が行われ、その土地につきYに対して売払い（同46①）がなされた場合である（判例などに出てくるかつての旧農地法では農地買収処分〔旧農地法44、50①〕と売渡処分〔同61、67〕が対応する）。もし農地買収処分が違法である場合、Xはいかなる訴訟手段でYに対して土地の所有権を主張することができるか。

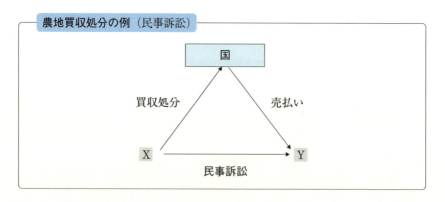

もし農地買収処分が無効の行政行為ではなく、通常の取り消しうべき行政行為であったならば、まずXは、農地買収処分につき取消訴訟を起こし、取消判決を得たうえで、Yに対して所有権に基づく民事訴訟を起こさなければならない。これに対し、農地買収処分が無効であった場合、XはYに対して直ちに民事訴訟を提起することができる。しかし、その際処分の無効が先決問題として問題になるのであるから、行訴法45条1項にいう「私法上の法律関係に関する訴訟におい

第8節　抗告訴訟③

て、処分……の存否又はその効力の有無が争われている場合」にあたる。このような民事訴訟を、特に争点訴訟という。この場合、行政庁の訴訟参加 (行訴23)や出訴の通知 (同39) 等、行訴法の一定の規定が準用されることになる (同45)。

(2)　公法上の当事者訴訟　　ついで訴訟物が公法上の法律関係である場合、例 163
えば公務員の身分確認訴訟や俸給請求訴訟などの場合、公法上の当事者訴訟で争われることになる (行訴4後段「公法上の法律関係に関する訴訟」)。詳しくは後に述べるが (第14節 [→212~])、行政庁の訴訟参加が認められる。もっとも実際の審理は、民事訴訟とほとんど変わらないといわれている。

3　(補充的) 無効確認訴訟　　164

無効を前提とする現在の法律関係に関する訴えとして民事訴訟 (争点訴訟) や公法上の当事者訴訟を救済手段として用いることができない場合 (例・営業不許可処分など申請に対する拒否処分)、無効確認訴訟によって争うことになる。

ただし、そこにいう「目的を達することができない場合」とは具体的に何か、については議論の余地がある。まず、現在の法律関係に関する訴えの可能性があればよいのであって、勝訴の見込みがあるかないかは関係ない、とする最高裁判例がある (最(二小)判昭和45年11月6日民集24巻12号1721頁)。

さらに、「現在の法律関係に関する訴えにより目的を達すること」ができるか否かについては、形式的に「現在の法律関係に関する訴え」に還元できるか否かを問う (法律関係還元説) のではなく、紛争の実態や紛争解決方法としての妥当性や直截性に着目した「目的」に照らして判断すべきという考え方 (目的達成不能説ないし直截・適切基準説——宇賀・Ⅱ315頁以下) を基礎にした最高裁判例がある。まず、訴えの目的に照らして無効確認訴訟が直截的で適切な争訟手段であるとした判例として次のものがある。

> **CASE**　最(二小)判昭和62年4月17日民集41巻3号286頁 (土地改良事業)
>
> 「記録によると、本件訴えは、土地改良事業の施行に伴い被上告人土地改良区がその施行に係る地域内にある上告人の所有地について土地改良法 (以下「法」という。) 54条に基づいて換地処分をしたのに対し、上告人が右換地処分はいわゆる照応の原則 (法53条1項2号参照) に違反し無効であるなどと主張して同処分の無効確認を請求したものである。
> ……(中略)……土地改良事業の施行に伴い土地改良区から換地処分を受けた者が、右換地処分は照応の原則に違反し無効であると主張してこれを争おうとするときは、行政事件訴訟法36条により右換地処分の無効確認を求める訴

— 201 —

第Ⅰ部　行政争訟法　第1章　行政訴訟法

えを提起することができるものと解するのが相当である。けだし、法54条に基づく換地処分は、土地改良事業の性質上必要があるときに当該土地改良事業の施行に係る地域につき換地計画を定めて行われるものであり、右施行地域内の土地所有者等多数の権利者に対して行われる換地処分は通常相互に連鎖し関連し合っているとみられるのであるから、このような換地処分の効力をめぐる紛争を私人間の法律関係に関する個別の訴えによって解決しなければならないとするのは右処分の性質に照らして必ずしも適当とはいい難く、また、換地処分を受けた者が照応の原則に違反することを主張してこれを争う場合には、自己に対してより有利な換地が交付されるべきことを主張していることにほかならないのであって、換地処分がされる前の従前の土地に関する所有権等の権利の保全確保を目的とするものではないのであるから、このような紛争の実態にかんがみると、当該換地処分の無効を前提とする従前の土地の所有権確認訴訟等の現在の法律関係に関する訴えは右紛争を解決するための争訟形態として適切なものとはいえず、むしろ当該換地処分の無効確認を求める訴えのほうがより直截的で適切な争訟形態というべきであり、結局、右のような場合には、当該換地処分の無効を前提とする現在の法律関係に関する訴えによってはその目的を達することができないものとして、行政事件訴訟法36条所定の無効確認の訴えの原告適格を肯認すべき場合に当たると解されるからである。」

　この事件において原告は、土地改良事業（すなわち換地処分）そのものに反対しているというよりも、換地処分において配分される換地が、従前（換地前）の土地に照応しないという点を主張しているのである。そうすると、原告の訴えの目的は、換地処分をやり直すということにあるのであって、従前の土地を取り戻すということにあるのではないことは明らかである。そして、照応の原則違反を理由に換地処分の無効確認訴訟に勝訴すると、換地処分の効力は否定されることになるが、仮に処分庁である土地改良区が換地処分を再度行うとなると、照応の原則適合性を考慮して行うことになろう。この場合において無効確認訴訟が認められたのは、かかる訴えの目的を考慮した結果である。

　さらに、原子炉施設設置許可処分の無効確認訴訟と当該施設の差止めを求める民事訴訟の両方を併せて提起できるかが問題となった判例として次のものがある。

CASE　最(三小)判平成4年9月22日民集46巻6号1090頁
（原子炉設置許可処分）

　「行政事件訴訟法36条によれば、処分の無効確認の訴えは、当該処分に続く処分により損害を受けるおそれのある者その他当該処分の無効確認を求めるにつき法律上の利益を有する者で、当該処分の効力の有無を前提とする現在の法律関係に関する訴えによって目的を達することができないものに限り、

第8節　抗告訴訟③

提起することができると定められている。処分の無効確認訴訟を提起し得るための要件の1つである、右の当該処分の効力の有無を前提とする現在の法律関係に関する訴えによって目的を達することができない場合とは、当該処分に基づいて生ずる法律関係に関し、処分の無効を前提とする当事者訴訟又は民事訴訟によっては、その処分のため被っている不利益を排除することができない場合はもとより、当該処分に起因する紛争を解決するための争訟形態として、当該処分の無効を前提とする当事者訴訟又は民事訴訟との比較において、当該処分の無効確認を求める訴えのほうがより直截的で適切な争訟形態であるとみるべき場合をも意味するものと解するのが相当である（最高裁昭和39年(行ツ)第95号同45年11月6日第二小法廷判決・民集24巻12号1721頁、最高裁昭和57年(行ツ)第97号同62年4月17日第二小法廷判決・民集41巻3号286頁参照）。

　本件についてこれをみるのに、被上告人らは原子炉施設の設置者である動力炉・核燃料開発事業団に対し、人格権等に基づき本件原子炉の建設ないし運転の差止めを求める民事訴訟を提起しているが、右民事訴訟は、行政事件訴訟法36条にいう当該処分の効力の有無を前提とする現在の法律関係に関する訴えに該当するものとみることはできず、また、本件無効確認訴訟と比較して、本件設置許可処分に起因する本件紛争を解決するための争訟形態としてより直截的で適切なものであるともいえないから、被上告人らにおいて右民事訴訟の提起が可能であって現にこれを提起していることは、本件無効確認訴訟が同条所定の前記要件を欠くことの根拠とはなり得ない。また、他に本件無効確認訴訟が右要件を欠くものと解すべき事情もうかがわれない。これと同旨の原審の判断は、正当として是認することができ、原判決に所論の違法はない。論旨は、採用することができない。」

　ここでは、人格権等に基づく民事差止訴訟はそもそも設置許可処分の無効を前提とした訴えではないという形式的な理由に加えて、争訟形態としてもより直截的で適切なものとはいえないことが挙げられている。

🔵 第4款 🔵 手続上の諸問題

　無効等確認訴訟については次の点が注意されるべきである（行訴38条の準用規定を照らし合わせて参照のこと）。

　(ｱ)　不服申立前置（行訴8）や事情判決（行訴31）の規定は準用されない。

　(ｲ)　被告適格、管轄等については取消訴訟と同様である。

　(ｳ)　執行停止に関する規定は準用される。

　(ｴ)　違法事由の主張制限に関する行訴法10条2項の規定が準用される。その他、立証責任については、当該処分の無効原因は、原則として原告の側が主張す

第Ⅰ部　行政争訟法　第1章　行政訴訟法

べきである、とするのが判例である（最（二小）判昭和42年4月7日民集21巻3号572頁）。

> **CASE**　最（一小）判昭和44年2月6日税務訴訟資料65号7頁
>
> 「……課税庁による経費等の否認があり、その否認が違法である場合に、それを理由とした更正処分に瑕疵があることになるのであるが、その瑕疵が更正処分を当然無効ならしめるには、それが重大かつ明白なものでなければならない。そして、その瑕疵の明白とは、処分の外形上客観的に処分庁の誤認が一見看取できる程度のものでなければならず、またそのような処分の無効原因は、無効を主張する者において具体的事実に基づいて主張すべきであることは、論旨引用の当裁判所の裁判例によって明らかである。」

　(ｵ)　無効等確認判決の効力については、**拘束力**に関する行訴法33条の規定は準用されるが（基本的に取消判決の拘束力と同じことが妥当する――第6節第3款 [→143～]）、**第三者効力に関する32条1項の準用は38条で排除されている**。確認判決にはそもそも第三者効力は、理論上認められないとの理由からであるとされているが、この点については強い批判がある。さらに、無効確認訴訟について明文の規定を置いていなかった旧特例法の下において最高裁判例は無効確認判決に第三者効力を認めていたことは注目される。

> **CASE**　最（三小）判昭和42年3月14日民集21巻2号312頁
>
> 「……行政処分無効確認訴訟については、〔行政事件訴訟〕特例法になんらの規定がないのであるが、無効な行政処分によって権利を侵害されたと主張する者は、現在の法律関係に関する訴の前提問題として行政処分の無効を主張しうるにとどまらず、直接、行政処分無効確認の訴を提起しうることが判例上肯認されてきたのである。その実質的理由は、期間の徒過等により行政上の不服申立ならびに行政処分取消の訴の提起が許されなくなったような場合であっても、当該行政処分に重大かつ明白な瑕疵があるときは、行政処分無効確認の訴を提起することによって、行政処分取消の訴を提起した場合と同様の救済を与えようとする趣旨であるから、右行政処分無効確認判決の効力は、行政処分取消判決の効力と同様に、訴訟の当事者のみならず、第三者に対する関係においても、画一的に生ずるものと解しなければならない。もし、行政処分無効確認判決の効力が第三者に及ばないと解すべきものとすれば、特例法のもとで行政処分取消の訴の一変形として肯認されてきた行政処分無効確認の訴は、著しくその機能を損ずることになるのであって、この意味においても、行政処分無効確認判決は、第三者に対しても、その効力を有するものと解するのが相当である。」

― 204 ―

第9節 抗告訴訟④

　この判決は特例法の下での事件について、行訴法改正後に下されたものであるが、無効確認訴訟を取消訴訟に準じるものとして位置づけている。この点については、今後、立法的解決が必要であろう。

第9節 抗告訴訟 ④ ──不作為違法確認訴訟

● 第1款 ● 行政処分の発動及び差止めを求める訴訟類型について
(不作為違法確認、義務付け、差止めの各訴訟についての序説)

1　処分がなされる前の司法審査

　これまで説明した取消訴訟と無効(等)確認訴訟は、ともにその瑕疵の程度はともかく、行政庁がいったん何らかの処分を行ったことを受けて、その取消しや無効等の確認を行うことにより、私人の権利救済と行政活動の違法性の解消を図ることを目的とするものであった。

　ところが、行政処分をめぐる紛争においては、取消しという消極的な措置だけでは足りず、さらに一歩踏み込んで、**行政庁に対して、何らかの処分を行うよう《仕向ける》ことが必要な場合がある**。また、行政庁が一定の処分を行う可能性がある場合、将来行われようとしている当該処分を差し止めることが必要な場合もありうるであろう。この場合も、**行政庁に対して処分を行わないよう《仕向ける》必要がある**。しかし、こういった場合に共通しているのは、未だその段階では、**公権力の行使をするかしないかについて、行政庁が（第一次的な）判断を行っていない点である**。

　このような《処分＝行政庁の第一次的な判断》が未だなされていない段階においても、裁判所による何らかの権利救済が必要な場合があることは明らかであるが、このような場合、裁判所はどのような形で司法審査を行い、行政過程に介入することが許されるかが問題となる。これは、**行政権（行政機関）と司法権（裁判所）との間の権限分配（三権分立）の問題**や、**裁判所自体の権限にかかわる「法律上の争訟」概念**にも関係している。

　すなわちこの点については、行政訴訟が司法権の一部とされた現行憲法の下において長らく、**「行政権の第一次的判断権の尊重」という考え方が存在してきた**。この考え方は、**権力的行政活動においては、行政活動を行うための法定要件が満たされているかどうかの具体的な判断は、第一次的には必ず行政庁がこれを行い、裁判所は常に後行的審査のみを行う**、というものである。このような考え方につ

第Ⅰ部　行政争訟法　第1章　行政訴訟法

いて、憲法（日本国憲法）上確たる根拠を見出すことはできないが、① 仮に羈束行為であるといっても、事実の認定・法律の解釈等は、現実には、認定する者や解釈をする者が誰であるかによって違ってくることはありうるのであって、行政権と司法権との関係を考える際にもそのことを考慮する必要があること、② 行政法の分野では、事実の認定についても法律の解釈についても、行政機関は司法機関に比べてより適切か、少なくとも同等程度に適切な判断を行いうる能力をもっている、③ 行政機関が第一次判断を下す以前に司法機関が法定要件の有無について判断することは、現行憲法下における権限分配法則に違背するという、少なくとも疑いがある、といった基本的な認識が前提となっていると指摘されている（藤田・総論 390 頁）。

　このような「行政権の第一次的判断権の尊重」の考え方からすれば、公権力の行使に関する不服の訴訟である抗告訴訟の中心となるのは、一旦なされた行政庁の処分の取消し（ないし無効確認）ということになるのは当然のことである。したがって、「行政庁の第一次的判断の尊重」と「取消訴訟中心的な抗告訴訟観」は、表裏一体の関係にあるともいえる（第 2 節第 2 款 2 ［→ 31]）。またその結果、処分が未だなされていない段階での裁判統制には、謙抑的な態度をとらざるを得ないことになる。現に行訴法制定当初、抗告訴訟として明文化された訴訟類型のうち事前の裁判統制を認めるものは、申請に対する処分に関する不作為違法確認訴訟（第 9 節 ［→ 168 ～]）のみで、義務付け訴訟（第 10 節 ［→ 173 ～]）や差止訴訟（第 11 節 ［→ 194 ～]）は、その可能性一般については必ずしも否定されてはいなかったが（もっとも初期の下級審裁判例で、これらの訴訟は、三権分立に反するものとして不適法であるとするものも存在した）、明文の規定は置かれておらず、ほとんど裁判実務上も活用されていなかった。もちろん、裁判所を行政機関に対する一般的な監督機関とすることは、三権分立の観点から問題であるが、処分の前段階での権利救済の重要性に鑑みて、抗告訴訟制度のあり方（とりわけ義務付け訴訟の活用）については、平成 16 年の行政法改正前においても議論はあったところである。

　また以上のような国家組織法的な論拠のほかに、司法権の限界との関係で、行政主体（ないし行政機関）と私人との間の具体的な法律関係は、行政処分によって初めて形成されるのであって、それがなされない段階においては、「法律上の争訟」の要素である紛争の成熟性の観点からも、司法権の発動には問題があるという指摘もある（小早川光郎「行政権の第一次的判断・覚え書き」『法治国家と行政訴訟』〔2004 年〕217 頁以下）。

－ 206 －

このように抗告訴訟の制度設計には、「行政庁の第一次的判断権の尊重」(行政権と司法権との関係) と「具体的事件性・争訟性」ないし「紛争の成熟性」(司法権の内在的限界) が関係する。そして、平成16年改正における義務付け訴訟 (特に直接型義務付け訴訟)、差止訴訟の新設は、それまでの「取消訴訟中心主義」を相対化するものであることは既に述べた通りであるが、それらの2つの訴訟類型についても、とりわけ訴訟要件をどのように規定するかをめぐって、これらの基本的な考え方との関係が問題となるところである。この点については、後にそれぞれの訴訟類型について説明する際に触れる (→ [185〜] [196])。

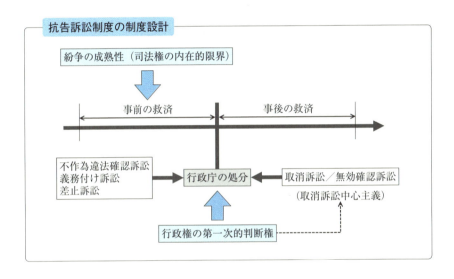

2 行政処分の発動及び差止めを求める訴訟類型

このような問題との関係で論じられるのが、《行政処分の発動及び差止めを求める訴訟類型》であって、これから第9節から第11節において説明する、不作為違法確認訴訟、義務付け訴訟、差止訴訟がこれにあたる。予めこれを整理すると次の通りになる。

行政処分の発動及び差止めを求める訴訟類型

① 申請に対する処分の場合

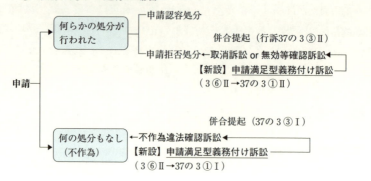

② 規制権限の発動を求める場合

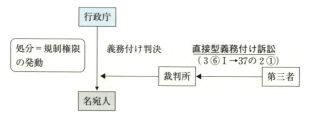

③ 自己の利益になる処分の発動を求める場合（申請に対する処分を除く）

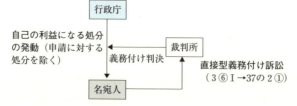

④ 処分の差止め

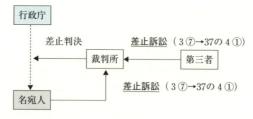

第9節　抗告訴訟④

● 第2款 ● 不作為違法確認訴訟の内容

1　規定の内容

不作為違法確認訴訟とは、「行政庁が法令に基づく申請に対し、相当の期間内に何らかの処分又は裁決をすべきであるにかかわらず、これをしないことについての違法の確認を求める訴訟」をいう (行訴3⑤)。すなわち、不作為違法確認訴訟は、《申請の握り潰し防止》のための訴訟であるといえる。ここで注意したいのは、この不作為違法確認訴訟は、行政庁の不作為一般についての訴訟ではなく、あくまで《申請に対して行われるべき何らかの処分》の不作為に関する訴訟であって、法令に基づく申請を前提としない規制権限の不作為に対する救済は、ここでは問題にならない (この点は、初歩的な誤解としてよくみられるので、注意が必要である)。

例えば、建築基準法6条に基づいて建築主事に対して建築確認を申請した場合をとって考えてみよう。この場合、建築主事は申請に対して、同原則として35日以内に確認するかしないかについて通知しなければならないということになっている (同法6④)。もっとも、かかる建築主事の義務は、いかなる例外も許さない絶対的な義務であるとまでは解されておらず (最(三小)判昭和60年7月16日民集39巻5号989頁)、場合によっては行政指導などの理由により、この期限を過ぎても処分がなされないということはありうる。しかしそれにも一定の限界があるのであって、そういった限界を越えた場合に、建築確認を行うか拒否するかについて何の応答もしないのは違法であることの確認を求める訴訟、これが不作為違法確認訴訟ということになる。したがって、この訴訟に対する請求認容判決は、当該不作為の違法を確認する、という判決になる。すなわちそれ以上に、建築確認をせよと義務づけることを求める訴訟 (申請型義務付け訴訟) などは、不作為違法確認訴訟と別物であるということになる。

2　申請権の内容とその保護

不作為違法確認訴訟は、「行政庁が法令に基づく申請に対し、相当の期間内に何らかの処分又は裁決をすべき」であることが前提となっている。すなわち、申請に対する処分において私人である申請者の側は、「申請権」という権利を有するのに対し、行政庁の側は、それに対応して「何らかの処分又は裁決をすべき」義務 (応答義務) を負うことになる。

そして「申請権」の具体的内容としては、少なくとも、申請に対して① 適正

— 209 —

な審査を行い、②それを前提に「何らかの処分」を行うこと（すなわち申請に対して応答すること）を求めることが挙げられる。その意味で、「申請権」は、処分に至るまでの手続にかかわる権利、すなわち手続法上の権利であるということができる。不作為違法確認訴訟は、このような**申請権を保護することを目的とする**ものである。

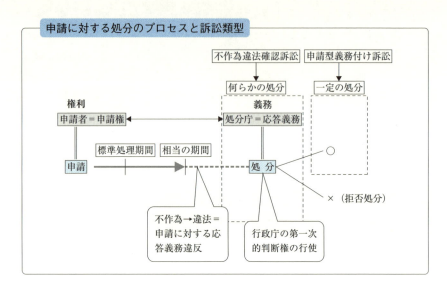

● **第3款** ● **訴訟要件・本案勝訴要件**

1 訴訟要件

(1) 不作為違法確認訴訟が適法な訴えとなるためには、法令に基づく申請権が存在することを前提にして、**申請者において法令に基づく申請がなされていること**を要する。しかしそれ以上に、**なされた当該申請が適法なものであったか否かは関係がないと解される**。というのも、申請は、それがその事務所に到達したときは、遅滞なく当該申請の審査を開始しなければならず、法令に定められた申請の形式上の要件に適合しないものであっても、申請者に対して「相当の期間を定めて当該申請の補正を求め、又は当該申請により求められた許認可等を拒否しなければならない」（行手7）のであるから、そのような対応を取らない限り、不作為の状態にあるといえ、「相当の期間」を経過した場合、その不作為は違法となるからである。

(2) **原告適格については、現に申請をした者に限られる**（行訴37）。したがって、

第9節　抗告訴訟④

申請者以外の第三者の原告適格は、そもそも問題とならない。

2　本案勝訴要件──相当の期間の経過

　前述のように、申請がその事務所に到達したときは、遅滞なく当該申請の審査を開始しなければならないわけであるが（行手7）、審査には一定の時間がかかる。したがって、**不作為が違法となる「相当の期間」（行訴3⑤）とはどの程度の期間**かが問題となる。この点につき、判例は、「そこにいう相当の期間の経過の有無は、その処分をなすに通常必要とする期間を基準として判断し、通常の所要期間を経過した場合には原則として被告の不作為は違法となり、ただ右期間を経過したことを正当とするような特段の事情がある場合には違法たることを免れるものと解するのが相当である」としている（東京地判昭和39年11月4日判例時報389号3頁）[36]。行政手続法は、行政庁に対して標準処理期間の設定・公表を努力義務としているが（行手6）、それを経過しても当然に違法となるわけではない。しかし、具体的事案において「相当の期間」＝「通常必要とする期間」を認定する際の一つの手がかりにはなろう。

　問題は、「通常必要とする期間」の経過を正当とするような「特段の事情」とはどのような場合かであるが、実際に問題になるのは、許認可など申請に対する処分を留保して行政指導を行っている場合などである。

> **発展**　**行政指導の限界と不作為の違法性**
>
> 　行政指導は、相手方の任意の服従が前提であり（行手32）、その限界について最高裁判例は、建築確認を留保して行政指導を継続した事件において、申請者（建築主）が、「建築主事に対し、確認処分を留保されたままでの行政指導にはもはや協力できないとの意思を真摯かつ明確に表明し、当該確認申請に対し直ちに応答すべきことを求めているものと認められるとき」は、特段の事情がない限り、当該行政指導の継続は違法であるとしている（最(三小)判昭和60年7月16日民集39巻5号989頁〔品川マンション事件〕）。もっともこの判例は、国家賠償請求訴訟についてのものであり、不作為違法確認訴訟は、「違法な不作為状態を解消し、最終的な救済に向けて中間的な解決を図るための訴訟であり、その性質上迅速な解決が要求されるのであるから、その争点は、法令に基づく申請の有無と、相当期間の経過の点に絞られるというべきであって、右相当期間の経過につき、それを正当とする事情の存否が問題になる場合があり、その中には行政指導の継続を理由とする場合が含まれるとしても、それは申請者が行政指

---

(36)　法令によっては、みなし処分規定をおく場合もある。例えば、生活保護法24条4項は、「保護の申請をしてから30日以内に第1項の通知〔＝保護の開始の通知〕がないときは、申請者は、保護の実施機関が申請を却下したものとみなすことができる。」と規定する。

導に従う意思を示していたか否か等、行政指導の必要性やそれに対する申請者の対応等に立ち入るまでもなく、容易に判断が可能な事柄に限られるというべきである」とするものがある（仙台地判平成10年1月27日判例時報1676号43頁）。不作為違法確認訴訟における違法性と国家賠償法1条の違法性の異同については議論があるが（第2部第1章第2節第5款【5】4［→307］——最（二小）判平成3年4月26日民集45巻4号653頁〔水俣病認定遅延訴訟〕）、不作為違法確認訴訟は、何らかの処分を速やかにさせるということを目的とするのに対して、国家賠償請求訴訟は、通常、何らかの処分がなされて不作為状態が解消した後に（例えば、最終的に申請を認める処分がなされたけれども遅延損害の賠償を求める場合）、諸々の事実の経過や事情を総合的に認定・評価して違法性を判断するのが普通であるから、審査密度の違いなどが両者にあるとしても、それはあながち不合理ではないとおもわれる。

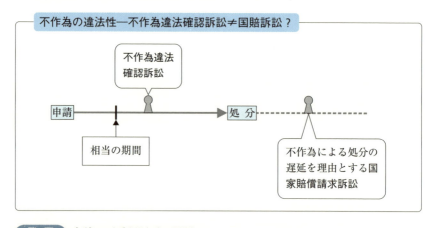

発展　申請の不受理返戻の問題

　従来から実務上よくみられた取扱いとして、いわゆる不受理・返戻、すなわち申請者が申請書を提出したにもかかわらず、申請書を不受理としてこれを申請者に返す（返戻する）というものがある。行政手続法上は、申請はその事務所に到達した時点で、行政庁に審査を開始する義務が生ずる（行手7）。もっとも、申請が到達した以降においても、申請の取下げを勧める行政指導を行うことは、任意性を妨げない程度において許される（行手33）。しかしながら、取下げを勧めるのではなく、申請書そのものを返戻することは、行政手続法7条に違反すると解される。同条の趣旨は、そのような申請の受理という概念を否定したもの（すなわち、行政庁の判断を介在することなく、申請が事務所に到達したという事実のみで行政庁は審査を開始しなければならないということ）であるとされる。従って、仮に申請が法令上の形式要件に適合しないものであった場合は、補正を命じるか拒否処分を行なわなければならないのであって（行手7）、いずれにしても申請を放置したり、返戻することは許されない。

第 10 節　抗告訴訟⑤

　仮に申請の返戻が行なわれた場合、どのような救済手段が可能かであるが、不受理・返戻が行政手続法違反である以上、これを拒否処分とみなすことは妥当ではない。そうすると考えられるのは、不作為違法確認訴訟である。確かに不作為違法確認訴訟は、「……申請に対し、相当の期間内に何らかの処分……をすべきであるにかかわらず、これをしないこと」の違法確認を求めるものであって、不受理返戻のようにそもそも審査そのものが開始されていない場合を想定していないかのようにみえる。しかしだからといって、他に何らかの争訟手段を探すというのは迂遠であり、不受理返戻も広い意味での申請に対する不作為と捉え、不作為違法確認訴訟によるべきであろう（病院開設許可申請にかかる富山地判平成 13 年 5 月 9 日判例地方自治 231 号 73 頁の事案参照）。

● 第 4 款 ● 手続上の諸問題

172

　(ｱ)　被告適格等、行訴法 38 条 1 項に列挙されている規定は、不作為違法確認訴訟についても準用される。認容判決がなされた場合は、当該不作為は違法であることが確認されたことになるが、ここにいう違法とは、申請権に対応する行政庁の応答義務違反であるから、**判決の拘束力**（行訴 33 の準用）**により行政庁は速やかに何らかの応答＝処分**（申請を認める処分か拒否処分かは問わない）**をしなければならない**。そしてこの場合、申請拒否処分がなされたときは、その処分について処分取消訴訟ないし無効確認訴訟、さらには申請型義務付け訴訟（行訴 3 ⑥ Ⅱ、37 の 3 [→173 ～]）を提起することになる。

　(ｲ)　不作為違法確認訴訟は、申請に対する不応答（不作為）の状態を解消し、何らかの処分を行うように促すものであるから、違法判断の基準時は、判決時（口頭弁論終結時）であると解される。また、訴訟係属中に何らかの処分がなされた場合、訴えの利益は消滅する。

第10節　抗告訴訟 ⑤ ——義務付け訴訟

● 第 1 款 ● 序　説

1　行訴法改正以前の状況

173

　平成 16 年の行訴法改正前において義務付け訴訟は、いわゆる法定外（無名）抗告訴訟として位置づけられ、これを三権分立に反するものとして不適法とする学説・判例も一部に存在したものの、多くの学説・判例は、訴えそのものは一定の

— 213 —

第Ⅰ部　行政争訟法　第1章　行政訴訟法

要件の下、適法であるとしていた。しかしながら、それも行政庁の第一次的判断権の尊重に基づく取消訴訟中心主義の考え方から、訴訟要件が厳格に解され、裁判例においても、① 行政庁が当該行政処分をなすべきこと又はなすべからざることについて法律上覊束されており、行政庁に自由裁量の余地が全く残されていないために第一次的な判断権を行政庁に留保することが必ずしも重要でないと認められること（一義的明白性ないし明白性）、② 事前審査を認めないことによる損害が大きく、事前の救済の必要が顕著であること（緊急性）、③ 他に適切な救済方法がないこと（補充性）、という3つの要件を満たした場合、「行政庁の第一次的判断権の例外」として義務付け訴訟や義務確認訴訟を認めるとされていた（東京地判平成13年12月4日判例時報1791号3頁〔国立マンション除却命令事件判決〕）。

　このように行訴法改正前において、義務付け訴訟は、法定外（無名）抗告訴訟として位置づけられてはいたものの、その訴訟要件や本案勝訴要件について行訴法上明文の規定がないため、ほとんど認容例もなく、活用されなかった。義務付け訴訟の法的性格については議論の余地があるが、これを行訴法において訴訟類型として明文化し、その要件や手続を明らかにしたことは、裁判実務上の運用を容易にし、活用の活性化をめざすものであった。

174　　2　義務付け訴訟の2類型

　行訴法3条6項は、義務付け訴訟について、次の2種類があることを規定する。

　　「この法律において『義務付けの訴え』とは、次に掲げる場合において、行政庁がその処分又は裁決をすべき旨を命ずることを求める訴訟をいう。
　　一　行政庁が一定の処分をすべきであるにかかわらずこれがされないとき（次号に掲げる場合を除く。）。
　　二　行政庁に対し一定の処分又は裁決を求める旨の法令に基づく申請又は審査請求がされた場合において、当該行政庁がその処分又は裁決をすべきであるにかかわらずこれがされないとき。」

　(1)　**申請型義務付け訴訟**　　この2号の訴訟類型は、法令に基づく申請を行ったけれども、申請が満足（認容）されない場合に提起する義務付け訴訟である。これにはさらに次の2つのパターンがある（[→ 167]の図）。
　① 　**申請に対して拒否処分がなされた場合**：この場合は、拒否処分という一つの「処分」がなされたわけであるから、従来は、処分取消訴訟により当該処分を取り消して（ないしは無効確認訴訟で無効を確認して）もらって、行政庁において再度、判決の趣旨を踏まえた処分がなされるというふうにされてき

－ 214 －

た（＝拘束力・行訴33②［→146]）。

② **申請に対して何らの処分もなされない（応答がない）場合**：この場合は、従来から不作為違法確認訴訟によって違法確認判決がなされた後に何らかの処分（一定の処分の内容についての指図はない）が行われるというふうにされてきた。

このように、従来ならば取消訴訟や不作為違法確認訴訟において請求認容判決が出て、その上で申請の許否について処分庁の判断を求める、という救済のルートであったものについて、一定の場合には直接、一定の処分を義務付けるという強いコントロールを行おうというわけである。

(2) **直接型（非申請型）義務付け訴訟**　この1号の訴訟類型は、2号とは異なり、職権で行われる（申請を前提としない）処分の義務付けを求めるものである。具体的には、**第三者に対する規制・監督処分の義務付けを求める訴訟**（例えば、建築基準法に基づく違反建築物に対する是正命令の義務付け訴訟を当該建築物の周辺住民が提起する場合など）のほか、**原告を名宛人とする自己の利益になる処分（申請に基づくものではないもの）の義務付け訴訟**（例えば、出生届が受理されなかったことを理由に住民票が作成されなかった者が、住民票の作成の義務付け訴訟を提起する場合など──東京地判平成19年5月31日判例時報1981号9頁）もありうる。

(3) **義務付け訴訟の法的性格**　義務付け訴訟の法的性格については①義務付け訴訟は、実体法上の請求権に基づいて、行政庁の処分（作為）を求める給付訴訟とみる考え方（給付訴訟説）と、②行政庁に対して一定の処分を行う義務を新たに創設する形成訴訟とみる考え方（形成訴訟説）がある。この点は、行訴法において義務付け訴訟をどのような形で法定化するかという問題とも関係して議論されたところである（塩野・Ⅱ234頁以下、櫻井＝橋本・行政法329頁以下）。

第Ⅰ部 行政争訟法 第1章 行政訴訟法

● 第2款 ● 義務付け訴訟の要件

【1】 申請型義務付け訴訟（行訴3⑥Ⅱ→行訴37の3）

訴 訟 要 件	本案勝訴要件
① 法令に基づく申請→処分であること ② 原告適格＝現に申請を行った者であること（37の3②） ③ 救済の必要性（37の3①Ⅰ・Ⅱ） ④ 併合提起（37の3③） ⑤ 行政庁が一定の裁決をすべき旨を命ずることを求める場合の限定（37の3⑦）	・行訴37の3③各号に定める訴えに係る請求に理由があると認められること ・その義務付けの訴えに係る処分又は裁決につき、行政庁がその処分若しくは裁決をすべきであることがその処分若しくは裁決の根拠となる法令の規定から明らかであると認められ又は行政庁がその処分若しくは裁決をしないことがその裁量権の範囲を超え若しくはその濫用となると認められるとき（37の3⑤）

1 訴 訟 要 件

(1) **提起できる場合** 申請に対する処分にかかわる、次の場合に限られる（行訴37の3①）。

> ① 当該法令に基づく申請又は審査請求に対し相当の期間内に何らの処分又は裁決がされないこと（1号——申請不応答に対する義務付け訴訟）
> ② 当該法令に基づく申請又は審査請求を却下し又は棄却する旨の処分又は裁決がされた場合において、当該処分又は裁決が取り消されるべきものであり、又は無効若しくは不存在であること（2号——申請拒否処分に対する義務付け訴訟）

(2) **原告適格** いずれも法令に基づく申請又は審査請求をした者に限り、提起することができる（行訴37の3②）。

(3) **併合提起** 申請型義務付け訴訟で問題となるケースは、従来であれば、申請不応答（不作為）に対する義務付け訴訟（行訴3⑥Ⅰ）については不作為違法確認訴訟によって、申請拒否処分に対する義務付け訴訟（行訴3⑥Ⅱ）については取消訴訟ないし無効等確認訴訟（つまり一度なされた処分について攻撃する訴訟）によって救済が図られてきたものである。**申請型義務付け訴訟を提起するにあ**

— 216 —

たっては、これらの競合する訴訟を併合して提起しなければならない（37の3③Ⅰ・Ⅱ）。

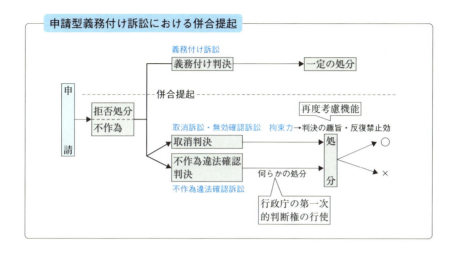

　このような併合提起が強制される理由としては、申請に対する処分における行政過程の特殊性が考えられる。すなわち、上掲の図のように、申請に対して拒否処分がなされたり、不応答（不作為）であった場合、従来の取消訴訟・無効確認訴訟や不作為違法確認訴訟が提起され、それぞれの勝訴判決がなされた場合、判決の効力により、取消判決・無効確認判決の場合は、判決の趣旨を踏まえて再度考慮しなおして改めて処分を行うことになり（行訴33①②、38①——拘束力［→146］）、不作違法確認判決の場合は、行政権の第一次判断権の行使として初めて処分を行うことになる［→169～］。これに対して、義務付け判決の場合は、そのような再度考慮や行政権の第一次的判断の余地を認めず、「一定の処分」を行うことを義務付けることになる。すなわち、**義務付け判決が、行政庁に対して「一定の処分」を行うことを義務付けるのに対して、取消判決・無効確認判決・不作為違法確認判決は、いわば問題を今一度行政のプロセスに差し戻し、その判断をまつという意味をもっている**。そのような趣旨から、併合して提起されたそれぞれの訴えに係る弁論及び裁判は、分離しないで行われるのが原則であるが（行訴37の3④）、「第4項の規定にかかわらず、裁判所は、審理の状況その他の事情を考慮して、**第3項各号に定める訴えについてのみ終局判決をすることがより迅速な争訟の解決に資すると認めるときは、当該訴えについてのみ終局判決をすることができる**。この場合において、裁判所は、当該訴えについてのみ終局判決をしたとき

は、当事者の意見を聴いて、当該訴えに係る訴訟手続が完結するまでの間、義務付けの訴えに係る訴訟手続を中止することができる」（行訴37の3⑥）と規定されている。

2 本案勝訴要件

義務付け判決がなされるのは、37条の3第3項各号に定める訴え（つまり併合提起された不作為違法確認訴訟や取消訴訟ないし無効確認訴訟）に係る請求に理由があると認められ、かつ、その義務付けの訴えに係る処分又は裁決につき、行政庁がその処分若しくは裁決をすべきであることがその処分若しくは裁決の根拠となる法令の規定から明らかであると認められ（＝羈束処分の場合：義務付けの訴えによって求められている処分が、その要件の認定、手続の選択、行為の選択等について、その処分の根拠となる法令により羈束されている場合）、又は行政庁がその処分若しくは裁決をしないことがその裁量権の範囲を超え若しくはその濫用となると認められるとき（＝裁量処分の場合）である（行訴37条の3⑤）。

3 具 体 例

事例 Xは個人タクシー事業（道路運送法上の一般旅客自動車運送事業）を営んでいたが、初乗運賃を500円から480円に値下げしようと考え、所轄運輸局長に対して道路運送法に基づく旅客の運賃及び料金の変更認可申請を行った（道路運送法9①）。これに対して運輸局長は、同処分について定めた審査基準に照らして、「他の一般旅客自動車運送事業者……との間に不当な競争を引き起こすおそれがあるものであるとき」（同法9条⑥Ⅵ）に該当するとして、申請却下処分を行った。これに対して、Xは、審査基準は法人タクシーと個人タクシーの差異を十分に考慮しておらず、基礎となった人件費の算定やXに市場支配力がほとんどないことなどの評価において裁量権の逸脱濫用があるとして、申請却下処分の取消訴訟と併せて、申請に応じた運賃等の変更認可処分の義務付け訴訟を提起した。

このような場合、取消訴訟については、申請却下処分がなされるにあたって、Xについて考慮すべき事柄を考慮しなかったなどの判断過程の過誤欠落を理由として、裁量権の逸脱濫用を認め、取消判決を下すことは可能であろう。そしてそのような理由で取消判決がなされれば、処分庁（運輸局長）としては、判決理由で示された判決の趣旨に従って、再度処分を行うことになる（判決の拘束力──行訴33②）。しかし、義務付け訴訟については、判断過程の過誤欠落という《外堀》だけではなく、裁判所としては、本当に当該申請が「不当な競争を引き起こすおそれ」があるか否かについて具体的に判断して、申請を認める処分を義務付ける

という形で《内堀》も埋めなければならないということになる。しかしそのような専門的・政策的事項に及ぶ判断を、裁判所が自らある程度行った上で義務付け判決を行うためには、さらに審理に時間を要することにならざるをえない（またもともとそのような本来、行政裁量に属する事項については裁判所の能力的な問題もあろう）。そうなるとそれ以上時間をかけて審理を行うよりも、処分庁に改めて申請について審理において判断過程の過誤欠落がさしあたり認められたのであれば、取消訴訟についてのみ取消判決という形で終局判決を行って、いわば行政庁に事案を差し戻すほうが、「迅速な争訟の解決に資する」こともある。したがって、そのような場合には、取消判決のみ行うことになる（逆に、取消訴訟についてすら棄却判決となる場合は、そもそも「当該処分……が取り消されるべきもの」（行訴37の3①Ⅱ）には当たらないため、これを訴訟要件と位置づけるならば、義務付け訴訟の訴訟要件を満たしていないとして、当該義務付け訴訟は却下となると解される）。なお同様の事例において、取消判決がなされた後の再度の処分においても申請却下処分が再度行われた場合について、改めて申請却下処分取消訴訟に義務付け訴訟を併合提起させるのではなく、当初の義務付け訴訟に再却下処分に対して提起された取消訴訟が併合提起された形で審理を進め、運賃認可処分の義務付け判決を行った裁判例がある（大阪地判平成21年9月25日判例時報2071号20頁）。

　このような義務付け判決と取消判決（無効確認判決・不作為違法確認判決）との関係は、裁判でいえば、破棄自判と原審差戻しに比するものといえる（興津征雄『違法是正と判決効』〔2010年〕227頁以下）。

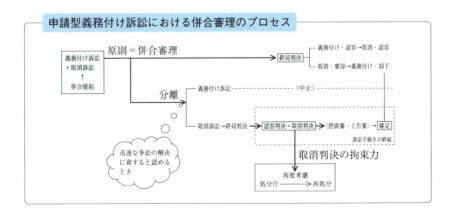

第Ⅰ部　行政争訟法　第1章　行政訴訟法

182　　**4　義務付け判決と「一定の処分」の意義**

　申請型義務付け訴訟のみならず直接型義務付け訴訟についても同様であるが、義務付け判決は、「一定の処分」をすべき旨を命ずるものである（行訴3⑥）。ここでいう「一定の処分」については、一義的に特定の処分でなければならないとは解されていない。すなわち、**一定の幅をもった内容の判決を行うことも許される**。現に、保育園の入園承諾の義務付けを求めた訴訟において、次のような一定の幅をもった認容判決を行なっている（ちなみに、義務付け判決の場合は、併合して提起された取消訴訟についての取消判決も併せてなされることになる）。

> **CASE**　東京地判平成18年10月25日判例時報1956号62頁（判決主文）
>
> 1　処分行政庁が原告Aに対して平成17年2月23日付けでした原告Bの保育園入園を承諾しない旨の処分を取り消す。
> 2　処分行政庁が原告Aに対して平成17年3月23日付けでした原告Bの保育園入園を承諾しない旨の処分を取り消す。
> 3　**処分行政庁は、原告Aに対し、原告Bにつき、C保育園、D保育園、E保育園、F保育園又はG保育園のうち、いずれかの保育園への入園を承諾せよ。**

183　　**5　現　状**

　行訴法改正による明文化により、申請型義務付け訴訟は活用される傾向にある。とりわけ、申請拒否処分については、取消訴訟のみでは仮の救済として執行停止が利用できないことが多いため［→107］、義務付け訴訟の提起と同時に、**仮の義務付けの申立てを行う**ことが有効である。

【2】　直接型（非申請型）義務付け訴訟（行訴3⑥Ⅰ→行訴37の2）

184　　**1　直接型義務付け訴訟の位置づけ**

　この類型は、申請を前提としない職権で行われる処分につき、義務付け訴訟を通じて処分の発動を求める訴訟である。法令上申請権を認められていない者に一定の処分をするように求めることを認めるのは、実体法上本来予定されていないものというべきである。したがって、それに見合っただけの救済の必要が要求されるとされている。

－ 220 －

第 10 節　抗告訴訟⑤

訴 訟 要 件	本案勝訴要件
①a．当該処分を行う権限が行政庁にあること 　b．一定の処分（3⑥Ⅰ） ② 原告適格（37の2③） ③ 救済の必要性（37の2①） 　a．損害の重大性 　b．補充性	その義務付けの訴えに係る処分又は裁決につき、行政庁がその処分若しくは裁決をすべきであることがその処分若しくは裁決の根拠となる法令の規定から明らかであると認められ又は行政庁がその処分若しくは裁決をしないことがその裁量権の範囲を超え若しくはその濫用となると認められるとき（37の2⑤）

2　訴 訟 要 件

(1)　**一定の処分（対象の特定の問題）**　　対象となる行為につき処分性があること、行政庁に当該処分の権限があることを要するのはいうまでもないが、特に問題となるのは義務付け請求の対象となる「一定の処分」とは何かである。すなわち、一方において本案審理を行うためには対象となる処分が特定されていることが必要である（例えば、およそ根拠になる法律も示さず「何々の損害を防止するために適切な処分」の義務付けを求めるといった請求では不可であろう）。また対象となる処分の特定が不十分だと、義務付け判決の後になされた処分が、原告が望んだ処分とは異なり、訴訟を行った意味がなくなることもあるのではないかといった指摘もある。しかし他方で、余りに対象の特定を厳格にすると、原告・私人のおかれた現状や能力に照らして、出訴にあたって過度の負担を課すことになりかねない。この点について判例は、義務付けの訴えが適法であるためには、義務付けを求める処分が「一定の処分」として特定されていること、すなわち、義務付けを求める処分の根拠法令の趣旨及び社会通念に照らし、当該処分が義務付けの訴えの要件を満たしているか否かについて裁判所の判断が可能な程度に特定されていることが必要であると解するのが相当であるとしている（福岡地判平成20年2月25日判例時報2122号50頁〔以下、福岡産廃事件第1審〕―この判示は、控訴審・福岡高判平成23年2月7日判例時報2122号45頁〔以下、福岡産廃事件控訴審〕でも引用されている。なお、上告審・最(三小)判平成24年7月3日は上告不受理・請求棄却）。

(2)　**原告適格**　　原告適格が認められるのは、「**行政庁が一定の処分をすべき旨を命ずることを求めるにつき法律上の利益を有する者**」である（行訴37の2③）。そしてその場合、「法律上の利益」の有無の判断については、第三者が原告となる場合につき9条2項の規定が準用される（37の2④）。このような規定から、基本的には、行訴法9条の取消訴訟の原告適格と同様、直接型義務付け訴訟につい

第Ⅰ部　行政争訟法　第1章　行政訴訟法

ても「**法律上保護された利益説**」によりつつ判断していくことになろう [→63〜]。

186　　(3)　**損害の重大性**　　そして、「**一定の処分がされないことにより重大な損害を生ずるおそれ**」とがあることが必要とされる (行訴37の2①)。そしてこの「重大な損害」が生ずるか否かを判断するにあたっては、損害の回復の困難の程度を考慮するものとし、損害の性質及び程度並びに処分の内容及び性質をも勘案するものとされる (37の2②) [→201a]。

187　　(4)　**補充性**　　さらに、「**その損害を避けるため他に適当な方法がないとき**」という形で**補充性の要件**が規定されている。この要件は、他に権利救済や権利行使の方法が法令で定まっている場合に問題となる。例えば、過大な申告をした場合に更正の請求をしないで更正処分の義務付け訴訟を提起する場合、あるいは法令において申請に対する処分と規定されているにもかかわらず、申請を行わないで処分の義務付けを求めるような場合が挙げられる。したがって、他に当事者訴訟や民事訴訟等、他の訴訟手段があるか否かはかかわらないと考えるべきである。

188　　**3　本案勝訴要件**

　提起された義務付け訴訟が、行訴法37条の2第1項、3項に規定する訴訟要件に該当するものであり、その義務付けの訴えに係る処分につき、行政庁がその処分をすべきであることがその処分の根拠となる法令の規定から明らかであると認められ (＝覊束行為)、又は行政庁がその処分をしないことがその裁量権の範囲を超え若しくはその濫用となると認められるとき (＝裁量行為) は、裁判所は、行政庁がその処分をすべき旨を命ずる判決をすることになる (37の2⑤)。

189　　**4　義務付け判決の内容**

　このように、直接型義務付け訴訟において義務づけ判決がなされる場合、裁判所が行政庁に対して「一定の処分」をなすことを命ずることになる。この点に関しては、義務付け判決の中でどの程度まで、処分の内容を特定することになるかが問題となるが、申請型義務付け訴訟の場合と同様 [→182]、一義的に明白な義務付けのみならず、**ある程度幅をもった義務付け判決もまた許される**と解されている (この点は請求段階での処分の特定の度合い [→185] ともかかわってくるであろう)。

— 222 —

第 10 節　抗告訴訟⑤

5　運用と問題点

(1)　**判　例**　　直接型義務付け訴訟については、現在のところ申請型に比して判例も少ない。その中で、最高裁まで争われ義務付け判決が確定した事例として前掲の福岡産廃事件判決 [→185] がある。この事件は、産業廃棄物処分場周辺の住民（X）が、当該処分場において所定の産業廃棄物処理基準に適合しない産業廃棄物の処分が行われ、生活環境の保全上支障が生じ、又は生ずるおそれがあるとして、福岡県（Y）を被告として、県知事が廃棄物処理法に基づき当該処分場の事業者に対して当該支障の除去等の措置を講ずべきことを命ずること（措置命令）の義務付けなどを求めて出訴したものである。第 1 審（前掲・福岡地判平成 20 年 2 月 7 日）は、「一定の処分」の特定と原告適格については肯定し、当該処分場においては、現在もなお、産業廃棄物処理基準に適合しない産業廃棄物の処分が行われた状況にあるものと認めるのが相当であり、かつ生活環境の保全上支障が生じ又は生ずるおそれがあると認められるとしながらも、原告らに重大な損害を生ずるおそれがあるとはいまだ認め難いとして、義務付けの要件を満たさない不適法な訴えとして却下した。これに対して控訴審判決は、義務付け請求を認容した。

CASE　福岡高判平成 23 年 2 月 7 日判例時報 2122 号 45 頁〔福岡産廃事件控訴審〕

　①「一定の処分」要件（対象の特定）　　前述 [→185] した福岡産廃事件第 1 審判決の一般的説示を引用したあと次のように述べる。「……本件各処分については、根拠法令のほか、処分の対象となる者及び産業廃棄物処分場が特定されており、裁判所において、産業廃棄物処理基準に適合しない産業廃棄物の処分が行われたか否か、『生活環境の保全上支障が生じ、又は生ずるおそれ』があるか否か等の点について判断することにより、Y 県知事に対して生活環境の保全上の支障の除去等のために何らかの措置をすること等を義務付けるべきか否かについて判断することが可能であるといえる。」

　②「重大な損害」要件　　「……本件処分場の地下には浸透水基準を大幅に超過した鉛を含有する水が浸透している……。本件処分場は安定型最終処分場として設置されていることから、遮断型最終処分場のような外周仕切設備……や管理型最終処分場のような遮水工等……が設けられているとは考え難く、したがって地下に浸透した鉛が地下水を汚染して本件処分場の外に流出する可能性は高い。これに加えて、X らの居住地に上水道は配備されておらず、X らは井戸水を飲料水及び生活水として利用しているというのである……。以上を総合すれば、本件処分場において産業廃棄物処理基準に適合しない産業廃棄物の処分が行われたことにより、鉛で汚染された地下水が X らを含む本件処分場の周辺住民の生命、健康に損害を生ずるおそれがあるもの

－ 223 －

と認められる。そして、生命、健康に生じる損害は、その性質上回復が著しく困難であるから、本件代執行又は本件措置命令がされないことにより『重大な損害』を生ずるおそれがあるというべきである」

(2) 訴訟の機能と運用

　この福岡産廃事件判決は、直接型義務付け訴訟の機能と運用を考える一つの素材として興味深い。既に述べたように、この判決では、「一定の処分」要件（対象の特定）において、一定の幅をもった請求を許容している。そうすると、義務付け判決もある程度幅をもった内容、換言すればその限りで行政庁に裁量（判断の余地）を残したものになるであろう。そうすると、義務付け判決自体に執行力など、判決内容の実現に関するフォローが規定されていないこととあいまって、義務付け判決を受けてなされた具体的処分が、原告のもともとの権利保護の主張に適った内容になっているか否かについては不透明な部分が残される（場合によっては原告の不満が残る）ことになろう（この点については、越智敏裕『環境行政法』〔2015年〕46頁以下参照）。

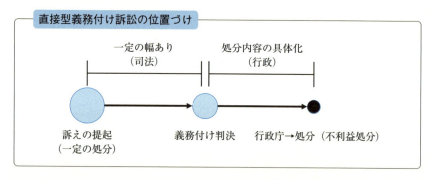

　また、義務付け訴訟においては、請求にかかる処分の相手方について、第三者の訴訟参加（行訴22、38①で準用）などの手続保障が問題となる。

● 第3款 ● 手続上の諸問題

　(ｱ)　被告適格等、行訴法38条1項に列挙されている規定は、義務付け訴訟についても準用される。

　(ｲ)　義務付け訴訟の違法性判断の基準時は、判決時（口頭弁論終結時）であると解される（塩野・Ⅱ245頁）。申請拒否処分に対する申請型義務付け訴訟の場合、

第 10 節　抗告訴訟⑤

前述のように、当該拒否処分に対する取消訴訟・無効確認訴訟を併合して提起しなければならない [→ 179]。その場合、取消訴訟について判決時説をとるとすれば、併合提起した義務付け訴訟と基準時がずれることになる（この点も含め、横田明美「義務付け訴訟の機能（1）〜（6・完）」国家学会雑誌 126 巻 9・10 号、11・12 号、127 巻 1・2 号、3・4 号、5・6 号、7・8 号〔2014 年〕参照）。

● 第 4 款 ● 仮の義務付け

1　規　定

行訴法 37 条の 5 は、義務付け訴訟および差止訴訟（第 11 節）における仮の救済である、仮の義務付け・仮の差止めについて規定している。

それによると、義務付け訴訟の提起があった場合において、その義務付け訴訟に係る処分又は裁決がなされないことにより生ずる償うことのできない損害を避けるため緊急の必要があり、かつ、本案について理由があると見えるときは、裁判所は、申立てにより、決定をもって、仮に行政庁がその処分又は裁決をすべきことを命ずることができる（行訴 37 の 5 ①）[39]。

これは、処分取消訴訟における執行停止に対応するものであって、仮の権利救済手段として位置づけられるものである。したがって、手続的に執行停止の規定に対応する形となっている。すなわち、仮の義務付けは、公共の福祉に重大な影響を及ぼすおそれがあるときはすることができないとされ（37 の 5 ③）、25 条 5 項〜 8 項（執行停止決定の手続）、26 条（事情変更による執行停止の取消）、27 条（内閣総理大臣の異議）、28 条（執行停止等の管轄裁判所）が準用されるほか、33 条 1 項（取消判決の拘束力）も準用される（37 の 5 ④、さらには⑤）。

以上の点は、次に（第 11 節第 3 款 [→ 201]）触れる仮の差止めについても同様である。

2　制度的意義

申請に対する処分の場合、取消訴訟を起こしても、執行停止は、申立ての利益が認められないとされ（第 4 節第 1 款 **2** [→ 107]）、仮の救済に制度的な限界があったが、申請型義務付け訴訟に併せて仮の義務付けを申し立てることができるよう

---

(39)　仮の義務付けについては、仮の義務付け決定に基づいて行われた処分の法的性質をめぐって、これを行訴法 37 条の 5 に基づく仮の処分とみるか、処分の根拠法規に基づく本来の処分とみるかについて議論がある（櫻井＝橋本・行政法 366 頁）。

― 225 ―

第Ⅰ部　行政争訟法　第1章　行政訴訟法

になったことにより、その点についての制度的な手当がひとまずなされることになった。

　このことにより義務付け訴訟自体の利用も増えており、既に述べたように、幼稚園の入園許可や保育所の入所承諾など学校教育関係（徳島地決平成17年6月7日判例地方自治270号48頁、前掲・東京地判平成18年10月25日の事案にかかる東京地決平成18年1月25日判例時報1931号10頁）、さらには施設使用許可（岡山地決平成19年10月15日判例時報1994号26頁）などがある。

執行停止との要件の比較

仮の義務付け・仮の差止め	執行停止との比較
【要件①】　義務付け（差止め）の「訴えの提起があつた場合」において、（本案訴訟の提起・37の5①）	同じ（25①）
【要件②】　その義務付け（差止め）の訴えに係る処分又は裁決がされない（される）ことにより生ずる「償うことのできない損害を避けるため緊急の必要」があり、かつ、（積極要件①＝必要性要件・37の5①）	「処分、処分の執行又は手続の続行により生ずる**重大な損害**を避けるため緊急の必要があるとき」よりも厳格：「償うことのできない損害」＞「重大な損害」（25②）
【要件③】　「本案について理由があるとみえるとき」は、（積極要件②・37の5①） 裁判所は、申立てにより、決定をもつて、仮に行政庁がその処分又は裁決をすべき（してはならない）旨を命ずること……ができる。	「本案について理由がないとみえるときは、することができない」（消極要件として規定・25④）
【要件④】　「公共の福祉に重大な影響を及ぼすおそれがあるとき」は、することができない。（＝消極要件・37の5③）	同じ（25④）

▎第11節　抗告訴訟 ⑥ ——差止訴訟

● 第1款 ● 序　説

194　差止訴訟も、改正行訴法において明文化された訴訟類型である。すなわち、

— 226 —

第 11 節　抗告訴訟⑥

「行政庁が一定の処分又は裁決をすべきでないにかかわらずこれがされようとしている場合において、行政庁がその処分又は裁決をしてはならない旨を命ずることを求める訴訟」をいう（行訴3⑦）。このように、差止訴訟は、公権力の行使に対する予防的な救済手段として位置づけられる。比喩的にいえば、処分がなされる前の時点に**前倒しされた取消訴訟**であるといってもよい。行訴法改正以前においては、義務付け訴訟と同様に、無名抗告訴訟としてその可能性は否定されていなかったが（最(一小)判昭和47年11月30日民集26巻9号1746頁〔長野勤評事件〕、最(三小)判平成元年7月4日判例時報1336号86頁〔横川川訴訟→221〕など）、要件が厳格なものと解され、救済手段としては活用されなかった。そこには、紛争の成熟性という問題もあったし、何より行政庁の第一次的判断権の行使を予め封じることにもなるので、どのような場合に認めるかという点も含めて、裁判所としても発動しにくい面があったことは否めないであろう。

　上記の行訴法改正前の判例のうち、河川法の定める監督処分に対する予防的訴訟が問題となった横川川訴訟は、理論的に興味深い素材を提供しているので、当事者訴訟との関係で後に触れる（第14節第4款【2】2⑵ [→ 221]）。

🔵 第 2 款 🔵　差止訴訟の要件

訴 訟 要 件	本案勝訴要件
① 一定の処分（3⑦） ② 処分の蓋然性（3⑦） ③ 原告適格（37の4③） ③ 救済の必要性（37の4①） 　a. 損害の重大性 　b. 補充性	その差止めの訴えに係る処分又は裁決につき、行政庁がその処分若しくは裁決をすべきであることがその処分若しくは裁決の根拠となる法令の規定から明らかであると認められ又は行政庁がその処分若しくは裁決をしないことがその裁量権の範囲を超え若しくはその濫用となると認められるとき（37の2⑤）

1　訴 訟 要 件

(1)　**処分の蓋然性**　　行政庁によってなされるべきではない「**一定の処分**」がなされようとしていることを要する（行訴3⑦）。すなわち、処分がなされる**一定の蓋然性**が必要とされることになるが、訴訟要件においてこの点が規定されているのは、司法権の内在的限界 [→ 14 ～、166] として、**具体的事件性・争訟性**（ないし紛争の成熟性）が要求されているからである。すなわち、処分の蓋然性もない

第Ⅰ部　行政争訟法　第1章　行政訴訟法

段階（すなわち、紛争が成熟していない段階）で、一定の処分を対象とした差止めの訴えを認めたとしても、裁判所として適切ないし賢明な判断が可能であるとは考えられないということである。

　では、どのような状況においてこの蓋然性要件を充たすことになるかであるが、それは事案ごとに判断する他ない（この点の判断の難しさが、裁判実務上の難点であるともされている）。例えば不利益処分を例にとると、風俗営業者が違法営業を行って摘発された事例において、摘発の後、不利益処分（営業許可の取消又は営業停止の処分——風営26①）が実際になされるまでの間には、未だ不利益処分の事前手続（聴聞ないし弁明の機会の付与——行手第3章）がなされていない段階があり、その後に事前手続の段階が続くことになる。この場合、未だ事前手続がなされていない段階において差止訴訟を提起できるか、という問題がある。この点、一般論としては、この処分の蓋然性は訴訟要件（換言すれば紛争の成熟性）の問題であるから、事前手続の開始と結びつけてこれを厳格に解することは妥当ではないとおもわれる（ただし、本案勝訴要件を満たすか否かは別の問題である）。

　(2)　**原告適格**　原告適格が認められるのは、「**行政庁が一定の処分又は裁決をしてはならない旨を命ずることを求めるにつき法律上の利益を有する者**」である（行訴37の4③）。ここにいう「法律上の利益」の有無の判断については、（直接型）義務付け訴訟と同様（行訴37の2④）、第三者の原告適格については行訴法9条2項が準用される。したがって、ここでも「**法律上保護された利益説**」によって判断されることになる [→63〜]。

197　(3)　**損害の重大性**　一定の処分がなされることにより「**重大な損害**」を生ずるおそれがあることが、積極要件とされている（行訴37の4①）。裁判所は、「重大な損害」を生ずるか否かを判断するにあたっては、直接型義務付け訴訟（37の2②）と同様、損害の回復の困難の程度を考慮するものとし、損害の性質及び程度並びに処分又は裁決の内容及び性質をも勘案するものとされる（37の4②）。具体的には、処分がなされたあと、**当該処分に対する取消訴訟を提起し、併せて執行停止を申し立ててそれが認められたとしても避けることができないような損害**がこれにあたると解されている。前述の(1)処分の蓋然性要件が、司法権の内在的限界に由来する要件であったのに対して、この要件は、**行政権の第一次的判断権の尊重**（ないし**取消訴訟中心主義**）の相対化を正当化するものとして位置づけられよう。この点については、**国旗・国歌訴訟上告審判決**において、次のような一般的な定式が示された（具体的な判示については、[→224a]）。

— 228 —

第 11 節　抗告訴訟⑥

CASE　最(一小)判平成 24 年 2 月 9 日民集 66 巻 2 号 183 頁（国旗・国歌訴訟）

　「行政庁が処分をする前に裁判所が事前にその適法性を判断して差止めを命
ずるのは、国民の権利利益の実効的な救済及び司法と行政の権能の適切な均
衡の双方の観点から、そのような判断と措置を事前に行わなければならない
だけの救済の必要性がある場合であることを要するものと解される。した
がって、差止めの訴えの訴訟要件としての上記「重大な損害を生ずるおそれ」
があると認められるためには、処分がされることにより生ずるおそれのある
損害が、処分がされた後に取消訴訟等を提起して執行停止の決定を受けるこ
となどにより容易に救済を受けることができるものではなく、処分がされる
前に差止めを命ずる方法によるのでなければ救済を受けることが困難なもの
であることを要すると解するのが相当である。」

---

(4)　補充性　　「損害を避けるため他に適当な方法があるとき」が消極要件と　198
されている（37 の 4 ①但書）。この要件も、直接型義務付け訴訟における補充性の
要件と同様、民事訴訟や公法上の当事者訴訟の提起が可能かどうかにはかかわり
なく、例えば、差止めを求める処分の前提となる処分があって、その前提となる
処分の取消訴訟を提起すれば、当然に後続する差止めを求める処分をすることが
できないことが法令上定められているような場合がこれに当たると解される[40]。

2　本案勝訴要件

199

　提起された差止訴訟が、上記の訴訟要件を満たし、当該差止訴訟に係る処分又
は裁決につき、行政庁がその処分若しくは裁決をすべきでないことが、その処分
若しくは裁決の根拠となる法令の規定から明らかであると認められ（＝羈束行為
の場合）、又は行政庁がその処分若しくは裁決をすることがその裁量権の範囲を
超え若しくはその濫用となると認められるとき（＝裁量行為の場合）は、裁判所
は、行政庁がその処分又は裁決をしてはならない旨を命ずる判決を行うことにな

---

[40]　具体例としては、国税徴収法 90 条 3 項、国家公務員法 108 条の 3 第 8 項、地方公務員
　　法 53 条 8 項、職員団体等に対する法人格の付与に関する法律 8 条 3 項など（福井ほか・
　　新行訴 156 頁）。
　　地方公務員法 53 条　⑥登録を受けた職員団体が職員団体でなくなったとき、登録を受
　　けた職員団体について第 2 項から第 4 項までの規定に適合しない事実があったとき、又
　　は登録を受けた職員団体が第 9 項の規定による届出をしなかったときは、人事委員会又
　　は公平委員会は、条例で定めるところにより、60 日を超えない範囲内で当該職員団体の
　　登録の効力を停止し、又は当該職員団体の登録を取り消すことができる。⑧第 6 項の規
　　定による登録の取消しは、当該処分の取消しの訴えを提起することができる期間内及び
　　当該処分の取消しの訴えの提起があったときは当該訴訟が裁判所に係属する間は、その
　　効力を生じない。

第Ⅰ部　行政争訟法　第1章　行政訴訟法

る（行訴37の4⑤）。

● 第3款 ● 手続上の諸問題

200　　(ア)　被告適格等、行訴法38条1項に列挙されている規定は、差止訴訟についても準用される。差止訴訟の拘束力により、差止判決の対象となった処分を行政庁が行った場合は、当該処分は違法（おそらくは無効）とされる。

　　(イ)　差止訴訟の違法性判断の基準時は、判決時（口頭弁論終結時）であると解される。

● 第4款 ● 仮の差止め

201　　これは仮の義務付けと同様、行訴法改正によって新設されたものであって、ともに行訴法37条の5に規定されている（第10節第3款参照［→192〜]）。

201 a　　**補 足**　「重大な損害」概念の異同

　　　行訴法では、「重大な損害」ということばが3つの要件において用いられている。ここでこれらの異同について確認しておこう。

　　　①　執行停止の申立要件（行訴25②）　　執行停止の要件は、「償うことのできない損害」（旧特例法10②）から、「回復困難な損害」（行訴法改正前）、そして改正後の「重大な損害」と緩和されてきた。「重大な損害」という表現を用いたことは、従前より要件を緩和したことに意味がある。

　　　②　直接型義務付け訴訟の訴訟要件（行訴37の2①）　　本来、法令上申請権のない者が処分の発動を求めることは、実定法上予定されていないとして、申請権を前提とした申請型義務付け訴訟の訴訟要件とのバランスを図ったとされる。

　　　③　差止訴訟の訴訟要件（行訴37の4①）　　処分がされた後に取消訴訟等を提起して執行停止の決定を受けることなどにより容易に救済できないような損害をいい、事後の救済手段との比較が問題となる。

▌第12節　抗告訴訟⑦──無名抗告訴訟（法定外抗告訴訟）

202　　当初行訴法が制定された時点において、行訴法3条に規定されていた訴訟類型（4類型）は排他的列挙ではなく、それ以外のいわゆる無名抗告訴訟（法定外抗告訴訟）の発展可能性を判例・学説に開くものと解されていた。平成16年行訴法

－ 230 －

改正によって、それまで無名抗告訴訟として論じられてきた、義務付け訴訟、差止訴訟が法定されたので、6類型になったが、問題は、それ以外に無名抗告訴訟がありうるかである。この点については、これら2類型のほか、その活用が期待される確認訴訟（第14節第3款参照 [→ 212〜]）の解釈・運用がどうなるかにもよることになるとおもわれるが、可能性としては、① 処分権限の行使をしないことが違法であることの確認を求める「義務確認訴訟」や、② 個別の行政行為ではない包括的な権力的作用に対し、生命、健康等の包括的人格的利益を基礎としてその妨害排除を求める「権力的妨害排除訴訟」が、改正後においても想定される無名抗告訴訟として挙げられている（塩野・Ⅱ251頁以下）。判例では、**国旗・国歌訴訟上告審判決**において、将来の不利益処分たる懲戒処分の予防を目的とする公的義務不存在確認訴訟を無名抗告訴訟として捉えている（ただし、法定の差止訴訟があるため補充性がないとして不適法とされた）。[→ 224 a]

なお、具体的事件を離れて法令の違憲性を抽象的に審査する抽象的規範統制訴訟はドイツにおいては連邦憲法裁判所の権限として認められているが、かかる訴訟類型は、わが国の憲法76条の「司法権」ないし裁判所法3条の「法律上の争訟」の裁判には当たらないと考えられる（小早川・下Ⅱ123頁以下）。さらに、具体的事件において法令の違憲確認の請求をすることができるかについて問題となった事件として、在外国民選挙権訴訟（最(大)判平成17年9月14日）があるが、これについては、（公法上の当事者訴訟としての）確認訴訟のところ（第14節第4款【1】4 [→217]）で触れる。

第13節　抗告訴訟とその他の訴訟手段との間の役割分担の問題
―主として、公共事業・公共施設の操業等に対する訴訟手段を中心に―

1　問題の所在

以上で抗告訴訟についての基本的な説明を終える。

残された問題として、抗告訴訟とその他の訴訟手段との間の関係（役割分担）がある。例えば、抗告訴訟で争わなければならないものを民事訴訟で争った場合は、不適法な訴え（却下）とされる。言い換えると「公権力の行使」に当たる行為についての不服の訴訟は抗告訴訟で争わなければならない、ということである（逆に、民事訴訟で争うべきものを抗告訴訟で争った場合、同様に不適法な訴えということになる）。したがって「公権力の行使」に当たらない行為については、抗告訴訟で争うことはできず、何らかのほかの訴訟手段を考えなければならないとい

第Ⅰ部　行政争訟法　第1章　行政訴訟法

うことになる。いわば**処分性の問題の裏返しの問題**である。

　何らかの行政活動が問題になっていて、抗告訴訟の対象とならない場合に考えられる訴訟としては、民事訴訟と公法上の当事者訴訟の2つの訴訟が考えられる。ここでは抗告訴訟とその他の訴訟類型との間の選択が問題となる。種々の公共事業や公共施設の建設・操業差止めを求める訴訟について検討する（なお、抗告訴訟とその他の訴訟類型の選択の問題は、実質的当事者訴訟の活用との関係（第14節第4款［→214～]）で問題とされる。処分性の説明を併せて参照されたい）。

204　　**2　公共施設の設置操業の差止めと民事訴訟**

　まず、処分性のところで紹介した、東京都ごみ焼却場設置条例無効確認等請求事件上告審判決（最(一小)判昭和39年10月29日）は、いわば「分解的考察」にたって、ごみ焼却場設置行為は、私法上の行為や行政組織内部の行為などの複合的プロセスであって、どの行為一つとっても処分＝「公権力の行使にあたる行為」はない、ということで抗告訴訟では争えない、としたわけである（第3節第2款**【3】2**［→40]）。したがってごみ焼却場設置行為を法的に阻止するためには、民事訴訟によって建設工事の差止め、操業の差止めを求めることになるであろう（類似の事件として、高松高判昭和61年11月18日訟務月報33巻12号2871頁）。この他に、火葬場などの嫌忌施設の建設・操業の差止めなども基本的には民事訴訟で扱われることになる。

205　　**3　行政処分が関係する場合**

　公共事業を差し止めるための訴訟手段としては、その公共事業のプロセスの中に何らかの処分がある場合であれば、その処分の取消しないし無効確認を求める訴訟が考えられる。例えば、公共事業のプロセスの中に土地収用法に基づく事業認定・収用裁決が含まれている場合は、これらの処分の取消しないし無効確認を求めて訴えを提起することは可能である。とりわけ、国土交通大臣又は都道府県知事が事業認定を行う際の要件の一つである「事業計画が土地の適正且つ合理的な利用に寄与するものであること」（収用20Ⅲ）かどうかをめぐって、公共事業の公益性が裁判の場で争われることがある（宇都宮地判昭和44年4月9日訟務月報15巻7号789頁＝判例時報556号23頁→東京高判昭和48年7月13日行裁例集24巻6・7号533頁＝判例時報710号23頁［いわゆる日光太郎杉事件判決]、東京地判平成16年4月22日判例時報1856号32頁［圏央道あきる野ＩＣ事業認定・収用裁決取消訴訟第1審判決］など）。しかしながら、処分性が認められても、原告適格が認められない場合は、取消訴訟（ないし無効確認訴訟）に訴えることができないことはもちろんである[41]。

－ 232 －

4 無効確認訴訟と民事訴訟の関係

1つの施設に関する訴訟であっても、当該施設の設置許可処分に対する取消しないし無効確認訴訟と当該施設の操業差止めを求める民事訴訟とが並立することはありうる。設置許可処分が有効であっても、設置後の操業のあり方によっては人格権等の権利侵害のおそれが生じることもありうるからである。実際に、高速増殖炉もんじゅをめぐる事件では、処分庁・内閣総理大臣を被告（当時——平成16年改正前）とする核原料物質、核燃料物質及び原子炉の規制に関する法律に基づく原子炉設置認可処分の無効確認訴訟と動力炉・核燃料開発事業団（動燃）を被告とする原子炉の建設・運転の差止めが提起されている。後者の民事差止訴訟が、行訴法36条にいう「当該処分の効力の有無を前提とする現在の法律関係に関する訴え」には該当せず、両者とも適法な訴えとして認められたことについては、既に述べた（第8節第3款3）。

5 大阪空港訴訟大法廷判決

さらに、民事訴訟と行政訴訟との役割分担という点で大きな問題を提起したのが、**大阪空港訴訟**である。これは、大阪国際空港周辺住民が夜間の空港使用の民事差止めを求めて出訴した事件であるが、上告審判決は、第2審判決を覆し、訴えを不適法として却下した。

CASE 最（大）判昭和56年12月16日民集35巻10号1369頁
（大阪空港訴訟）

「所論は、要するに、本件訴えのうち、被上告人らが大阪国際空港（以下「本件空港」という。）の供用に伴い航空機の発する騒音等により身体的・精神的被害、生活妨害等の損害を被っているとし人格権又は環境権に基づく妨害排除又は妨害予防の民事上の請求として一定の時間帯につき本件空港を航空機の離着陸に使用させることの差止めを請求する部分は、その実質において、公権力の行使に関する不服を内容とし、結局において運輸大臣の有する行政権限の発動、行使の義務づけを訴求するものにほかならないから、民事裁判事項には属しないものであり、また、本件空港に離着陸する航空機の騒音等のもたらす被害対策としてはいくつかの方法があって、そのいずれを採択し実施するかは運輸大臣の裁量に委ねられている事項であるにもかかわらず、

---

(41)　都市計画事業認可につき事業予定地周辺に居住する住民に原告適格が認められるかにつき、最高裁判例は当初これを否定していたが（最（一小）判平成11年11月25日判例時報1698号66頁——環状6号線訴訟上告審判決）、既に述べたように小田急訴訟上告審判決（最（大）判平成17年12月7日）で判例変更し、肯定した。ただし、その後、同事件について最高裁は請求棄却している（最（一小）判平成18年11月2日民集60巻9号3249頁）。

第Ⅰ部　行政争訟法　第1章　行政訴訟法

そのうちの一方法にすぎない一定の時間帯における空港の供用停止という特定の行政権限の行使を求めるものである点において、行政庁の行使すべき第一次的判断権を侵犯し、三権分立の原則に反するものというべきであるから、右請求を適法として本案について審理判断した原判決には判決に影響を及ぼすことの明らかな法令違背がある、というのである。

そこで、本件空港を航空機の離着陸のために供用する行為ないし作用の法律的性質、周辺住民である被上告人らから一定の時間帯における供用の差止めを求めることが民事上の請求として許されるかどうかについて、以下に検討する。

本件空港は、昭和34年7月3日空港整備法2条1項1号にいう第一種空港として指定された公共用飛行場であって、国際航空路線及び主要な国内航空路線の用に供されているわが国の代表的な国営空港の一つである。そしてまた、それがいわゆる国の造営物にあたることは、原審の判示するとおりである。

ところで、① 一般に、営造物の管理権は、営造物を公共の用に供するために法律上認められる特殊の包括的な管理権能であると解されるから、同種の私的施設の所有権に基づく管理権能、すなわち単に物を財産的価値の客体として管理する権能と全く同一のものであるとはいえない。しかし、営造物管理権の本体をなすものは、公権力の行使をその本質的内容としない非権力的な権能であって、同種の私的施設の所有権に基づく管理権能とその本質において特に異なるところはない。国の営造物である本件空港の管理に関する事項のうちに、その目的の公共性に由来する多少の修正をみることがあるのは別として、私営の飛行場の場合におけると同じく、私法的規制に親しむものがあることは、否定しえないところである。

しかしながら、本件空港の管理といっても、その作用の内容には種々のものがあり、その法律的性質が一律一様であると速断することはできない。のみならず、空港については、その運営に深いかかわりあいを持つ事象として、航空行政権、すなわち航空法その他航空行政に関する法令の規定に基づき運輸大臣に付与された航空行政上の権限で公権力の行使を本質的内容とするものの行使ないし作用の問題があり、これと空港ないし飛行場の管理権の行使ないし作用とが法律上どのような位置、関係に立つのかが更に検討されなければならない。

まず、公共用飛行場のうち、本件空港を含む国営空港及び新東京国際空港を除く飛行場の場合においては、その管理権は当該飛行場を設置し管理する個人、法人又は地方公共団体に、航空行政権は運輸大臣に帰属していて（運輸省設置法参照）、それぞれ異なる主体によって行使されることとなっており、特に後者の権限の行使の方法、態様は航空法その他の法規に明らかにされているから、両者の位置、関係について法律上疑義を生ずるおそれは少ない。

これに対して、② 本件空港の場合にあっては、その設置・管理者は、同時に航空行政権の主管者でもある運輸大臣であるところ（空港整備法2条1項1号、3条1項、同法施行令1条1項参照）、このように空港管理権と航空行政権とが同一機関に帰属せしめられている場合に両者がどのような位置、関係に

－ 234 －

おいて行使され、実現されるのかは、法令の規定上必ずしも明らかではない。
この点については、航空法第55条の2、38条3項、39条2項及び40条の規
定により所定の手続を経て国営空港の設置を決定すること、同法100条、101
条及び121条の規定により航空運送事業を経営しようとする者に対し事業計
画等を審査したうえ免許を与えること、同法108条2項及び122条1項の規定
により航空運送事業者に対し事業計画に従い業務を行うべきことを命ずるこ
と、同法109条及び122条1項の規定により事業計画の変更を認可すること、
同法112条及び122条1項の規定により航空運送事業者に対し事業計画の変更
等事業改善を命ずること、公共用飛行場周辺における航空機騒音による障害
の防止等に関する法律3条の規定により離着陸の経路又は時間その他航行の
方法等を指定することなどに、航空行政権の主管者としての運輸大臣の権限
の行使についての定めがみられ、また、他方で、航空法55条の2第2項、54
条の2第1項の規定及び空港管理規則（昭和27年運輸省令第44号）の定めると
ころにより、運輸大臣の設置、管理する公共用飛行場の施設の管理、構内営
業の規制その他飛行場の能率的運営とその秩序維持のため必要な事項を行う
こと、同法55条の2第2項、473条1項の規定により同法施行規則92条所定
の保安上の基準に従って飛行場を管理すること、空港整備法6条及び10条の
規定により運輸大臣が設置、管理する第二種空港において滑走路等の新設、
改良又は災害復旧の工事を施行しようとするときはあらかじめ費用の分担者
である都道府県と協議し、又はこれに通知しなければならないことなどに、
空港管理権者としての運輸大臣の権限の行使についての定めがみられる程度
である。

　しかし、③そもそも法が一定の公共用飛行場についてこれを国営空港とし
て運輸大臣がみずから設置、管理すべきものとしたゆえんのものは、これに
よってその航空行政権の行使としての政策的決定を確実に実現し、国の航空
行政政策を効果的に遂行することを可能とするにある、というべきである。
すなわち、法は、航空機及びその運航、航空従事者、航空路、飛行場及び航
空保安施設、航空運送事業並びに外国航空機等に関する広範な行政上の規制
権限を運輸大臣に付与し、運輸大臣をして、これらの権限の行使により、航
空機の航行の安全及び航空機の航行に起因する障害の防止を図るための方法
を定め、航空機を運航して営む事業の秩序を確立し、社会、経済の進展、国
際交流の活発化等により増大する航空運輸に対する需要と供給を調整し、他
の諸政策分野と整合性のある航空行政政策を樹立し実施させることとしてお
り、これに関する公共施設として航空法の定める公共用飛行場を設けている。
そして、そのうち、私営又は公営の公共用飛行場については、設置者たる個
人、法人又は地方公共団体がこれを管理し、運輸大臣は、法規上、その設置
又は休止若しくは廃止に対する許可、管理規程の制定又は変更に対する認可
その他の行政上の監督権限の行使を通じて、それを国の航空行政計画の一環
として位置づけ、規制しうることとしているにとどまるのに対し、国際航空
路線又は主要な国内航空路線に必要なものなど基幹となる公共用飛行場（空
港整備法2条1項1、2号にいわゆる第一、二種空港）については、運輸大臣み
ずからが、又は法律により設立され運輸大臣の特別の指示ないし監督に服す

－ 235 －

第Ⅰ部　行政争訟法　第1章　行政訴訟法

る特殊法人である新東京国際空港公団が、これを国営又は同公団営の空港と
して設置、管理し、公共の利益のためにその運営に当たるべきものとしてい
る。それは、これら基幹となる公共用飛行場にあっては、その設置、管理の
あり方がわが国の政治、外交、経済、文化等と深いかかわりを持ち、国民生
活に及ぼす影響も大きく、したがって、どの地域にどのような規模でこれを
設置し、どのように管理するかについては航空行政の全般にわたる政策的判
断を不可欠とするからにほかならないものと考えられる。

④　右にみられるような空港国営化の趣旨、すなわち国営空港の特質を参酌
して考えると、本件空港の管理に関する事項のうち、少なくとも航空機の離
着陸の規制そのもの等、本件空港の本来の機能の達成実現に直接にかかわる
事項自体については、空港管理権に基づく管理と航空行政権に基づく規制と
が、空港管理権者としての運輸大臣と航空行政権の主管者としての運輸大臣
のそれぞれ別個の判断に基づいて分離独立的に行われ、両者の間に矛盾乖離
を生じ、本件空港を国営空港とした本旨を没却し又はこれに支障を与える結
果を生ずることがないよう、いわば両者が不即不離、不可分一体的に行使実
現されているものと解するのが相当である。換言すれば、本件空港における
航空機の離着陸の規制等は、これを法律的にみると、単に本件空港について
の営造物管理権の行使という立場のみにおいてされるべきもの、そして現に
されているものとみるべきではなく、航空行政権の行使という立場をも加え
た、複合的観点に立った総合的判断に基づいてされるべきもの、そして現に
されているものとみるべきである。

ところで、別紙当事者目録記載の番号1ないし239の被上告人ら（原判決
別紙二の第一ないし第四表記載の被上告人らないしその訴訟承継人ら）は、
本件空港の供用に伴う騒音等により被害を受けているとし、人格権又は環境
権に基づく妨害排除又は妨害予防の請求として、毎日午後9時から翌日午前
7時までの間本件空港を航空機の離着陸に使用させることの差止めを求める
ものであって、その趣旨は、本件空港の設置・管理主体たる上告人に対し、
いわゆる通常の民事上の請求として右のような不作為の給付請求権があると
主張してこれを訴求するものと解される。そうすると、右の請求は、本件空
港を一定の時間帯につき航空機の離着陸に使用させないということが本件空
港の管理作用のみにかかわる単なる不作為にすぎず、およそ航空行政権の行
使には関係しないものであるか、少なくとも管理作用の部面を航空行政権の
行使とは法律上分離して給付請求の対象とすることができるとの見解を前提
とするものということができる。

しかしながら、前述のように、⑤本件空港の離着陸のためにする供用は運
輸大臣の有する空港管理権と航空行政権という二種の権限の、総合的判断に
基づいた不可分一体的な行使の結果であるとみるべきであるから、右被上告
人らの前記のような請求は、事理の当然として、不可避的に航空行政権の行
使の取消変更ないしその発動を求める請求を包含することとなるものといわ
なければならない。したがって、右被上告人らが行政訴訟の方法により何ら
かの請求をすることができるかどうかはともかくとして、上告人に対し、い
わゆる通常の民事上の請求として前記のような私法上の給付請求権を有する

－ 236 －

第 13 節　抗告訴訟とその他の訴訟手段との間の役割分担の問題

> との主張の成立すべきいわれはないというほかはない。
> 　以上のとおりであるから、前記被上告人らの本件訴えのうち、いわゆる狭義の民事訴訟の手続により一定の時間帯につき本件空港を航空機の離着陸に使用させることの差止めを求める請求にかかる部分は、不適法というべきである。」

　この判決は、「営造物管理権の本体をなすものは、公権力の行使をその本質的内容としない非権力的な権能であって、同種の私的施設の所有権に基づく管理権能とその本質において特に異なるところはない」としながら（判決文中①の部分）、本件空港における航空機の離発着の規制等は、非権力的な営造物管理権の行使という立場においてのみなされるのではなく、航空行政権を有する運輸大臣がみずから設置、管理する空港であること（判決文②の部分）に鑑み、「**航空行政権**」の**行使という立場をも加えた「複合的観点に立った総合的判断に基づいてされるべきもの**」であると判断したのである（判決文③〜⑤の部分）。ちなみにここで使われている「航空行政権」ということばは、実定法上の用語ではなく、この判決が作った独自のことばである。この判決に対しては、ごみ焼却場設置の場合には、《分析的考察・分解的構成》に基づき、個々の行為は処分にあたらない、としたわけであるが（前掲・最（一小）判昭和39年10月29日──第3節第2款【3】2［→40］）、空港管理の場合はなぜ、《総合的考察・一体的構成》に基づき「公権力の行使に当たる行為」とされるのか、という批判がなされる。もっとも、ごみ焼却場や普通の公共施設であれば、そもそも操業を停止してしまうとか、一定期間ないし一定時間操業を停めるとしても、事実として施設を動かすことをやめてしまえば、それで目的は達せられることになる（すなわち他の行政処分等に影響を与えないということになる）。しかし空港の場合、一定時間の供用を差止めることは、その時間の間施設を閉鎖すれば事足りるというわけではなく、離発着する航空機の運航について、航空法に基づいて航空事業者に事業計画の変更等の行政処分を行わなければならない。言い換えると、その限りで運輸大臣の処分権限＝「公権力の行使」に影響を与えることになるというわけである。そうすると本判決のいう「航空行政権」とは、《航空事業者に対する許認可権や監督権等の束》として理解することが可能である。

　したがって、自衛隊演習場における射撃訓練及び演習場内への立入禁止措置の差止請求は、軍事に関わる作用であり、いかにも「公権力の行使」といえそうであるが、最高裁がそれについて抗告訴訟ではなく、民事差止を適法としている

── 237 ──

のは（最（一小）判昭和62年5月28日判例時報1246号80頁〔**日本原演習場訴訟**〕——この判決は、下記第1審判決および原審＝控訴審判決の考え方を基本的に認めている）、自衛隊演習場の使用自体は、なんらの行政庁の処分にも関わらないからであるという点で一応整合的に説明がつく（山田洋「道路公害差止訴訟と公権力の行使」『道路環境の計画法理論』〔2004年〕98頁）。

CASE 岡山地判昭和58年5月25日判例時報1086号67頁
（日本原演習場訴訟第1審判決）

「第四　本件各差止請求の適法性

（四）さらに、原告らは大阪空港事件大法廷判決の考え方からすれば、本件射撃訓練が抗告訴訟の対象となる公権力の行使に当たることは明らかである旨主張するので、これについて付言する。

右大法廷判決は、空港管理権と航空行政権とが同一の機関に属し、かつ、空港管理権に基づく管理と航空行政権に基づく規制とが不即不離、不可分一体的に行使実現されていることを一つの論拠に、空港の供用の差止を求める請求が航空行政権の行使の取消変更ないしその発動を求める請求を包含することになるとしたうえで民事訴訟としては不適法であるとしたものである。したがって、本件においても、右「航空行政権」に対応する「防衛行政権」というものが認められるかどうかがまず問題となる。

そこで、この点を検討するに、右大法廷判決においては、「航空行政権」とは「航空法その他航空行政に関する法令の規定に基づき運輸大臣に付与された航空行政上の権限で公権力の行使を本質的内容とするもの」とされ、具体的には、航空行政権の主管者としての運輸大臣が航空運送事業者に対して免許、認可等の形式で行う様々な規制をもって航空行政権の行使と把えている。しかしながら、本件射撃訓練においては、教育訓練に関する前記諸法令をみても、右「航空運送事業者」に相当する第三者は存在しないのである。けだし、本件演習場において本件射撃訓練を実施するのはすべて自衛隊員であり、また、その射撃訓練は前記のとおり公用財産である本件演習場をその管理主体がその供用目的に従ってみずから使用しているものにすぎないからである。

したがって、本件においては、防衛行政権というものを認めることはできないから、右大法廷判決の考え方を本件に援用することはできないものというほかない。」

さらに、大阪空港訴訟上告審判決は、原告らが空港管理について「行政訴訟の方法により何らかの請求ができるかはともかくとして……」と行政訴訟による救済を示唆しているが、その具体的な方法については示されていない。その点、**新潟空港訴訟上告審判決**（最（二小）判平成元年2月17日民集43巻2号56頁）が、定期航空運送事業免許処分の取消訴訟において、航空法101条の規定に着目して周辺住

民の原告適格を認めたのは（第3節第3款【5】3 [→73]）、ひとつには大阪空港訴訟において民事差止を不適法却下にし、行政訴訟の途を示唆した（少なくとも否定しなかった）ことに関係している（いわば、その後始末）と解することもできよう（次の**6**で紹介する本件伊藤正己裁判官補足意見を参照のこと [→208]）。

6 大阪空港訴訟判決以降の判例

このような大阪空港訴訟判決は、「航空行政権」による論理構成のわかりにくさや、その後の判決にもみられる民事訴訟と行政訴訟の「キャッチボール」という点でも強い批判を受けるものであった。現に、同判決以後の判例の展開をみると、**5** [→207] で述べた**日本原演習場訴訟判決**（民事差止肯定）の論理からすれば、地上の演習場について民事差止が可能であるとすれば、自衛隊機の離発着も同様（自衛隊機の運航には民間事業者に対する許認可は関係ない）であるようにおもわれるが、**厚木基地訴訟上告審判決では、防衛庁長官による自衛隊機の運航は、周辺住民に対して「受忍義務」を課すがゆえに、「公権力の行使に当たる行為」に当たる**とされた。

> **CASE** 最（一小）判平成5年2月25日民集47巻2号643頁
>
> 「1 自衛隊法3条は、自衛隊は、我が国の平和と独立を守り、国の安全を保つため、直接侵略及び間接侵略に対し我が国を防衛することを主たる任務とし、必要に応じ、公共の秩序の維持に当たる旨を定め、同法第6章は、自衛隊の行動として、防衛出動（76条）、命令による治安出動（78条）、要請による治安出動（81条）、海上における警備行動（82条）、災害派遣（83条）、領空侵犯に対する措置（84条）等の各種の行動を規定している（なお、右の行動に必要な情報の収集、隊員の教育訓練も自衛隊の行動に含まれる。防衛庁設置法5条4号、8号参照）。自衛隊機の運航は、右のような自衛隊の任務、特にその主たる任務である国の防衛を確実、かつ、効果的に遂行するため、防衛政策全般にわたる判断の下に行われるものである。そして、防衛庁長官は、内閣総理大臣の指揮監督を受け、自衛隊の隊務を統括する権限を有し（自衛隊法8条）、この権限には、自衛隊機の運航を統括する権限も含まれる。防衛庁長官は、「航空機の使用及びとう乗に関する訓令」（昭和36年1月12日防衛庁訓令第2号）を発し、自衛隊機の具体的な運航の権限を右訓令2条7号に規定する航空機使用者に与えるとともに、右訓令3条において、航空機使用者が所属の航空機を使用することができる場合を定めている。
>
> 一方、右のような自衛隊の任務を遂行するため、自衛隊機に関しては、一般の航空機と異なる特殊の性能、運航及び利用の態様等が要求される。そのため、自衛隊機の運航については、自衛隊法107条1項、4項の規定により、航空機の航行の安全又は航空機の航行に起因する障害の防止を図るための航空法の規定の適用が大幅に除外され、同条5項の規定により、防衛庁長官は、

第Ⅰ部　行政争訟法　第1章　行政訴訟法

自衛隊が使用する航空機の安全性及び運航に関する基準、その航空機に乗り組んで運航に従事する者の技能に関する基準並びに自衛隊が設置する飛行場及び航空保安施設の設置及び管理に関する基準を定め、その他航空機による災害を防止し、公共の安全を確保するため必要な措置を講じなければならないものとされている。このことは、自衛隊機の運航の特殊性に応じて、その航行の安全及び航行に起因する障害の防止を図るための規制を行う権限が、防衛庁長官に与えられていることを示すものである。

　2　以上のように、防衛庁長官は、自衛隊に課せられた我が国の防衛等の任務の遂行のため自衛隊機の運航を統括し、その航行の安全及び航行に起因する障害の防止を図るため必要な規制を行う権限を有するものとされているのであって、自衛隊機の運航は、このような防衛庁長官の権限の下において行われるものである。そして、自衛隊機の運航にはその性質上必然的に騒音等の発生を伴うものであり、防衛庁長官は、右騒音等による周辺住民への影響にも配慮して自衛隊機の運航を規制し、統括すべきものである。しかし、自衛隊機の運航に伴う騒音等の影響は飛行場周辺に広く及ぶことが不可避であるから、自衛隊機の運航に関する防衛庁長官の権限の行使は、その運航に必然的に伴う騒音等について周辺住民の受忍を義務づけるものといわなければならない。そうすると、右権限の行使は、右騒音等により影響を受ける周辺住民との関係において、公権力の行使に当たる行為というべきである。

　3　上告人らの本件自衛隊機の差止請求は、被上告人に対し、本件飛行場における一定の時間帯（毎日午後8時から翌日午前8時まで）における自衛隊機の離着陸等の差止め及びその他の時間帯（毎日午前8時から午後8時まで）における航空機騒音の規制を民事上の請求として求めるものである。しかしながら、右に説示したところに照らせば、このような請求は、必然的に防衛庁長官にゆだねられた前記のような自衛隊機の運航に関する権限の行使の取消変更ないしその発動を求める請求を包含することになるものといわなければならないから、行政訴訟としてどのような要件の下にどのような請求をすることができるかはともかくとして、右差止請求は不適法というべきである。」

　この訴訟では、第1審から上告審まで、いずれも訴えを不適法却下としているが、その理由は異なっている。すなわち、第1審判決（横浜地判昭和57年10月20日）は、大阪空港訴訟上告審判決の「航空行政権」という論理構成にならい、自衛隊機の運航は「防衛行政権」の行使であるとして、民事差止めを不適法却下したのに対して、第2審判決（東京高判昭和61年4月9日）は、統治行為論（ないし政治的問題の法理）を援用して、却下している。**自衛隊機の運航に民間事業者への許認可が関わっているわけではないから、第1審判決のような「○○行政権」と**いう構成が採りえないことは明らかであるが、これに対して、上告審判決は、**《受忍義務》という新たな構成**によったのである。しかし、このような構成に対

－ 240 －

しては、① 受忍義務を課す法的根拠が不明確である、② 自衛隊機の運航に関す
る防衛庁長官の権限行使は、そもそも行政主体（国）の内部における内部的行為
であって、少なくとも命令の名宛人（自衛隊員）との関係では行政庁の処分とみ
ることはできないはずであるが、同じ行為が第三者（周辺住民）との関係では、
行政庁の処分となるのか、すなわち同一の行為が人によって行政庁の処分であっ
たりなかったりすることは果たして認められるか、といった批判・疑問が呈され
てきた。さらに、③ そもそも受忍「義務」といっても、その「義務」としての
内容は一体何か、という問題が出てくる。またこのような事件において、民事訴
訟以外のどのような訴訟が認められるかについて、法廷意見は明らかにしておら
ず、橋元四郎平裁判官補足意見が、「防衛庁長官に対して、特定の飛行場におけ
る離発着を伴う自衛隊機の運航で一定の時間帯又は一定の限度以上の音量に係る
もの等についての命令を発してはならないとの不作為を求める訴訟形態」が考え
られるとするにとどまる。橋元裁判官補足意見の示唆する訴訟類型は、一種の差
止訴訟（判決当時は無名抗告訴訟という位置づけであった）ということができるが、
対象となる命令の特定など、実際にそのような訴訟が可能かどうか疑問の余地が
ある。その後、第 4 次厚木基地訴訟において、第 1 審判決（横浜地判平成 26 年 5 月
21 日判例時報 2277 号 123 頁）は自衛隊機運航処分なるものの存在を前提に、自衛隊
機の夜間飛行差止請求を無名抗告訴訟とし、控訴審判決（東京高判平成 27 年 7 月 30
日判例時報 2277 号 84 頁）はこれを法定抗告訴訟としての差止訴訟として、それぞれ
適法性を認め、いずれも請求を一部認容している（神橋一彦「受忍義務構成のゆくえ」
立教法学 91 号〔2015 年〕1 頁参照）。

> **発展** 「受忍義務」構成について
>
> 　このような《受忍義務》的構成は、大阪空港訴訟上告審判決における伊藤正
> 己裁判官補足意見（後掲）に示唆を受けたものと考えられる。
> 　しかしながら、問題はここで論拠とされている「受忍義務」なるものが、行
> 政行為によって課される受忍「義務」と同じものかどうかである。本来、行政
> 行為の分類論でいわれてきた「命令的行為」の中の「下命」（作為・不作為・給
> 付・受忍）において前提とされている「義務」概念は、《人の意思＝行動・行為
> の自由の拘束》であって、《～すべし》（作為・給付）、《～すべからず》（不作
> 為・受忍[42]）を内容とするものである。そして通常は、そのような義務違反に
> 対しては、強制執行や刑罰といった実効性確保手段が控えているわけであるが、

----

(42)　受忍下命は、相手方に対して行政機関の行う措置に抵抗すべからず（受け入れるべ
し）という一種の不作為を命ずるものと考えられる。ちなみに、受忍下命の例としては、
健康診断の受診を命ずる下命（結核予防法 5、7 ②）などが挙げられる。

第Ⅰ部　行政争訟法　第1章　行政訴訟法

《周辺住民が騒音を受忍する義務を負う》という命題は、一体何を意味するのであろうか？上述のような「義務」概念を前提にすると、周辺住民に対して、騒音に対して抵抗することなく受け容れるべし、ということを命ずることになるが、かような命題だとすれば、全く無意味な了解不能なものである（ましてやかかる義務違反に強制行為を想定するなどナンセンスである）ことは明らかである。だとすると、ここでいう受忍「義務」を行政行為の分類論で前提としている「義務」概念と同様に解することには無理がある、ということになろう（神橋一彦「行政法における義務の概念」『行政訴訟と権利論』〔2003年〕301頁以下参照）。

CASE　最（大）判昭和56年12月16日 [→207]
（大阪空港訴訟判決）・伊藤正己裁判官補足意見

「確かに、国営空港の供用行為に関する運輸大臣の航空行政権の行使の具体例として多数意見の挙げるもののうち、多くのものは、空港の利用者など直接の関係者のみを規制の対象とするものであって、それ以外の一般第三者に対する関係においては公権力の行使に当たる行為としての性格を有するものではない。しかしながら、例えば、航空運送事業の免許を付与し、あるいは事業計画変更の認可をするについて、法は、運輸大臣が当該事業活動による第三者の法益侵害の可能性の有無及びその程度を考慮してその許否の判断をすべきものとし、これによって第三者の権利、利益を可及的に侵害から擁護することとするとともに、なおも避けえざる不利益はこれらの者において受忍すべき義務を課しているものと解するのが相当であり、したがって、当該空港と利用関係に立たない一般第三者もこれら行政処分に当然附随する規制作用の名宛人として直接規律されるものであって、その意味において、これら行政処分は、一般第三者に対する関係においても公権力の行使に当たる行為としての性格を有するものとみるのを相当とする。そのほか、運輸大臣が所定の手続を経て行う国営空港の設置の決定も、これと同様の性格を有するものということができる。」

┃第14節　当事者訴訟

●第1款● 序　説

209　行訴法が定める第2の訴訟類型は、当事者訴訟である。行訴法4条は、当事者訴訟の定義を規定しているが、そこでは**形式的当事者訴訟**と**実質的当事者訴訟**という2つの当事者訴訟が規定されている。

第 14 節　当事者訴訟

● 第 2 款 ● 形式的当事者訴訟

1　規定の内容

　形式的当事者訴訟とは、「当事者間の法律関係を確認し又は形成する処分又は裁決に関する訴訟で法令の規定によりその法律関係の当事者の一方を被告とするもの」をいう（行訴 4 前段）。その例としては、土地収用法 133 条の損失補償を争う訴えが挙げられる。

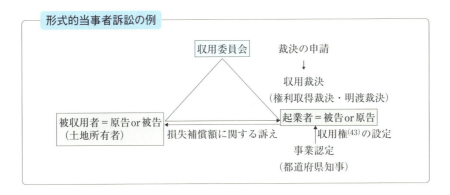

　収用裁決の決定事項については土地収用法 48 条、49 条に定められているが、収用委員会の裁決のうち、損失補償の点については、不服申立ては許されず（収用 132 ②）、当事者訴訟のみが許される。このほかに、特許無効審判を争う訴え（特許法 123 ①、179）のほか、農地法 55 条 2 項、文化財保護法 41 条 1 項などが挙げられる[44]。

2　手続的取扱い

　これらの訴訟には、取消訴訟と同様に**出訴期間の定め**をおいているものがあるが（収用 133 ②、農地 55 ①、文化財保護法 41 ③など）、出訴期間の定めがある当事者訴

---

[43]　収用権とは、公益上必要のために他人の財産権につきこれに相当する補償を支払うことを条件にして、権利者の意思にかかわらずこれを取得し得べき公法上の権利をいう。
[44]　形式的当事者訴訟には、①原処分自体が当該法律関係に関する対立する当事者の紛争の審理を経て行われるので、当該処分に対する訴訟も原処分の際の当事者を被告とするほうがよいとするもの（特許無効審判など）と②紛争の実態が、当該法律関係の当事者間の財産上のものであり、公益と直接に関わるものではないので、直接に利害関係を有する他方当事者を被告として、当事者間で争わせることが適切であると考えられるもの（土地収用法上の損失補償の訴え）の 2 つがあるとされる（宇賀・Ⅱ 373 頁以下）。後者の場合は、実質的には民事訴訟に近い面があるといえよう。

第Ⅰ部　行政争訟法　第1章　行政訴訟法

訟について、その法令に別段の定めがある場合を除き、正当な理由があるときは、その期間を経過した後であってもこれを提起することができる（行訴40）。

さらに既に述べたように（第3節第2款【6】[→61]）、形式的当事者訴訟の対象となる処分を行う場合は、行政庁は、当該訴訟の被告とすべき者及び出訴期間について教示しなければならない（行訴46③）。

● 第3款 ● 実質的当事者訴訟（その1）
──従来の位置づけと議論

212　**1　規定の内容**

　実質的当事者訴訟とは、「公法上の法律関係に関する確認の訴えその他の公法上の法律関係に関する訴訟」をいう（行訴4後段）。平成16年の行訴法改正以前は、単に、「公法上の法律関係に関する訴訟」とだけ規定されていたが、同改正により、「公法上の法律関係に関する確認の訴えその他……」という部分が挿入された。そのことの意味については、次の第4款で触れる。

　このように実質的当事者訴訟は、当初、単に「公法上の法律関係に関する訴え」とだけ規定されていたわけであるが、この訴訟類型の存在及び活用方法について学説は消極的な態度を採っていたといってよい。すなわち、「公法上の法律関係に関する訴え」として考えられていたものは、公務員の地位確認訴訟や俸給請求訴訟などであるが、これらの請求は、公務員の身分関係という公法上の法律関係に基づく権利義務関係ということになる（その他、過誤納の税金の返還請求訴訟や国籍確認訴訟などがありうる）。そして当事者訴訟については、41条1項により、23条（行政庁の訴訟参加）、24条（職権証拠調べ）、33条1項（判決の効力）、35条（訴訟費用の裁判の効力）が準用され（これに加え改正後は、23条の2の規定が、当事者訴訟における処分又は裁決の理由を明らかにする資料の提出について準用されることとなった）、41条2項により、13条（関連請求に係る訴訟の移送）と16条から19条まで（請求の併合の規定）が準用されるが、一般に民事訴訟と審理のあり方は余り変わらないとされてきた。

　とりわけ、行政法学の基本的な発想として、かつて（とりわけ帝国憲法時代）は公法私法二元論、すなわち一般の市民法（民事法）秩序とは別個の公法（行政法）原理というものが存在するとされていたところ、それが戦後批判されるに至り、公法私法一元論の立場も主張されるようになった。そのような立場からすれば、入り口を別々に設けても中身は同じような訴訟類型は、単に旧態依然たる公

－ 244 －

法私法二元論的思考によって正当化されるに過ぎないものとされ、実質的当事者訴訟無用論も主張されたところである（阿部・解釈学Ⅱ 312 頁以下）。

2　当事者訴訟活用論

しかしながらその他方で、抗告訴訟と民事訴訟の中間にあって、この当事者訴訟を活用すべきであるという主張もなされてきた。すなわち、

①　抗告訴訟によって私人の権利救済を図るとしても、「処分」性の要件をクリアーしなければならない。この点について、抗告訴訟の対象たる「行政庁の処分」は、講学上の行政行為概念とほぼ同義に解されてきたが、私人の権利救済の観点から、「処分」概念をより拡大して考えるべきだ、という主張もなされてきた。

②　しかしながら他方において、大阪空港訴訟上告審判決 [→207] では、本来非権力的な管理作用であったはずの空港の離発着の管理作用が、航空行政権と不可分一体のものであるとして権力作用に化けてしまい、離発着の（民事）差止訴訟は、航空行政権の取消変更ないしその発動を求めるものに等しいとして許されないとされる。何らかの行政訴訟が許容されるがごとくであるが、その道筋は全くもって明らかでない。このような「包括的公権力概念」の内容は、不明確なものといわざるをえない（塩野宏「行政事件訴訟法改正論議管見」『法治主義の諸相』〔2001年〕323 頁）。

③　いずれにしても、私人が権利救済を求めて訴えを提起する際に、訴訟類型の選択を誤ったということで救済を拒否されるリスクを過大に負わせること（いわゆる訴訟類型間のキャッチボール）は実効的な権利救済からして問題であるし、取消訴訟中心の抗告訴訟では必ずしも救済されないと考えられるような場合について、救済の途を考える必要がある。その方法として、無名抗告訴訟として何らかの方法を考える方法もあるが、「公法上の法律関係に関する争い」と構成して実質的当事者訴訟を活用することも一案である。

このように、私人の実効的権利救済に極めて大きな問題があることは広く指摘されていたところであるが、そのような問題状況を打開するために打ち出されたのが、実質的当事者訴訟たる確認訴訟の活用である。

第Ⅰ部　行政争訟法　第1章　行政訴訟法

● 第4款 ● 実質的当事者訴訟（その2）
——確認訴訟の位置づけ

【1】　行訴法改正と確認訴訟の明示

214　**1　平成16年行訴法改正**

　平成16年行訴法改正の基本的なスタンスは、取消訴訟を中心とする抗告訴訟の対象たる「処分」性については、これをさしあたり従来通りに解し（すなわちこれを拡大することなく）、その代わりに、抗告訴訟によって救済されない紛争については、実質的当事者訴訟の一つである確認訴訟を活用しようというものである。このことは、平成16年1月6日の司法制度改革推進本部行政訴訟検討会の「行政訴訟制度の見直しのための考え方」において、次のように述べられている。

> 　「（その他の検討結果）　1　確認訴訟の活用　　行政の活動・作用が複雑多様化したことに伴い、典型的な行政を前提として『行政庁の処分その他公権力の行使に当たる行為』を対象としてきた取消訴訟を中心とする抗告訴訟のみでは国民の権利利益の実効的な救済をすることが困難な局面への対応の必要性が指摘されている。
> 　行政の活動・作用の複雑多様化に対応し、国民の権利利益の実効的な救済を図る観点からは、確認訴訟を活用することが有益かつ重要である。確認訴訟を活用することにより、権利義務などの法律関係の確認を通じて、取消訴訟の対象となる行政の行為に限らず、国民と行政との間の多様な関係に応じ、実効的な権利救済が可能となる。」

　確認訴訟は、給付訴訟と並んで、「公法上の法律関係に関する訴訟」として許容されてきたもの（例・国籍確認訴訟—最（二小）判平成9年10月17日民集51巻9号3925頁）であって、行訴法改正によって特に新たに創設されたものではないが、今後これを活用し実効的権利救済の実を挙げようというわけである。

215　**2　改正前の判例**

　従来、公法上の当事者訴訟の一種である確認訴訟として認められた事例としては、上述の国籍確認訴訟の他、次のようなものがある（その他、下級審判例として廃棄物収集義務確認請求訴訟（東京地判平成6年9月9日判例時報1509号65頁）などの例がある）。

－ 246 －

第 14 節　当事者訴訟

> **CASE**　最(大)判昭和 41 年 7 月 20 日民集 20 巻 6 号 1217 頁
>
> 　「論旨は、薬剤師について、厚生大臣の免許のほかに、その薬局の開設に対し許可又はその更新の制度を設け、その業務の遂行を規制するのは、憲法 22 条に違反するという。
> 　しかし、薬剤師の免許は、薬物の調合には特別の知識技能を要し、それなくして行なわれるときは、人の生命ないし健康に危害を及ぼすおそれがあるため、販売又は授与の目的で調剤する者に必要な知識および技能について国家試験を施行して、その合格者に付与されるものであり（旧薬事法 3 条、7 条、薬剤師法 2 条、3 条、11 条）、これに対し、薬事法 5 条による薬局開設の許可は、薬剤師の業務が一般公衆の求めによる調剤、その他医薬品の販売、授与にあることにかんがみ、その業務実施の場所である薬局（薬事法 2 条 5 項）が、その目的に適うように設備され、管理されるために必要とする法令所定の諸事項を具備するか否かを審査してなされるものであることは明らかである（同法 6 条 1 項）。その開設許可に有効期間を限って更新させることにしたのも、その更新を機会として許可後の薬局の施設その他の変更の有無を審査し、つねに薬局に許可基準に適合する状態を維持させようとするにほかならない。してみると、薬剤師の業務の遂行については、単に薬学の知識、調剤の技術、能力の具備を主眼として与えられる免許とは別に、公衆衛生の見地からするこのような薬局に対する規制も不合理とはいえない。」

3　抗告訴訟と当事者訴訟の違い（確認）

当事者訴訟（とりわけ確認訴訟）活用論を踏まえた、行訴法改正後の動きについて検討する前に、抗告訴訟と当事者訴訟の違いをここで再度確認しておくことにしよう。

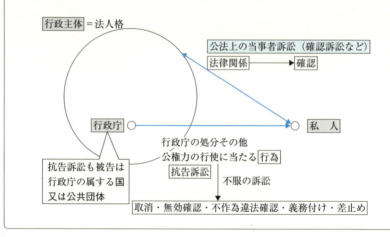

　ここで注意すべきことは、**抗告訴訟はあくまで行政庁（行政機関）が行った公権力の行使にあたる《行為を対象にした訴訟》**（行為訴訟）なのに対して、当事者訴訟は、法人格をもった主体（国や地方公共団体などの行政主体と私人）の間の**権利義務**などの**《法律関係を対象にした訴訟》**（権利訴訟）であり、この両者は、訴えのターゲットが違うという点である（木村・プラクティス142頁以下）。すなわち、抗告訴訟が対象とする行政行為（行政庁の処分）は、それを要件として、権利義務などの法律関係の変動という効果をもたらすものであるが、通常の法律上の争訟は権利義務ないし法律関係を争うのに対して、**行政庁の処分が介在している場合は、原則として、直接権利義務などの法律関係を争うのではなく、その原因（すなわち法律関係の変動の要件）となった行為を争うこと**にするわけである。その意味で、抗告訴訟は法律上の争訟の中でも争い方の特殊な訴訟であるといってよい[45]。

---

(45)　この点は、とりわけ公定力＝取消訴訟の排他性の問題として論じられる。公定力の目的として、塩野・Ⅰ 161頁以下は、①紛争処理の合理化・単純化機能、②紛争解決結果の合理性担保機能、③他の制度効果との結合機能を挙げる。

第14節　当事者訴訟

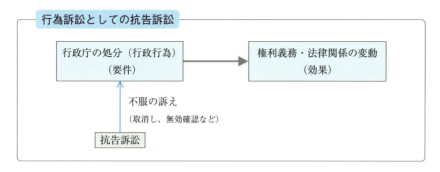

　したがって、同じ「確認訴訟」でも、無効確認訴訟や不作為違法確認訴訟は、あくまで《処分という行為が無効であること》《申請に対する処分という行為がなされないこと》を争うものであるから、抗告訴訟である。それに対して、ここで説明する当事者訴訟としての確認訴訟は、基本的には《権利（法律関係）が存在すること》や《義務が存在しないこと》の確認であって、確認の内容が異なることに注意が必要である。（さらに、仮に何らかの公法上の法律関係に関する訴訟の体裁をとっていても、その実質が行政庁の処分に関する不服の訴えと解されるときは、抗告訴訟と解されることがあるので、その点注意が必要である。[→224 a]）
　ここで論じている当事者訴訟としての確認訴訟活用論は、行政庁の処分が介在せず、抗告訴訟の対象とならない紛争について、それを原告の法律関係ないし権利義務関係に引き直して、裁判的救済をもたらそうとするものである（櫻井＝橋本・行政法352頁以下）。

4　改正後の判例

(1)　**在外国民選挙権訴訟**　改正後の判例として、在外国民の選挙権の確認訴訟を公法上の当事者訴訟として認めた在外国民選挙権訴訟大法廷判決が挙げられる。

> **CASE**　最(大)判平成17年9月14日民集59巻7号2087頁
>
> 「第3　確認の訴えについて……（中略）……
> 　3　本件の予備的確認請求に係る訴えは、公法上の当事者訴訟のうち公法上の法律関係に関する確認の訴えと解することができるところ、その内容をみると、公職選挙法附則8項につき所要の改正がされないと、在外国民である別紙当事者目録1記載の上告人らが、今後直近に実施されることになる衆議院議員の総選挙における小選挙区選出議員の選挙及び参議院議員の通常選挙における選挙区選出議員の選挙において投票をすることができず、選挙権を行使する権利を侵害されることになるので、そのような事態になることを防

第Ⅰ部　行政争訟法　第1章　行政訴訟法

止するために、同上告人らが、同項が違憲無効であるとして、当該各選挙に
つき選挙権を行使する権利を有することの確認をあらかじめ求める訴えであ
ると解することができる。

　選挙権は、これを行使することができなければ意味がないものといわざる
を得ず、侵害を受けた後に争うことによっては権利行使の実質を回復するこ
とができない性質のものであるから、その権利の重要性にかんがみると、具
体的な選挙につき選挙権を行使する権利の有無につき争いがある場合にこれ
を有することの確認を求める訴えについては、それが有効適切な手段である
と認められる限り、確認の利益を肯定すべきものである。そして、本件の予
備的確認請求に係る訴えは、公法上の法律関係に関する確認の訴えとして、
上記の内容に照らし、確認の利益を肯定することができるものに当たるとい
うべきである。なお、この訴えが法律上の争訟に当たることは論をまたない。

　そうすると、本件の予備的確認請求に係る訴えについては、引き続き在外
国民である同上告人らが、次回の衆議院議員の総選挙における小選挙区選出
議員の選挙及び参議院議員の通常選挙における選挙区選出議員の選挙におい
て、在外選挙人名簿に登録されていることに基づいて投票をすることができ
る地位にあることの確認を請求する趣旨のものとして適法な訴えということ
ができる。

　4　そこで、本件の予備的確認請求の当否について検討するに、前記のとお
り、公職選挙法附則8項の規定のうち、在外選挙制度の対象となる選挙を当
分の間両議院の比例代表選出議員の選挙に限定する部分は、憲法15条1項及
び3項、43条1項並びに44条ただし書に違反するもので無効であって、別紙
当事者目録1記載の上告人らは、次回の衆議院議員の総選挙における小選挙
区選出議員の選挙及び参議院議員の通常選挙における選挙区選出議員の選挙
において、在外選挙人名簿に登録されていることに基づいて投票をすること
ができる地位にあるというべきであるから、本件の予備的確認請求は理由が
あり、更に弁論をするまでもなく、これを認容すべきものである。」

　この判決は、理論的にもさまざまな問題を提起しているが、ここでは抗告訴訟
と当事者訴訟の役割分担という観点からコメントする。この事件では、「確認訴
訟」として次の2つの訴訟の比較が問題となる。すなわち、① 公職選挙法が原
告らに衆議院小選挙区選出議員の選挙及び参議院選挙区選出議員の選挙における
選挙権の行使を認めていない点において違法であることの確認訴訟（＝主位的確
認請求）と② 原告らが今後直近に実施されることになる同選挙において、在外
選挙人名簿に登録されていることに基づいて投票することができる地位にあるこ
との確認訴訟（＝予備的確認請求）という2つの訴訟であるが、同判決は、この
両者を比較し、①につき「他により適切な訴えによってその目的を達成すること
ができる場合には、確認の利益を欠き不適法である」として、②をもって適法な

－ 250 －

訴えとしている。①も②も「確認訴訟」という語を用いているが、①は《特定の法律が違法であることの確認》であり、②は《特定の者が特定の法的地位にあることの確認》である。すなわち、①は法令の違憲確認訴訟であって、法令の制定行為（立法行為）という「公権力の行使」に対する一種の無名抗告訴訟と考えられるのに対し、②は特定の者の法的地位の確認であるから、その前提に法令の違憲性が問題になるとしても、直接的には「公法上の法律関係に関する確認の訴え」ということになるので、公法上の当事者訴訟（行訴4）として位置づけられることになろう（杉原則彦「本件調査官解説」『最高裁判所判例解説民事篇・平成17年度（下）』646頁以下参照）。そうするとなぜ、②のほうが①より適切かということであるが、本件の場合、②のほうが①よりも内容的により具体的であるということが挙げられるほか、本件の場合、警察予備隊訴訟（第1節第1款【2】[→16]）のような抽象的な法令違憲確認訴訟が提起されているわけではないが、たとえ具体的な事件であっても、無名抗告訴訟としての法令の違憲確認訴訟（これは国会の立法行為という「公権力の行使に対する不服の訴え」ということになる）に対して慎重な姿勢を読み取ることが可能であろう。

　いずれにしても、在外国民選挙権訴訟の事案においては、**行政機関が行った処分は介在していない。**

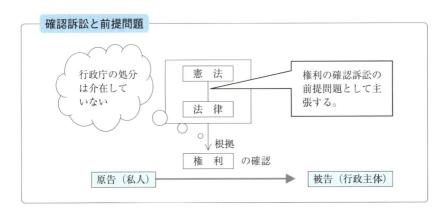

　このようにある紛争を私人と行政主体との間の法律関係ないし権利義務に関する訴訟として構成し、その前提問題として当該法律関係等の根拠となっている法律の合憲性を争うことができるとすれば、憲法訴訟の場もそれだけ拡大することになるであろう。

第Ⅰ部　行政争訟法　第1章　行政訴訟法

(2)　その他の判例　　その後の判例としては、国籍法違憲訴訟上告審判決（最
(大)判平成20年6月4日民集62巻6号1367頁）、混合診療における「療養の給付」を受
ける権利が問題となった混合診療事件第1審判決（東京地判平成19年11月7日判例時
報1996号3頁）などが挙げられるが、これらについては次に説明する。

【2】　確認訴訟の活用と訴訟類型の選択

218　**1　確認訴訟活用の方向**

このように平成16年行訴法改正において打ち出された確認訴訟活用の方向は、
抗告訴訟によっては救済されない紛争について、民事訴訟とは別に行政事件訴訟
の枠内で確認訴訟を1つの受け皿として位置づけようとするものであった。そし
てそこでは、処分性については従来からの理解に特に変更を加えないということ
が前提とされていたのである。

もっともその後の最高裁判例は、在外国民選挙権訴訟上告審判決のように、確
認訴訟の活用によって権利救済の途を拓いたものもあるが、医療法に基づく勧告
に処分性を認めた最(二小)判平成17年7月15日［→51］のように処分性を大方の
予想以上に拡大する判例もあり、このような処分性を拡大する判例の意図がどこ
にあるのかという点も含め、裁判実務において確認訴訟がどの程度活用されるの
かについて不透明な部分があることは事実である。しかしながら、このような処
分性を拡大した判例の中で訴訟類型の選択が問題とされたものにあっては、多く
の場合、当事者訴訟（確認訴訟）を用いることにも十分な理由があると考えられ
るものもあるので、現状において一定程度処分性拡大の方向を採るとしても、訴
訟類型相互間の交通整理が不透明な現状に鑑みれば、抗告訴訟と当事者訴訟の選
択が微妙な場合において、訴訟類型の選択を誤ったとの理由で訴えを不適法却下
するような取扱いがなされることは、行訴法改正の趣旨からしても極めて望まし
くない。

219　**2　法の執行過程の多様性と訴訟類型の選択**

このように当事者訴訟（確認訴訟）は、さしあたり抗告訴訟による救済が及ば
ない領域において、その活用が想定されることになる。すなわち、法律関係ない
し権利義務関係の形成において行政庁の処分が介在しない場合である。中でも留
意すべき点は、**実際の行政法上の法律関係の形成においては、行政庁の処分を介
在させず、法令に基づいて（法令の要件に該当することによって）直接権利や義務
が発生することが少なからずある**、ということである（行政法総論は、行政行為

－ 252 －

第 14 節　当事者訴訟

が中心となるので、《法律→行政行為→権利・義務の発生・変動⇒抗告訴訟による救済》というルートのほうに目が行きがちなのは当然であるが、具体的な事案に当たる際に、この点は重要である。この点については、神橋一彦「法律関係形成の諸相と行政訴訟」法学教室 369（2011 年 6 月）号 96 頁以下参照）。

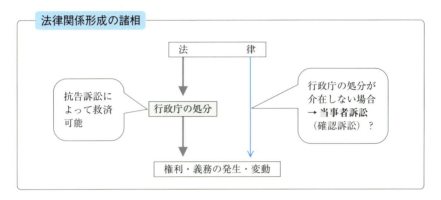

このような場合、当然、抗告訴訟によることはできないのであるから、権利の存在ないし義務の不存在の確認訴訟を提起する方法が考えられることになる。

(1)　**法令の要件に該当することによって直ちに権利が発生する場合**　既にみたように（【1】4 [→ 217]）、在外国民選挙権訴訟の事件において、外国に在住する日本国民が一定の国政選挙において選挙権を行使することができないのは、選挙権を制限する個別の処分があるからではなく、公職選挙法がそのように定めているからであった。国籍確認訴訟についても国籍法の定めによる点で同様である。そしてそのような場合においては、権利や法的地位の確認訴訟が認められている。

この他に給付行政（とりわけ社会保障関係）の分野においても、① **給付に際して行政処分によって初めて具体的な給付請求権が発生する場合**と、② **行政処分の介在なしに、法令の定める要件を充足することによって直ちに給付請求権が発生する場合**がある。

前者の①の場合、例えば給付の申請を行ったものの拒否処分がなされた場合がそれにあたるが、そういった場合、申請者は**申請拒否処分に対する抗告訴訟**を提起して争うことになる。

これに対して、後者の②の場合は、すでに給付請求権は発生しているので、直ちに**公法上の当事者訴訟としての給付訴訟**を提起して給付を求めることになる。したがってこのような場合には確認訴訟を起こすまでもないが、給付訴訟では目

第Ⅰ部　行政争訟法　第1章　行政訴訟法

的を達することができない場合においては、**給付を受ける地位の確認訴訟を提起**することが考えられる。

> **補足**　**給付に行政処分が介在しない場合の例**
>
> 　例えば、過重勤務による疾病が原因で死亡した国家公務員の遺族が、国家公務員災害補償法に基づいて国に対し遺族補償一時金などの給付を求めた事例において、当該遺族は、同法に基づいて人事院規則が定める要件である「公務に起因することの明らかな疾病」に当たることを主張して、直接給付を求める訴え（公法上の当事者訴訟としての給付訴訟）を提起することができる。これは、法令の要件に該当すれば当然に請求権が発生することを前提としているが、このような場合においては、給付訴訟という直截的な争訟手段があるので（給付を受ける地位の）確認訴訟については訴えの利益がないとされる（大阪地判平成20年1月16日労働判例958号21頁）。
>
> 　しかし健康保険法において「療養の給付」に当たる診療（保険診療）を受けた場合、患者（被保険者）は一部負担で済むところ、保険診療とそうでない診療（自由診療）を併用する診療（いわゆる混合診療）を受けた場合は、本来の保険診療についても自由診療扱いとされ全額負担とされた事例において、原告が現にそのような混合診療を受けており、今後ともそのような療養を受ける可能性が高く、仮にそのような解釈運用による場合多額の医療費の負担を余儀なくされるおそれがあることを理由に、本来の保険診療について「療養の給付を受けることができる権利を有すること」の確認訴訟につき訴えの利益を認めている（東京地判平成19年11月7日判例時報1996号3頁＝請求認容、その後控訴審・東京高判平成21年9月29日判例タイムズ1310号66頁は請求棄却している）。これは、自由診療をめぐる健康保険法上の「療養の給付」という要件の解釈にかかわるものであり、原告の受ける不利益が将来にわたって確実に継続する点で特徴がある。

221　(2)　**法令の要件に該当することによって直ちに義務が発生する場合**　　権利だけではなく、義務についても、行政庁の処分が介在する場合のみならず、法令の要件に該当することによって直ちに義務が発生する場合がある。行政代執行法も、**「法律（法律の委任に基く命令、規則及び条例を含む。以下同じ。）により直接に命ぜられ、又は法律に基き行政庁により命ぜられた行為（他人が代つてなすことのできる行為に限る。）について義務者がこれを履行しない場合」**について代執行を行いうることを規定しているが（2条）、そこでは、①**法律により直接に命ぜられた行為（義務）**と、②**法律に基づき行政庁により命ぜられた行為（義務）**の2つのルートがあることを前提としている。

　いうまでもなく、行政庁の処分によって義務が課せられた場合（上述の②）については、当該処分に対する抗告訴訟を提起すれば足りるが、法律によって直接

－ 254 －

第14節　当事者訴訟

に義務が課される場合（上述の①）は、処分は介在しないので抗告訴訟によることはできず、当該義務の不存在確認訴訟を提起することが考えられる。

> **補足**　**法令によって直接義務が課される場合の例**
>
> 　あまり身近な例ではないが、火薬類取締法は、火薬類を消費する目的で火薬類の譲受・輸入の許可を受けた者は「その火薬類を消費し、若しくは消費することを要しなくなつた場合……において、なお火薬類の残量があるときは、遅滞なくその火薬類を譲り渡し、又は廃棄しなければならない」（22条）と規定している。この場合も、要件に該当したときは、行政庁の処分（認定）を経ることなく、直ちに譲り渡し又は廃棄の義務が生じ、もしそれを履行しない場合には最終的には、代執行の対象となりうる。

　もっともこのように法令によって直接義務が課される場合、さしあたりは法令の要件に該当することによって観念的に法的な拘束を受けているという状態が存在するにとどまるのであって、具体的に行政機関との間の法的紛争となるのは、多くの場合（行政指導等のインフォーマルな形での接触はともかく）私人の側において何かの行為を行った後、行政庁がそれを義務違反の行為とし、それを理由とした代執行や監督処分がなされた（あるいは、なされようとしている）段階であろう。そうなると、**義務不存在確認訴訟とそれら処分（代執行の戒告や監督処分）に対する差止め訴訟との関係が問題となる。しかし、法令の要件に該当しないので自分に義務がないと考えたとしても、私人がそう考えただけでは、それを行政側に公の権威をもって貫徹することはできないとすれば**（私人自らの判断か公の権威をもって行政に対して貫徹できない点では、行政行為の無効と無効確認訴訟の関係と同じであろう——第8節第1款【2】3参照［→154]）、早い段階に義務不存在確認訴訟を提起することは排除されないと考えられる。

— 255 —

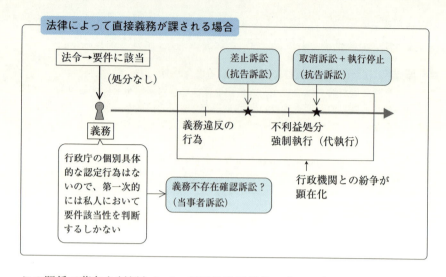

　この関係で著名な判例として、行訴法改正以前のものであるが、**河川法上の河川区域に該当しないことの確認を求めた横川川事件**が挙げられる。この事件では、X（原告）は二級河川の横川川沿いに土地を所有していたが、そこにXが盛土をしたところ、河川管理者（高知県知事）は、当該土地は河川法上の河川区域（6①）に該当するとし、除却命令を行い（75）、最終的に代執行により盛土を除去した(46)。そこでXは、①あらかじめ当該河川管理者が河川法上の処分をしてはならない義務があることの確認（第一次的訴え）、②河川法上の処分権限がないことの確認（第二次的訴え）、③本件土地が河川法にいう河川区域でないことの確認（第三次的訴え）を提起した。

　これらの訴えのうち、①と②については、当該河川管理者の処分をターゲットにした一種の差止訴訟（抗告訴訟）と解することができるが、③については「河川区域でないことの確認」、すなわち河川区域であることによってXが負う掘さ

---

(46) 河川区域のうちこの事件で問題となった「河川の流水が継続して存する土地及び地形、草木の生茂の状況その他その状況が河川の流水が継続して存する土地に類する状況を呈している土地……の区域」（河川法6①Ⅰ）については、河川管理者の指定（処分）を介在させず、要件を満たせば当然に河川区域となる仕組みになっていた。そして河川区域に該当した場合、その占用、土石等の採取、工作物の新築等、掘さく等の行為は、河川法上一般的に禁止されており、それらの行為を行うためには河川管理者の個別の許可を得なければならないこととされており（同24以下）、無許可で行った場合、河川管理者は、本件で行われたような除却等の監督処分を行うことができるものとされていた（同75）。なお、この事件の詳細については、宇賀・Ⅱ356頁以下で差止訴訟との関係で触れられている。

第14節　当事者訴訟

く等の行為の不作為義務（＝禁止）が存在しないことの確認と言い換えることができるので、一種の義務不存在確認訴訟（当事者訴訟）と解することができる（控訴審・高松高判昭和63年3月23日判例時報1284号57頁はそのような理解に立つ）。最終的に上告審判決は、Xが、「河川法75条に基づく監督処分その他の不利益処分をまって、これに関する訴訟等において事後的に本件土地が河川法にいう河川区域に属するかどうかを争ったのでは、回復しがたい重大な損害を被るおそれがある等の特段の事情があるということはできないから」、上掲の3つの訴訟について、「〔確認〕を求める法律上の利益を有するということはできない」として不適法な訴えとしている（最(三小)判平成元年7月4日判例時報1336号86頁）。この判決は、平成16年改正によって差止訴訟の法定および確認訴訟の明文化がなされる以前のものであるが、現行法の下においては、具体的に違反行為を行う以前の段階で差止訴訟の要件である「〔処分〕がされようとしている場合」（行訴3⑦＝処分の蓋然性）に当たるかどうかが問題となろう。しかし、本件の場合は一度盛土をして代執行を受けているという事情があり、そもそもの問題の根源である不作為義務の不存在確認訴訟について訴えの利益（確認の利益）を肯定することは可能であろう。（行政庁側とのやりとりによっては、処分の蓋然性要件を充たすものとして、直ちに差止訴訟を提起することも考えられる。）

3　一定の行政の行為はあるが処分性が認められない場合

(1)　**処分性が認められない決定**　　法律関係や権利義務関係の形成に何らかの行政の決定が関与していたとしても、その決定に処分性が認められない場合がある。

　例えば、補助金の給付については、国が法律（補助金適正化法なども含む）に基づいて行う場合、処分という形式を取って行われることがあり、その場合は補助金の不支給決定がなされれば、当該決定の取消訴訟を起こすことができる。しかしながら、地方公共団体等では、条例に基づかず、行政機関内部における「要綱」に基づいて行われる補助金給付もある。このような場合、「申請」に対する「決定」という形式（ないし名称）をとったとしても、法規（法律・条例）に根拠をもたないので、これを処分と見ることはできず、法的には契約ということになるであろう。しかしながら、契約といっても通常の私人間の締結する契約とは違うので、要綱に違反して給付が拒否された場合は、平等原則違反で拒否決定は違法とされる可能性がある。その場合、処分ではないので取消訴訟によることができない。したがってそのような場合、給付を受ける法的地位の確認ないし給付義務の確認訴訟を提起して救済を求めることが考えられよう（橋本博之『解説改正行

第Ⅰ部　行政争訟法　第1章　行政訴訟法

政事件訴訟法』（2004年）89頁）。

223　　(2)　**行政指導、通達などの違法確認？**　　さらに問題となるのは、行政庁の処分（行政行為）以外の、それ自体としては法的効果を有しない行政指導や行政の内部行為（通達など）が違法と考えられる場合、処分が介在しないことにおいては共通しているが、当事者訴訟としてどのような訴訟になるかについては議論の余地がある。

　　例えば、墓地、埋葬等に関する法律は、「墓地、納骨堂又は火葬場の管理者は、埋葬、埋蔵、収蔵又は火葬の求めを受けたときは、正当の理由がなければこれを拒んではならない」と定めているが (13条)、従前においては異教徒の埋葬を拒んでも差し支えないとの通達がなされていたところ、その後通達が変更され、依頼者が他の宗教団体の信者であることのみを理由としてこの求めを拒むことは「正当の理由」によるものとは認められない、とされた。これに対して、通達の取消訴訟が提起されたが、通達の処分性が否定されている (最(三小)判昭和43年12月24日民集22巻13号3147頁 [→42])。

　　このような場合についての1つの考え方としては、端的に行政指導や通達などの違法確認訴訟を提起するというものがあるが、この場合、確認の対象は直接には公法上の《法律関係》ではなく、(処分性のない) 行政指導や通達などの《行為の違法》ということになる。このような処分性のない行為の違法確認を当事者訴訟として提起することができるかどうかについては議論のあるところである。もし《原告の法律関係ないし権利義務》に関する確認の訴えとして構成するとすれば、上述の墓地埋葬法の通達の例でいえば、異教徒の埋葬を認める義務がないことの確認を求める訴訟などが考えられる。この場合、異教徒の埋葬を拒否すれば刑事訴追をうけるおそれがあることにより確認の利益があることを主張することになるであろう (宇賀・Ⅱ361頁)。

第 14 節　当事者訴訟

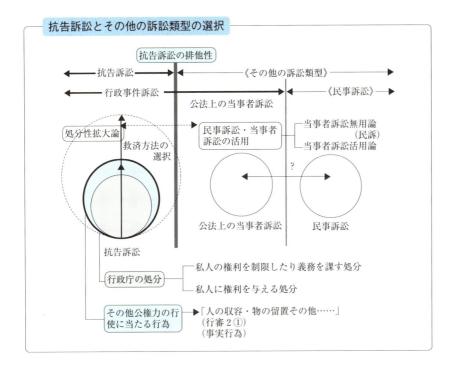

4　確認訴訟の訴訟要件

　実質的当事者訴訟の1つとしての確認訴訟については、その活用の方向が行訴法改正において打ち出されたところであるが、その訴訟要件について行訴法は特に明文の定めを置いていない。しかし確認訴訟の訴訟要件として、当該訴えに確認の利益（ないし即時確定の利益）が存在することが要求される。これは、法律上の争訟の要件である紛争の成熟性が要求されるのと同じである。

　この確認の利益一般については、民事訴訟法において説かれているところにならうことになるが、そこでは、① 紛争解決にとって確認訴訟（ひいては確認判決）という手段が有効・適切であるか（**方法選択の適否**）、② 確認対象として選んだ訴訟物が、紛争解決にとって有効・適切であるか（**対象選択の適否**）、③ 当該紛争が確認判決によって即時に解決しなければならないほど切迫した成熟したものか（**紛争の現実性**）、④ 確認判決による紛争の解決を図るのに有効適切な被告を選んでいるか（**被告選択の適否**）が挙げられている（新堂・新民訴270頁以下）。

　この確認の利益については、取消訴訟の訴えの利益（原告適格）における法律上保護された利益説のような確たる判断枠組みがあるわけではなく、事案ごとに判断するほかないが、既に述べたように、場合によって確認訴訟は実質的に将来

の処分を差し止める機能を有するので（義務不存在確認訴訟は、義務違反を理由とする後続の不利益処分等を差止める機能を有する）、差止訴訟の要件である「一定の処分……がされることにより重大な損害を生ずるおそれがある場合」との関係が問題となろう（塩野・Ⅱ265頁・注（２）参照）。

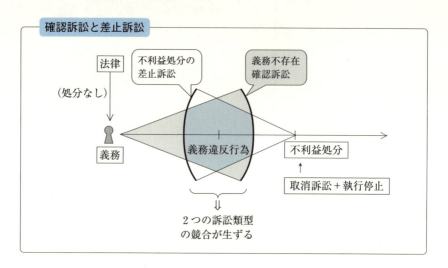

5 国旗国歌訴訟上告審判決（抗告訴訟と当事者訴訟の役割分担）

224 a

（１）**事案と論点**　このように抗告訴訟と当事者訴訟の役割分担は、特に義務の賦課と義務違反に対する措置（不利益処分など）をめぐる一連のプロセスの中で問題となる。このことが問題となったのが、**国旗国歌訴訟上告審判決**である。この事件は、（ⅰ）東京都教育委員会教育長が、卒業式・入学式等における国旗掲揚や国歌斉唱などを求める通達を発し、（ⅱ）これを受けて都立学校の校長が式典のつど教職員に対して、国歌斉唱の際に国旗に対して起立して斉唱することや、音楽科の教員に対しては国歌斉唱の際にピアノ伴奏をすることを命ずる職務命令を発し、さらに（ⅲ）この職務命令に違反した多数の教職員に対して懲戒処分を行ったことから、都立学校の教職員である原告らが、これらの通達や職務命令は違憲、違法であって(a)各所属校の卒業式や入学式等の式典における国歌斉唱の際に国旗に向かって起立して斉唱する義務のないこと及びピアノ伴奏をする義務のないことの確認、(b)国歌斉唱の際に国旗に向かって起立・斉唱しないこと、および（音楽科教員については）ピアノ伴奏をしないことを理由とする懲戒処分の差止めを求めて出訴した事案である。

本件における通達や職務命令が抗告訴訟の対象となる行政庁の処分に当たらな

第 14 節　当事者訴訟

いことは、既に述べたところであるが [→ 41]、ここで問題となるのは、①懲戒処分の差止訴訟と②本件職務命令に基づく公的義務（公務員としての義務）の不存在確認訴訟との関係である。

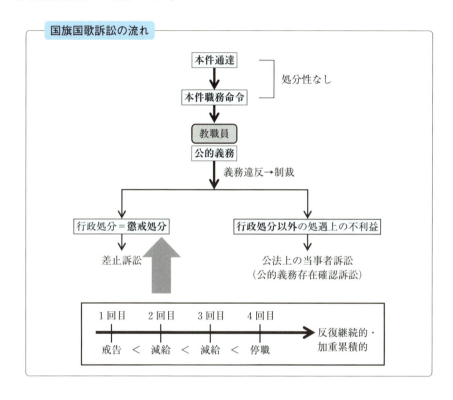

　この判決で注目すべきは、公的義務不存在確認の訴えの内容につき、一様にこれを公法上の当事者訴訟として捉えるのではなく、(a) 将来の不利益処分たる懲戒処分の予防を目的とする請求と(b) 勤務成績の評価を通じた昇給等に係る不利益という行政処分以外の処遇上の不利益の予防を目的とする請求に分ける。そして、(a)の公的義務不存在確認訴訟を（懲戒処分に関する不服の訴えとしての）**無名抗告訴訟** [→ 202] とし、(b)の公的義務不存在確認訴訟を**公法上の当事者訴訟**と捉えるのである。以下、これらについて分説する。

　(2)　**懲戒処分の差止訴訟**　　まず① 処分の蓋然性が問題となる。この点について判決は、懲戒処分（免職・停職・減給・戒告）のうち、免職処分につきその蓋然性を否定する。すなわち、「本件通達の発出後、都立学校の教職員が本件職務

— 261 —

第Ⅰ部　行政争訟法　第1章　行政訴訟法

命令に違反した場合の都教委の懲戒処分の内容は、おおむね、1回目は戒告、2回目及び3回目は減給、4回目以降は停職となっており、過去に他の懲戒処分歴のある教職員に対してはより重い処分量定がされているが、免職処分はされていないというのであり、従来の処分の程度を超えて更に重い処分量定がされる可能性をうかがわせる事情は存しない以上、都立学校の教職員について本件通達を踏まえた本件職務命令の違反に対しては、免職処分以外の懲戒処分（停職、減給又は戒告の各処分）がされる蓋然性があると認められる一方で、免職処分がされる蓋然性があるとは認められない」とする。

　次に②「重大な損害」要件であるが、この点について判決はまず、この要件に関する一般的解釈を示したあと［→197］、次のように述べる。

> **CASE** 最（一小）判平成24年2月9日民集66巻2号183頁（つづき）
>
> 　「本件においては、前記第1の2(3)のとおり、本件通達を踏まえ、毎年度2回以上、都立学校の卒業式や入学式等の式典に際し、多数の教職員に対し本件職務命令が繰り返し発せられ、その違反に対する懲戒処分が累積し加重され、おおむね4回で（他の懲戒処分歴があれば3回以内に）停職処分に至るものとされている。このように本件通達を踏まえて懲戒処分が反復継続的かつ累積加重的にされる危険が現に存在する状況の下では、事案の性質等のために取消訴訟等の判決確定に至るまでに相応の期間を要している間に、毎年度2回以上の各式典を契機として上記のように懲戒処分が反復継続的かつ累積加重的にされていくと事後的な損害の回復が著しく困難になることを考慮すると、本件通達を踏まえた本件職務命令の違反を理由として一連の累次の懲戒処分がされることにより生ずる損害は、処分がされた後に取消訴訟等を提起して執行停止の決定を受けることなどにより容易に救済を受けることができるものであるとはいえず、処分がされる前に差止めを命ずる方法によるのでなければ救済を受けることが困難なものであるということができ、その回復の困難の程度等に鑑み、本件差止めの訴えについては上記「重大な損害を生ずるおそれ」があると認められるというべきである。」

　ここでは、短期間の間に「懲戒処分が反復継続的かつ累積加重的にされていくと事後的な損害の回復が著しく困難になること」が「重大な損害」要件を充たす理由とされている。すなわち、処分そのものからくる損害というよりも（一番軽い戒告が、それだけをとってみた場合、その実質において「重大な損害」に当たるかについては疑問の余地もあろう。）、＜短期間・反復継続・累積加重＞という手続的な不利益がここでは重視されている。

－ 262 －

第14節　当事者訴訟

(3) 公的義務確認訴訟①（懲戒処分の予防目的）

　このように懲戒処分の差止訴訟が適法な訴えとして認められることになれば、同じく懲戒処分の予防を目的とする公的義務不存在確認訴訟は補充性の要件を欠き不適法となる。

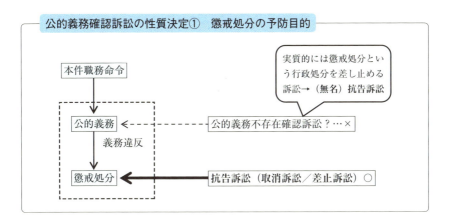

CASE　最(一小)判平成24年2月9日（つづき）

　「無名抗告訴訟は行政処分に関する不服を内容とする訴訟であって、前記1(2)のとおり本件通達及び本件職務命令のいずれも抗告訴訟の対象となる行政処分には当たらない以上、無名抗告訴訟としての被上告人らに対する本件確認の訴えは、将来の不利益処分たる懲戒処分の予防を目的とする無名抗告訴訟として位置付けられるべきものと解するのが相当であり、実質的には、本件職務命令の違反を理由とする懲戒処分の差止めの訴えを本件職務命令に基づく公的義務の存否に係る確認の訴えの形式に引き直したものということができる。抗告訴訟については、行訴法において、法定抗告訴訟の諸類型が定められ、改正法により、従来は個別の訴訟類型として法定されていなかった義務付けの訴えと差止めの訴えが法定抗告訴訟の新たな類型として創設され、将来の不利益処分の予防を目的とする事前救済の争訟方法として法定された差止めの訴えについて「その損害を避けるため他に適当な方法があるとき」ではないこと、すなわち補充性の要件が訴訟要件として定められていること（37条の4第1項ただし書）等に鑑みると、職務命令の違反を理由とする不利益処分の予防を目的とする無名抗告訴訟としての当該職務命令に基づく公的義務の不存在の確認を求める訴えについても、上記と同様に補充性の要件を満たすことが必要となり、特に法定抗告訴訟である差止めの訴えとの関係で事前救済の争訟方法としての補充性の要件を満たすか否かが問題となるものと解するのが相当である。

　本件においては、前記2のとおり、法定抗告訴訟として本件職務命令の違

反を理由としてされる蓋然性のある懲戒処分の差止めの訴えを適法に提起することができ、その本案において本件職務命令に基づく公的義務の存否が判断の対象となる以上、本件職務命令に基づく公的義務の不存在の確認を求める本件確認の訴えは、上記懲戒処分の予防を目的とする無名抗告訴訟としては、法定抗告訴訟である差止めの訴えとの関係で事前救済の争訟方法としての補充性の要件を欠き、他に適当な争訟方法があるものとして、不適法というべきである。」

(4) 公的義務確認訴訟②（行政処分以外の処遇上の不利益の予防目的）

しかし、公的義務に違反する行為（すなわち職務命令に違反する行為）が行われ、またそれが積み重なっていくと、懲戒処分の処分事由および加重事由として評価を受けることなるため、それに伴って勤務成績の評価を通じた昇給等に係る不利益という行政処分以外の処遇上の不利益が発生し拡大する危険がある。すなわち、公的義務の存在が**行政処分以外の処遇上の不利益**につながるわけである。その観点からすれば、教職員の法的地位に現実の危険を及ぼすということになる。判決は、次のように述べて、かかる危険を予防する目的とする公的義務不存在確認訴訟を、実質的当事者訴訟として適法な訴えとしている。

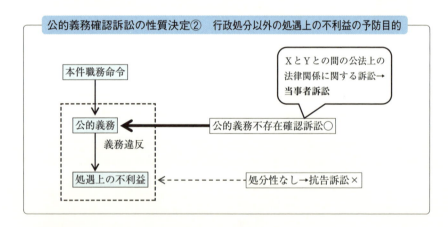

CASE 最(一小)判平成24年2月9日（つづき）

「上記(1)のとおり、被上告人東京都に対する本件確認の訴えに関しては、行政処分に関する不服を内容とする訴訟として構成する場合には、将来の不利益処分たる懲戒処分の予防を目的とする無名抗告訴訟として位置付けられるべきものであるが、本件通達を踏まえた本件職務命令に基づく公的義務の存在は、その違反が懲戒処分の処分事由との評価を受けることに伴い、勤務成

第14節　当事者訴訟

績の評価を通じた昇給等に係る不利益という行政処分以外の処遇上の不利益が発生する危険の観点からも、都立学校の教職員の法的地位に現実の危険を及ぼし得るものといえるので、このような行政処分以外の処遇上の不利益の予防を目的とする訴訟として構成する場合には、公法上の当事者訴訟の一類型である公法上の法律関係に関する確認の訴え（行訴法4条）として位置付けることができると解される。前記1(2)のとおり本件職務命令自体は抗告訴訟の対象となる行政処分に当たらない以上、本件確認の訴えを行政処分たる行政庁の命令に基づく義務の不存在の確認を求める無名抗告訴訟とみることもできないから、被上告人東京都に対する本件確認の訴えを無名抗告訴訟としか構成し得ないものということはできない。

　そして、本件では、前記第1の2(3)のとおり、本件通達を踏まえ、毎年度2回以上、都立学校の卒業式や入学式等の式典に際し、多数の教職員に対し本件職務命令が繰り返し発せられており、これに基づく公的義務の存在は、その違反及びその累積が懲戒処分の処分事由及び加重事由との評価を受けることに伴い、勤務成績の評価を通じた昇給等に係る不利益という行政処分以外の処遇上の不利益が発生し拡大する危険の観点からも、都立学校の教職員として在職中の上記上告人らの法的地位に現実の危険を及ぼすものということができる。このように本件通達を踏まえて処遇上の不利益が反復継続的かつ累積加重的に発生し拡大する危険が現に存在する状況の下では、毎年度2回以上の各式典を契機として上記のように処遇上の不利益が反復継続的かつ累積加重的に発生し拡大していくと事後的な損害の回復が著しく困難になることを考慮すると、本件職務命令に基づく公的義務の不存在の確認を求める本件確認の訴えは、行政処分以外の処遇上の不利益の予防を目的とする公法上の法律関係に関する確認の訴えとしては、その目的に即した有効適切な争訟方法であるということができ、確認の利益を肯定することができるものというべきである。したがって、被上告人東京都に対する本件確認の訴えは、上記の趣旨における公法上の当事者訴訟としては、適法というべきである。」

　このように判決は、＜公的義務の不存在を確認する請求＞という形式のみによるのではなく、その請求の目的に応じて、＜確認する請求＞であっても場合によっては、公法上の当事者訴訟ではなく、差止訴訟と同趣旨の（無名）抗告訴訟と解されることがあることを示している。

　(5)　その他の関連判例　　この他に公法上の当事者訴訟（確認訴訟）と差止訴訟の役割分担が問題となるものとして、許可事業者に対する規制について、それに違反した事業者に対して違反点数を付与し、それが一定の点数に累積した場合、法令所定の不利益処分を課すという事例がある。

　事例　道路運送法の委任（27条1項）を受けて、国土交通省令（旅客自動車運送事業運輸規則）は、タクシーなどの一般乗用旅客自動車運送事業の事業者につい

— 265 —

第Ⅰ部　行政争訟法　第1章　行政訴訟法

て、地方運輸局長は、運転者を事業用自動車に乗務させることができる乗務距離の最高限度（乗務距離制限）を定めて公示するものとしているが、所轄地方運輸局長がこれを受けて、当該地域における乗務距離の最高限度を270kmとする公示をした場合において、タクシー事業者がかかる乗務距離制限は違憲ないし違法であり無効であると考えたとき、どのような訴訟を提起することができるであろうか。

　道路運送法は、国土交通大臣（地方運輸局長に委任）は、一般旅客自動車運送事業者が「法若しくは法に基づく命令若しくはこれらに基づく処分又は許可若しくは認可に付した条件に違反したとき」は、自動車使用停止処分、事業停止処分、許可取消処分などの不利益処分をすることができる旨規定している（40条）。これを受けて、問題となった事案では、地方運輸局長はこれら行政処分等に関する基準を定め、公示していたが、それによれば、行政処分等の種類は、軽微なものから順に、口頭注意、勧告、警告（以上、行政指導）、自動車等使用停止処分、事業停止処分、営業区域の廃止に係る事業計画の変更命令、許可取消処分とし、初違反、再違反、再々違反以上の違反の累積に応じて、行政処分等の内容が規定されていた。またさらに、自動車等使用停止処分を行うべき違反行為を行った事業者には、処分日車数10日車（1日×10台）までごとに1点とする違反点数を付し、違反点数の累計が一定以上となった場合には事業停止処分や許可取消処分を行うこととしている。

　このような乗務距離制限の公示から不利益処分等までを含めた一連のプロセスをみたとき、さしあたり訴訟類型との関係では、①そもそもまだ違反行為は行っていないが、当該規制は違法ないし違憲であると考える段階→②違反点数が付与され、不利益処分の蓋然性によっては不利益処分が行われる可能性がある段階→③何らかの不利益処分が行われた段階の概ね3段階に分かれるであろう。さらに②については、（ⅰ）違反点数は付与されても、まだ軽微で処分の蓋然性が認められないとされる場合、（ⅱ）処分の蓋然性が認められるとしても、不利益処分としては軽微なので「重大な損害」が認められない場合、（ⅲ）処分の蓋然性も「重大な損害」も認められる場合、の3つがありうることになる。特にこの場合において「重大な損害」の判断にあたっては、単に当該不利益処分そのものから生ずる不利益だけでなく、その当該処分を受けたことが将来の不利益処分において加重事由として考慮されることが処分基準で明示されている場合、かかる手続上の不利益も「重大な損害」に考慮される余地があるであろう（営業停止処分の期間が終了した後においても、当該処分を受けたことが処分基準において将来の処分の加重事由

－ 266 －

第 14 節　当事者訴訟

にされている場合、訴えの利益は消滅しないとされた、前掲・最(三小)判平成 27 年 3 月 3 日
[→94] 参照)。また仮に、差止訴訟の訴訟要件（処分の蓋然性・重大な損害要件）を
欠く場合、当事者訴訟による救済をどのように根拠づけるか（例えば、確認訴訟
における確認の利益をどのように構成するか）が問題となる（名古屋地判平成 25 年 5 月
31 日判例時報 2241 号 31 頁、その控訴審・名古屋高判平成 26 年 5 月 30 日判例時報 2241 号 24
頁、札幌地判平成 26 年 2 月 3 日裁判所HPなど参照）。

　このように許可事業者が当該許可事業に対する規制そのものの違憲性・違法性
を争う事例が、近年注目されている。とりわけ、**市販薬ネット販売権訴訟**では、
インターネットを通じた医薬品の郵便等販売を行う事業者が、平成 18 年の薬事
法改正に伴って改正された薬事法施行規則が、① 店舗以外の場所にいる者に対
する郵便その他の方法による医薬品の販売又は授与は一定の医薬品に限って行う
ことができる旨の規定、および ② それ以外の医薬品の販売若しくは授与又は情
報提供はいずれも店舗において薬剤師等の専門家との対面により行わなければな
らないと規定したことについて、これら施行規則の規定は、新薬事法の委任の範
囲を超える違法なものであって無効であるなどと主張して、国に対して施行規則
の規定にかかわらず郵便等販売をすることができる権利ないし地位を有すること
の確認等の確認訴訟を提起し、請求が認容されている（最(二小)判平成 25 年 1 月 11
日民集 67 巻 1 号 1 頁）。この訴訟では確認訴訟にかかる確認の利益が問題となった
が、第 1 審から上告審まで一貫してこれを肯定している。すなわち、① 薬事法
施行規則の改正（本件改正規定）に処分性が認められない以上、本件規制をめぐる
法的な紛争の解決のために有効かつ適切な手段として、確認の利益を肯定すべき
であり、また、単に抽象的・一般的な省令の適法性・憲法適合性の確認を求める
のではなく、省令の個別的な適用対象とされる原告らの具体的な法的地位の確認
を求めるものである以上、この訴えの法律上の争訟性についてもこれを肯定する
ことができること、② 本件改正規定が控訴人らに適用されるとすると、営業活
動の制限を受け、その営業活動によって得ていた利益を得ることができなくなり、
継続的に損害が拡大していくこととなること、さらに ③ 本件改正規定の適法性・
憲法適合性を争うためには、本件各規定に違反する態様での事業活動を行い、業
務停止処分や許可取消処分を受けた上で、それらの行政処分の抗告訴訟において
上記適法性・憲法適合性を争点とすることによっても可能であるが、そのような
方法は営業の自由に係る事業者の法的利益の救済手続の在り方として迂遠であり、
そのような行政処分を受けることによる経済的、社会的不利益を回避する必要が
認められることなどが挙げられている（第 1 審判決及び控訴審判決）。

6 仮の救済（仮処分の排除の可否）の問題

このように確認訴訟の活用により実質的当事者訴訟が行政訴訟の中で果たす役割は大きくなることが想定されるが、1つの問題として提起されるのは、**当事者訴訟について仮の救済手段に関する特段の規定がないこと**である。すなわち行訴法は、「**行政庁の処分その他公権力の行使に当たる行為については、民事保全法……に規定する仮処分をすることができない。**」と規定している（44条）。これは抗告訴訟においては執行停止等の仮の救済が定められていること関係しているが、そのことから、それ以外の訴訟類型については当然に仮処分が認められるかについては、議論の余地がある（文言上も「行政庁の処分その他公権力の行使に当たる行為については……」となっている）。とりわけ、無効の行政行為を前提とする「現在の法律関係に関する訴え」、すなわち処分の無効を前提とする民事訴訟（争点訴訟・行訴45）や公法上の当事者訴訟の場合は、訴訟類型自体は抗告訴訟ではないが、実質的な争点は、行政庁の処分であるから、そのような場合については仮処分ができないのではないか、という考え方がある。しかしそのように考える場合は、執行停止の規定の準用がないと、執行停止も仮処分もいずれもできないという不合理な結果になってしまう。解決策として、そのような場合には、無効確認訴訟とともに執行停止を申し立てることを前提に《無効確認訴訟でしか仮の権利救済＝執行停止が得られない》ことをもって「現在の法律関係に関する訴えによって目的を達することができない」場合にあたるとして（補充的）無効確認訴訟を認めるという考え方も成り立つが（甲府地判昭和38年11月28日行裁例集14巻11号2077頁）、いささか技巧的で制度的な整合性に問題がある。この点は、立法的解決も主張されているところである（そのほか、公共工事などの事実行為と仮処分の関係については、櫻井＝橋本358頁、芝池・読本380頁以下参照）。

第14節　当事者訴訟

225 a

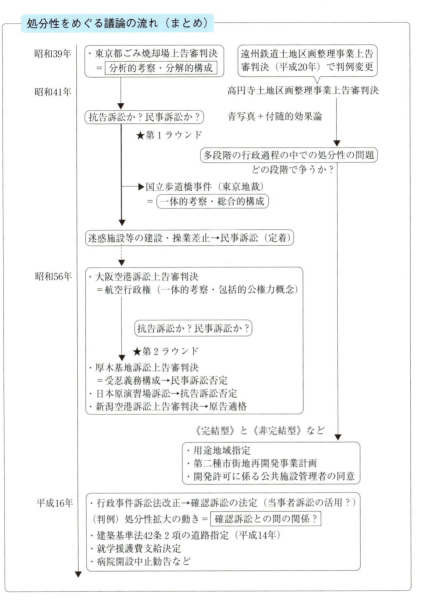

第Ⅰ部　行政争訟法　第1章　行政訴訟法

第15節　民衆訴訟

● 第1款 ● 主観訴訟と客観訴訟

　以上説明した抗告訴訟と当事者訴訟は、ともに私人の権利利益の保護救済を目的とする訴訟であった。したがってこれらの訴訟を提起できる者（原告適格）も、そのような訴訟目的にそって規定されている。そしてこれらの訴訟類型は、既に述べたように（第1節第1款【2】2 [→15]）、憲法76条の司法権の作用ないし裁判所法3条の「法律上の争訟」の裁判に該当するものであり、「主観訴訟」とよぶ。

　これに対して、私人の権利利益の保護救済を目的とせず、もっぱら行政活動の適法性の統制のみを目的とする訴訟を「客観訴訟」という。換言すれば、憲法76条の司法権の作用に属さず、裁判所法3条に照らしていえば、「法律上の争訟」の裁判ではない、「法律において特に定める権限」として具体化されることが予定されるものである。行訴法が規定する訴訟類型のうち、民衆訴訟と機関訴訟がこれに当たる。

　このように客観訴訟の創設は、基本的には国会の立法裁量に属することになる（もっとも、その立法裁量に一定の限界があるかについては、憲法学において議論がある）。現に、現状では原告適格などの点で訴訟の提起が難しい環境行政訴訟について、立法論として団体訴訟の創設が可能性として指摘されているが、おそらくそれは客観訴訟（民衆訴訟）の一種として議論されることになるとおもわれる。また既にみたように、宝塚市パチンコ店規制条例事件上告審判決（最(三小)判平成14年7月9日——第1節第1款【2】4 [→18]）は、「国又は地方公共団体が専ら行政権の主体として国民に対して行政上の義務の履行を求める訴え」について法律上の争訟性を否定したが、法律上の争訟の枠外、すなわち客観訴訟としてそのような訴訟を創設することについては否定していない。

　さらに客観訴訟は、司法権の作用に属するものではないから、違憲立法審査権（憲81）は本来、司法権の範囲内で行使されるという建前からすれば、理論的に問題がないではないが、結果的に、そこでの憲法違反の主張及びそれに対する裁判所の判断によって、憲法訴訟の場を拡大する役割を果たしている（とりわけ選挙訴訟、住民訴訟）。

第 15 節　民 衆 訴 訟

● 第 2 款 ● 民衆訴訟の内容

【1】　行訴法の規定

1　定　義

　民衆訴訟とは、「国又は公共団体の機関の法規に適合しない行為の是正を求める訴訟で、選挙人たる資格その他自己の法律上の利益にかかわらない資格で提起するもの」をいう（行訴5）。ここでいう「自己の法律上の利益にかかわらない資格」は、取消訴訟の原告適格の規定にみられる「法律上の利益を有する者」の対立概念であるといえる（行訴9①、36、37の2③、37の4③、さらに原告側の違法事由の主張制限にかかる同10①を参照）。民衆訴訟の例としては、公職選挙法の規定する選挙関係訴訟や地方自治法の規定する住民訴訟などが挙げられる。これらの訴訟については、長年にわたる学説・判例の蓄積があるが、その点については、憲法や地方自治法などに譲り、本書では、法令の規定の概略についてのみ説明するにとどめる。

2　民衆訴訟・機関訴訟に関する一般的規定

　民衆訴訟及び機関訴訟は、法律に定める場合において、法律に定める者に限り、提起することができる（行訴42）。そして両訴訟については抗告訴訟または当事者訴訟に関する一定の規定の準用が定められている（行訴43）。

【2】　選 挙 訴 訟

　公職選挙法「第15章　争訟」（公選202–220）は、選挙関係の異議の申出や訴訟についての規定をおいている。その中で訴訟として規定されているのは、地方公共団体の議会の議員及び長の選挙の効力に関する訴訟（同203）、衆議院議員・参議院議員の選挙の効力に関する訴訟（同204）、地方公共団体の議会の議員及び長の当選の効力に関する訴訟（同207）、衆議院議員・参議院議員の当選の効力に関する訴訟（同208）である。前者の2つの訴訟は、**選挙の効力に関する訴訟**で、原告となりうるのは選挙人又は候補者である（地方公共団体の議会の議員及び長の選挙については、審査請求前置主義が採られている──同203）。後者の2つの訴訟は、**当選の効力に関する訴訟**で、原告となりうるのは、地方公共団体の議会の議員又は長の選挙にあっては選挙人（現に投票したか否かは関わりない）及び候補者であるが（ただし、審査請求前置主義が採られている──同206）、衆議院議員・参議院議員の選挙にあっては、当該選挙において当選しなかった者に限られる。

― 271 ―

第Ⅰ部　行政争訟法　第1章　行政訴訟法

　なお、衆議院議員選挙の選挙無効訴訟係属中に衆議院が解散された場合や、衆議院小選挙区選出議員選挙において当選人となった議員が辞職し、辞職した議員以外の者が繰上げ当選する可能性などがない場合においては、当該選挙にかかる選挙無効訴訟の訴えの利益は消滅する（最(三小)判平成17年9月27日判例時報1911号96頁、最(三小)判平成17年7月19日民集59巻6号1817頁など）。また、議員定数不均衡問題をめぐる憲法訴訟は、公選法の規定違反を問うもの（公選205参照）ではないとしても、公職選挙法203条、204条の選挙無効訴訟によるものである（最(大)判昭和51年4月14日民集30巻3号223頁ほか）。また処分又は裁決の取消しを求める民衆訴訟については、原告適格と原告の主張制限（行訴9、10①）を除き取消訴訟の規定が準用されるが、公選法では事情判決の規定（行訴31）の準用は排除されている。にもかかわらず、議員定数不均衡訴訟においては、事情判決の法理を「一般的な法の基本原則」として定数不均衡を違法としつつも、選挙無効を回避した判例がある（前掲・最(大)判昭和51年4月14日）。

【3】　住 民 訴 訟

230　1　目　的

　住民訴訟は、地方自治法242条の2に基づく訴訟で、昭和38年の同法改正において導入された制度である。これは、普通地方公共団体の財務に関する住民によるコントロールの一環をなす制度で、住民監査請求（地自242）と一連のプロセスをなしており、ともに地方自治法「第9章財務」の中の「第10節 住民による監査請求及び訴訟」において規定されている。

231　2　原 告 適 格

　住民訴訟を提起できるのは、住民監査請求を行った住民に限られる。すなわち、住民訴訟の提起にあたっては、あらかじめ住民監査請求の手続を経ていることを要する（地自242の2①）。

232　3　監査請求前置主義

　住民訴訟に先立って住民はまず、住民監査請求を起こさなければならないが、住民監査請求の対象となるのは、当該普通地方公共団体の長若しくは委員会若しくは委員又は当該普通地方公共団体の職員の行った**違法又は不当な財務会計上の行為及び財務に関する怠る事実**である。すなわちそこで具体的に挙げられているのは、①公金の支出、②財産の取得・管理・処分、③契約の締結・履行、④債務その他の義務の負担（以上、**財務会計上の行為**）、⑤公金の賦課徴収や財産の管

－ 272 －

理を怠ること（以上、**怠る事実**）である。これらについて住民は、監査委員に対し、監査を求め、当該行為を防止し、若しくは是正し、若しくは当該怠る事実を改め、又は当該行為若しくは怠る事実によって当該普通地方公共団体のこうむった損害を補填するために必要な措置を講ずべきことを請求することができる（地自242の2①）。

これに対して監査委員は、監査を行い、①請求に理由がないと認めるときは、理由を付してその旨を書面により請求人に通知するとともに、これを公表し、②請求に理由があると認めるときは、当該普通地方公共団体の議会、長その他の執行機関又は職員に対し期間を示して必要な措置を講ずべきことを勧告するとともに、当該勧告の内容を請求人に通知し、かつ、これを公表しなければならない（地自242の2④）。さらに当該勧告を受けた議会等は、当該勧告に示された期間内に必要な措置を講ずるとともに、その旨を監査委員に通知しなければならない。この場合において、監査委員は、当該通知に係る事項を請求人に通知し、これを公表しなければならない（地自242の2⑨）。

そして住民は、住民監査請求を提起した後、①当該請求を受けてなされた上述の監査委員の監査の結果や勧告、さらに普通地方公共団体の議会や長などの措置に不服があるとき（作為）、②監査委員が所定の期間内に監査や勧告を法定の期間内（地自242⑤）に行わないときや、勧告を受けたにもかかわらず議会や長などが措置を講じないとき（不作為）、裁判所に対し、**住民監査請求の対象となった違法な行為や怠る事実**につき、住民訴訟を提起して次に掲げる請求をすることができる。

4　請求の内容

住民訴訟の請求との内容としては、①当該執行機関又は職員に対する当該行為の全部又は一部の差止めの請求（地自242の2①Ⅰ、さらに242の2⑥参照）、②行政処分たる当該行為の取消し又は無効確認の請求（242の2①Ⅱ）、③当該執行機関又は職員に対する当該怠る事実の違法確認の請求（242の2①Ⅲ）、④**当該職員又は当該行為若しくは怠る事実に係る相手方に損害賠償又は不当利得返還の請求をすることを当該普通地方公共団体の執行機関又は職員に対して求める請求**（ただし、当該職員又は当該行為若しくは怠る事実に係る相手方が第243条の2第3項の規定による賠償の命令の対象となる者である場合にあっては、当該賠償の命令をすることを求める請求）（242の2①Ⅳ——これを「**4号請求**」という）が列挙されている。そしてこれらには出訴期間の規定があるほか（242の2②、③）、住民訴訟の対象となる違

第Ⅰ部　行政争訟法　第1章　行政訴訟法

法な行為又は怠る事実については、民事保全法に規定する仮処分をすることができない（242の2⑩）などの規定がある。

5　4号請求の内容

住民訴訟の中でもっとも活用されてきたのが、この4号請求であるが、この請求については、平成14年に大きな改正が行われた。すなわちそれまでの4号請求は、住民が当該普通地方公共団体に代位して（＝なりかわって原告となって）、① 当該職員に対する損害賠償請求及び不当利得返還請求、② 怠る事実に係る相手方に対する法律関係不存在確認請求、損害賠償請求、不当利得返還請求、原状回復請求及び妨害排除請求を行うことができる旨定められていた（例えば、緊急の行為と法律の根拠についての判例として有名な最(二小)判平成3年3月8日民集45巻3号164頁〔浦安漁港ヨット係留用鉄杭強制撤去事件〕は、4号請求の事件であるが、改正前の4号請求の事件である。）。

このような制度については、制度が濫用される傾向や直接職員個人に対して損害賠償等の請求がなされることにより当該職員の負担や責任が過大になるなどのさまざまな問題点が指摘されたため、現行のような形に改められた。すなわち当該職員に対する損害賠償請求を例にとると、改正前においては、住民が原告となり、被告たる当該職員に対して直接損害賠償請求を行っていたところ、改正後においては、被告は当該普通地方公共団体となり、請求の内容も、当該職員に対して損害賠償請求を行うことを求めるという間接的な形に改められた(47)。そしてこの4号請求訴訟において損害賠償又は不当利得返還の請求を命ずる判決が確定した場合においては、普通地方公共団体の長は、当該判決が確定した日から60日以内の日を期限として、当該請求に係る損害賠償金又は不当利得の返還金の支払を請求することになる（地自242の3①）。そして当該判決が確定した日から60日以内に当該請求に係る損害賠償金又は不当利得による返還金が支払われないときは、当該普通地方公共団体は、当該損害賠償又は不当利得返還の請求を目的とする訴訟（すなわち第2段階の訴訟）を提起することになる（242の3②）。

---

(47)　木村・プラクティス212頁は、行為訴訟（行為をターゲットにした訴訟）と権利訴訟（行為によって発生・変動した法律関係をターゲットにした訴訟）の区別を前提にして、4号請求は、改正により従来の権利訴訟から行為訴訟（この場合は当該職員等に対して一定の請求を行うことを義務付ける訴訟）となったと説明する。住民訴訟制度をめぐる詳細については、宇賀克也『地方自治法概説〈第6版〉』（2015年）281頁以下参照。

6 「当該職員」の意義

ここで注意しておくべきは、住民訴訟の4つの訴訟類型のうち3つの訴訟類型において「職員」という言葉が出てくるが、1号及び3号の「職員」は、執行機関の補助機関としての職員であるが、4号において損害賠償等の請求の相手方とされる「当該職員」は職員個人であり、意味が異なる。したがって、公金の支出について市長Aが行った行為についての損害賠償は、A個人に対するものということになる（すなわち、訴訟係属中にAが市長を退職したり、訴訟の提起がAの市長退職後であったとしても、損害賠償請求には影響はないことになる）。

▌第16節　機関訴訟

機関訴訟とは、「**国又は公共団体の機関相互間における権限の存否又はその行使に関する紛争についての訴訟**」である（行訴6）。したがってここで原告となり、あるいは被告となるのは国又は公共団体の「機関」である。すなわち、国や公共団体の内部における権限と責任の帰属点である「機関」が原告ないし被告となりうるのであって、一般の私人が提起できる訴訟ではない。

かかる機関訴訟の例としては、地方税法に定める総務大臣の決定または裁決に対する関係地方団体の長の訴え（同法8⑩）や、普通地方公共団体の議会の議決や選挙に関して議会又は長が提起する訴訟（地自176⑦）、国又は都道府県の関与に関して普通地方公共団体の長その他執行機関が提起する訴訟（地自251の5）、さらには各大臣による都道府県知事への代執行訴訟（地自245の8③）などが挙げられる（機関訴訟をめぐる錯綜した問題状況を整理、分析した論稿として、西上治「機関争訟の『法律上の争訟』性—問題の抽出」行政法研究6号（2014年）25頁以下参照）。

第2章　行政上の不服申立制度

第1節　行政不服審査法

● 第1款 ● 序　説

1　意　義

狭義の行政争訟とは、行政機関が行政上の法律関係に関する争いについて裁断する手続をいう。現行法上、**行政不服審査法に基づく不服申立制度**のほか、行政委員会やそれに準ずる行政機関が準司法的手続に従って審判を行う**行政審判**と呼ばれる特別な手続などがある。

行政訴訟については、憲法上の司法権（憲76）や裁判所法の「法律上の争訟」の裁判（裁3）との関係で、一定の憲法上の要請があることは既に述べた通りであるが、行政上の不服申立てについては、これを禁じてはいないことがうかがわれること（憲76②後段）以上に、特に憲法上の要請は存在しない。したがって、行政上の不服申立制度をどのように構築するかについては、基本的に立法政策に委ねられているというべきであるが、一方で公正さを確保するための手続の整備が必要であるが、他方でこの制度の特徴として、簡易迅速な救済を図るということがあり、この両者をどのように調和させるかが問題となるところである。

2　長所と短所

行政機関が行政上の争訟を裁断することについては、長所と短所がある。

(1)　**長　所**　　①裁判所による救済に比べて、**簡易迅速**な手段であるとされる。加えて、費用も低廉である。行審法も目的規定において、「この法律は、行政庁の違法又は不当な処分その他公権力の行使に当たる行為に関し、国民が簡易迅速かつ公正な手続の下で広く行政庁に対する不服申立てをすることができるための制度を定めることにより、国民の権利利益の救済を図るとともに、行政の適正な運営を確保することを目的とする。」と規定しているが（行審1）、これはこのことをうたったものである。不服申立に対する審査手続も、かかる目的に適合的なように職権主義の傾向が強い。（ただし、実際に簡易迅速に行われているかについては、批判の余地もある。）

②　裁断機関が行政機関であることから、行政訴訟（裁判所）においては三権

— 277 —

分立の観点から存在していた制約が、不服申立ての場合には問題とならない。その最も顕著な点は、行政訴訟では、当該処分の適法・違法（法律問題）にしか審査が及ばなかったが（行訴30）、不服申立てでは、**裁量の当・不当**（すなわち、裁量権の濫用・踰越＝違法に至らない裁量問題）についても判断を及ぼすことができる。したがって、不服申立てにおいては、専門的、技術的、政策的判断にも審査を及ぼすことができる（稲葉馨「行政上の『不当』概念に関する覚書き」行政法研究3号〔2013年〕7頁）。

③　行政上の争訟が不服申立ての段階でスクーリニングされることになると、結果的に**裁判所の負担軽減**につながることにもなる。この点は、（例外的に）不服申立前置（行訴8①但書）を採用する理由ともなっている。

④　その他に、情報公開法や情報公開条例に基づく不開示決定について不服申立てがなされた場合、情報公開審査会に原則として諮問され、同審査会においては、実際に不開示決定の対象公文書の見分がなされた上で審理がなされる（インカメラ審理）。かかるインカメラ審理は、裁判所では極めて限定的にしか行われない。また審理が一般に非公開で行われることから、私人のプライバシーの保護につながるという指摘もある（宇賀・Ⅱ18頁）。

(2)　**短　所**　　これに対して、短所として挙げられるのが、行政組織内部において行われる争訟の裁断であるので、**公正性**や**公平性**において裁判所による行政訴訟に比べて劣るという点である。また能力的にも、特に法律問題に関しては、法律に精通した裁判官に比べて劣るのではないかという疑念も生じえよう。もっともこの点については、従前においても、不服申立ての裁断機関が第三者機関である場合や、裁決に当たって第三者機関に諮問を行い、答申を得たうえで行われる手続も存在した。平成26年の行審法改正に伴い、審理員の制度や行政不服審査会等への諮問手続が導入されたことは、以上のような短所を克服しようとするものである。

● 第2款 ● 行政不服審査法の性格

行政不服審査法（行審法）は、「行政庁の処分その他公権力の行使に当たる行為……に関する不服申立てについては、他の法律に特別の定めがある場合を除くほか、この法律の定めるところによる。」とさだめ、同法が**行政上の不服申立てに関する一般法**であることを規定している（行審1②）。すなわち、①行審法の適用については、行審法そのものが（一部または全部の）適用除外を定めるほか（行

審7）、国家公務員法において、「次に掲げる職員〔注：臨時的職員と条件付採用期間中の職員〕の分限…については、……行政不服審査法……の規定は、適用しない。」（国公80①、このほか90②）といった個別法においても定められている。また②行審法に基づく不服申立てであっても、特別の不服申立手続が定められているもの（国公90―人事院への審査請求）のほか、③行審法以外の法律に基づく不服申立手続がある（公選202〔地方公共団体の議会の議員及び長の選挙の効力に関する異議の申出及び審査の申立て〕、同206〔地方公共団体の議会の議員又は長の当選の効力に関する異議の申出及び審査の申立て〕）がある。さらに、行審法の適用除外（行審7）により審査請求をすることができない処分又は不作為であっても、別に法令で当該処分又は不作為の性質に応じた不服申立制度を設けることは妨げられない（行審8、その例として地自255の4〔審決の申請〕など）。

わが国における行政不服審査制度は、明治23年制定の**訴願法**を嚆矢とするが、第二次世界大戦後、現行憲法の下で、行政訴訟制度については、行政裁判制度の廃止に伴い、行政事件訴訟特例法（昭和23年）が制定されたが、訴願法については手つかずのまま存続した。その後、昭和37年の行政事件訴訟法の制定と同時に、行政上の不服申立てについても、行政不服審査法が制定され、手続的な整備が図られることとなった。その後、行政事件訴訟法は平成16年に改正がなされることとなり、行政不服審査法についても手続の公正さなどについてさらなる整備の必要が主張され、①公正性の向上、②使いやすさの向上、③国民の救済手段の充実・拡大などを基本方針として、平成26年に全面改正がなされることになったのである（以下では、昭和37年法を「旧法」「旧行審」、平成26年改正法を「新法」と呼ぶ）。なお、この改正においては、「行政不服審査法案」のほか、「行政不服審査法の施行に伴う関係法律の整備等に関する法律案」、さらに「行政手続法の一部を改正する法律案」（行政指導の中止等の求め、処分等の求めの導入―行手36の2、36の3）が同時に提出され、成立をみている（これらを「行政不服審査法関連三法（案）」と総称する）。

● 第3款 ● 不服申立ての種類

240

行審法の定める不服申立てには①審査請求、②再調査の要求、③再審査請求の3種類がある。旧法では、不服申立には、①処分をした行政庁又は不作為に係る行政庁以外の行政庁（上級行政庁や第三者機関）に対してする「審査請求」と、②処分庁又は不作為庁に対してする「異議申立て」の2つがあったが、異議申立ては審査請求に比して簡略な手続であるところ、不服申立てをする行政庁の違い

によって、手続のあり方が異なるのは合理性を欠くとの指摘もあり、平成26年改正で、この「異議申立て」は廃止され、「審査請求」に一本化された（手続の一本化）。

(1) **審査請求**　審査請求は、行政庁の処分又は不作為に対してなされるものであり、行訴法における抗告訴訟に対応するものであるが、抗告訴訟のように取消し、無効確認等、不服の内容に応じた類型を立てるのではなく、①処分についての審査請求については、「行政庁の処分に不服がある者は…審査請求をすることできる」（行審2）と規定し、②不作為についての審査請求については、「法令に基づき行政庁に対して処分についての申請をした者は、当該申請から相当の期間が経過したにも関わらず、行政庁の不作為（法令に基づく申請に対して何らの処分もしないことをいう。…）がある場合には、…当該不作為についての審査請求をすることができる」（行審3）と規定するにとどまる。この両者はおおむね取消訴訟と不作為違法確認訴訟に機能的に対応しているということができるが、一部義務付け訴訟に対応している部分もあり、救済の内容の詳細は裁決に関する規定の定めるところによる［→246］。

(2) **再調査の請求**　行政庁の処分につき、①処分庁以外の行政庁に対して審査請求をすることができる場合において、かつ②法律に再調査の請求をすることができる旨の定めがあるときは、当該処分に不服がある者は、処分庁に対して再調査の請求をすることができる（行審5①）。要件事実の認定の当否にかかる不服申立てが大量に行われるものについて、審査請求がなされる前に、処分の事実・内容等を把握している処分庁が、不服申立てを契機として、審査請求よりも簡易な手続により要件事実の認定の当否を見直すことにより、簡易迅速に国民の権利利益の救済を図り、併せて審査庁の負担軽減に資することを目的とするものである。再調査ができるものとした例としては、国税に関する法律に基づく処分でその処分をした税務署長、国税局長又は税関長に対する再調査の請求（国税通則法75①イ）などがある。

再調査の請求を行うことができる場合において、再調査の請求を行うか、直ちに審査請求を行うかは、請求人の選択による。審査請求を行ったときは、再調査の請求をすることはできず（行審51①但書）、再調査の請求を行ったときはそれについての決定を経た後でなければ、審査請求を行うことはできない（行審5②本文）。ただし、①再調査の請求をした日の翌日から起算して3月を経過しても、処分庁が当該再調査の請求につき決定をしない場合、②その他再調査の請求につ

いての決定を経ないことにつき正当な理由がある場合においては、審査請求をすることができる（行審5②Ⅰ、Ⅱ、56）。

再調査の請求も不服申立ての一つであるので、これに対しては、再調査の請求期間が定められている（行審54）とともに、処分庁の決定（却下・認容・棄却）の決定がなされる（行審58、59）とともに、審査請求に関する規定が準用される（行審61）。

(3) **再審査請求** 行審法は、審査請求の後、再審査請求の途も規定しているが、それは個別の法律が規定した場合に限られ（行審6①）、原裁決（再審査請求をすることができる処分についての審査請求の裁決）又は当該処分（原裁決）を対象として、当該個別法に定める行政庁に対してするものとする（行審6②）。例えば、生活保護法に基づいて市町村長がした保護の決定や実施に関する処分に対してなされた審査請求については都道府県知事が裁決を行うことになるが、当該裁決に不服がある者は、さらに厚生労働大臣に対して再審査請求をすることができるとされている（生活保護法66①）。

再審査請求については、再審査請求期間の定め（行審62）のほか、裁決（却下・認容・棄却）に関する規定が置かれている（行審64、65）とともに、審査請求に関する規定が準用される（行審66）。

以下では、不服申立てのうち、中心となる審査請求の手続について概観する。

● 第4款 ● 審 査 請 求

【1】 序 説

審査請求について行審法は、①審理員による審理手続と②行政不服審査会等への諮問・調査審議・答申という2段階を規定している。

旧法は、審査請求の手続について、弁明書・反論書の提出、審理の方式、証拠書類の提出等などについての規定を設けていたが（旧法22～33）、審査請求の審理を行う者について法律に規定がなく、処分関係者が審理を行うことがありうるなどの問題点が指摘されていた。審理員による審理はかかる問題点に対応するものである。また、行政不服審査会等における調査審議は、第三者の視点で審査庁の判断の妥当性をチェックすることにより、裁決の公正性を向上させる目的で導入されたものである。

第Ⅰ部　行政争訟法　第2章　行政上の不服申立制度

242 **【2】　審査請求の要件**

(1) **審査請求書の提出**　審査請求を行うに当たっては、他の法律（条例に基づく処分については、条例）に口頭ですることができる旨の規定がある場合を除き、審査請求書を提出する（行審19①。記載事項についても定めがある（行審19②〜⑤）口頭による審査請求の方式については、行審20）。審査請求書が行審法19条の規定に違反する場合、審査庁は、相当の期間を定め、その期間内に不備を補正すべきことを命じなければならない（行氏23）。審査請求人が補正に応じない場合や審査請求が不適法であって補正することができないことが明らかな場合、審理員による審理手続を経ずに、不適法な審査請求として却下裁決（行審45①、49①）を行うことになる（行審24①、②）。

(2) **審査請求の対象**　処分についての審査請求の対象となるのは「行政庁の処分」である（行審2）。旧法には、「この法律にいう「処分」には、各本条に特別の定めがある場合を除くほか、公権力の行使に当たる事実上の行為で、人の収容、物の留置その他その内容が継続的性質を有するもの（以下「事実行為」という。）が含まれるものとする。」という定義規定があった（旧行審2①）。改正法では削除されているが、これらの権力的事実行為が対象となるのは、取消訴訟（行訴3②の「その他公権力の行使にあたる行為」）と同じである。

不作為についての審査請求の対象は、「法令に基づく申請に対してなんらの処分もしないこと」である（行審4）。

このように審査請求事項につき一般概括主義がとられ、処分又は不作為についての審査請求ができない事項については、適用除外が定められている（行審7）。例えば、「国会の両院若しくは一院又は議会の議決によってされる処分」（行審7①1号）などは処分又は不作為についての審査請求はできない。

(3) **審査請求人適格**　処分についての審査請求適格については、行審法の中に行訴法9条のような明文の規定はないが、取消訴訟の原告適格と同じであると解される。取消訴訟の原告適格に関するリーディング・ケースの一つとされる主婦連ジュース事件（最(三小)判昭和53年3月14日民集32巻2号241頁）[→65]は、本来は旧法下における不服申立適格に関する判例であった。

不作為についての審査請求の場合は、「法令に基づき行政庁に対して処分の申請をした者」（行審3）である。不作為違法確認訴訟（行訴37）と同じである。

また審査請求人に関しては、多数人が共同して審査請求をしようとする場合の

第1節　行政不服審査法

総代（行審11）、代理人による審査請求（行審12）、参加人（行審13）、審査請求人が死亡したときや合併・分割されたときの手続承継の規定が定められている（行審11〜15）。

(4) **審査請求期間**　処分についての審査請求期間は、(i)「処分があったことを知った日の翌日」から起算して3月（当該処分について再調査の請求をしたときは、当該再調査の請求についての決定があったことを知った日の翌日から起算して1月）である。さらに(ii)処分（当該処分について再調査の請求をしたときは、当該再調査の請求についての決定）があった日の翌日から起算して1年を経過したときは、することができない。ただし、いずれの場合についても、正当な理由があるときはこの限りでない。

不作為についての審査請求については、審査請求期間は規定されていない。

(5) **審査請求をすべき行政庁**　法律（条例に基づく処分については、条例）に特別の定めがある場合を除くほか、次の通りとなる（行審4）。
① 処分庁等（処分庁又は不作為庁）に上級行政庁がない場合　当該処分庁等（1号）
② 処分庁等が主任の大臣、宮内庁長官、内閣府設置法49条1項（内閣府の外局として置かれるもの）、2項（内閣府に外局に置かれる委員会で法律で国務大臣をもってその長に充てることと定められている委員会に置かれるもの）、国家行政組織法3条2項（同法により国の行政機関として置かれるもの）に規定する庁の長である場合　当該処分庁等（1号）
③ 宮内庁長官、内閣府設置法49条1項、2項、国家行政組織法3条2項に規定する庁の長が処分庁等の上級行政庁である場合　宮内庁長官又は当該庁の長（2号）
④ 主任の大臣が処分庁等の上級行政庁である場合（4条1号、2号（上記の①〜③）に掲げる場合を除く。）　当該主任の大臣（3号）
⑤ 4条1号〜3号（上記の①〜④）に掲げる場合以外の場合　当該処分庁等の最上級行政庁

なお、審査庁が上級行政庁又は処分庁である場合と、それら以外の機関である場合では、執行停止の手続・内容や処分についての審査請求に対する認容裁決の内容などに違いがある（行審25②と③、46①など）。

— 283 —

第Ⅰ部　行政争訟法　第2章　行政上の不服申立制度

243　【3】　審理員による審理手続

(1)　**審理員の指名**　審理員は、審査庁（審査請求がなされた行政庁）に所属する職員の中から指名される。そして、指名された旨は審査請求人および（審査庁以外の場合）処分庁等に通知される（行審9①本文）。ただし、①行政法9条1項但書各号に掲げる処分、②条例に基づく処分について条例に特別の定めがある場合、③審査請求書の不備に関する補正命令（行審23）に応じない場合につき当該審査請求を却下する場合にはこの限りではない（行審9①但書）。

(2)　**審理手続**　審理手続の進行に当たっては、審理関係人（審査請求人、参加人及び処分庁等）と審理員は、簡易迅速かつ公正な審理の実現のため、審理において相互に協力するとともに、審理手続の計画的な進行を図らなければならない（行審28）。

　審査請求の処理については、標準処理期間についての規定がある。すなわち、審査庁となるべき行政庁は、審査請求がその事務所に到達してから当該審査請求に対する裁決をするまでに通常要すべき標準的な期間を定めるように努めるとともに、これを定めたときは、当該審査庁及び関係行政庁の事務所における備え付けその他の適当な方法により公にしておかなければならないとされる（行審16）。これは具体的に審査請求を行う審査請求人に裁決までに要する目安を示すものであり、行手法の標準処理期間（行手7）と同様の趣旨に基づくものであるが、計画的な進行についても標準審理期間が念頭に置かれることになるであろう。また審査請求にかかる事件について、審理すべき事項が多数であったり、錯綜しているなど事件が複雑な場合などにおける審理手続の計画的遂行に関する規定が置かれている（行審37）。

　審理手続については、弁明書・反論書等の提出（行審29、30）、証拠書類等の提出（行審32）、物件の提出要求（行審33）などの規定が置かれている。また、審査請求人又は参加人の申立てがあった場合には、審理員は当該申立人に口頭で審査請求に係る事件に関する意見を述べる機会を与えなければならない（行審31①、例外については同項但書）。

(3)　**審理の終結**　審理員は、審理手続を終結したときは（行審41）、遅滞なく、審査庁がすべき裁決に関する意見書（審理員意見書）を作成し、これを速やかに、これを事件記録とともに、審査庁に提出しなければならない（行審42）。

－ 284 －

第 1 節　行政不服審査法

【4】　行政不服審査会等における調査審議　244

(1)　**諮問する機関**　審査庁は審理員意見書の受けたときは、行政不服審査会等への諮問がなされる。すなわち、①審査庁が主任の大臣又は宮内庁長官若しくは内閣府設置法 49 条 1 項若しくは 2 項若しくは国家行政組織法 3 条 2 項に規定する庁の長である場合にあっては行政不服審査会に、②審査庁が地方公共団体の長である場合にあっては、地方公共団体に置かれる機関（行審 81①、②）に諮問しなければならない（行審 43①）。

(2)　**諮問がなされない場合**　行審法は、諮問されない諮問がなされない場合として、次のような場合を挙げる（行審 43①）。すなわち、①審査請求が不適法であり、却下する場合（6 号）、②審査請求に係る処分（法令に基づく申請を却下し、又は棄却する処分及び事実上の行為を除く。）の全部を取り消し、又は審査請求にかかる事実上の行為の全部を撤廃すべき旨を命じ、もしくは撤廃することとする場合（これについて反対する旨の意見書が提出されている場合及び口頭意見陳述においてその旨の意見が述べられている場合は除く。）（7 号）、③法令に基づく申請を却下し、又は棄却する処分についての審査請求を認容する場合（行審 46②各号の措置をとることとする場合）及び不作為についての審査請求を認容する場合（行審 49③各号の措置をとることとする場合）で法令に基づく申請の全部を認容すべき旨を命じ、又は認容する措置をとることとする場合（これについて反対する旨の意見書が提出されている場合及び口頭意見陳述においてその旨の意見が述べられている場合は除く。）（8 号）、④審査請求人から行政不服審査会等への諮問を希望しない旨の申出がなされ、参加人からそれについて反対する旨の申出がされていない場合（4 号）などである。

(3)　**調査審議**　審査会における調査審議の手続については、審査会の調査権限、審査関係人の意見の陳述、主張書面の提出、委員による調査手続、提出資料の閲覧等について規定が設けられている（行審 74 ～ 78）。

(4)　**答申**　審査会は、諮問委対する答申をしたときは、答申書の写しを審査請求人及び参加人に送付するとともに、答申の内容を公表する（行審 79）。

(5)　**審査会の組織**　行政不服審査会は、総務省に設置され、9 人の委員をもって構成される（行審 67、68）。委員は、審査会の権限に属する事項に関し公正な判断をすることができ、かつ、法律又は行政に関して優れた識見を有する者の

うちから、両議院の同意を得て、総務大臣が任命する（行審69①）。

　また地方公共団体においては、執行機関の付属機関として、この法律の規定によりその権限に属せられた事項を処理するための機関が置かれることになる（行審81①、例外につき81②）。

245　【5】　執 行 停 止

　審査請求においても、取消訴訟と同様［→106‐］、執行停止の制度がある。

1　執行不停止原則

　行審法も、「審査請求は、処分の効力、処分の執行又は手続の続行を妨げない。」と規定し、**執行不停止原則をとる**（25①）。

2　執行停止の内容

　執行停止については、審査庁の違いに応じ、①処分庁の上級行政庁又は処分庁である審査庁は、必要があると認める場合には、審査請求人の申立てにより又は職権で、「処分の効力、処分の執行又は手続の続行の全部又は一部の停止その他の措置」（執行停止）をとることができる（25②）。②処分庁の上級行政庁又は処分庁のいずれでもない審査庁は、必要があると認める場合には、審査請求人の申立てにより、処分庁の意見を聴取した上、執行停止をすることができる。ただし、処分の効力、処分の執行又は手続の続行の全部又は一部の停止以外の措置をとることはできない（25③）。ここで注意すべきは、**処分庁の上級行政庁または処分庁が審査庁である場合**は、審査請求人の**申立て**によるのみならず、**職権**でも執行停止を決定することができること、さらに執行停止決定の内容としては、「その他の措置」も含めて行うことができる点において、それ以外の機関が審査庁である場合より拡充されたものになっていることである。

　さらに、行審法25条第2項から第4項までの場合において、処分の効力の停止は、処分の効力の停止以外の措置によって目的を達することができるときは、することができない（行審25⑥）。

3　執行停止の決定

　執行停止の申立てがあった場合において、処分、処分の執行又は手続の続行により生ずる重大な損害を避けるために緊急の必要があると認めるときは、審査庁は、執行停止をしなければならない。ただし、公共の福祉に重大な影響を及ぼすおそれがあるとき、又は本案について理由がないとみえるときは、この限りでな

－ 286 －

第1節　行政不服審査法

い（行審25⑤）。

　審理員は、必要があると認める場合には、審査庁に対し、執行停止をすべき旨の意見書を提出することができる（行審40）。執行停止の申立てがあったとき、また執行停止をすべき旨の審理員の意見書が提出されたときは、審査庁は、速やかに執行停止をするかしないかについて決定をしなければならない（行審25⑦）。

【6】　裁　決

1　処分についての審査請求に対する裁決

　取消訴訟における判決と対応した形で、**却下裁決、棄却裁決**（事情裁決を含む）、**認容裁決**が規定されているが、認容裁決については、審査庁によって内容が複線的に規定されているので注意が必要である。

　⑺　**却 下 裁 決**　　処分についての審査請求が法定の期間経過後にされたものである場合その他不適法である場合には、審査庁は、裁決で、当該審査請求を却下する（行審45①）。したがって、法定の期間経過後については、抗告訴訟によることになろう（審査請求前置（行訴8①但書）の場合を除く）。

　⑷　**棄 却 裁 決**　　処分についての審査請求に理由がない場合には、審査庁は、裁決で、当該審査請求を棄却する（行審45②）。また、審査請求に係る処分が違法又は不当ではあるが、これを取り消し、又は撤廃することにより公の利益に著しい障害を生ずる場合において、審査請求人の受ける損害の程度、その損害の賠償又は防止の程度及び方法その他一切の事情を考慮した上、処分を取り消し、又は撤廃することが公共の福祉に適合しないと認めるときは、審査庁は、裁決で、当該審査請求を棄却することができる。この場合には、審査庁は、裁決の主文で、当該処分が違法又は不当であることを宣言しなければならない（行審45③）。これを**事情裁決**という。なお事情裁決の規定は、再審査請求についても置かれている（行審64④）。

　⑼　**認 容 裁 決**　　審査請求に理由がある場合は、事情裁決を例外として、認容裁決がなされる。認容裁決の内容は、①処分の場合と②事実行為の場合とで異なる。いずれの場合にあっても、審査庁は、審査請求人の不利益に当該処分を変更し、又は当該事実上の行為を変更すべき旨を命じ、若しくはこれを変更することはできない（行審48）。

　①　**処分の場合**　　審査庁は、裁決で、当該処分の全部若しくは一部を取り消

— 287 —

第Ⅰ部　行政争訟法　第2章　行政上の不服申立制度

し、又はこれを変更する。ただし、審査庁が処分庁の上級行政庁又は処分庁のいずれでもない場合には、当該処分を変更することはできない（行審46①）。申請拒否処分を全部又は一部取り消す場合については、(i)審査庁が処分庁の上級行政庁である場合は、当該処分をすべき旨を命ずること、(ii)審査庁が処分庁である場合は、当該処分をすることになる（行審46②）。すなわち、申請型義務付け訴訟における義務付け判決と類似の内容が規定されている（関連して、行審46③、④参照）。

②　**事実行為の場合**　審査庁は、裁決で、当該事実上の行為が違法又は不当である旨を宣言するとともに、(i)審査庁が処分庁以外の行政庁である場合は、当該処分庁に対し、当該事実上の行為の全部若しくは一部を撤廃し、又はこれを変更すべき旨を命ずること、(ii)審査庁が処分庁である場合は、当該事実上の行為の全部若しくは一部を撤廃し、又はこれを変更することが規定されている。ただし、審査庁が処分庁の上級行政庁以外の審査庁である場合には、当該事実上の行為を変更すべき旨を命ずることはできない（行審47）。

2　不作為についての審査請求に対する裁決

(ア)　**却下裁決**　審査請求が当該不作為に係る処分についての申請から相当の期間が経過しないでされたものである場合その他不適法である場合には、審査庁は、裁決で、当該審査請求を却下する（行審49①）。**「相当の期間が経過しないものである場合」は却下**となることに注意する必要がある。

(イ)　**棄却裁決**　審査請求に理由がない場合には、審査庁は、裁決で、当該審査請求を棄却する（行審49②）。

(ウ)　**認容裁決**　不作為についての審査請求が理由がある場合には、審査庁は、裁決で、当該不作為が違法又は不当である旨を宣言する。この場合において、当該申請に対して一定の処分をすべきものと認めるときは、(i)審査庁が不作為庁の上級行政庁である場合は、当該不作為庁に対し、当該処分をすべき旨を命じ、(ii)審査庁が不作為庁であるときは、当該処分をすることになる（行審49③）。

3　裁決の拘束力

裁決は、関係行政庁を拘束し、取消判決と同様の**拘束力**が認められる（行審52①）。申請に基づいてした処分が手続の違法若しくは不当を理由として裁決で取り消され、又は申請を却下し、若しくは棄却した処分が裁決で取り消された場合には、処分庁は、裁決の趣旨に従い、改めて申請に対する処分をしなければなら

－ 288 －

ない（行審 52②）。

🔵 第5款 🔵 教　示

行政庁は、審査請求若しくは再調査の請求又はほかの法令に基づく不服申立てをすることができる処分をする場合には、処分の相手方に対し、①当該処分について不服申し立てをすることができる旨、②不服申し立てをすべき行政庁、③不服申立期間を書面で教示しなければならない（処分を口頭でする場合を除く。行審 82①）。行政庁は、利害関係人から、当該処分が不服申立てをすることができるかどうか、不服申立てができるものである場合においては、不服申立てをすべき行政庁及び不服申立期間につき教示を求められたときは、これらの事項について教示（書面で求められたときは、書面で）をしなければならない（行審 82②③）。

▍第2節　裁決に対する争訟手段

🔵 第1款 🔵 行訴法の規定

行訴法は、審査請求その他の不服申立て（行訴法は、これらを一括して「審査請求」と呼んでいる）に対する行政庁の裁決、決定その他の行為（同法は、これらを一括して「裁決」と呼んでいる）について、裁決取消訴訟を1つの類型として立てているほか（行訴3③）、「処分」と並立させる形でその他の抗告訴訟（無効等確認訴訟、不作為違法確認訴訟、義務付け訴訟、差止訴訟）の対象としても規定している（行訴3④〜⑦）。

🔵 第2款 🔵 処分取消訴訟と裁決取消訴訟との関係

このように、裁決に対しても取消訴訟が提起できるということになると、当初なされた処分（原処分）の取消訴訟と当該処分に対してなされた審査請求に対する裁決の取消訴訟がありうることになるが、この両者の調整が、判断の重複・混乱を避けるために問題となる。

第Ⅰ部　行政争訟法　第2章　行政上の不服申立制度

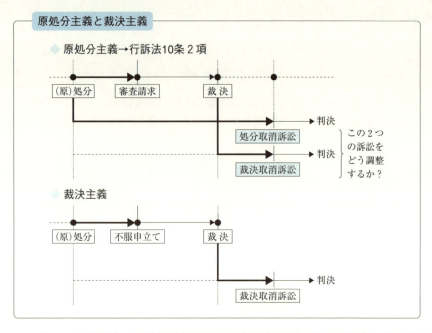

　この点につき行訴法は、処分取消訴訟と裁決取消訴訟の両方が提起できる場合は、裁決取消訴訟においては、原処分の違法を理由として裁決の取消しを求めることはできない、としている（行訴10②）。要するに、原処分の違法は、処分取消訴訟で争わなければならないということである。これを**原処分主義**という。したがって、裁決取消訴訟において主張できるのは、その裁決に固有な違法（すなわち**裁決固有の瑕疵**）ということになる。これは、裁決取消訴訟における原告側の主張制限に関わる問題であるので、自己の法律上の利益に関係のない違法についての主張制限（行訴10①）とともに、行訴法10条において規定されているわけである。

　これに対して、処分取消訴訟を許さず、不服申立ての後の裁決に対する裁決取消訴訟のみを許し、原処分の違法も裁決取消訴訟で一括して争わせるという手続を採っているものがある。これが**裁決主義**とよばれるものであるから、行訴法は原処分主義を原則としているので、裁決主義を採るには明文の規定がなければならない[4]。

（4）　例えば電波法においては、「この法律又はこの法律に基づく命令の規定による総務大臣の処分に不服がある者は、当該処分についての審査請求に対する裁決に対してのみ、取消しの訴えを提起することができる。」（96の2）といった規定が置かれている。裁決主義が採られている立法例としては、①技術的な再検査裁決（船舶安全法11③など）、

— 290 —

第 2 節　裁決に対する争訟手段

補足　裁決固有の瑕疵の具体例

　主に問題になるのは、審査請求人（取消訴訟の原告）が不服申立てを提起したものの、棄却裁決・却下裁決がなされた場合である。この場合、裁決固有の瑕疵として考えられるのは、不服申立てにおける手続的瑕疵である。

　例えば、個別の法律において、審査請求人が要求したときは、口頭審理を行わなければならないと定められているのに、それを行わないで裁決がなされた場合が挙げられる。一例を挙げると、地方公務員がストライキを指導したことを理由にして戒告処分を受けたという事例において、地方公務員法において懲戒処分に対する出訴にあたっては、不服申立前置が定められているので（地公51の2）、処分を受けた職員は、まず人事委員会ないし公平委員会に不服申立て（審査請求）をしなければならない。そして審査請求の審理において、当該職員から請求があった場合には、口頭審理を行わなければならないとされるところ（地公50①）、それを行わないで棄却裁決が行われた場合、当該職員は、原処分たる戒告処分の取消訴訟と、審査請求に対する裁決の取消訴訟の2つを提起することができる。そして例えば、当該職員が、自分はストライキを指導した事実はないとして、戒告処分そのものが違法であるという主張をするならば、処分取消訴訟においてそれを行わなければならない。これに対して、口頭審理を行わなかったことが違法であるという点を主張するとすれば、裁決固有の瑕疵ということで、裁決取消訴訟においてこれを行うことになる（水戸地判昭和62年10月22日判例時報1269号77頁）。この他に手続的瑕疵の例としては、書類等の閲覧請求（行審38）の違法な拒否や裁決理由の不備などが挙げられる。

● 第 3 款 ● その他の問題

　原処分が不服申立段階で修正された場合、原処分について処分取消訴訟の訴えの利益があるか、それとも修正裁決によって原処分は消滅し、新たな処分がなされたと考えるべきかが問題となる。この点は**国家公務員法上の懲戒処分が、人事院における審査請求段階で、修正された場合**について問題となる。この点について判例は、修正裁決は、原処分の法律効果の内容を一部変更するものにすぎないので、懲戒権の発動に基づく懲戒処分として原処分は、修正裁決によって変更された形で当初から存在したものとみなされ、なお存在するとしている。

---

　②実質的には原処分が中間的な行為に過ぎず、裁決が実質的には処分に当たると考えられる場合（地方税法434②など）、あるいは③行政審判的な裁決（電波法96②など）などについてみられるが、統一的な説明は困難であるとされる（南＝高橋・条解334頁、兼子・総論248頁など参照）。

— 291 —

第Ⅰ部　行政争訟法　第2章　行政上の不服申立制度

CASE　最(三小)判昭和62年4月21日民集41巻3号309頁

「……〔国家公務員法〕は、懲戒処分等同法89条1項所定の処分に対する不服申立の審査については、処分権者が職員に一定の処分事由が存在するとして処分権限を発動したことの適法性及び妥当性の審査と、当該処分事由に基づき職員に対しいかなる法律効果を伴う処分を課するかという処分の種類及び量定の選択、決定に関する適法性及び妥当性の審査とを分けて考え、当該処分につき処分権限を発動すべき事由が存在すると認める場合には、処分権者の処分権限発動の意思決定そのものについてはこれを承認したうえ、処分権者が選択、決定した処分の種類及び量定の面について、その適法性及び妥当性を判断し、人事院の裁量により右の点に関する処分権者の意思決定の内容に変更を加えることができるものとし、これを処分の「修正」という用語で表現しているものと解するのが相当である。

そうすると、懲戒処分につき人事院の修正裁決があった場合に、それにより懲戒権者の行った懲戒処分（以下「原処分」という。）が一体として取り消されて消滅し、人事院において新たな内容の懲戒処分をしたものと解するのは相当でなく、修正裁決は、原処分を行った懲戒権者の懲戒権の発動に関する意思決定を承認し、これに基づく原処分の存在を前提としたうえで、原処分の法律効果の内容を一定の限度のものに変更する効果を生ぜしめるにすぎないものであり、これにより、原処分は、当初から修正裁決による修正どおりの法律効果を伴う懲戒処分として存在していたものとみなされることになるものと解すべきである。

四　してみると、本件修正裁決により、本件懲戒処分は、処分の種類及び量定の面において停職6月の処分から減給6月間俸給月額10分の1の処分に軽減されたものの、被上告人の懲戒権の発動に基づく懲戒処分としてなお存在するものであるから、被処分者たる上告人は、処分事由の不存在等本件懲戒処分の違法を理由としてその取消しを求める訴えの利益を失わないものといわなければならない。」

第3節　それ以外の狭義の行政争訟（いわゆる「行政審判」）

251　**1　内容**

その他に行政機関が争訟を裁断する手続として、いわゆる**「行政審判」**と呼ばれるものがある。行政審判とは、通常の行政機関の系統から独立した行政委員会やそれに準ずる行政機関が、裁判手続類似の準司法的手続によって一定の決定を行うものをいう（藤田・総論515頁）。これらの中には、通常の不服申立制度のように、特定の処分の効果を後行的に争う「覆審的行政争訟」として位置づけられるもの（労働組合法25②など）の他、それ自体がある第一次的行為を行うための手続であるいわゆる「始審的行政争訟」として位置づけられるものもある（労働組合

－ 292 －

第3節　それ以外の狭義の行政争訟（いわゆる「行政審判」）

法27以下など——以上について、稲葉ほか87頁参照）。

2　実質的証拠法則

252

　このような行政審判の中には、行政審判における事実認定が一定の条件の下、裁判所を拘束すると規定されているものがある。いわゆる**実質的証拠法則**と呼ばれるもので、例えば、電波法又は同法に基づく命令の規定による総務大臣の処分に不服がある者は、当該処分についての審査請求に対する裁決に対してのみ、取消しの訴えを提起することができるとし（電波法96 —裁決主義）、その専属管轄を東京高等裁判所としたうえで（同97）、その訴えについては、電波監理審議会が適法に認定した事実は、これを立証する実質的な証拠（その有無は裁判所が判断する）があるときは、裁判所を拘束するとしている（同99①、②）。

第Ⅱ部

国家補償法

第1章　国家賠償法

第1節　国家賠償法と憲法

● 第1款 ● 国家賠償制度の沿革

1 意 義

違法な行政活動によって私人に損害が生じた場合、それに対して金銭的な救済を行うのが国家賠償制度である。現行法においては、これから説明する国家賠償法を中心にして、この国家賠償制度が整備されている。

国家賠償制度を論じる際に、損害の原因となりうる行政活動は、その内容にしたがって、① 権力的行政活動、② 非権力的行政活動、③ 一般の私人と同じ立場で行う活動の3つに分けられる。そして権力的行政活動も含めた国家賠償制度が確立したのは、わが国においては、第二次世界大戦後の日本国憲法施行以後のことであるが、その憲法的位置づけを理解するためには、それ以前の帝国憲法の下での法状況について若干触れておく必要がある。

> **補 足** **国家補償の体系と国家賠償制度**
>
> 国家活動によって私人になんらかの損害や損失が生じることがあるが、国家賠償制度によって償われるのは、違法な国家活動（行政のみならず、立法、司法も含まれる）によって生じる損害についてである。これに対して、適法な行為によって損失（財産上の特別の犠牲—伝統的な捉え方）が生じる場合に、これを償うのが損失補償制度である。この両制度に上位するのが「国家補償」であって、「国がその活動により、直接又は間接に、個人にこうむらせた損失を補填すること」を総称する概念である（今村・補償法1頁以下）。
>
> 国家賠償制度は、あくまで違法な国家活動によって生じた損害の補填を目的とするものであり、そこには私人の権利救済と並んで、法治主義の維持という

第Ⅱ部　国家補償法　第1章　国家賠償法

目的・機能も認められる。

　ただし、以下にみるように、国家賠償法1条の責任は違法のほかに、故意・過失を責任の成立要件としている。そうなると、例えば違法ではあるが無過失とされるような場合、私人の救済をどのように考えるかといった問題が生ずる。いわゆる「国家補償の谷間」と呼ばれる問題（第2章第4節 [→ 434 ～]）であり、解釈論のみならず立法論の一つの大きな問題である。

263　　**2　帝国憲法下の状況**

　帝国憲法（旧憲法）は、行政裁判所の設置について規定していたものの (61条)、国家賠償制度については特段の規定を設けておらず、法律上も、行政裁判所は賠償請求事件を受理しないと定められていた (行政裁判法16条)。したがって当時、行政活動（官吏の行為）に対する損害賠償が通常の民事事件として認められたか否かが問題となる。

　結論的には、帝国憲法の下において、権力的行政活動については、仮に違法な活動が行われ、それによって損害が生じたとしても、国家は損害賠償責任を負わないとされていた。ここでいう権力的行政活動（権力的作用）としては、国家又は公共団体が優越的な支配権（具体的には、警察権、課税権、刑罰権、裁判権など）の主体として人民（私人）に対する場合、すなわち命令・強制をもって行われる行政活動が考えられていた。例として挙げられるのは、警察官が違法に権力を濫用して暴行や陵虐の行為を行って、それにより人を死傷させた場合とか、税務署員が家宅を捜索する際に、家人が所有している物件を損壊したような場合であるが、そのような権力的行政活動（必ずしも処分に限られず、実力行使やさまざまな事実行為なども含む——この点については後述）によって仮に損害が生じたとしても、被害者は国家に対してその賠償を求めることができないと解されたのである (美濃部達吉『行政法撮要上巻第5版』〔1936年〕231頁)。

　そのように解された理由について、学説においては、権力的行政活動は民法715条の「事業」に当たらないから、民法の適用がない、という説明がみられるが (美濃部・前掲231頁)、より根本的な根拠としては、いわゆる**国家無責任の原則**ないし**主権免責の原則**があるとされている。すなわちこの原則は、近代法治国原理が確立される以前の警察国家時代の思想の名残であるといわれ、イギリスにおいても、「国王は悪をなしえず」(King can do no wrong.) という原則として存在している。比較法的にみると、第二次世界大戦前において、このように権力的行政活動に対する国家賠償を否定していたとしても、とりたてて時代遅れというわけではなく、これが肯定されたのは、多くの国で第二次世界大戦後のことであっ

第1節　国家賠償法と憲法

た（イギリスは 1947 年、アメリカも 1946 年）。

　もっとも、帝国憲法下においても、非権力的行政活動や私人と同じ立場で行う
行政活動については、民法の不法行為の規定によって損害賠償請求が認められて
いた。すなわちこれらの活動については、民法の不法行為の規定が適用されると
されたのである。例えば著名な例としてあげられるのは、大正 5 年のいわゆる
「**徳島小学校遊動円棒事件判決**」（大審院判決）である。

> **CASE** 大審院大正 5 年 6 月 1 日判決大審院民事判決録 22 輯 1088 頁
> （徳島小学校遊動円棒事件）
>
> 　「按スルニ本件小学校ノ管理ハ上告人主張ノ如ク行政ノ発動タルコト勿論ナ
> レトモ其管理権中ニ包含セラルル小学校校舎其他ノ設備ニ対スル占有権ハ公
> 法上ノ権力関係ニ属スルモノニアラス純然タル私法上ノ占有権ナルノミナラ
> ス其占有ヲ為スニモ私人ト不平等ノ関係ニ於テ之ヲ為スニアラス全ク私人カ
> 占有スルト同様ノ地位ニ於テ其占有ヲ為スモノナレハ之ニ因リ被上告人等ニ
> 損害ヲ被ラシメタル本訴ノ場合ニ於テ原院カ民法第 717 条ノ規定ヲ適用シタ
> ルハ毫モ不法ニアラス」

3　公務員個人の責任

264

　さらに違法な行政活動については、それが権力的行政活動であれ、非権力的行
政活動であれ、当該活動を行った公務員個人の責任をどのように考えるかが別途
問題となる。この点について、帝国憲法時代、学説は、権力的行政活動について
国に対する民法 715 条に基づく損害賠償は認められないけれども、公務員個人に
対する民法 709 条に基づく通常の不法行為責任についてはその可能性を肯定する
ものもあった。しかしながら、このような考え方は必ずしも確立されたものとは
いえず、判例では、職務外の行為や職権を濫用して故意に私権を侵害する行為に
ついては、もはや官吏の行為ではないとして、私人の行為として官吏の賠償責任
を肯定していたが、公法上の職務行為に基づく損害については、たとえ故意又は
過失があっても、当該官吏は国家に対して責任を負うものの、直接被害者たる私
人に対して責任を負うものではないという理由で、官吏個人の賠償責任は否定さ
れていた。したがって、権力的行政活動については国家も官吏も責任を負わない
というのが実情であった。

— 297 —

第Ⅱ部　国家補償法　第1章　国家賠償法

● 第2款 ● 憲法17条と国家賠償法

265　日本国憲法17条は、「何人も、公務員の不法行為により、損害を受けたときは、法律の定めるところにより、国又は公共団体に、その賠償を求めることができる。」と定めている。この規定によって、公務員の不法行為については、権力的行為も含めて、当該公務員の属する国又は公共団体に損害賠償を求めることができることになった。もっとも、非権力的行政活動については、帝国憲法下においても民法上の不法行為の規定による救済が認められていたので、この規定の創設的な意義は、帝国憲法下において妥当していた**「国家無責任の原則」**がこの条文の創設によって否定され、**権力的行政活動にかかわる損害賠償について立法措置を講ずることが、憲法レベルで規定された**点に求められる。そして、この憲法17条の規定を受けて制定されたのが、国家賠償法である。

　そして国家賠償法は、公権力の行使に基づく損害賠償責任（1条）と営造物の設置管理の瑕疵に基づく損害賠償責任（2条）を中心とする6条からなる法律である。民法の不法行為法との関係では、これを特別法と位置づけることができるが、後に述べる国賠法1条の違法要件の理解などについては、民法における理解とは異なる国賠法独自の考え方がありうる［→261～］（なお、民法の不法行為の概説書の中で、国家賠償法について詳細かつ有益な分析を行っているものとして、潮見・不法行為法Ⅱ82頁以下がある）。

第2節 国家賠償法1条に基づく責任

● 第1款 ● 「国家無責任の原則」の撤廃

266　国家賠償法1条1項は、公権力の行使に基づく損害の賠償責任について定め、「国又は公共団体の公権力の行使に当たる公務員が、その職務を行うにつき、故意又は過失によって違法に他人に損害を加えたときは、国又は公共団体が、これを賠償する責に任ずる。」と規定する。

　この規定の創設的な意義は、先に説明した憲法17条の規定を受けて、帝国憲法下では損害賠償の認められていなかった、国又は公共団体に対する権力的行政活動に関する損害賠償を認めた点にある。すなわち、ここにいう「公権力の行使」の範囲については、後に述べるように学説の争いがあるが（第3款【2】［→275～]）、帝国憲法下において国家の賠償責任が認められていなかった警察、課

－ 298 －

税などの領域における権力的行政活動が、この「公権力の行使」にあたることは、どの説をとっても争いのないところである。

● 第2款 ● 国家賠償法1条に基づく責任の基礎的構成
— 「国の代位責任説」と「国の自己責任説」—

1 問題の所在

さて、国家賠償法1条の基礎的な理論構成について問題となるのは、公務員が行った違法行為に対する損害賠償責任を国や公共団体が負う、ということをどのように理論構成するかである。すなわち、公務員が法律によって定められた権限以外の行為をした場合、それは当然違法行為ということになるが、そのような場合、当該行為はもはや公務員としての行為とはいえないのであって、純然たる私人としての行為なのではないか、ともいえそうである。すなわち、公務員が公務員として行為をしたとされるのは、法令に基づいて適法に行ったからであって、違法に行った場合は、国や公共団体とは関係がない、というわけである。しかしそれがそうではなくて、公務員の違法行為の責任が国家に帰属させられるのはなぜであろうか（宮田・国家責任法48頁以下参照）。

2 代位責任説

この点について、通説は、国家賠償法1条に基づいて国家が負う責任は《国の代位責任》であるとしている（代位責任説）。この説によれば、出発点として、民法709条（「故意又は過失によって他人の権利又は法律上保護される利益を侵害した者は、これによって生じた損害を賠償する責任を負う。」）に基づく公務員個人の私人に対する不法行為責任を想定する。そしてその上で、この民法709条に基づく不法行為責任を国が肩代わりする＝代位するという構成が採られるのである。そしてその結果、公務員個人は対被害者との関係で、直接責任を負わないということになる（国の免責的代位責任）。判例も、公務員個人に対する損害賠償請求を否定している。

> **CASE** 最(二小)判昭和46年9月3日判時645号72頁
> （公務員の個人責任）
>
> 「上告人の本訴請求は、上告人は当時仙台高等裁判所に係属中の上告人に対する有価証券偽造等被告事件の無罪を主張するため、その捜査に当たった検察官6名を公務員職権濫用罪により告訴したところ、当時札幌高等検察庁検

> 事長の職にあった被上告人が、他の検察首脳と共同して、上告人のした告訴について、その事件処理を故意に遷延させたため、前記被告事件について上告人をして有罪判決を受けるの已むなきに至らしめ、よって上告人に対し違法に財産上および精神上の損害を被らしめたから、被上告人に対し右損害の賠償を求めるというのである。しかし、<u>公権力の行使に当たる国の公務員が、その職務を行なうについて、故意又は過失によって違法に他人に損害を加えたときは、国がその被害者に対し賠償の責に任ずるのであって、本件のような事実関係のもとにおいては、公務員個人は被害者に対して直接その責任を負うものではないと解するのが相当である。</u>」

そして国家賠償法1条2項は、当該公務員が故意、重過失の場合、国又は公共団体は、当該公務員に対して求償権を有することを規定するが、これはそもそも当該公務員の個人責任を負っているから、という前提があるからであるとされる。

このような考え方の実質的論拠としては、次の2点が挙げられるであろう。

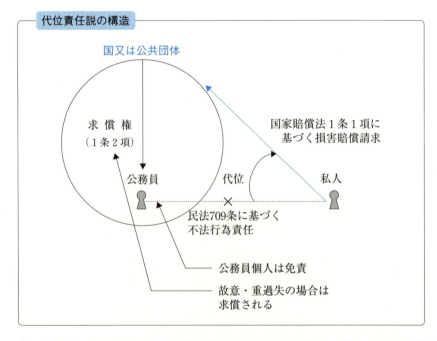

① 公務員個人より国に対する損害賠償の方が確実な救済が得られるし、損害賠償制度の目的は、利害の調整というところにあるのであって、加害者に対する報復・制裁にあるのではない。
② 私人による公務員個人に対する損害賠償を否定することになれば、実際に

公務員の個人責任が追及されるのは、当該公務員が故意・重過失の場合に求償される場合（1条2項）のみになるが、そうすれば当該公務員は軽過失の場合、責任を問われないということになる。その結果、公務員が職務を行う際に萎縮することなく行うことができ、それはまた公の利益に資することになる。

国の代位責任というのは、以上のような政策的な観点から構成されたものといえるのである。

3　自己責任説

このような「国の代位責任説」に対しては、反対説として「国の自己責任説」という説が提唱されている。この説の主唱者である今村成和教授は次のように述べている。

> 「資力のない公務員の責任を国が代わって引き受けてくれるのは、有難いことには違いないが、有難いこと、すなわち被害者に有利だというだけでは理由にならない。
> いったい、何の理由もないのに国が責任を負うというのは、税金の濫費だろう。したがって、国が責任を負うことになっているのは、国みずからにその責任があるからだ、ということをはっきりさせる必要がある。すなわち、それは国の自己責任に基づくものでなければならないのである。国の代位責任という説明で済ませてしまうのでは、この点の認識があいまいになってしまう。」（今村・入門176頁）

そして今村教授は、「国の自己責任説」の根拠の一つとして、「危険責任の理論」を挙げる。すなわちこの理論は、公権力の行使に当たる公務員の加害行為について国の責任を認める根拠として、次の3つを挙げる。

① 公務員の加害行為は「職務を行うについて」なされたものである。
② 国は公務員に違法な行為を命じているわけではないにせよ、国の活動、とりわけ命令・強制・武器の使用などを考えれば、そういった国の活動には、加害行為を行う危険性が常に内在している。
③ このような危険が内在する国の活動が許されるのは、一定の社会的利益の実現に資するからである。従って損害の発生は、かかる国家組織に内在する危険の発現である、ということになる。

このような自己責任説については当然批判もある。その最大の問題点とされるのは、国家賠償法1条1項が「故意・過失」を要求していることが自己責任説で

第Ⅱ部　国家補償法　第1章　国家賠償法

は説明がつかない、というものである。すなわち「国の代位責任説」によれば、公務員個人が負う民法709条の責任を国が代位する＝肩代わりするということであるから、ここにいう「故意・過失」というのは、民法709条の反映であり、公務員個人の主観的状態としての「故意・過失」であるということになる。これに対して、自己責任説の側からは、ここにいう「故意・過失」というのは、公務運営の瑕疵という客観的状態として理解すればよい、という主張がなされている。

270　**4　代位責任説の問題点**

(1)　**組織的活動の場合**　このような学説の対立があるが、国家賠償法1条の規定の仕方などを考えると、さしあたり代位責任説を基礎に考えるのが妥当である。しかしながら自己責任説が、重要な問題提起をしていることもまた事実である。というのも、行政活動の範囲が広範になりかつ複雑になってくると、代位責任説が前提としているような、特定の加害公務員が特定の被害者たる私人に対して何らかの不法行為を行うというケースからかけ離れた、その意味で代位責任説の考え方では処理し難いケースもあり得るのではないかという問題が出てくるからである。具体的には、**加害公務員の特定の問題**がそれである。

この問題に関する初期の判例として、次の**安保教授団デモ傷害事件判決**が挙げられる。

> **CASE**　東京地判昭和39年6月19日判例時報375号6頁
> （安保教授団デモ傷害事件）
>
> 「五、加害者（警察官）の特定について
> (一)　被告等は原告等に受傷の事実が認められるとしても、加害者を具体的に個別に特定しないかぎり、請求は失当であると争う。そしてこれまで認定したところによっても加害者が第五機動隊所属のしかも多くは第二中隊、第四中隊所属の警察官であることが推認されるにとどまり、個々に加害者を特定できるだけの証拠は見出されない。
> (二)　しかし国家賠償法によって国または公共団体が損害賠償責任を負うのは、公務員が、法人でいう機関にあたると使用人にあたるとを問わず、公権力を行使するにあたって違法に他人に損害を与えた場合は、国または公共団体が直接不法行為責任を負う旨を定めたものと解するのが相当であり、民法715条1項但書の免責事由もこの場合には適用がないものと解される。
> このように国家賠償責任が、公務員に代って負担する代位責任を定めたものではなく、公務員の行為に起因して直接負担する自己責任を定めたものと解するときは、公務員の特定の点については、最少限、その公権力の行使にあたった公務員が行政組織の上でいかなる地位にあり、換言すれば行政機構上のどのような部署に所属している者であるかが解明されるならば、これに

— 302 —

よって国家賠償法上のその他の要件を満すかぎり国または公共団体の賠償責任を問うことができるものと解するのが妥当であり、たとえ同一部署に同じ地位の公務員が複数おり、そのうちの誰であるかは確定できないけれども、そのうちの一人の行為によって損害を受けたことが確認できるならば敢えてそれ以上に加害者（公務員）を他の同僚から区別できるまで特定しなければならないものではないと解すべきであり、また必ずしも共同行為者となっている場合に限られねばならないものでもない。

（三）　被告等は国家賠償法１条２項の国または公共団体から当該公務員に対し求償する要件を定めた規定を引いて、右の見解を争うけれども、もともと公務員は職務上の義務に違反した場合は国（公共団体）に対し責任を負担すべき地位にあるものであるから、１条１項を国（公共団体）の自己責任を定めたものと解することと、２項の求償権の規定とが矛盾するわけではない。この点を留保して、仮に被告等が考えるように国家賠償法が代位責任を認めたものとしても、求償権を行使できるか否かを基準に国家賠償責任の存否を判断しようとする考えは本末転倒であり、国または公共団体と公務員との関係は公法人の内部関係にすぎず、これが第三者に対する国または公共団体の損害賠償責任を左右する理由はない。そもそも国家賠償法が制定された所以は、明治憲法の下では公権力作用に起因する私人の損害に対し国または公共団体がどこまで責任を負うか、明文がなく、私人の救済がとかくなおざりにされる傾向があったところ現行憲法17条によって権力的作用によって損害を与えた場合に国または公共団体は損害賠償の責に任ずべき旨が明確にされ、これを受けて制定されたものである。このような国家賠償法制度の経過に鑑みれば、同法による被害者の正当な権利の救済の途はできるかぎり保障されなければならないことは言うまでもないところであり、訴訟における立証責任の分配が衡平の理念に導かれなければならないものであることを合わせ考えるときは、徒に被害者に立証の難きを強いることは、国家賠償法の精神に忠実な解釈ではない。そもそも国家賠償法１条の制定の動機は公権力の行使が一歩誤まてば、私人の権利を侵害する可能性が極めて大きいことに鑑み権力作用によって違法に権利を侵害された者に適正な救済の途を開こうとする憲法の要請に由来するものであって、いわば権力作用に内在する危険がその制定の動機とも解されるのであるが、とくに本件に即して考えると、警察官の集団的な権力の行使が法によって許容された範囲を逸脱し、違法性を帯びるに至ったものと認められる場合であって、しかもその警察官の集団の構成と所属（指揮命令系統をも含む）について疑義をさしはさむ余地もないほど明らかにされ、かつこれら警察官の集団による職務の執行によって違法に損害を受けた事実が証明されたにもかかわらず、個別かつ具体的に加害者である警察官を特定できないかぎり国または公共団体の賠償責任を問い得ないとすることは被害者に不可能な立証を強いるに近いものがあり、不当に被害者救済への途を閉ざすものであってとうてい国家賠償法制定の理念にそうものではない。

　このように考えられるので、原告等の蒙った傷害が警視庁第五機動隊所属の警察官の違法な職務活動（排除活動）によって生じたことが明らかにされ

第Ⅱ部　国家補償法　第1章　国家賠償法

た本件では、第五機動隊員の行動が民法719条1項後段の共同行為を組成しているか否かを論じるまでもなく、国家賠償法1条に規定する当該要件事実の立証は充分になされたものと認めるのが相当である。

（四）　のみならず民法719条1項後段の規定は本件のような事例にも拡張して適用があるものと解するのが相当である。

同条の規定も本来は個人主義的ないし個人単位的な思想を根底に有するものであって、本件のような集団対集団の衝突によって生じる個々の損害に対処して制定されたとは解し難いことは被告等の指摘するとおりであるけれども、本件の加害者集団である第五機動隊は偶発的な集団ではなく、成立の当初から本件で認められるように警察権の行使として第三者を実力で排除することも想定され、そのための訓練も経てきていることは公知の事実であり、加害者集団といっても巷間に見られる偶発的な乱闘現象とは異り、隔絶した強固な組織をもつ統一体で、その命令の周知徹底するところは一般の共同行為に見られる共同意思の比ではない。このような集団的特性に鑑みれば警察官が命令に基づいて部隊行動として群衆もしくは集団の排除に出るときは、その対象が特定の個人である場合はもとより（実際には特定の個人を対象とすることは殆どないであろう）、それが一定の集団もしくは群集であったとしても個々の被害者との関係で民法719条1項後段の適用があるものと解すべく、その場合必ずしも被害者に対して具体的に加害行為を共同したことを要しないものと解するのが相当である。

このとおり解せられるから被告等の主張する加害者不特定という問題は、本件の場合には原告等の請求を妨げる事由となり得ないものである。」

この判決は、国の自己責任説に立つことを明言し、その帰結についても詳細に判示している。そもそも、この事件では、警視庁の機動隊員によって暴行が行われ、傷害を負った人が出たことは間違いないが、さりとて一体どの機動隊員がどの人をどうやって怪我させたかについては、ゴタゴタの中でよく分からないわけである。そうすると公務員たる機動隊員Aが私人Bに傷害を負わせ、そのAの責任を国が代位するということが厳密には特定して論じられないということになる。（もっとも、この場合、機動隊の指揮官の指揮監督責任を論じるとか、他の理論構成がないわけではない。）いわばこうなってくると、公務員個人のミスというよりも、**組織全体としてのミス**（組織過失）であるといえそうである。

271　(2)　**加害公務員の特定の問題**　このような加害公務員ないし加害行為の特定に関する最高裁判例としては、国家公務員である原告が、初期の肺結核に罹患していたにもかかわらず、勤務先の税務署において税務署長が実施した職員定期健康診断でこれが見落とされ、結果として健康保持上の必要な措置がとられず、病状が悪化し、長期休養を余儀なくされた事案に関するものがある。この場合におい

－ 304 －

第2節　国家賠償法1条に基づく責任

ても、当該健康診断のどの段階で加害行為が存在したかについて、原告において特定する必要があるか否かが問題となった。

> **CASE** 最（一小）判昭和57年4月1日民集36巻4号519頁
> （加害公務員の特定）
>
> 「国又は公共団体の公務員による一連の職務上の行為の過程において他人に被害を生ぜしめた場合において、それが具体的にどの公務員のどのような違法行為によるものであるかを特定することができなくても、右の一連の行為のうちのいずれかに行為者の故意又は過失による違法行為があったのでなければ右の被害が生ずることはなかったであろうと認められ、かつ、それがどの行為であるにせよこれによる被害につき行為者の属する国又は公共団体が法律上賠償の責任を負うべき関係が存在するときは、国又は公共団体は、加害行為不特定の故をもって国家賠償法又は民法上の損害賠償責任を免れることができないと解するのが相当であり、原審の見解は、右と趣旨を同じくする限りにおいて不当とはいえない。しかしながら、この法理が肯定されるのは、それらの一連の行為を組成する各行為のいずれもが国又は同一の公共団体の公務員の職務上の行為にあたる場合に限られ、一部にこれに該当しない行為が含まれている場合には、もとより右の法理は妥当しないのである。
> 　本件についてこれをみるのに、本件被害は、前記〔略〕のように、被上告人が勤務する林野税務署において同税務署長が実施した職員の定期健康診断にあたり、当時被上告人が初期の肺結核に罹患しており、右診断の一環として行われた胸部エックス線撮影にかかるフイルム中にこの事実を示す陰影が存したにもかかわらず、これが判明しておれば被上告人の職務に関し当然とられたであろう健康保持上の必要措置がとられないまま被上告人において従前どおりの職務に従事した結果病状が悪化し、長期休養を余儀なくされたというにあるところ、原審は、右の事情のもとでは、レントゲン写真の読影にあたった医師においてその過失により右陰影を看過したか、又は右陰影の存在した事実を報告することを懈怠した違法があったか、右林野税務署において職員の健康管理の職責を有する職員において右の点についての報告を受けたにもかかわらずその故意又は過失によって更に執るべき措置を執らなかった違法があったか、あるいは両者の中間にある職員においてその故意又は過失により報告の伝達を怠った違法があったかのいずれかの原因によって右のような結果を生じたものと認めるべきものであるとし、更に、以上の本件健康診断に関する一連の行為は、いずれも上告人国の公権力の行使たる性質を有する職員の健康診断を組成する行為であり、かつ、行為者はいずれも国の公務員であって、仮にレントゲン写真による検診とその結果の報告に関する限りは前記林野税務署長の嘱託を受けた保健所の職員である医師が行ったものであるとしても、同人の右行為が右嘱託に基づくものである以上、なお同人はその行為に関する限りにおいては上告人の公権力の行使にあたる公務員というべきであるとの見解のもとに、上告人は結局被上告人の上記被害につき国家賠償法1条1項の規定による賠償責任を免れることができないとして

— 305 —

第Ⅱ部　国家補償法　第1章　国家賠償法

いる。

　ところで、以上の各行為のうち、レントゲン写真による検診及びその結果の報告を除くその余の行為が林野税務署の職員の健康管理の職責を有する同税務署長その他の職員の行為であり、それらがいずれも上告人国の公権力の行使にあたる公務員の職務上の行為であることについては特段の問題はなく、上告人が専ら争つているのは、前記レントゲン写真による検診等の行為の性質についての原審の上記判断の当否である。思うに、右のレントゲン写真による検診及びその結果の報告は、医師が専らその専門的技術及び知識経験を用いて行う行為であって、医師の一般的診断行為と異なるところはないから、特段の事由のない限り、それ自体としては公権力の行使たる性質を有するものではないというべきところ、本件における右検診等の行為は、本件健康診断の過程においてされたものとはいえ、右健康診断におけるその余の行為と切り離してその性質を考察、決定することができるものであるから、前記特段の事由のある場合にあたるものということはできず、したがって、右検診等の行為を公権力の行使にあたる公務員の職務上の行為と解することは相当でないというべきである。

　もっとも、そうであるとしても、本件における右検診等の行為が上告人の職員である医師によって行われたものであれば、同人の違法な検診行為につき上告人に対して民法715条の損害賠償責任を問擬すべき余地があり（もっとも、多数者に対して集団的に行われるレントゲン検診における若干の過誤をもって直ちに対象者に対する担当医師の不法行為の成立を認めるべきかどうかには問題があるが、この点は暫く措く。）、ひいてはさきに述べた一般的法理に基づいて上告人の賠償責任を肯定しうる可能性もないではないが、仮に上告人の主張するように、右検診等の行為が林野税務署長の保健所への嘱託に基づき訴外岡山県の職員である同保健所勤務の医師によって行われたものであるとすれば、右医師の検診等の行為は右保健所の業務としてされたものというべきであって、たとえそれが林野税務署長の嘱託に基づいてされたものであるとしても、そのために右検診等の行為が上告人国の事務の処理となり、右医師があたかも上告人国の機関ないしその補助者として検診等の行為をしたものと解さなければならない理由はないから、右医師の検診等の行為に不法行為を成立せしめるような違法があっても、そのために上告人が民法の前記法条による損害賠償責任を負わなければならない理由はないのである。そうすると、原審が、これと異なる前記のような見解に立ち、本件健康診断における一連の行為のいずれに違法があつたかを具体的に特定するまでもなく結局上告人は損害賠償責任を免れないと判断したのは、法令の解釈適用を誤り、ひいては審理不尽による理由不備の違法を犯したものといわざるをえない。」

　そして本件においては、当該健康診断の過程で問題となったレントゲン写真による検診及び結果の報告は、当該税務署長から委託を受けた県の保健所勤務の医師によってなされたものであって、国の機関ないしその補助者として検診等の行

－ 306 －

第2節　国家賠償法1条に基づく責任

為をしたものとは解されないので、そこにおいて不法行為を成立せしめるような違法があったとしても、それは国が民法715条の使用者責任を負うべきものではないとされ、結果的にこの場合は、本件健康診断における一連の行為のいずれに違法があったかを具体的に特定する必要があるとされたのである。

このように実際の国家賠償請求訴訟においては、**特定の公務員が特定の被害者に対して不法行為を行ったことを前提に、その不法行為責任を国が代位するという典型的なイメージでは必ずしも捉えきれない事例も問題となりうるのである。**

(3)　**法令等の制度そのものに問題がある場合**　　このように国家賠償法1条の責任については、ある特定の公務員が特定の私人に対して不法行為を行う、という典型事例から少しずつ遠ざかる例が生じるわけであるが、ある意味でその究極的な形態は、行政組織内部における具体的案件にかかわる意思形成過程超えて、適用・執行すべき法令そのものが上位法令との関係（法律なら憲法との関係、法規命令なら憲法や法律との関係）で違法な場合であろう。

その意味で、未決勾留によって拘禁された者と14歳未満の者との間の接見を原則禁止した（旧)監獄法施行規則120条（「14歳未満の者には在監者と接見を為すことを許さず」）は、(旧)監獄法45条、50条の委任の範囲を超えた違法なものであると判断した**接見拒否事件上告審判決**は注目に値する。もっともこの判決は、かかる施行規則に基づいて拘置所長が行った接見拒否処分についての国家賠償については請求を棄却している。その理由は、問題となった規則120条が法50条の委任の範囲を越えることが当該法令の執行者にとって容易に理解可能であったということはできないのであって、当該拘置所長に過失はない、という点にある。これはまさに、当該拘置所長について、その当時の主観的事情を考慮し、不法行為が成立するかどうかを問題としたものである。

> **CASE**　最(三小)判平成3年7月9日民集45巻6号1049頁
> （接見拒否事件）
>
> 　「そこで、進んで、国家賠償法1条1項にいう「過失」の有無につき検討を加える。
> 　思うに、[監獄法施行] 規則120条（及び124条）が被勾留者と幼年者との接見を許さないとする限度において [監獄] 法50条の委任の範囲を超えた無効のものであるということ自体は、重大な点で法律に違反するものといわざるを得ない。しかし、規則120条（及び124条）は明治41年に公布されて以来長きにわたって施行されてきたものであって（もっとも、規則124条は、昭和6年司法省令第9号及び昭和41年法務省令第47号によって若干の改正が行わ

第Ⅱ部　国家補償法　第1章　国家賠償法

> れた。）、本件処分当時までの間、これらの規定の有効性につき、実務上特に疑いを差し挟む解釈をされたことも裁判上とりたてて問題とされたこともなく、裁判上これが特に論議された本件においても第1、2審がその有効性を肯定していることはさきにみたとおりである。そうだとすると、規則120条（及び124条）が右の限度において法50条の委任の範囲を超えることが当該法令の執行者にとって容易に理解可能であったということはできないのであって、このことは国家公務員として法令に従ってその職務を遂行すべき義務を負う監獄の長にとっても同様であり、監獄の長が本件処分当時右のようなことを予見し、又は予見すべきであったということはできない。
>
> 　本件の場合、原審の確定した事実関係によれば、所長は、規則120条に従い本件処分をし、X〔被上告人〕とA〔注：Xの養母の長女の子、当時14歳未満〕との接見を許可しなかったというのであるが、右に説示したところによれば、所長が右の接見を許可しなかったことにつき国家賠償法1条1項にいう「過失」があったということはできない。」

　しかし監獄法という法律に基づいて法務省（正確にいえば法務大臣）において監獄法施行規則を定め、その執行として拘置所長が接見不許可処分を行ったというのは、まさに法務省という組織全体の決定過程が問題となっているといえる。また、拘置所長には職務上の法令執行義務があるのであって（国公法98①）、監獄法施行規則が監獄法に適合しているか否かについての審査権（すなわち、執行すべき法令の適法性を審査し、これを違法と判断した場合にその適用・執行を拒否する権限）は原則としてないと解される。審査権があるのに怠ったというのであれば、過失を論じることもできようが、そもそも施行規則が監獄法に適合しているか否かについての審査権はない（言い換えると、法令の適法性審査が「職務」の範囲に入らない）のであれば、過失の有無を判断する前提を欠くということになる。したがって、このような判決の論法には問題がある（この点については、神橋一彦「違法な法令の執行行為に対する国家賠償請求訴訟について」立教法学75号〔2008年〕83頁以下参照）。

補足　**接見拒否事件国賠判決・その後**

　要するにこの平成3年最判は、平たくいえば、拘置所長ができないことについて、きちんとそれを果たしたか否かを問うているという意味で、無理な論法である。ちなみにこの判決は、その後、公務員が法令の解釈を誤って違法な決定を行った事件についての国家賠償請求訴訟の判決で先例として引用されている。すなわちそこでは、違法な行政上の決定（処分・通達の発出など）を行ったけれども、その前提となる法令解釈にはいろいろな見解の相違があったので、当該公務員が結果として法令解釈を誤ったとしても、過失はなかったという判断がなされているのである（後掲・最（一小）判平成16年1月15日、最（一小）判平成19年11月1日〔402号通達事件〕〔→402〕）。しかし、公務員が行政上の決定を行う

－ 308 －

第2節　国家賠償法1条に基づく責任

にあたって、根拠となる法令を解釈することは、職務（法令の適用執行）の当然の前提として行わなければならない判断であるから、そこに過失の有無を論じることは当然である。従って、法令そのものの違法性とその適用執行の可否が問題となる平成3年最判の事例とは根本的に事案を異にするというべきである。この点については、後に第5款［→304〜］、第6款［→402〜］で改めて触れる。

　現に、この平成3年最判が出た後、同じ原告が法務大臣の責任を追及して第二次の国家賠償請求を提起している。第1審判決は、法務大臣の過失を認め、原告の請求を認容したが（東京地判平成5年2月25日判例時報1487号75頁）、控訴審判決は、損害賠償請求権の消滅時効を理由に請求を棄却している（東京高判平成6年7月5日判例時報1510号98頁）。

　さらに、法律そのものが憲法違反であることによって損害を受けたとする場合、国賠法1条の適用上どのような評価を受けるか、という問題がある。国会の立法行為に対する国家賠償請求訴訟は、ある意味で国賠法1条の典型事例である公務員の個人過失からもっとも遠い事例ということができるが、この点については後に違法性（第5款［→300〜］）のところで改めて説明する。

(4)　まとめ　このように実際の国家賠償請求訴訟においては、特定の公務員が特定の被害者に対して不法行為を行ったことを前提に、その不法行為責任を国が代位するという典型的なイメージでは必ずしもとらえきれない事例も問題となりうる。

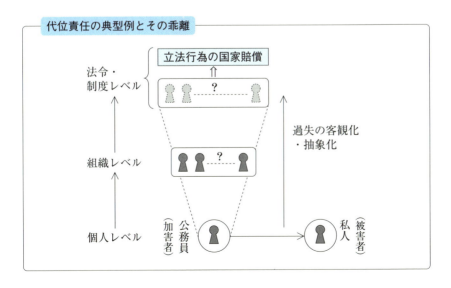

第Ⅱ部　国家補償法　第1章　国家賠償法

　ここでいう組織レベルないし法令・制度レベルの違法行為が問題となる場合、もはや直接加害行為を行った個々の公務員の個人の責任に還元し難い事例ということになるが、そのような事例についても、代位責任説の枠内で、従来から解釈論上さまざまな工夫がなされてきた。例えば、① 国家賠償法1条の要件の過失については、本来、公務員個人に関する主観的な要件であるが、これを客観化・抽象化して捉えたり（**過失の客観化**）、あるいは② 組織的に行われた行政活動で加害公務員の特定や各公務員の寄与度が明らかでない場合（先の安保教授団デモ事件のような場合）、当該活動の指揮監督権者の監督責任の懈怠という特定公務員の行為（いわば第一次的な加害行為ではなく、第二次的な加害行為——この点については、後述第3款【2】4参照 [→278]）に視点を移して、それについて国家賠償法上の違法や故意・過失を論じるといった方法が考えられるのである。

● 第3款 ● 国家賠償法1条における責任の成立要件 ①
——公権力の行使に当たる公務員の行為

274　**【1】　序　説**

　国家賠償法1条は、責任成立要件として、①「国又は公共団体の公権力の行使に当たる公務員」が、②「その職務を行うについて」、③「故意又は過失によって」、④「違法に」、⑤「他人に損害を加えた」こと、を上げている。

　以下、それぞれについて分説するが、本節では、①の「国または公共団体の公権力の公権力に当たる公務員」について説明する。

【2】　「公権力の行使」の意義

275　**1　総　説**

　「公権力の行使」の概念は、国賠法1条が適用される国家行為の範囲を示すものである。ここで「公権力の行使」という語が用いられているが、もとより行訴法3条1項にいう「公権力の行使に当たる行為」とは異なり、以下にみるように① 行政処分のみならず、国賠法1条が適用される行政活動の領域において行われる、内部行為や行政指導など様々な公務員の行為が含まれるほか、② 行政活動のみならず、立法権や司法権の範囲の属する行為も含まれることになる。

276　**2　行政作用における「公権力の行使」の範囲（狭義説・広義説）**

　すでに述べたように、行政活動は① 権力的行政作用、② 非権力的行政作用、

－ 310 －

③ 純粋な私経済的作用の３つに大別できる。

　ところで、「公権力の行使」の範囲につき、「**狭義説**」と呼ばれる立場は、国賠法１条１項にいう「公権力の行使」とは、**権力的行政活動のみを含む**とする。この説は、既に述べたように、権力的行政活動は、帝国憲法下において国家賠償が否定されていたので、国家無責任の原則の撤廃（第１節第２款 [→ 265]）を受けて、その穴を埋めるのが国家賠償法１条の意義であると考えるものである。これに対して「**広義説**」と呼ばれる説は、「公権力の行使」には権力的行政活動のみならず、非権力的行政活動も含まれるとする。換言すると、**国または公共団体の作用のうち、純粋な私経済的作用と国家賠償法２条の対象となる営造物の設置管理作用を除くすべての作用**がここに含まれることになる。すなわち、命令・強制を中心とする権力的行政活動の他、学校教育や行政指導などについても国家賠償法１条の適用があるというのである。

3　両説の違い

　この両説の違いをどのようにみるかであるが、それには２つの観点から検討することが必要である。すなわち第１の観点は、狭義説と広義説との間に私人の救済に違いがあるか、というポイントである。第２の観点は、当該行政を担当する公務員につき生ずる責任に違いがあるか、というポイントである。

　まず第１の観点であるが、その点についてはほとんど違いがないといってよい。すなわち、狭義説に従ってたとえ②の非権力的行政活動に国家賠償法１条の規定が適用されないとしても、この領域については従来から民法715条（使用者責任）の規定の適用があり、この点については国家賠償法４条もそれを認めているのである。したがって問題は、第２の観点ということになる。すなわち、国賠法１条の適用があるとすると、通説・判例に従えば、国に対する賠償のみが認められ、その限りで公務員は保護される（第２款**2** [→ 268]）。そうすると、広義説に従って、非権力的行政活動に国家賠償法１条の適用があるとすれば、その領域では、公務員個人に対する民法709条に基づく責任追及は免れることになる。②の非権力的行政活動の例として学校事故があるが、広義説に立てば、国公立学校の教員個人の損害賠償責任は否定されることになる（もっとも、既に述べたように、その教員に故意・重過失があれば国家賠償法１条２項により求償の対象となる）。このように、狭義説と広義説との間に違いがあるとすれば、それは私人の利益救済の範囲の違いというよりも、**主として公務員の免責の違いに求められる**ことになるであろう。

第Ⅱ部　国家補償法　第1章　国家賠償法

4 具体例

(1) **権力的行政活動**　権力的行政活動の中心となるのは、命令・強制を伴う作用であるとされているが、具体的には行政処分（申請に対する拒否処分、不利益処分）や強制行為（義務を強制するための強制執行のほか、パトカーによる追跡行為などの警察官の職務執行、さらには消防職員の消火活動など）だけではなく、行政処分を行うに当たっての調査行為（税務調査など）や情報提供、さらには強制の前段階において義務履行を促す行政指導など、**命令・強制に付随するさまざまな活動が広く対象となる。**

(2) **非権力的行政活動**　給付行政の分野では、処分形式・契約形式を問わず、違法に給付が拒否された場合は、当該拒否行為は「公権力の行使」に該当する。また給付決定に付随する情報提供や行政指導なども対象となる。さらに、行政指導一般のほか、学校において教師が児童・生徒に対して行う教育活動などもここに属する。

(3) **作為と不作為**　権力的行政活動、非権力的行政活動を問わず、以上例として挙げた行為については、それがなされた場合のみならず、なされるべきであったのになされなかった不作為の場合も対象となる。とりわけなされてはならない行政活動がなされた場合は、いわば《**直接加害型**》ということができるが、規制権限の不行使の場合（例えば、薬害を防止するために、厚生労働大臣が製薬会社に対して薬事法上の権限を行使すべきであったのに、適切に行使しなかったような場合）は、社会に存在する危険から国民を保護することが問題なっており、いわば《**危険管理責任型**》ないし《**間接加害型**》ということができる（遠藤・補償法上巻68頁以下など）。

> **補足**　**第一次的加害行為と第二次的加害行為**
>
> 　国家賠償請求訴訟では、損害にとって直接原因となった第一次的な加害行為のみならず、そのような加害行為を行った公務員の上司などの監督行為といったいわば第二次的行為を「公権力の行使」とし、それが適切に行われなかったことをもって違法と構成することが可能である。例えば、警察官Aが、非番の日に私服でB宅を訪れ、警察署から持ち出した拳銃でBを射殺したような事件において、殺害されたBもAの訪問が全く私的なものであることを認識していたような場合、Aの行った一連の行為には「職務性」（第4款［→283]）を認めることは到底できないのであるから、Bの遺族は、国家賠償法1条に基づく救済は得られないということになりそうである（もちろんその場合、Bの遺族は、Aを相手取って民法709条に基づく損害賠償請求訴訟を起こすことはできるが、

第 2 節　国家賠償法 1 条に基づく責任

Aに資力がない場合には、満足な金銭的救済は得られないことになろう）。しかしながら、視点をかえて、Aが警察署から不正に拳銃を持ち出したことに着目するならば、彼の上司などについて当該拳銃の管理責任の懈怠を問うことは可能である。すなわち、上司などの拳銃の管理行為を「公権力の行使」とみて、その違法を主張するわけである。ただし、その場合は、拳銃の管理行為の懈怠と当該加害行為（Bの射殺）との間に、因果関係があることが必要とされよう（大阪地判昭和 61 年 9 月 26 日判例時報 1226 号 89 頁）。

　同様に、第二次的行為を「公権力の行使」とみて国家賠償を求めることが考えられる例としては、第 2 款 4 で紹介した「安保教授団デモ傷害事件」において、仮に第一次的加害行為を行った警察官の特定が不可能であるとしても、機動隊の指揮官の指揮監督行為を「公権力の行使」と捉えて、国家賠償を求めることが可能であることは、既に述べた通りである。

補 足　国家賠償請求訴訟の機能と役割

　国家賠償請求訴訟の第一次的な目的は、違法な行政活動によって生じた損害に対して金銭的な補填を行うことにあるが、それと同時に、行政活動の適法性を維持する機能もある。これは一般の民法上の不法行為と異なる点である。

　ところで、本書第 1 部においてみたように、行政活動の中でも違法な行政活動をダイレクトに攻撃する訴訟として抗告訴訟があるが、抗告訴訟の対象は、「行政庁の処分その他公権力の行使に当たる行為」（処分性）に限られるため、立法行為（立法の作為・不作為の違憲性）や、処分性のない行政活動（行政指導やさまざまな事実行為）の違法性を争うには、抗告訴訟を用いることはできないということになる。このような状況については、平成 16 年の行訴法改正後、公法上の当事者訴訟としての確認訴訟の活用などによってこれを打開しようとする方向が打ち出されているが、特にそれ以前においては、抗告訴訟の土俵に上らない行政上のさまざまな紛争が、国家賠償請求訴訟や地方自治法の定める住民訴訟に流れる傾向があった。

　すなわち、① 在宅投票制度廃止違憲訴訟（最（一小）判昭和 60 年 11 月 21 日民集 39 巻 7 号 1512 頁）などのように、選挙権の行使ができない者が制度の改革を訴える訴訟について、精神的損害に対する慰謝料などを主張して国家賠償請求訴訟を提起した例がある。もっとも選挙権については、在外国民選挙権訴訟（最（大）判平成 17 年 9 月 14 日民集 59 巻 7 号 2087 頁［→217］）において、確認訴訟の途が認められたので、より直截的な救済方法が認められることになった。② 政策の内容の当否は法律問題ではないので、それを直接に争っても、法律上の争訟（裁判所法 3 条）に当たらないということで不適法却下となるが、同様に政府の政策遂行によって何らかの損害を蒙ったと主張する国家賠償請求訴訟を提起した場合、そのような訴訟であっても訴訟物自体は損害賠償請求権の存否であるので、法律上の争訟性自体は否定されない（棄却にはなっても、却下にはならない）、というのが裁判実務の取扱いのである（郵便貯金目減り訴訟に関する最（一小）判昭和 57 年 7 月 15 日判例時報 1053 号 93 頁。この点については、憲法学者の間で賛否両論がある

－ 313 －

第Ⅱ部　国家補償法　第1章　国家賠償法

[→20])。③しかし行政指導の限界など、処分性のない行為をめぐる法的問題についての判例法理の形成に、国家賠償請求訴訟が果たした役割は大きいといえる。例えば、行政指導の限界に関する品川マンション事件上告審判決（最(三小)判昭和60年7月16日民集39巻5号989頁）は、行政手続法における行政指導の規定にも影響を及ぼした有名な判決であるが、国家賠償請求訴訟にかかわる判例である（判例を具体的に分析する際にも、国家賠償請求訴訟であることが判断においてどのような影響を与えているかについても念頭において検討するとよい [→171]）。

【3】　「国又は公共団体」の意義

279　1　「公共団体」の意義

国家賠償請求訴訟の対象となる行為の主体は、「国又は公共団体」である。ここに国や地方公共団体が含まれることは明らかであるが、その他、土地区画整理組合や弁護士会なども、行政処分を行う権限を法令上付与されているので、ここにいう「公共団体」に含まれることになろう（大阪地判平成15年7月3日判例地方自治252号93頁、東京地判平成15年10月28日判例タイムズ1163号173頁など）。また平成16年4月以降、国立大学は従来の文部科学省の機関から、独立行政法人となり、国から独立した法人格を有することになったが、国立学校法人がここにいう「公共団体」に当たるとするならば、国立大学の教授など職員の行為は、純然たる私経済作用を除いて、国賠法1条1項の「公権力の行使」に当たることになる（東京地判平成21年3月24日判例時報2041号64頁）。

280　2　行政活動の民間委託の場合

このほか、私法人に対して行政処分などの行政活動を委託する民間委託が、現在広く行われている。このような場合、国家賠償請求訴訟をどのように提起するかが問題となる。近時問題となったケースとしては次のようなものがある。

(1)　**指定確認検査機関による建築確認**　　民間の指定確認検査機関が行った建築確認の取消訴訟を提起したところ、建物が完成したことにより訴えの利益が消滅したため、行訴法21条1項により国家賠償請求に訴えを変更するにあたり、同項の「処分……に係る事務の帰属する国又は公共団体」は何かが問題となった [→130]。

― 314 ―

第 2 節　国家賠償法 1 条に基づく責任

> **CASE**　最（二小）決平成 17 年 6 月 24 日判例時報 1904 号 69 頁
> （指定確認検査機関）
>
> 　「建築基準法 6 条 1 項の規定は、建築主が同項 1 号から 3 号までに掲げる建築物を建築しようとする場合においてはその計画が建築基準関係規定に適合するものであることについて建築主事の確認を受けなければならない旨定めているところ、この規定は、建築物の計画が建築基準関係規定に適合するものであることを確保することが、住民の生命、健康及び財産の保護等住民の福祉の増進を図る役割を広く担う地方公共団体の責務であることに由来するものであって、同項の規定に基づく建築主事による確認に関する事務は、地方公共団体の事務であり（同法 4 条、地方自治法 2 条 8 項）、同事務の帰属する行政主体は、当該建築主事が置かれた地方公共団体である。そして、建築基準法は、建築物の計画が建築基準関係規定に適合するものであることについて、指定確認検査機関の確認を受け、確認済証の交付を受けたときは、当該確認は建築主事の確認と、当該確認済証は建築主事の確認済証とみなす旨定めている（6 条の 2 第 1 項）。また、同法は、指定確認検査機関が確認済証の交付をしたときはその旨を特定行政庁（建築主事を置く市町村の区域については当該市町村の長をいう。2 条 32 号）に報告しなければならない旨定めた（6 条の 2 第 3 項）上で、特定行政庁は、この報告を受けた場合において、指定確認検査機関の確認済証の交付を受けた建築物の計画が建築基準関係規定に適合しないと認めるときは、当該建築物の建築主及び当該確認済証を交付した指定確認検査機関にその旨を通知しなければならず、この場合において、当該確認済証はその効力を失う旨定めて（同条 4 項）、特定行政庁に対し、指定確認検査機関の確認を是正する権限を付与している。
> 　以上の建築基準法の定めからすると、同法は、建築物の計画が建築基準関係規定に適合するものであることについての確認に関する事務を地方公共団体の事務とする前提に立った上で、指定確認検査機関をして、上記の確認に関する事務を特定行政庁の監督下において行わせることとしたということができる。そうすると、指定確認検査機関による確認に関する事務は、建築主事による確認に関する事務の場合と同様に、地方公共団体の事務であり、その事務の帰属する行政主体は、当該確認に係る建築物について確認をする権限を有する建築主事が置かれた地方公共団体であると解するのが相当である。
> 　したがって、指定確認検査機関の確認に係る建築物について確認をする権限を有する建築主事が置かれた地方公共団体は、指定確認検査機関の当該確認につき行政事件訴訟法 21 条 1 項所定の「当該処分又は裁決に係る事務の帰属する国又は公共団体」に当たるというべきであって、抗告人は、本件確認に係る事務の帰属する公共団体に当たるということができる。」

　この決定は、建築基準法が特定行政庁に対して指定確認検査機関の建築確認を是正する権限を付与していることからすると、同法は、指定確認検査機関をその建築確認事務の帰属する独立の行政主体としたのではないというべきであって、

− 315 −

第Ⅱ部　国家補償法　第1章　国家賠償法

指定確認検査機関の建築確認事務の帰属する行政主体についても、建築主事の建築確認の場合と同様に、地方公共団体であるものと解すべきであるという考え方から、横浜市は指定確認検査機関（東京建築検査機構）の建築確認に係る事務の帰属する公共団体に該当すると判断したものとされる。

(2) **児童養護施設における職員の養育監護行為**　　児童福祉法27条1項3号に基づいて児童養護施設に入所した児童が、同じく入所した児童から暴行を受け重傷を負った事件において、入所児童を保護監督すべき職員の注意義務懈怠が問題となった事件で、① 同施設の職員等の養育監護行為は県の「公権力の行使」に当たるかどうか（すなわち、職員等は国賠法1条にいう「公務員」にあたるか）、② それが肯定されるとして、県と並んで、同児童養護施設を設置する社会福祉法人もまた民法715条に基づく使用者責任を負うのかが問題となった。

CASE　最(一小)判平成19年1月25日民集61巻1号1頁
（社会福祉法人の設置運営する児童養護施設）

　「[児童福祉] 法は、国及び地方公共団体が、保護者とともに、児童を心身ともに健やかに育成する責任を負うと規定し（法2条）、その責務を果たさせるため、都道府県に児童相談所の設置を義務付け（法15条〔平成16年法律第153号による改正前のもの〕）、保護者がないか又は保護者による適切な養育監護が期待できない児童（以下「要保護児童」という。）については、都道府県は、児童相談所の長の報告を受けて児童養護施設に入所させるなどの措置を採るべきこと（法27条1項3号）、保護者が児童を虐待しているなどの場合には、都道府県は、親権者又は後見人（以下、併せて「親権者等」という。）の意に反する場合であっても、家庭裁判所の承認を得て児童養護施設に入所させるなどの措置を採ることができること（法28条）、都道府県が3号措置により児童を児童養護施設（国の設置する施設を除く。）に入所させた場合、入所に要する費用のほか、入所後の養育につき法45条に基づき厚生労働大臣が定める最低基準を維持するために要する費用は都道府県の支弁とし（法50条7号）、都道府県知事は、本人又はその扶養義務者から、負担能力に応じて費用の全部又は一部を徴収することができること（法56条2項）、児童養護施設の長は、親権者等のない入所児童に対して親権を行い、親権者等のある入所児童についても、監護、教育及び懲戒に関し、その児童の福祉のため必要な措置を採ることができること（法47条）などを規定する。

　このように、法は、保護者による児童の養育監護について、国又は地方公共団体が後見的な責任を負うことを前提に、要保護児童に対して都道府県が有する権限及び責務を具体的に規定する一方で、児童養護施設の長が入所児童に対して監護、教育及び懲戒に関しその児童の福祉のため必要な措置を採ることを認めている。上記のような法の規定及び趣旨に照らせば、3号措置に基づき児童養護施設に入所した児童に対する関係では、入所後の施設にお

ける養育監護は本来都道府県が行うべき事務であり、このような児童の養育監護に当たる児童養護施設の長は、3号措置に伴い、本来都道府県が有する公的な権限を委譲されてこれを都道府県のために行使するものと解される。

　したがって、都道府県による3号措置に基づき社会福祉法人の設置運営する児童養護施設に入所した児童に対する当該施設の職員等による養育監護行為は、都道府県の公権力の行使に当たる公務員の職務行為と解するのが相当である。」

　「国家賠償法1条1項は、国又は公共団体の公権力の行使に当たる公務員が、その職務を行うについて、故意又は過失によって違法に他人に損害を与えた場合には、国又は公共団体がその被害者に対して賠償の責めに任ずることとし、公務員個人は民事上の損害賠償責任を負わないこととしたものと解される（最高裁昭和28年(オ)第625号同30年4月19日第三小法廷判決・民集9巻5号534頁、最高裁昭和49年(オ)第419号同53年10月20日第二小法廷判決・民集32巻7号1367頁等）。この趣旨からすれば、国又は公共団体以外の者の被用者が第三者に損害を加えた場合であっても、当該被用者の行為が国又は公共団体の公権力の行使に当たるとして国又は公共団体が被害者に対して同項に基づく損害賠償責任を負う場合には、被用者個人が民法709条に基づく損害賠償責任を負わないのみならず、使用者も同法715条に基づく損害賠償責任を負わないと解するのが相当である。」

【4】　司法権や立法権の行為　　　　　　　　　　　　　　281

　この点については、司法権や立法権の行為も「公権力の行使」に含まれるというのが通説・判例である。現に、立法不作為の問題や、裁判判決、検察官の起訴、警察官の捜査など司法活動に属する行為をめぐって国家賠償法1条の責任を問う事件が起きている。しかし、行政権の行為と司法権・立法権の行為とでは、違法性の判断（そしてそれと密接に関連する過失の判断）について、かなりの違いがみられる（この点については、第5款で触れる［→300～]）。

【5】　「公務員」の意義　　　　　　　　　　　　　　　　282

　国賠法1条1項にいう「公務員」は、同項にいう「公権力の行使」を行う者を広く指すものと解され、公務員法上の公務員としての身分を有するか否かは関係がない。国立学校法人の設置する国立大学の教職員は、公務員法上公務員の身分を有しないが、国賠法上は「公務員」と解され、また児童養護施設において養育監護行為を行う社会福祉法人の職員も同様であることは、既に述べた通りである。

第Ⅱ部　国家補償法　第1章　国家賠償法

● 第4款 ● 責任の成立要件 ②
――「その職務を行うにつき」

283　この要件は、一般社団法人及び一般財団法人に関する法律（一般社団・財団法人法）78条（旧民法44条）の「その職務を行うについて」や、民法715条の「その事業の執行について」という要件に対応するものであるとされている。この要件に関して問題となるのは、いわゆる「**外形理論**」と呼ばれるものである（幾代＝徳本204頁）。この理論は、法人の代表者や被用者が、法人や使用者のためにではなく、専ら私利を図る目的でその権限を濫用した場合であっても、相手方の保護のために法人や使用者の責任を認めるというものである。この理論が国家賠償法の領域で適用された事例として著名なのが、次に挙げる昭和31年の最高裁判決である。この判決は、非番の日に制服制帽を着用し、隣県に赴いて職務を装い、金を奪う目的で民間人を呼びとめ、射殺した事件をめぐるものである。

> **CASE**　最（二小）判昭和31年11月30日民集10巻11号1502頁（警察官の職務行為性）
>
> 　「原判決は、その理由において、国家賠償法第1条の職務執行とは、その公務員が、その所為に出づる意図目的はともあれ、行為の外形において、職務執行と認め得べきものをもって、この場合の職務執行なりとするのほかないのであるとし、即ち、同条の適用を見るがためには、公務員が、主観的に権限行使の意思をもってした職務執行につき、違法に他人に損害を加えた場合に限るとの解釈を排斥し、本件において、A巡査がもっぱら自己の利をはかる目的で警察官の職務執行をよそおい、被害者に対し不審尋問の上、犯罪の証拠物名義でその所持品を預り、しかも連行の途中、これを不法に領得するため所持の拳銃で、同人を射殺して、その目的をとげた、判示のごとき職権濫用の所為をもって、同条にいわゆる職務執行について違法に他人に損害を加えたときに該当するものと解したのであるが、同条に関する右の解釈は正当であるといわなければならない。けだし、同条は公務員が主観的に権限行使の意思をもってする場合にかぎらず自己の利をはかる意図をもってする場合でも、客観的に職務執行の外形をそなえる行為をしてこれによって、他人に損害を加えた場合には、国又は公共団体に損害賠償の責を負わしめて、ひろく国民の権益を擁護することをもって、その立法の趣旨とするものと解すべきであるからである。」

― 318 ―

● 第 5 款 ● 責任の成立要件 ③
──違法性

【1】 基本的な考え方──違法性一元論と違法性二元論

1 序 説

　国家賠償法1条の責任が成立するためには、「故意又は過失によって」「違法に」損害を加えたことが必要とされる。すなわち、《故意・過失》と《違法性》という2つの要件がここで要求されているわけであるが、民法では、基本的に故意・過失は主観的要件（＝行為者の個別的事情を問題とする要件──詳細は、第6款で説明する）であり、違法性は客観的要件（＝行為そのもの客観的な正当性を問題とする要件）であるとされている。ちなみに国賠法1条において、民法709条が用いている「権利侵害」（平成16年改正後の条文に即していえば、「他人の権利又は法律上保護される利益」の侵害）より広い「違法」という語が用いられているのは、不法行為に関する民法の学説の展開（権利侵害から違法性へ）を反映したものであるといわれている。しかしながら国家賠償制度には、民事不法行為にはない特殊性があることも事実である（国賠法1条の違法に関しては、法学教室「論点講座 公法訴訟」として掲載された、中川丈久「国家賠償法1条における違法と過失について──民法709条と統一的に理解できるか」法学教室385号〔2012年〕80頁、神橋一彦「行政救済法における違法概念と憲法規範──国家賠償法1条の違法概念の特殊性を中心に」同386号〔2012年〕95頁参照）。

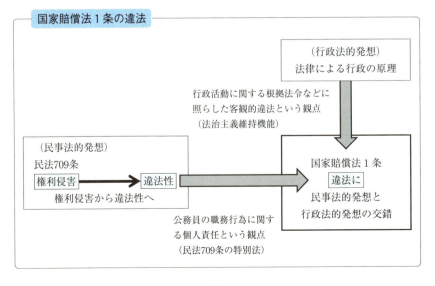

第Ⅱ部　国家補償法　第1章　国家賠償法

　以下、この違法性の問題から検討するが、ここでは、さしあたり行政活動の違法性について話を限定し、立法権や司法権の行使にかかわる行為の違法性については別途論じることにする。

285　2　違法性一元論（同一説）

　⑴　**基本的な考え方**　　行政活動が、その根拠となる法令などに違反して違法に行われた場合、それは国賠法1条の適用上も違法であると考えることができる。これを**違法性一元論（同一説）**と呼ぶ。

　このような考え方にたつと、例えば、典型的な行政処分について、それが違法に行われた場合、国賠法上も違法という評価がなされることになる。

> 事例　例えば、土地区画整理事業において仮換地処分をする場合には、従前の土地と比較して利用状況や環境などの各要素を総合的に勘案した上で、ほぼ見合う同一条件の土地を指定しなければならない。これは、「照応の原則」と呼ばれるものであるが（土地区画整理法98②、89①）、これに違反してなされた違法な仮換地処分によって損害（当該処分の撤回のために支出を強いられた損害）を蒙ったとして国家賠償請求訴訟が提起され、認容された例がある（東京地判昭和61年12月22日判例時報1252号64頁）。この場合、当該仮換地処分が根拠法規である土地区画整理法の規定に違反したことによって、国賠法1条の適用上も違法であると考えるわけである。

　このように行政処分が違法に行われた場合、それは抗告訴訟（取消訴訟など）においても違法とされることになるので、**抗告訴訟における違法（取消違法）**と**国家賠償請求訴訟における違法（国賠違法）**は、原則として同じ内容、すなわち**《国賠違法＝取消違法》**であるということになる。要するに、抗告訴訟と国家賠償請求訴訟との間で、違法が一元的にとらえられることになるわけである。

> 事例　そしてこのような考え方に立てば、その他の行政処分、例えば、違法な課税処分によって損害を被った場合や、違法な輸入禁制品該当通知（関税定率法）により書籍などを輸入することができなかったために損害を被った場合などについて、国家賠償請求訴訟を提起した場合、国賠法1条の適用上も違法ということになろう。

　もっとも、国家賠償法1条が適用される行政活動は、行政処分に限られるわけではない。国賠法1条の適用対象について狭義説を採った場合、権力的行政活動が対象となるが、権力的行政活動に限っても、行政処分だけではなく、さまざまな事実行為（警察官の捜査・逮捕・武器の使用、消防職員の消火活動、種々の行政調査など）が含まれるし、広義説に立った場合、非権力的行政活動（学校事故、行

－ 320 －

政指導など）も含まれるから、違法性一元論を《取消違法＝国賠違法》という定式は狭いともいえる（下の図参照）。したがって、違法性一元論を定式化するとすれば、（国賠法1条の適用の対象とされる）「**公権力の行使**」が行われる要件を充足しない行為については、国賠法1条の適用上も違法と評価する考え方、ということができよう。そしてこのような考え方は、学説上、「**公権力発動要件欠如説**」と称される（宇賀・Ⅱ430頁）。そしてこのような考え方は、国家賠償制度の機能として行政活動の適法性や法治主義を維持する機能（適法性維持機能）を重視する立場から支持されている。

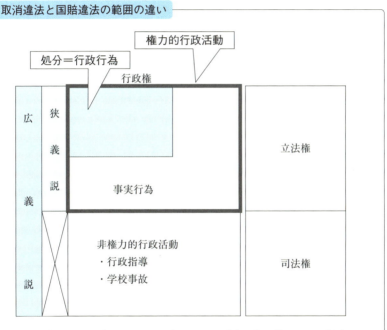

取消違法と国賠違法の範囲の違い

このように取消違法が問題となる領域は、国賠法1条が適用される領域の限られた一部ということになる。権力的行政活動の一領域である警察法を例にとれば、警察許可（例・風俗営業や質屋などの営業許可）は処分であるが、警察官の逮捕行為や消防職員の消火活動などは、事実行為ということになる（このような事実行為は、取消訴訟の対象とはならない）。また、処分以外の領域においては、具体的な活動がなされるにあたっての《要件・効果》が法令上明文で規定されていないものも多い。

第Ⅱ部　国家補償法　第1章　国家賠償法

286　　(2)　**行為規範の多様性**　　このように違法性同一説に立てば、行政活動が客観的に法規範に違反してなされた場合は、国賠法上も違法とされることになる。しかしながら、ここで違法性の基準となる法規範についてみてみると、行政活動のうち、「公権力の行使」に当たる行為がなされる際の要件（～のときは）と効果（～できる・しなければならない等）が法令上具体的に規定されているのは、行政処分のほか限られた範囲のものであることに注意しなければならない。警察官の職務上の行為でも、例えばパトカーの追跡行為については、一般的な法的根拠はあるけれども（警察官職務執行法2①など）、具体的にどのような場合にどのような追跡方法で行うべきかについて明示する法令の規定はない。また、学校教育についても事細かな事柄（例えば、児童生徒にプールでどのような指導を具体的に行うべきかなど）については、詳細な規定は法令上存在しない。そのような場合、場合によっては（法令に明示されていない）不文の行為規範も含めてどのような行為規範が存在し、その行為規範との関係で国家賠償法1条の適用上どのように違法を判断すべきかについて、解釈論上さまざまな問題が生ずることになる（例えば、後述のパトカー追跡事例に関する最(一小)判昭和61年2月27日でこの点が問題となる）。

287　　(3)　**行為不法説**　　このような考え方にあっては、《**公権力の行使を行う公務員が遵守すべき規範**》（行為規範）に照らして**違法かどうかが問題**となっている。このように、加害行為たる行為について、何らかの行為規範に照らして侵害の不法性を判断する立場のことを「**行為不法説**」と呼ぶ。

　　この行為不法説には、上述のような違法性一元論に立つ立場（公権力発動要件欠如説）のほかに、違法性二元論に立つ立場（職務行為基準説）もある（これについては、次の**4**［→ 290］で触れる）。

288　　**3　違法性二元論（相対説）**

　　これに対して、国賠法1条の違法概念に何らかの形で独自性を認める立場がある。このような立場を「違法性二元論」ないし「違法性相対説」と呼ぶ。しかしながら、「違法性二元論」といっても次のように、2つの異なる見方がある。

　　(1)　**結果不法説（的な考え方）**　　一般に不法行為法においては、**加害行為（原因）となる行為**と、それによって生じた**法益侵害（結果）**という2つの観点が問題となる。その中で、加害行為について何らかの行為規範に照らして違法性を評価する立場を行為不法説と呼ぶことについては既に述べたとおりであるが、損害賠償制度が被害者の救済を目的とする以上、法益侵害（結果）の観点を抜きにこ

－ 322 －

第2節　国家賠償法1条に基づく責任

れを論じることはできないのではないか、という指摘が出てくるのは、ある意味
当然のことである。というのも、被害者の側からすれば、蒙った損害の補填や回
復が重要なのであって、その原因となった行為の法的評価がどうかというのは重
要ではないともいえるからである。

> **事例** 例えば、パトカー（警察官）が、交通違反その他何らかの犯罪に関与した者
> が乗車していると思料する車両を追跡していたところ、その逃走車両が、交差
> 点で全く無関係の第三者の自動車と衝突して、巻き添えを食らった当該第三者
> が死亡したような事例の場合、一方においてパトカーの追跡行為は犯罪の予防
> 鎮圧という警察活動の目的に照らして正当かもしれないが、他方において当該
> 第三者が死亡したという法益侵害（生命侵害）をどのように考えるべきであろ
> うか？もちろん、被害者が、逃走車両の運転者に対して民法の不法行為によっ
> て損害賠償請求を求めることができることは当然であるが、往々にしてそのよ
> うな直接の加害者は十分な資力がなかったりするのが現実であろう。そういっ
> た場合に、行政活動に起因して生じた損害の公平な填補はいかにあるべきか、
> ということが問題となる。

> **事例** さらにもう一例を挙げれば、薬害のような企業活動に起因する損害につい
> て、国の担当者が当該関連企業に対して適時適切に何らかの規制権限を発動し
> ていれば、被害は食い止められたかもしれないという場合がありうる。しかし
> ながら、このような場合に行政側の行為についてみるならば、そのような規制
> が法的に義務づけられたものであったかどうかが問題になる反面、薬害によっ
> て生命・健康に被害が生じたという結果たる法益侵害をどのように考えるかが
> 問題となる。

　これらいずれの場合にしても、被害者の救済や損害の公平な填補という観点か
らすれば、国賠違法には独自の意義が認められるべきであるという主張につなが
る。そして、このような考え方は、被害者救済を重視した考え方であり、また違
法概念において**結果たる法益侵害を重視する考え方**という点で、「**結果不法説**」
と呼ぶ。また、このような考え方にあっては、行政処分が問題となる場面におい
て《取消違法≠国賠違法》ということもありうるが、それは抗告訴訟と国賠訴訟
とでは制度の目的が異なるからだとされる。

> **補足**　**国賠訴訟における結果不法の位置づけ**
> 　このような行為不法説と結果不法説は、もともとは、民法の不法行為におけ
> る基本的考え方のモデルとして立てられたものである。ここでその点について
> 立ち入ることはしないが、国家賠償の場合、違法な行政活動に起因して生じた
> 損害に対する賠償であり、適法な行政活動に起因して生じた損失を補償する損
> 失補償との区別があるので、まったく行為不法説的な見方をやめて完全に結果

— 323 —

第Ⅱ部　国家補償法　第1章　国家賠償法

不法説的な立場に立つことには無理がある。したがって、結果不法説的な立場を国賠法1条の責任において採るとしても、行為不法的な見方（原因たる行為の違法性）を補完する形（一種の相関関係説的な形）で論じられることになるであろう。

289　(2)　**職務行為基準説**　これに対して、同じ違法性二元論（相対説）でも、判例において採られている職務行為基準説と呼ばれる考え方は、全く異なるものである。

職務行為基準説は、さしあたり行政活動についていうならば、**当該行政活動の客観的な違法のみで国家賠償法1条の違法を論じるのではなく、当該公務員の職務上の注意義務違反の有無をも加えて判断する考え方**である。したがって、このような考え方を前提にすると、《**国賠違法＝取消違法＋職務上の注意義務違反**》ということになり、やはり《**国賠違法≠取消違法**》ということになる。例えば、前提となる所得金額が間違った違法な課税処分がなされたとしても、このような考え方によれば、当該課税処分を担当した税務署員が所得金額の把握に職務上尽くすべき注意義務を尽くしていた、ということになれば、国家賠償法1条の適用上違法ではないということになりうる。

この職務行為基準説は、もともと立法作用（立法不作為など）や司法作用（有罪判決が上訴審において覆され無罪判決が出た場合の、有罪判決やその前提となった捜査、起訴など）の違法性について判例が採ってきた考え方であり、昭和60年の在宅投票制度廃止違憲訴訟上告審判決（最(一小)判昭和60年11月21日民集39巻7号1512頁）は、「国家賠償法1条1項は、国又は公共団体の公権力の行使に当たる公務員が個別の国民に対して負担する職務上の法的義務に違背して当該国民に損害を加えたときに、国又は公共団体がこれを賠償する責に任ずることを規定するものである」と一般論的な判示をしている。立法作用という国家賠償請求訴訟では特殊な場面において、このような一般的な判示を行った自体について議論の余地があるが、国賠違法の基準を《**公務員が個別の国民に対して負担する職務上の法的義務**》に求めている点で、職務行為基準説の基本的な考え方を示しているといえる。そしてその後、平成5年の所得税更正処分国家賠償請求事件上告審判決（最(一小)判平成5年3月11日民集47巻4号2683頁）は、「税務署長のする所得税の更正は、所得金額を過大に認定していたとしても、そのことから直ちに国家賠償法1条1項にいう違法があったとの評価を受けるものではなく、税務署長が資料を収集し、これに基づき課税要件事実を認定、判断する上において、職務上通常尽くすべき注意義務を尽くすことなく漫然と更正をしたと認め得るような事情がある場合に

― 324 ―

限り、右の評価を受けるものと解するのが相当である」との判示を行い、行政活動においても職務行為基準説を採ることがありうることが示されたのである。
　このような職務行為基準説に関する一連の判例の流れについては、もう少し詳細に検討する必要があるので、後にまた改めて論ずることにする〔→304〕。

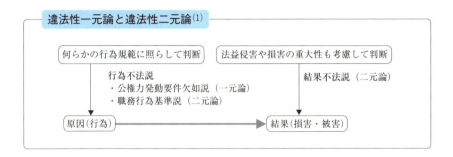

4　検討する問題

このような違法性についての基本的な考え方の相違を踏まえて、以下では、具体的なケースとして、次の場合について論じることにしたい。
　㋐　ある行政活動において、その活動の相手方以外の第三者が損害を被った場合、当該第三者の立場を国家賠償法1条との関係で構成する場合、当該第三者との関係で、その行政活動の違法性をどのように考えるべきか。そしてその場合、

① 公務員（＝行政機関の担当者）の**作為**によって損害を受けた場合
② 公務員（＝行政機関の担当者）の**不作為**によって損害を受けた場合

の2つがありうる。
　㋑　国家賠償法1条の「公権力の行使」には行政機関の活動のみならず、立法行為や司法手続における種々の行為（裁判官、検察官、さらには司法警察職員の行為など）にも適用されるが、そのような行為は、法律による行政の原理に基づく行政活動とは異なった事情があるのではないか。

（1）　宇賀・Ⅱ430頁の図を参考にした。なお宇賀教授は、「違法性についての基本的学説」として、「結果不法説」「行為不法説」のほかに、この両者の折衷説的立場として「相関関係説」を挙げる。すなわち、この立場にあっては「侵害行為の態様と被侵害法益の双方を違法性判断において勘案する」ことになるが、その両ファクターのいずれにウェートを置くかについては論者によって異なるとする（同430頁）。

【2】 違法性の捉え方が問題となる場面 ①
—— 公権力の（積極的）行使と「第三者」の立場

291 **1 結果不法説的な立場**

　国家賠償法1条の違法性が問題となる第1の場面は、《行政活動における相手方以外の第三者が当該行政活動によって（いわば巻き添え的に）被害を被った場合、当該第三者の立場をどのように構成するか》という問題である。

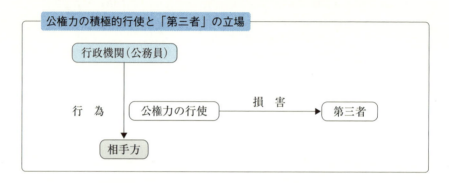

　[事例] パトカーに追跡された逃走車両が、第三者の車両に衝突して第三者の側に死傷等の損害が生じたという事例についてどのように考えるべきか。

　このような事例を念頭に違法性二元論を主張するものとして、遠藤博也教授の説をあげることができる。遠藤教授によれば、国家賠償法1条で問題となる違法性は、損害発生を前提とし、損害補填責任を誰に負わせるのが負担の公平の観念からして適切であるかの見地に立って、損害補填の負担を帰せしめるべき実質的根拠となるにふさわしい一方当事者の損害原因行為に関する消極的評価をさすものとする。すなわち、「現に生じた法益侵害を法が許容するかどうかの見地」、いいかえると、基本的には、「被侵害法益との関係における違法性」である。そして、このような考え方においては、ある行政活動が、根拠法令に対する関係では適法な職務行為であるにもかかわらず、国家賠償法上違法とされることがあるということになる。上述のパトカー追跡事例に即していえば、被侵害法益の重大性が重要な要素であるが、「損害補填責任は、当事者間における負担の公平を基本理念とするため、被侵害法益の重大性といった損害の内容・程度が重要な判断要素とされ、また、諸般の事情の総合的判断の一環として被害者側の事情を考慮に入れることも許されるのである」（遠藤・実定273頁以下）。したがって、パトカーの追跡行為は、逃走車輌の運転者との関係では適法であるが、巻き添えとなった

第 2 節　国家賠償法 1 条に基づく責任

被害者との関係では違法となることがありうることになる。

2　判例——行為不法説的な立場

しかしながら、最高裁判例はこのような理論構成を採用していない。パトカー
追跡事例に関する昭和 61 年最高裁判決は次のようにいう。

> **CASE**　最（一小）判昭和 61 年 2 月 27 日民集 40 巻 1 号 124 頁
>
> 「三　しかしながら、およそ警察官は、異常な挙動その他周囲の事情から合
> 理的に判断してなんらかの犯罪を犯したと疑うに足りる相当な理由のある者
> を停止させて質問し、また、現行犯人を現認した場合には速やかにその検挙
> 又は逮捕に当たる職責を負うものであって（警察法 2 条、65 条、警察官職務
> 執行法 2 条 1 項）、右職責を遂行する目的のために被疑者を追跡することはも
> とよりなしうるところであるから、警察官がかかる目的のために交通法規等
> に違反して車両で逃走する者をパトカーで追跡する職務の執行中に、逃走車
> 両の走行により第三者が損害を被った場合において、右追跡行為が違法であ
> るというためには、右追跡が当該職務目的を遂行する上で不必要であるか、
> 又は逃走車両の逃走の態様及び道路交通状況等から予測される被害発生の具
> 体的危険性の有無及び内容に照らし、追跡の開始・継続若しくは追跡の方法が
> 不相当であることを要するものと解すべきである。
> 　以上の見地に立って本件をみると、原審の確定した前記事実〔略〕によれ
> ば、（一）Aは、速度違反行為を犯したのみならず、警察官の指示により一た
> ん停止しながら、突如として高速度で逃走を企てたものであって、いわゆる
> 挙動不審者として速度違反行為のほかに他のなんらかの犯罪に関係があるも
> のと判断しうる状況にあったのであるから、本件パトカーに乗務する警察官
> は、Aを現行犯人として検挙ないし逮捕するほか挙動不審者に対する職務質
> 問をする必要もあったということができるところ、右警察官は逃走車両の車
> 両番号は確認したうえ、県内各署に加害車両の車両番号、特徴、逃走方向等
> の無線手配を行い、追跡途中で「交通機動隊が検問開始」との無線交信を傍
> 受したが、同車両の運転者の氏名等は確認できておらず、無線手配や検問が
> あっても、逃走する車両に対しては究極的には追跡が必要になることを否定
> することができないから、当時本件パトカーが加害車両を追跡する必要が
> あったものというべきであり、（二）また、本件パトカーが加害車両を追跡し
> ていた道路は、その両側に商店や民家が立ち並んでいるうえ、交差する道路
> も多いものの、その他に格別危険な道路交通状況はなく、B交差点からC町
> 交差点までは 4 車線、その後は 2 車線で歩道を含めた道路の幅員が約 12 メー
> トル程度の市道であり、事故発生の時刻が午後 11 時頃であったというのであ
> るから、逃走車両の運転の前示の態様等に照らしても、本件パトカーの乗務
> 員において当時追跡による第三者の被害発生の蓋然性のある具体的な危険性
> を予測しえたものということはできず、（三）更に、本件パトカーの前記追跡
> 方法自体にも特に危険を伴うものはなかったということができるから、右追
> 跡行為が違法であるとすることはできないものというべきである。してみる

— 327 —

第Ⅱ部　国家補償法　第1章　国家賠償法

> と、かかる状況のもとにおける本件パトカーの乗務員の追跡行為に伴う具体的危険性及び右追跡行為の必要性の有無についての判断を誤り、右追跡は違法であったとした原審の判断には、法令の解釈適用の誤りがあり、右の違法が判決の結論に影響を及ぼすことは明らかであるから、論旨は理由がある。そして、右に説示したところによれば、前記確定事実のもとにおいては、被上告人らの請求は理由がないことに帰するから、原判決を破棄し、被上告人らの各請求の一部を認容した第一審判決中右請求認容にかかる上告人の敗訴部分を取り消したうえ、被上告人の請求を棄却すべきである。」

　この判決によれば、追跡行為が違法になるためには、「右追跡が当該職務目的を遂行する上で不必要であるか、又は逃走車両の逃走の態様及び道路交通状況等から予測される被害発生の具体的危険性の有無及び内容に照らし、追跡の開始・継続若しくは追跡の方法が不相当であることを要するものと解すべきである」ということになる。この判決は、発生した被害の重大性そのものに着目して論理構成をしたものではない。すなわち、この判決は、追跡行為が行政活動として必要なものであったかどうか（必要性）・そしてそれが相当なものであったかどうか（相当性）、という観点に立つものである。したがって、この判決の論理からすれば、警察官が行う追跡行為については、「**当該追跡行為は必要性・相当性の範囲内で行うべし**」という不文の行為規範が存するのと同じことになるが、そこに行政法の一般原則である「**比例原則**」（目的と手段の均衡が守られていること）が表現されているとみることも可能であろう（稲葉ほか・行政法44頁）[(2)]。そのように解すると、**パトカーが追跡行為を行う際の（不文のものではあるが、ひとつの）行為規範を設定し、それに基づいて国家賠償法1条の違法性を判断しているという点をとってみれば、行為不法説に基づく違法性一元論に立った処理である**といってよいであろう。

　さらに、この第三者に損害が生じた事件についての最高裁判決としては、刑事

（2）　現に、パトカーの追跡について警察庁は「違反車両追跡時の受傷事故防止チェックリスト」なるものを作成しているとのことである。
　「乗務員の措置として、追跡の打切りと組織的対応と、こう書いてございます。これは、逃走車両が信号を無視したり一時不停止を繰り返すなど、通過車両と衝突が予想され、あるいは追跡距離が長くなったとき、こういった場合には追跡を打ち切ると、打ち切りまして、その車の特徴等の無線手配を的確に行いまして、組織的な検挙にのせるということを考えておるところでございます。幹部の措置についても同様でございまして、追跡を実施する場合に、追跡を打ち切る場合、打ち切るべき場合、こういったものを具体的に示して厳守させているところでございます。」（平成16年6月15日参議院内閣委員会における人見信男警察庁交通局長の答弁）

－ 328 －

第2節　国家賠償法1条に基づく責任

事件における検察官の論告によって名誉や信用を害されたとする第三者が訴えた
国家賠償請求訴訟の事例が挙げられる。

> **CASE**　最（二小）判昭和60年5月17日民集39巻4号919頁
> （検察官の論告）
>
> 　「検察官は、事件について証拠調が終った後、論告すなわち事実及び法律の
> 適用についての意見の陳述をしなければならないのであるが、論告をするこ
> とは、裁判所の適正な認定判断及び刑の量定に資することを目的として検察
> 官に与えられた訴訟上の権利であり、公共の福祉の維持と個人の基本的人権
> の保障とを全うしつつ、事案の真相を明らかにし、刑罰法令を適正かつ迅速
> に適用実現すべき刑事訴訟手続において、論告が右の目的を達成するために
> は、検察官に対し、必要な範囲において、自由に陳述する機会が保障されな
> ければならないものというべきである。もとより、この訴訟上の権利は、誠
> 実に行使されなければならないが、論告において第三者の名誉又は信用を害
> するような陳述に及ぶことがあったとしても、その陳述が、もっぱら誹謗を
> 目的としたり、事件と全く関係がなかったり、あるいは明らかに自己の主観
> や単なる見込みに基づくものにすぎないなどの論告の目的、範囲を著しく逸
> 脱するとき、又は陳述の方法が甚しく不当であるときなど、当該陳述が訴訟
> 上の権利の濫用にあたる特段の事情のない限り、右陳述は、正当な職務行為
> として違法性を阻却され、公権力の違法な行使ということはできないものと
> 解するのが相当である。

　このように、検察官の論告によって第三者の名誉又は信用を害する結果が生ず
る場合であっても、当該陳述が訴訟法上の権利の濫用に当たる特段の事情のない
限り、それは正当な職務行為として違法性を阻却され、違法な公権力の行使とは
いえないとしているわけである。

【3】　違法性の捉え方が問題となる場面 ②
──規制権限不行使と「第三者」の立場

1　問題の所在
(1)　**職務上の法的義務の存在**　【1】3 [→288] で述べたように、最高裁判例は、
「国家賠償法1条1項は、国又は公共団体の公権力の行使に当たる公務員が個別
の国民に対して負担する職務上の法的義務に違背して当該国民に損害を加えたと
きに、国又は公共団体がこれを賠償する責に任ずることを規定するものである」
としている（最（一小）判昭和60年11月21日民集39巻7号1512頁）。このような考え方
からすれば、《公務員が個別の国民に対して負担する職務上の法的義務に違背す

ること》が、国賠法 1 条の違法の内容を構成しているということになろう。そうなるとそこでは、

① 当該行為が公務員の職務上の法的義務として義務づけられたものであること、

② その職務上の法的義務が当該原告たる私人との関係で負うものであること

の 2 点が問題になるということになる（藤田・総論 540 頁）。

したがって、上記①との関係で、**そもそも一定の行為が、職務上の法的義務とされていない場合は、仮にそのような行為を懈怠したとしても、国家賠償法 1 条の適用上違法とはならない。**これに関連する判例として、次のような事件がある。

CASE 最(三小)判平成 20 年 4 月 15 日民集 62 巻 5 号 1005 頁（弁護士会の接見申入れ）

X（弁護士会）は、受刑者である A からの人権救済の申立てを受け、X の人権擁護委員会の調査の一環として被害状況を目撃したとされる他の受刑者との接見を求めたが、所轄刑務所長はこれを拒否した。X は、接見拒否は違法であり、それによって被上告人の社会的評価等が低下したとして Y（国）に対して国家賠償請求訴訟を提起した。

「公務員による公権力の行使に国家賠償法 1 条 1 項にいう違法があるというためには、公務員が、当該行為によって損害を被ったと主張する者に対して負う職務上の法的義務に違反したと認められることが必要である……。ところで、旧監獄法 45 条 2 項は『受刑者及ビ監置ニ処セラレタル者ニハ其親族ニ非サル者ト接見ヲ為サシムルコトヲ得ス但特ニ必要アリト認ムル場合ハ此限ニ在ラス』と規定し、受刑者については親族以外の者との接見を原則として禁止する一方、刑務所長において特に必要ありと認める場合はこれを許すこととしているが、この規定は、受刑者と外部の者との接見が、受刑者の身分上、法律上又は業務上の重大な利害に係る用務の処理のため必要である場合や、受刑者の改善更正に資する場合がある反面、刑事施設の規律及び秩序を害する結果を生じ、受刑者の矯正処遇の適切な実施に支障を生ずるおそれがあることも否定できないことから、接見の対象となる受刑者の利益と施設内の規律及び秩序の確保並びに適切な処遇の実現の要請（以下「規律及び秩序の確保等の要請」という。）との調整を図るものであることが明らかである。**受刑者との接見を求める者が、接見の対象となる受刑者の利益を離れて当該受刑者との接見について固有の利益を有している場合があることは否定し得ないが、旧監獄法 45 条 2 項の規定が、このような受刑者との接見を求める者の固有の利益と規律及び秩序の確保等の要請との調整を図る趣旨を含むものと解することはできない。**

したがって、旧監獄法 45 条 2 項は、親族以外の者から受刑者との接見の申入れを受けた刑務所長に対し、接見の許否を判断するに当たり接見を求める者の固有の利益に配慮すべき法的義務を課するものではないというべきである。

— 330 —

第2節　国家賠償法1条に基づく責任

　　また、弁護士及び弁護士会が行う基本的人権の擁護活動が弁護士法1条1項ないし弁護士法全体に根拠を有するものであり、その意味で人権擁護委員会の調査活動が法的正当性を保障されたものであるとしても、法律上人権擁護委員会に強制的な調査権限が付与されているわけではなく、この意味においても広島刑務所長には人権擁護委員会の調査活動の一環として行われる受刑者との接見の申入れに応ずべき法的義務は存在しない。……
　　以上によれば、広島刑務所長の本件各措置について、国家賠償法1条1項にいう違法があったということはできない。」

　また上記②との関係で、**一定の職務上の義務があるとしても、それが原告との関係で負うものであるかどうかが問題となることがある**。これに関連する判例として、耐震偽装が行われていた建築計画につき建築主事が建築確認を行ったことが、建築主事の建築主に対して負う職務上の法的義務に違反し、国家賠償法1条1項の適用上違法といえるかが問題となった事例がある。このような場合、耐震偽装を行うような建築士に設計を依頼したのは他ならぬ原告たる建築主であり、耐震偽装によって生じた損害もいわば自己責任ではないかという疑問が生じえよう。これについて最高裁は、(i)「建築確認制度の目的には、建築基準関係規定に違反する建築物の出現を未然に防止することを通じて得られる個別の国民の利益の保護が含まれており、建築主の利益の保護もこれに含まれているといえるのであって、建築士の設計に係る建築物の計画について確認をする建築主事は、その申請をする建築主との関係でも、違法な建築物の出現を防止すべく一定の職務上の法的義務を負うものと解するのが相当である」としたうえで、(ii)「…建築主事が職務上通常払うべき注意をもって申請書類の記載を確認していればその記載から当該計画の建築基準関係規定への不適合を発見することができたにもかかわらずその注意を怠って漫然とその不適合を看過した結果当該計画につき建築確認を行ったと認められる場合に、国家賠償法1条1項の適用上違法となるものと解するのが相当である」としている。さらに(iii)本件は、原告が虚偽の申請データを作出した建築士の委託者であり、建築確認申請をした当の建築主であるという点に特徴がある。これについて判決は、「〔偽装による建築基準関係規定との〕不適合に係る建築主の認識の有無又は帰責性の程度、その不適合によって建築主の受けた損害の性質及び内容、その不適合に係る建築主事の注意義務違反の程度又は認識の内容その他の諸般の事情に照らして」、建築確認の違法を主張することが信義則に反するような場合には、国賠請求が否定されることがあるとしている。もっとも、担当建築主事の職務上の注意義務の内容・程度については、原告が建

－ 331 －

築主か第三者かにかかわらずこれを同一に解すべきか否かをめぐって、これを肯定する田原補足意見と否定する寺田・大橋補足意見が真っ向から対立している。この判決は裁判官一致で請求を棄却しているが、それはかかる意見の対立の妥協の上に成立したものである（最(三小)判平成25年3月26日裁判所時報1576号8頁）。

(2) **規制権限の不行使**　そしてこの問題は、権限を適正に行使してくれていれば、損害が生じなかったであろうと主張する第三者の場合について特に問題となるところである。このような事例については、平成16年の行訴法改正によって直接型義務付け訴訟が法定化され（行訴3⑥Ⅰ［→184～］）、規制権限の発動の義務付けを求める訴訟が可能となったが、それ以前においては、義務付け訴訟がほとんど認められなかったため、もっぱら事後の国家賠償請求訴訟によって救済を求める他なかったのである（宮田・国家責任法105頁以下参照）。

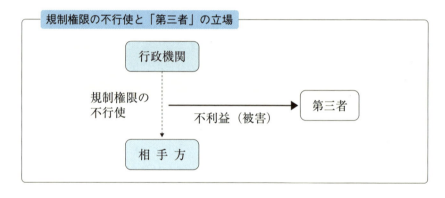

(3) **理論的な問題点**　しかしながら、このような規制権限の不行使にかかわる国家賠償責任を論じるためには、そのような不作為が何らかの形で職務上の義務違反として構成されなければならない。その際に問題となるのが、① **反射的利益論**と② **行政便宜主義**の問題である。

2　理論的な問題点 ①——反射的利益論

取消訴訟の原告適格の判断においては、処分の根拠法規が特定（ないし特定範囲）の私人の利益を個別に保護している場合に、これを「法律上保護された利益」として、原告適格を基礎づける利益と考えてきたわけである。したがって、そもそも処分の根拠法規が保護していない利益や、保護していても特定の私人について個別に保護していないような利益（すなわち一般的公益）については、仮にそれが侵害されたとしても原告適格は認められないということになる（法律上

保護された利益説）[→63～]。

　そのような考え方に立つと、とりわけ公共の安全や秩序の維持を目的とするいわゆる警察法の領域においては、風俗営業の許可に対する周辺住民の原告適格について述べたように、処分の根拠法規（すなわち風営法）に特に当該周辺住民の生活利益を保護する規定がない限り、原告適格は認められないということになる（最（一小）判平成10年12月17日 [→72]）。このような考え方の前提には、警察法（警察許可）において保護されている公共の安全や秩序の維持（善良の風俗や清浄な風俗環境などもここに入る）は、本来一般的公益であって、当然に個別の私人について保護されるものではない、という考え方がある。

　そして、もしこのような考え方を国家賠償に適用するならば、仮に職務上の法的義務の違反があったとしても、その職務上の法的義務（の根拠となる法令）が一般的公益を目的とするものであるとされれば、《個別の国民に対して負担する職務上の法的義務》には当たらないとして国賠責任は否定されるということになろう。そしてこのような主張は、薬害訴訟などにおいて被告側（国又は公共団体）によってもなされたものである。

> 事例 例えばスモン薬害訴訟において、被告・国側は次のような主張をしていた。
> 　「薬務行政に関する実定法規として薬事法を見るのに、昭和23年法は、公定書外医薬品の製造について、品目ごとに厚生大臣の許可を要すべきものとし（26条3項）、昭和35年法は、局方外医薬品の製造承認の申請があるときは、厚生大臣は、名称、成分、分量、用法、用量、効能、効果等を審査し、品目ごとに製造承認すべきものとしている（1条1項）が、かかる規定を設けた薬事法の趣旨および目的は、適正な医薬品の供給を通じて『公衆衛生の向上及び増進』という公衆（国民全体）の利益を保護するにあると解されるから、厚生大臣の製造承認（旧許可）の結果、個々の国民が副作用のない医薬品の供給を受け得たとしても、それは単なる反射的利益にすぎず、したがって、もしかかる利益の侵害があるとしても、何ら権利または法律上の利益（法的に保護された利益）の侵害には当たらないから、製造承認（旧許可）に関する厚生大臣の行為に違法があっても、第三者たる個々の国民との関係において、国に不法行為が成立する余地は存しない……。」（東京地判昭和53年8月3日判例時報899号48頁）

　しかしながら、取消訴訟の原告適格論と国家賠償の責任成立要件をめぐる議論とでは、その目的が異なることは言うまでもないところであって、この点、前掲のスモン薬害訴訟の東京地裁判決は、国家賠償請求訴訟が不法行為訴訟であることに鑑み、「行政庁の処分にその遵守すべき行為規範の違反があって、当該違法行為と原告の主張する損害との間に不法行為上の相当因果関係が認められれば足り」るとしている。最高裁判例も、この後にみるように、**当該規制権限の目的や**

第Ⅱ部　国家補償法　第1章　国家賠償法

保護法益を考慮要素にはしているが、反射的利益論を援用してはいない。

3　理論的な問題 ② ——行政便宜主義

　行政便宜主義とは、本来自由裁量論の一場面であって、「pならばqという警察作用をすることができる」という規定（できる規定）があった場合、警察作用発動の要件であるpという要件が充足されてもなお、qという警察作用をするかしないかについては、行政機関の裁量にゆだねられている（すなわち、**効果裁量が認められている**）のであって、権限を行使しないからといって直ちに違法となるわけではない、という考え方である。警察法が、以上で述べたように、行政機関と名宛人たる相手方との二面的な関係に止まるのであれば、規制権限が発動されなければ発動されないで、相手方たる私人としては何ら問題はい。しかし、規制権限の行使を期待する第三者にとっては、規制権限の不行使は、即当該第三者にとっての不利益ということになる。したがってこのような行政便宜主義に対しては、警察作用は、社会の中に存在する危険を防止し、災害を防止軽減することを目的とするのであるから、行政は与えられた権限を適正に行使することなどによって社会に存在する危険に対処する責任を負っている、とする危険管理責任論などの立場から批判がなされてきたところである。

　そして、このような行政便宜主義を制約する法理として提唱されたのが「**裁量権零収縮の理論**」である。この理論によれば、① 社会的危険が切迫しており（危険の切迫）、② 行政権の行使が容易に可能で（可能性）、③ 権限を行使しなければ危険を防止することができず（行政手段の補充性）、④ 国民が行政権限の行使を期待しており（期待可能性）、かつ ⑤ 行政権限の行使によって危険が回避されうると認められる（結果回避可能性）場合には、行政庁に与えられた裁量の幅は収縮する、とされる（原田・要論 101 頁）。そして、一定の状況に達すると、裁量の幅は零に収縮し、「できる」規定によりする・しないの決定について裁量が認められる場合であっても、しないという選択はもはやできない（言い換えると、するという選択が強制される）ということになる。

4　判例の概観

（1）　**警察権不行使に関する判例**　　警察作用の目的としては、公共の安全、秩序の維持、危険の防止などが挙げられ、社会に存在するさまざまな危険に対して警察権が適切に行使されることは一般にも望まれるところではあるが、問題は、その不行使がどのような場合に違法となるかである。この点に関する最高裁判例として、次の2つを挙げることができる。

第2節　国家賠償法1条に基づく責任

　第1の判例は、海浜に打ち上げられた旧陸軍の砲弾により人身事故を生じた場合に、警察官においてその回収等の措置を取らなかったことが違法である、とした**新島残留砲弾暴発事件**である。この事件は、終戦後新島近くの海中に大量に投棄された旧陸軍の砲弾類の一部が海浜に打ち上げられ、たき火の最中に爆発して人身事故（1人死亡・1人怪我）が生じたものである。判決は、警察官の職務上の義務を導くにあたって、次の下線部①から④の考慮要素を挙げている。

> **CASE**　最(二小)判昭和59年3月23日民集38巻5号475頁
> （新島残留砲弾暴発事件）
>
> 　「ところで、警察は、個人の生命、身体及び財産の保護に任じ、犯罪の予防、鎮圧及び捜査、被疑者の逮捕、交通の取締その他公共の安全と秩序の維持に当たることをもってその責務とするものであるから（警察法2条参照）、警察官は、人の生命若しくは身体に危険を及ぼし、又は財産に重大な損害を及ぼす虞れのある天災、事変、危険物の爆発等危険な事態があって特に急を要する場合においては、その危険物の管理者その他の関係者に対し、危険防止のため通常必要と認められる措置をとることを命じ、又は自らその措置をとることができるものとされている（警察官職務執行法4条1項参照）。もとより、これは、警察の前記のような責務を達成するために警察官に与えられた権限であると解されるが、① 島民が居住している地区からさほど遠からず、かつ、海水浴場として一般公衆に利用されている海浜やその付近の海底に砲弾類が投棄されたまま放置され、その海底にある砲弾類が毎年のように海浜に打ち上げられ、島民等が砲弾類の危険性についての知識の欠如から不用意に取り扱うことによってこれが爆発して人身事故等の発生する危険があり、しかも、② このような危険は毎年のように海浜に打ち上げられることにより継続して存在し、島民等は絶えずかかる危険に曝されているが、③ 島民等としてはこの危険を通常の手段では除去することができないため、これを放置するときは、島民等の生命、身体の安全が確保されないことが相当の蓋然性をもって予測されうる状況のもとにおいて、④ かかる状況を警察官が容易に知りうる場合には、警察官において右権限を適切に行使し、自ら又はこれを処分する権限・能力を有する機関に要請するなどして積極的に砲弾類を回収するなどの措置を講じ、もって砲弾類の爆発による人身事故等の発生を未然に防止することは、その職務上の義務でもあると解するのが相当である。
> 　してみれば、原審の確定した前記一の事実関係〔略〕のもとでは、新島警察署の警察官を含む警視庁の警察官は、遅くとも昭和41、2年ころ以降は、単に島民等に対して砲弾類の危険性についての警告や砲弾類を発見した場合における届出の催告等の措置をとるだけでは足りず、更に進んで自ら又は他の機関に依頼して砲弾類を積極的に回収するなどの措置を講ずべき職務上の義務があったものと解するのが相当であって、前記警察官が、かかる措置をとらなかったことは、その職務上の義務に違背し、違法であるといわなければならない。」

— 335 —

第Ⅱ部　国家補償法　第1章　国家賠償法

　第2の判例は、酒に酔って飲食店でナイフを振い、客を脅したとして警察署に連れてこられた者の引渡しを受けた警察官が、その者の飲食店における行動などについて調査をすれば容易に判明しえた事実から合理的に判断すると、ナイフを携帯させたまま帰宅することを許せば、帰宅途中に他人の生命又は身体に危害を及ぼすおそれが著しい状況にあったと認められるような場合、**ナイフを提出させて一時保管の措置をとることなく、ナイフを携帯させたまま帰宅させたことは違法である**、とした例である。この判決で問題となったのは、ナイフ（銃砲刀剣類等）を「提出させて一時保管することが・で・き・る」と規定した、銃砲刀剣類所持等取締法24条の2第2項である。

> **CASE**　最（三小）判昭和57年1月19日民集36巻1号19頁
> （ナイフの一時保管）
>
> 　「以上の事実関係〔略〕からすれば、Aの本件ナイフの携帯は銃砲刀剣類所持等取締法22条の規定により禁止されている行為であることが明らかであり、かつ、同人の前記の行為が脅迫罪にも該当するような危険なものであったのであるから、B警察署の警察官としては、飲酒酩酊したAの前記弁解をうのみにすることなく、同人を警察に連れてきたCらに対し質問するなどして『スナックD』その他でのAの行動等について調べるべきであったといわざるをえない。そして、警察官が、右のような措置をとっていたとすれば、Aが警察に連れてこられた経緯や同人の異常な挙動等を容易に知ることができたはずであり、これらの事情から合理的に判断すると、同人に本件ナイフを携帯したまま帰宅することを許せば、帰宅途中右ナイフで他人の生命又は身体に危害を及ぼすおそれが著しい状況にあったというべきであるから、同人に帰宅を許す以上少なくとも同法24条の2第2項の規定により本件ナイフを提出させて一時保管の措置をとるべき義務があったものと解するのが相当であって、前記警察官が、かかる措置をとらなかったことは、その職務上の義務に違背し違法であるというほかはない。」

297　(2)　**規制権限の不行使に関する判例**　　この問題についての最高裁判例のリーディング・ケースとなったのが、**宅地建物取引業免許事件判決**である。

> **CASE**　最（二小）判平成元年11月24日民集43巻10号1169頁
> （宅地建物取引業）
>
> 　「宅地建物取引業法（昭和55年法律第56号による改正前のもの。以下「法」という。）は、第2章において、宅地建物取引業を営む者（以下「宅建業者」という。）につき免許制度を設け、その事務所の設置場所が2以上の都道府県にわたるか否かにより免許権者を建設大臣又は都道府県知事（以下「知事等」という。）に区分し（3条1項）、免許の欠格要件を定め（5条1項）、この基準

－ 336 －

第2節　国家賠償法1条に基づく責任

に従って免許を付与し、3年ごとにその更新を受けさせ（3条2項）、免許を受けない者の営業等を禁止し（12条）、第6章において、免許を付与された宅建業者に対する知事等の監督処分を定め、右業者が免許制度を定めた法の趣旨に反する一定の事由に該当する場合において、業務の停止（65条2項）、免許の取消（66条）をはじめ、必要な指導、助言及び勧告（71条）、立入検査等（72条）を行う権限を知事等に付与し、業務の停止又は免許の取消を行うに当たっては、公開の聴聞（69条）及び公告（70条1項）の手続を義務づけている。① 法がかかる免許制度を設けた趣旨は、直接的には、宅地建物取引の安全を害するおそれのある宅建業者の関与を未然に排除することにより取引の公正を確保し、宅地建物の円滑な流通を図るところにあり、監督処分権限も、この免許制度及び法が定める各種規制の実効を確保する趣旨に出たものにほかならない。もっとも、法は、その目的の1つとして購入者等の利益の保護を掲げ（1条）、宅建業者が業務に関し取引関係者に損害を与え又は与えるおそれが大であるときに必要な指示をする権限を知事等に付与し（65条1項1号）、営業保証金の供託を義務づける（25条、26条）など、取引関係者の利益の保護を顧慮した規定を置いており、免許制度も、究極的には取引関係者の利益の保護に資するものではあるが、前記のような趣旨のものであることを超え、免許を付与した宅建業者の人格・資質等を一般的に保証し、ひいては当該業者の不正な行為により個々の取引関係者が被る具体的な損害の防止、救済を制度の直接的な目的とするものとはにわかに解し難く、かかる損害の救済は一般の不法行為規範等に委ねられているというべきであるから、知事等による免許の付与ないし更新それ自体は、法所定の免許基準に適合しない場合であっても、当該業者との個々の取引関係者に対する関係において直ちに国家賠償法1条1項にいう違法な行為に当たるものではないというべきである。また、業務の停止ないし免許の取消は、当該宅建業者に対する不利益処分であり、その営業継続を不能にする事態を招き、既存の取引関係者の利害にも影響するところが大きく、そのゆえに前記のような聴聞、公告の手続が定められているところ、業務の停止に関する知事等の権限がその裁量により行使されるべきことは法65条2項の規定上明らかであり、免許の取消については法66条各号の一に該当する場合に知事等がこれをしなければならないと規定しているが、業務の停止事由に該当し情状が特に重いときを免許の取消事由と定めている同条9号にあっては、その要件の認定に裁量の余地があるのであって、これらの処分の選択、その権限行使の時期等は、知事等の専門的判断に基づく合理的裁量に委ねられているというべきである。② したがって、当該業者の不正な行為により個々の取引関係者が損害を被った場合であっても、具体的事情の下において、知事等に監督処分権限が付与された趣旨・目的に照らし、その不行使が著しく不合理と認められるときでない限り、右権限の不行使は、当該取引関係者に対する関係で国家賠償法1条1項の適用上違法の評価を受けるものではないといわなければならない。」
　「これを本件についてみるに、原審が確定した事実関係は、（一）有限会社A社は、昭和47年10月23日京都府知事から宅建業者の免許（以下「本件免許」という。）を付与され、昭和50年10月23日その更新を受けたところ（記

— 337 —

第Ⅱ部　国家補償法　第1章　国家賠償法

録によれば、右免許及びその更新は法所定の免許基準に適合しないことが窺われる。）、その実質上の経営者であるBは、多額の負債を抱え、手付を支払って他人所有の不動産をA社の所有物件として売却し顧客から支払を受けた代金と購入代金との差額を自己の利益とする、いわゆる手付売買の方法で営業を継続していたが、昭和51年ころからは旧債の返済に追われて所有者への代金の支払ができず、顧客に対する物件の所有権の移転ないし代金返還の不履行も多くなった、（二）Bは、他人所有の本件土地建物を取得して購入者に移転しうる可能性はないのに、これをA社所有の建売住宅として売り出し、昭和51年9月3日その旨信じたX〔上告人〕に対し代金1050万円で売却し（以下「本件売買」という。）、手付金及び中間金350万円の支払を受け、同年11月25日更に中間金390万円の支払を受けたが、これを他に流用したため、上告人において本件土地建物の所有権を取得することができず、右支払額合計740万円相当の損害を被った、（三）京都府知事は、宅建業者に対する監督処分の事務を京都府土木建築部建築課宅建業係（以下「担当職員」という。）に処理させているところ、A社の取引関係者からの担当職員に対する取引上の苦情の申出は、本件免許が更新される直前の昭和50年9月10日代金の一部につき詐欺被害を受けたとする購入者からされたものが最初であり、担当職員が双方から事情聴取してこれを処理し、また、本件免許の更新後、右同様の苦情申出についても行政指導を行って解決をみた例もあったが、こうした事態に対処するため、昭和51年7月8日A社に対する立入検査を行い、取引主任者の不在を指摘し、新規契約の締結の禁止を指示した、（四）その後も取引をめぐって被害を受けた旨の苦情の申出が相次ぎ、これら苦情の申出をした者（以下「被害者」という。）から代金返還につき指導、協力を求められた担当職員は、同年8月4日Bとの交渉の機会をあっせんし、その結果、Bにおいて紛争解決の資金を知人から融資を受ける努力をすることとし、被害者から右融資が実現するまではA社に対する業務の停止、免許の取消等の処分を猶予して欲しい旨要望された、（五）担当職員は、右融資の可能性につき遂一報告を求めて推移を見守り、本件売買直後の同年9月8日被害者から右同様の処分猶予の要望がされたが、Bの右努力も実現の可能性が危ぶまれ、その上更に新たな苦情申出が続いたため、同年10月25日監督処分の方針を決め、同年11月15日法69条1項による聴聞の期日を指定したところ、Bはその直後である同月25日Xから前記のとおり本件売買の中間金390万円の支払を受けた、（六）同年12月17日公開による聴聞が開かれ、A社代表者の代理人として出頭したBが法違反の事実を認め、昭和52年4月7日京都府知事は法66条9号により本件免許を取消した、というのである。以上の事実認定は、原判決挙示の証拠関係に照らして首肯するに足り、その過程に所論の違法はない。

　③　右事実関係によれば、京都府知事がA社に対し本件免許を付与し更にその後これを更新するまでの間、A社の取引関係者からの担当職員に対する苦情申出は1件にすぎず、担当職員において双方から事情を聴取してこれを処理したというのであるから、本件免許の付与ないし更新それ自体は、法所定の免許基準に適合しないものであるとしても、その後にA社と取引関係を持

－ 338 －

第 2 節　国家賠償法 1 条に基づく責任

> つに至った上告人に対する関係で直ちに国家賠償法 1 条 1 項にいう違法な行
> 為に当たるものではないというべきである。また、本件免許の更新後は担当
> 職員が A 社と被害者との交渉の経過を見守りながら被害者救済の可能性を模
> 索しつつ行政指導を続けてきたなど前示事実関係の下においては、上告人が
> A 社に対し中間金 390 万円を支払った時点までに京都府知事において A 社に
> 対する業務の停止ないし本件免許の取消をしなかったことが、監督処分権限
> の趣旨・目的に照らして著しく不合理であるということはできないから、右
> 権限の不行使も国家賠償法 1 条 1 項の適用上違法の評価を受けるものではな
> いというべきである。」

　この判決は、規制権限の不作為の違法性について「**裁量権消極的濫用論**」と呼
ばれる考え方を採ったものとされている。そしてこの考え方は、後の最高裁判例
において、この判決を引用しつつ、「**国又は公共団体の公務員による規制権限の
不行使は、その権限を定めた法令の趣旨、目的や、その権限の性質等に照らし、
具体的事情の下において、その不行使が許容される限度を逸脱して著しく合理性
を欠くと認められるときは、その不行使により被害を受けた者との関係において、
国家賠償法 1 条 1 項の適用上違法となるものと解するのが相当である**」と定式化
されているところである（後掲・最（三小）判平成 16 年 4 月 27 日民集 58 巻 4 号 1032 頁〔関
西水俣病訴訟〕）。

　そして本件の場合、宅地建物取引業法に基づく免許制度は、「究極的には取引
関係者の利益の保護に資するものである」が、「個々の取引関係者が蒙る具体的
な損害の防止、救済を制度の直接的な目的とするものとはにわかに解し」難いと
しつつも（この点、反射的利益論に近いニュアンスがある）、そのことから直ちに国
家賠償責任が否定されるのではなく、当該規制権限の不行使が著しく不合理と認
められる特段の事情の有無が問題とされる（判決文中下線部③参照）。そして結果的
には、① 問題となった業者（A 社）に対する免許の付与及び更新が宅建業法所定
の免許基準に適合しないことが窺われるものの、被害者である原告（X）は免許
更新の後に取引関係に入ったものであること、② その後の当該業者に対する監
督処分の不作為についても「本件免許の更新後は担当職員が A と被害者との交渉
の経過を見守りながら被害者救済の可能性を模索しつつ行政指導を続けてきた」
ことなどを考慮して、X が A に対して代金の一部（これが他に流用されて被害が生
じた）を支払うまでの間に、監督処分をしなかったとしても著しく不合理とはい
えないとしたわけである（もっともこのあたりの事実に対する評価は微妙であり、奥
野久之裁判官反対意見は、本件について国家賠償法 1 条の適用上違法である可能性が十
分にあるとして、原審差戻しを主張している）。

— 339 —

第Ⅱ部　国家補償法　第1章　国家賠償法

　さらにこのような裁量権消極的濫用論に立つ判決として、**クロロキン薬害訴訟上告審判決**があるが、ここでは、事件当時における医学的、薬学的知見の下での被害の予見可能性が問題となっている。

> **CASE**　最(二小)判平成7年6月23日民集49巻6号1600頁
> （クロロキン薬害訴訟）

　「次に、所論は、厚生大臣がクロロキン製剤の副作用による被害の発生を防止するために薬事法上の権限を行使して適切な措置を採らなかった違法を主張するので、この点につき判断する。
1　日本薬局方に収載され、又は製造の承認がされた医薬品が、その効能、効果を著しく上回る有害な副作用を有することが後に判明し、医薬品としての有用性がないと認められるに至った場合には、厚生大臣は、当該医薬品を日本薬局方から削除し、又はその製造の承認を取り消すことができると解するのが相当である。薬事法は、厚生大臣は少なくとも10年ごとに日本薬局方の改定について中央薬事審議会に諮問しなければならないと規定する（41条3項）にとどまり、また、昭和54年法律第56号による改正後の薬事法74条の2のような製造の承認の取消しに関する明文の規定を欠くが、前記の薬事法の目的並びに医薬品の日本薬局方への収載及び製造の承認に当たっての厚生大臣の安全性に関する審査権限に照らすと、厚生大臣は、薬事法上右のような権限を有するものと解される。
　また、厚生大臣は、医薬品による被害の発生を防止するため、当該医薬品を毒薬、劇薬又は要指示医薬品に指定し（44条、49条）、医薬品製造業者等に対して必要な報告を命じ（69条1項）、当該医薬品について公衆衛生上の危険の発生を防止するに足りる措置を命ずる（70条1項）等の権限を有し、また、薬事法上の諸権限を前提とし若しくは薬務行政に関する一般的責務に基づいて、医薬品製造業者等に対して指導勧告等の行政指導を行うことができると解される。
2　厚生大臣は、右のような権限を具体的な状況に応じて行使するが、その前提となるべき医薬品の有用性の判断は、当該医薬品の効能、効果と副作用との比較考量によって行われるものであるから、これについては、高度の専門的かつ総合的な判断が要求される。そして、右判断の要素となる医薬品の有効性と副作用及び代替可能な医薬品や治療法の有無等に関する医学的、薬学的知見は、研究、開発の成果などにより常に変わり得るものであるから、医薬品の有用性の判断は、その時点における医学的、薬学的知見を前提としたものとならざるを得ない。また、厚生大臣は、当該医薬品の有用性を否定することができない場合においても、その副作用による被害の発生を防止するため、前記のような権限を行使し、あるいは行政指導を行うことができるが、これらの権限を行使するについては、問題となった副作用の種類や程度、その発現率及び予防方法などを考慮した上、随時、相当と認められる措置を講ずべきものであり、その態様、時期等については、性質上、厚生大臣のその時点の医学的、薬学的知見の下における専門的かつ裁量的な判断によらざ

－ 340 －

るを得ない。

　厚生大臣の薬事法上の権限の行使についての右のような性質ないし特質を考慮すると、医薬品の副作用による被害が発生した場合であっても、厚生大臣が当該医薬品の副作用による被害の発生を防止するために前記の各権限を行使しなかったことが直ちに国家賠償法1条1項の適用上違法と評価されるものではなく、副作用を含めた当該医薬品に関するその時点における医学的、薬学的知見の下において、前記のような薬事法の目的及び厚生大臣に付与された権限の性質等に照らし、右権限の不行使がその許容される限度を逸脱して著しく合理性を欠くと認められるときは、その不行使は、副作用による被害を受けた者との関係において同項の適用上違法となるものと解するのが相当である。

3　これを本件についてみると、前記の事実関係〔略〕によれば、昭和37年以降我が国においても、文献等による症例の報告により、クロロキン製剤の副作用であるクロロキン網膜症に関する知見が次第に広まってきたものの、その内容はクロロキン製剤の有用性を否定するまでのものではなく、一方、クロロキン製剤のエリテマトーデス及び関節リウマチに対する有用性は国際的に承認され、昭和51年の再評価の結果の公表以前においては、クロロキン製剤は、根本的な治療法の発見されていない難病である腎疾患及びてんかんに対する有効性が認められ、臨床の現場において、副作用であるクロロキン網膜症を考慮してもなお有用性を肯定し得るものとしてその使用が是認されていたというのであるから、当時のクロロキン網膜症に関する医学的、薬学的知見の下では、クロロキン製剤の有用性が否定されるまでには至っていなかったものということができる。したがって、クロロキン製剤について、厚生大臣が日本薬局方からの削除や製造の承認の取消しの措置を採らなかったことが著しく合理性を欠くものとはいえない。

　また、厚生大臣ないし厚生省当局は、副作用の面からの医薬品の安全性を確保するための組織、体制の整備を図り、その一応の体制が整えられた昭和42年以降において、クロロキン製剤を劇薬及び要指示医薬品に指定し、使用上の注意事項や視力検査実施事項を定め、医薬品製造業者等に対する行政指導によりこれを添付文書等に記載させるなどの措置を講じていることは、前記一7記載〔略〕のとおりである。これらの措置は、医師の関与によらないクロロキン製剤の使用を禁じるとともに、クロロキン網膜症に関する添付文書等の記載を充実させて医師、医療機関の注意を喚起し、医師の適切な配慮によってクロロキン網膜症の発生を防止することを意図したものと理解されるが、結果的には、これらの措置によってクロロキン網膜症の発生を完全に防止することはできなかったのであり、現在明らかになっているクロロキン製剤及びクロロキン網膜症に関する知見、特に昭和51年に公表された再評価の結果から見ると、これらの措置は、その内容及び時期において必ずしも十分なものとは言い難い。しかし、医薬品の安全性の確保及び副作用による被害の防止については、当該医薬品を製造、販売する者が第一次的な義務を負うものであり、また、当該医薬品を使用する医師の適切な配慮により副作用による被害の防止が図られることを考慮すると、当時の医学的、薬学的知見

第Ⅱ部　国家補償法　第1章　国家賠償法

の下では、厚生大臣が採った前記各措置は、その目的及び手段において、一応の合理性を有するものと評価することができる。

　　以上の点を考慮すると、厚生大臣が前記一7記載〔略〕の各措置以外に薬事法上の権限を行使してクロロキン網膜症の発生を防止するための措置を採らなかったことが、薬事法の目的及び厚生大臣に付与された権限の性質等に照らし、その許容される限度を逸脱して著しく合理性を欠くとまでは認められず、国家賠償法1条1項の適用上違法ということはできない。」

　以上2つの判決は、ともに**裁量権消極的濫用論**に立ち、結果として規制権限の不行使に関する国家賠償責任を否定しているが、その後同様の立場に立ち、国家賠償責任を肯定する判決が出されている。次に挙げる筑豊じん肺訴訟と関西水俣病訴訟の各上告審判決がそれである。これらは、ともに昭和30年代以降の高度成長時代において生じた生命・健康に対する被害（鉱山労働者のじん肺被害、チッソ水俣工場から排出されたメチル水銀に起因する健康被害）に対する国の責任が、加害企業の責任とともに問題となっている。

　まず**筑豊じん肺訴訟上告審判決**は次のように判示する。

CASE　最（三小）判平成16年4月27日民集58巻4号1032頁（筑豊じん肺訴訟）

　「1　国又は公共団体の公務員による規制権限の不行使は、その権限を定めた法令の趣旨、目的や、その権限の性質等に照らし、具体的事情の下において、その不行使が許容される限度を逸脱して著しく合理性を欠くと認められるときは、その不行使により被害を受けた者との関係において、国家賠償法1条1項の適用上違法となるものと解するのが相当である（最高裁昭和61年（オ）第1152号平成元年11月24日第二小法廷判決・民集43巻10号1169頁、最高裁平成元年（オ）第1260号同7年6月23日第二小法廷判決・民集49巻6号1600頁参照）。

　　これを本件についてみると、鉱山保安法は、鉱山労働者に対する危害の防止等をその目的とするものであり（1条）、鉱山における保安、すなわち、鉱山労働者の労働災害の防止等に関しては、同法のみが適用され、労働安全衛生法は適用されないものとされており（同法115条1項）、鉱山保安法は、職場における労働者の安全と健康を確保すること等を目的とする労働安全衛生法の特別法としての性格を有する。そして、鉱山保安法は、鉱業権者は、粉じん等の処理に伴う危害又は鉱害の防止のため必要な措置を講じなければならないものとし（4条2号）、同法30条は、鉱業権者が同法4条の規定によって講ずべき具体的な保安措置を省令に委任しているところ、同法30条が省令に包括的に委任した趣旨は、規定すべき鉱業権者が講ずべき保安措置の内容が、多岐にわたる専門的、技術的事項であること、また、その内容を、できる限り速やかに、技術の進歩や最新の医学的知見等に適合したものに改正してい

－342－

くためには、これを主務大臣にゆだねるのが適当であるとされたことによるものである。

　同法の目的、上記各規定の趣旨にかんがみると、同法の主務大臣であった通商産業大臣の同法に基づく保安規制権限、特に同法30条の規定に基づく省令制定権限は、鉱山労働者の労働環境を整備し、その生命、身体に対する危害を防止し、その健康を確保することをその主要な目的として、できる限り速やかに、技術の進歩や最新の医学的知見等に適合したものに改正すべく、適時にかつ適切に行使されるべきものである。

2　前記の事実関係〔略〕によれば、次のことが明らかである。

　(1)　労働省が昭和30年9月から昭和32年3月にかけて実施した大規模なけい肺健康診断の結果により、昭和34年ころには、全有所見者の約30%、1万人を超える炭鉱労働者の有所見者が存在することなど、炭坑労働者のじん肺り患の実情が相当深刻なものであることが明らかになっていた。

　(2)　じん肺に関する医学的知見に関しては、けい肺審議会医学部会が、昭和34年9月、じん肺に関する当時の医学的知見に基づき、炭じん等のあらゆる種類の粉じんの吸入によるじん肺発症の可能性、危険性を肯定し、その症状が高度なものとなった場合の健康被害の重大性を指摘した上で、けい肺の原因となる遊離けい酸を含有する粉じんに限定せず、あらゆる種類の粉じんに対する被害の予防と健康管理の必要性を指摘する旨の意見を公表した。

　(3)　上記のとおり、炭鉱労働者のじん肺り患の深刻な実情が明らかとなり、じん肺に関する上記医学部会の意見が公表されたことから、けい肺に限定していた従来のじん肺に関する施策を根本的に見直す必要があると認識されるようになり、政府は、昭和34年12月、上記医学部会の意見に基づくけい肺審議会の答申を受けて、じん肺法案を国会に提出したが、同法案は、じん肺を、遊離けい酸を含有する粉じんの吸入によるけい肺に限定せず、炭じん等の鉱物性粉じんの吸入によって生じたものを広く含むものとして定義し、これを同法による施策の対象とするものであった。

　(4)　じん肺防止のための粉じん対策の要は、粉じんの発生の抑止であるとされているが、昭和30年代初頭までには、さく岩機の湿式型化により粉じんの発生を著しく抑制することができるとの工学的知見が明らかとなっており、また、そのころまでには、軽量の手持型湿式さく岩機が実用に供されるようになっていたことから、遅くとも、昭和35年ころまでには、すべての石炭鉱山における衝撃式さく岩機の湿式型化を図ることに特段の障害はなく、現に、金属鉱山においては、昭和27年9月に金属鉱山等保安規則が改正されて以降、さく岩機の湿式型化は急速に進展し、昭和29年までにはさく岩機の湿式型化率は99.7%を達成していた。

　(5)　しかるに、石炭鉱山においては、前記のとおり、いわば国策としての強力な石炭増産政策が推進されるなどしてきたのに、上記金属鉱山等保安規則の改正後も、石炭鉱山保安規則によるけい酸質区域指定制度が維持され、その後、前記答申に基づきじん肺法が制定された昭和35年3月以降も、指定の基準も含め、保安規制に関する大きな見直しもされずに、上記制度が存続し、せん孔前の散水、衝撃式さく岩機の湿式型化を義務付ける旨の保安規制

－ 343 －

が、一般的な保安規制に改められたのは、昭和61年11月であった。そのため、石炭鉱山においては、その大部分を占める非指定坑におけるさく岩機の湿式型化率、せん孔前の散水実施率は極めて低い状態で推移したのであり、じん肺防止対策の実施状況は、一般的な粉じん対策も含めて、極めて不十分なものであった。

以上の諸点に照らすと、通商産業大臣は、遅くとも、昭和35年3月31日のじん肺法成立の時までに、前記のじん肺に関する医学的知見及びこれに基づくじん肺法制定の趣旨に沿った石炭鉱山保安規則の内容の見直しをして、石炭鉱山においても、衝撃式さく岩機の湿式型化やせん孔前の散水の実施等の有効な粉じん発生防止策を一般的に義務付ける等の新たな保安規制措置を執った上で、鉱山保安法に基づく監督権限を適切に行使して、上記粉じん発生防止策の速やかな普及、実施を図るべき状況にあったというべきである。そして、上記の時点までに、上記の保安規制の権限（省令改正権限等）が適切に行使されていれば、それ以降の炭坑労働者のじん肺の被害拡大を相当程度防ぐことができたものということができる。

本件における以上の事情を総合すると、昭和35年4月以降、鉱山保安法に基づく上記の保安規制の権限を直ちに行使しなかったことは、その趣旨、目的に照らし、著しく合理性を欠くものであって、国家賠償法1条1項の適用上違法というべきである。」

　この事件の特徴は、不作為が問題となっている規制が、**特定の企業等に対する個別の指導・監督ではなく、その前提となる一般的規範たる省令の改正であった**という点にある。そして本件では、そのような**省令改正権限の不行使**（法令・制度レベルの問題 [→ 273]）が国家賠償法1条の適用上違法とされたわけであるが、そこでは規制の根拠となる法令の内容のほか、前提となる医学的知見の進展、さらには「政府は、戦後、いわば国策として、強力に石炭増産政策を推進し、また、合理化政策への転換後においても、石炭産業の経営にかかわる事項について強い影響力を及ぼしてきた」として、石炭産業における国の影響力についての言及がみられる。この最後の点については、石炭産業を他の一般の産業と一線を引き、国の規制権限の発動がその分期待され、また可能であったという結論に導く一つの布石といえるだろう。

　同様に労働者保護のための省令改正権限の不行使が問題となった事件として、**泉南アスベスト訴訟**がある。この事件は、大阪府泉南地域に存在した石綿（アスベスト）工場において、石綿製品の製造作業等又は運搬作業に従事したことにより、石綿肺、肺がん、中皮腫等の石綿関連疾患に罹患したと主張する原告らが、国が石綿関連疾患の発生又はその増悪を防止するために労働基準法及び労働安全衛生法に基づく規制権限を行使しなかったことが国賠法1条1項の適用上違法で

第 2 節　国家賠償法 1 条に基づく責任

あるなどと主張したものであるが、上告審判決は、労働大臣は、工場における石綿の粉じん防止策として有効な局所排気装置の促進を指示する通達を発した昭和33年当時においては、旧労基法（昭和47年改正以前のもの）に基づく**省令制定権限**を行使して、罰則をもって石綿工場に局所排気装置を設置することを義務付けるべきであったのであり、これを義務付けた旧特定化学物質等障害予防規則（労基法の委任命令）が制定された昭和46年4月28日まで、労働大臣がかかる省令制定権限を行使しなかったことは、旧労基法の趣旨、目的や、その権限の性質等に照らし、著しく合理性を欠くものであって、国家賠償法1条1項の適用上違法であるとして、請求を認容している（最（一小）判平成26年10月9日民集68巻8号799頁）。

　さらに、筑豊じん肺訴訟上告審判決とほぼ同時期に出された**関西水俣病訴訟上告審判決**は、次のように判示している。

> **CASE**　最（二小）判平成 16 年 10 月 15 日民集 58 巻 7 号 1802 頁
> （関西水俣病訴訟）
>
> 　「〔裁量権消極的濫用論についての一般的説示を行ったあと〕これを本件についてみると、まず、上告人国の責任については、次のとおりである。
> 　ア　水質二法〔公共用水域の水質の保全に関する法律（水質保全法）及び工場排水規制法〕所定の前記規制は、〔1〕特定の公共用水域の水質の汚濁が原因となって、関係産業に相当の損害が生じたり、公衆衛生上看過し難い影響が生じたりしたとき、又はそれらのおそれがあるときに、当該水域を指定水域に指定し、この指定水域に係る水質基準（特定施設を設置する工場等から指定水域に排出される水の汚濁の許容限度）を定めること、汚水等を排出する施設を特定施設として政令で定めることといった水質二法所定の手続が執られたことを前提として、〔2〕主務大臣が、工場排水規制法7条、12条に基づき、特定施設から排出される工場排水等の水質が当該指定水域に係る水質基準に適合しないときに、その水質を保全するため、工場排水についての処理方法の改善、当該特定施設の使用の一時停止その他必要な措置を命ずる等の規制権限を行使するものである。そして、この権限は、当該水域の水質の悪化にかかわりのある周辺住民の生命、健康の保護をその主要な目的の一つとして、適時にかつ適切に行使されるべきものである。
> 　イ　前記の事実関係〔略〕によれば、昭和34年11月末の時点で、〔1〕昭和31年5月1日の水俣病の公式発見から起算しても既に約3年半が経過しており、その間、水俣湾又はその周辺海域の魚介類を摂取する住民の生命、健康等に対する深刻かつ重大な被害が生じ得る状況が継続していたのであって、上告人国は、現に多数の水俣病患者が発生し、死亡者も相当数に上っていることを認識していたこと、〔2〕上告人国においては、水俣病の原因物質がある種の有機水銀化合物であり、その排出源がチッソ水俣工場のアセトアルデヒド製造施設であることを高度のがい然性をもって認識し得る状況にあった

— 345 —

こと、〔3〕上告人国にとって、チッソ水俣工場の排水に微量の水銀が含まれていることについての定量分析をすることは可能であったことといった事情を認めることができる。なお、チッソが昭和34年12月に整備した前記排水浄化装置が水銀の除去を目的としたものではなかったことを容易に知り得たことも、前記認定のとおりである。そうすると、同年11月末の時点において、水俣湾及びその周辺海域を指定水域に指定すること、当該指定水域に排出される工場排水から水銀又はその化合物が検出されないという水質基準を定めること、アセトアルデヒド製造施設を特定施設に定めることという上記規制権限を行使するために必要な水質二法所定の手続を直ちに執ることが可能であり、また、そうすべき状況にあったものといわなければならない。そして、この手続に要する期間を考慮に入れても、同年12月末には、主務大臣として定められるべき通商産業大臣において、上記規制権限を行使して、チッソに対し水俣工場のアセトアルデヒド製造施設からの工場排水についての処理方法の改善、当該施設の使用の一時停止その他必要な措置を執ることを命ずることが可能であり、しかも、水俣病による健康被害の深刻さにかんがみると、直ちにこの権限を行使すべき状況にあったと認めるのが相当である。また、この時点で上記規制権限が行使されていれば、それ以降の水俣病の被害拡大を防ぐことができたこと、ところが、実際には、その行使がされなかったために、被害が拡大する結果となったことも明らかである。

　ウ　本件における以上の諸事情を総合すると、昭和35年1月以降、水質二法に基づく上記規制権限を行使しなかったことは、上記規制権限を定めた水質二法の趣旨、目的や、その権限の性質等に照らし、著しく合理性を欠くものであって、国家賠償法1条1項の適用上違法というべきである。」

　ここで注目されるべきことは、判決が示した規制権限の根拠法規の解釈である。すなわち、昭和35年当時の水質保全法は、その目的を「公共用水域の水質の保全を図るなどのために必要な事項を定め、もって産業の相互協和と公衆衛生の向上に寄与することを目的とするもの」（1条）と定めた上で、経済企画庁長官が定める水質基準については、指定水域に指定する「要件となった事実を除去し又は防止するため必要な程度をこえないものでなければならない」（5条1項）と規定していた。また、工場排水規制法も「製造業等における事業活動に伴って発生する汚水等の処理を適切にすることにより、公共用水域の水質の保全を図ることを目的とするもの」（1条）であった。これらの規定からすれば、当時のこれら法令は、**現在の環境法的な発想**（予防原則や事前配慮原則）に立つものではなく、**伝統的な警察規制の発想**（ある程度の危険が生じた時に必要最小限の規制をするという発想）に立っているといえる。従って、そのような昭和30年代の古い法令について「当該水域の水質の悪化にかかわりのある周辺住民の生命、健康の保護」をその主要な目的の1つと解釈したことは、注目に値する。

5　若干の検討

(1)　作為義務の根拠づけ　　以上、いくつかの判例について見てきたが、規制権限の不行使の違法を論じるためには、当該規制権限の行使について公務員に作為義務があることが前提となる。とりわけ、いわゆる「できる規定」(**3**［→ 295］参照)の場合、行政便宜主義との関係で、このような作為義務をどのように根拠づけるかが問題となるところである。

この点について考えられる理論構成としては、上述のように、裁量権収縮論と裁量権消極的濫用論とがある。最高裁判例は後者を採っているが、規制権限の不行使の違法を判断する際には、**例えば① 被侵害法益、② 予見可能性、③ 結果回避可能性、④ 期待可能性といった考慮要素を総合的に考慮して判断される**(宇賀・Ⅱ 440 頁)。

(2)　被侵害利益(保護利益)との関係　　特にここでは、上述の考慮要素のうち、被侵害法益(保護利益)について若干立ち入った検討をすると、同じ規制権限の不行使の違法でも、人の生命・身体の安全などの保護が問題となっている場合と、経済的利益の損害が問題となっている場合とでは、国家賠償法上の違法の認定に違いがみられるといえよう。

そしてこういった点は、判例の判断枠組みでいえば「その権限を定めた法令の趣旨、目的や、その権限の性質等」を考慮する際にも問われるものであって、人の生命・身体の安全の保護が問題となっている場合については、現行法上、私人には自力救済が、正当防衛の場合などを除いて原則として禁止されていることが注意されなければなるまい。すなわち、現行法の下では、治安維持の実力は国家が独占しているわけであって、私人が自分の実力で自分の身を守ることは(警備会社などを雇うことは別にして)限られた場合にしかできないということになる(さらに、例えば私人が護身用にナイフを持ち歩くことは禁止されている(銃砲刀剣類等所持取締法3)。それは、実力行使を私人の判断に委ねることは、最悪の場合、私闘の発生・拡大を招き、治安の維持という、国家の最低限の存在意義の観点からも望ましくない。しかしながら、国家が私人に対して服従を要求する以上、国家は私人を保護すべき何らかの「義務」があると考える方向に赴くのが自然あろう。そして警察法領域などにおける規制権限の根拠規範の多くが「できる」規定であるにも関わらず、判例がこのような私人の生命・身体の安全などの保護が問題となっている場合、さまざまな解釈を行って一種の行政の作為義務を導き出そうとしているのは、このような背景があるとおもわれる[3]。この点で、国の基本権

第Ⅱ部　国家補償法　第1章　国家賠償法

保護義務をめぐる憲法学における議論は、規制権限の不行使の違法を論じる際の作為義務の根拠づけにも示唆を与えるものである。

これに対して、単なる経済的利益の損失についてみると、この領域は、私人の自己責任の世界である面が強い側面があり、宅建業法事件最高裁判決が示唆するように、基本的に私人間の不法行為の問題として処理されることが多いといえよう[4]。

また、前掲の諸判例でも問題となった、薬害やじん肺の発生など人の健康に対する被害が問題となる事例の場合、私人の自己責任で対処できる部分がどこまであるかというと、現在の医療・技術等の水準を考えれば、かなり限定されたものといわざるをえないであろう。このような場合、まず規制権限がどこから導き出されるか、という問題に加え、行為不法説的な観点からみても、技術的にどの時点で損害の発生が予見できたか、さらにどの（程度の危険に至った）時点で規制権限を発動すべきであったか、といった点が問題となる。ただし、ここで行為不法の基準となる行為規範といっても、結局は事後的救済である国家賠償において論ぜられる「行為規範」であるから、**行為規範のレベルをどの程度に設定するかは、救済の問題と微妙に関連することは否めまい**（この点については、とりわけ関西水俣病事件上告審判決［→297］との関連で述べたところである）。

【4】　違法性の捉え方が問題となる場面 ③ ──立法権・司法権──

1　問題の所在

次に問題となるのは、行政活動以外の立法権や司法権に関わる行為にかかる違法性の問題である。

例えば、国会がある法律を制定改廃したり、あるいは所要の立法措置を講じな

（3）　基本権保護義務論は、もともとドイツ憲法学の議論に由来するものであるが（小山剛『基本権保護の法理』〔1998年〕、同『基本権の内容形成』〔2004年〕など参照）、基本権保護のために国家の介入を要請する主張であるため、「国家からの自由」という自由権的基本権の本来の保障内容との間に緊張関係が生ずることになる。したがって、その是否については、わが国の憲法学でも議論がある。

（4）　ただし、平成13年に破たんした抵当証券会社・大和都市管財グループによる巨額詐欺事件に絡み、被害者が、近畿財務局は同社が破たん必至の状態にあることを認識しながら抵当証券業の登録を更新し、被害を拡大させたとして、国家賠償を求めた訴訟で、近畿財務局長は注意義務を尽くさず、漫然と登録更新したとして、平成9年12月の登録更新時の国の過失を認め、一部国家賠償を認める判決が出され、注目された（大阪地判平成19年6月6日判例時報1974号3頁・大阪高判平成20年9月26日判例タイムズ1312号81頁）。

かったりしたことが憲法違反とされた場合、それらの国会の作為・不作為は、国家賠償法上も違法と評価されるのであろうか。また、刑事裁判の第1審において有罪判決になったものの、上訴審で無罪判決が下された場合、第1審判決、さらには当該犯罪の捜査、逮捕、起訴などの行為も国家賠償法上違法と評価されるのであろうか。こういった点が、ここで問題となる。

2 基本的な考え方

これらの立法権や司法権に関わる行為については、① **それらの行為（法律の制定改廃や裁判判決などの決定行為）が、根拠となる法令などに照らして客観的に違法かどうかの問題**と、② **それに至るまでの過程に関与した公務員（国会議員や裁判官、検察官など）の行為（審議、議決、起訴、判決など）が職務上の法的義務に違反しているかという問題**という2つの点が問題となる。この両者の関係をめぐっては、次の2つの考え方がある（[→304] の図を参照）。

(1) **結果違法説**　結果違法説とは、（立法権と司法権の両方を含めて一般化して定式化することはやや困難であるが）さしあたり立法行為（厳密にいえば、立法行為の所産＝結果たる法律）が違憲違法とされたり、裁判判決が上訴審で破棄された場合（有罪判決が覆され、無罪判決が下されたような場合）、そこに至る一連の行為も含めて、国家賠償法1条の適用上も違法となるという考え方である。ここでいう「結果」とは、**一定のプロセス（立法手続、刑事裁判手続など）を経て下される決定（すなわち法律、裁判判決）を指す**ものと考えられる。

もっとも刑事裁判において、そもそも第1審判決において無罪判決が下されたような場合については、当該裁判自体が客観的に許されないという「結果」を踏まえ、そこに至るまでの逮捕、起訴など個別の行為も違法と評価されることになり、不起訴処分がなされた場合、逮捕は違法と評価されることになる（宇賀・Ⅱ 432頁以下。なお行為不法説に対する結果不法説とは異なるので注意が必要である──【1】3参照 [→288]）。

(2) **職務行為基準説**　これに対して職務行為基準説は、結果たる立法行為や裁判判決そのものの違法の問題とは切り離して、**そのような決定に至るまでのプロセス（手続）における公務員（国会議員や裁判官、検察官など）の行為が、その職務上の法的義務（行為規範）に沿うものであるか否か**を問題にする。したがって、法律が違憲違法とされたり、あるいは、裁判判決が上訴審で破棄されたとしても、そのことから直ちに国家賠償法1条の適用上違法となるわけではないとい

第Ⅱ部　国家補償法　第1章　国家賠償法

うことになる。そしてそこでは、決定に至るまでのプロセスを組成する各行為
（例えば、逮捕、起訴、判決のそれぞれ）についてそれに関与した公務員が、その
時点での職務上の法的義務を果たしたか否かが分節的に問われることになるので
ある（そして、それぞれの行為について法的義務の内容も異なることはいうまでもな
い）。判例は、この職務行為基準説を採っている[5]。

3　立法行為の違法性

(1)　在宅投票制度廃止事件判決　　立法行為の違法性については、**在宅投票制度
廃止事件上告審判決**が、次のように判示している。

> **CASE**　最（一小）判昭和60年11月21日民集39巻7号1512頁
> （在宅投票制度廃止事件）
>
> 　「三　国家賠償法1条1項は、国又は公共団体の公権力の行使に当たる公務
> 員が個別の国民に対して負担する職務上の法的義務に違背して当該国民に損
> 害を加えたときに、国又は公共団体がこれを賠償する責に任ずることを規定
> するものである。したがって、国会議員の立法行為（立法不作為を含む。以
> 下同じ。）が同項の適用上違法となるかどうかは、国会議員の立法過程におけ
> る行動が個別の国民に対して負う職務上の法的義務に違背したかどうかの問
> 題であつて、当該立法の内容の違憲性の問題とは区別されるべきであり、仮
> に当該立法の内容が憲法の規定に違反する廉があるとしても、その故に国会
> 議員の立法行為が直ちに違法の評価を受けるものではない。
> 　そこで、国会議員が立法に関し個別の国民に対する関係においていかなる
> 法的義務を負うかをみるに、憲法の採用する議会制民主主義の下においては、
> 国会は、国民の間に存する多元的な意見及び諸々の利益を立法過程に公正に
> 反映させ、議員の自由な討論を通してこれらを調整し、究極的には多数決原
> 理により統一的な国家意思を形成すべき役割を担うものである。そして、国
> 会議員は、多様な国民の意向をくみつつ、国民全体の福祉の実現を目指して
> 行動することが要請されているのであって、議会制民主主義が適正かつ効果
> 的に機能することを期するためにも、国会議員の立法過程における行動で、
> 立法行為の内容にわたる実体的側面に係るものは、これを議員各自の政治的
> 判断に任せ、その当否は終局的に国民の自由な言論及び選挙による政治的評
> 価にゆだねるのを相当とする。さらにいえば、立法行為の規範たるべき憲法
> についてさえ、その解釈につき国民の間には多様な見解があり得るのであっ
> て、国会議員は、これを立法過程に反映させるべき立場にあるのである。憲

（5）　宇賀・Ⅱ433頁以下は、これらのプロセスを組成する各行為ごとにそれぞれ固有の法
　　的義務（行為規範）があることに着目し、ここでいう「職務行為基準説」は、これら一
　　つ一つの行為（逮捕・拘留、起訴などそれぞれ）についてみれば、それらの発動要件の
　　欠如をもって違法とするわけであるから、本来的には公権力発動要件欠如説であるとす
　　る。

－ 350 －

第2節　国家賠償法1条に基づく責任

法51条が、「両議院の議員は、議院で行った演説、討論又は表決について、院外で責任を問はれない。」と規定し、国会議員の発言・表決につきその法的責任を免除しているのも、国会議員の立法過程における行動は政治的責任の対象とするにとどめるのが国民の代表者による政治の実現を期するという目的にかなうものである、との考慮によるのである。このように、国会議員の立法行為は、本質的に政治的なものであって、その性質上法規制の対象になじまず、特定個人に対する損害賠償責任の有無という観点から、あるべき立法行為を措定して具体的立法行為の適否を法的に評価するということは、原則的には許されないものといわざるを得ない。ある法律が個人の具体的権利利益を侵害するものであるという場合に、裁判所はその者の訴えに基づき当該法律の合憲性を判断するが、この判断は既に成立している法律の効力に関するものであり、法律の効力についての違憲審査がなされるからといって、当該法律の立法過程における国会議員の行動、すなわち立法行為が当然に法的評価に親しむものとすることはできないのである。

　以上のとおりであるから、国会議員は、立法に関しては、原則として、国民全体に対する関係で政治的責任を負うにとどまり、個別の国民の権利に対応した関係での法的義務を負うものではないというべきであって、国会議員の立法行為は、立法の内容が憲法の一義的な文言に違反しているにもかかわらず国会があえて当該立法を行うというごとき、容易に想定し難いような例外的な場合でない限り、国家賠償法1条1項の規定の適用上、違法の評価を受けないものといわなければならない。

四　これを本件についてみるに、前記〔略〕のとおり、上告人は、在宅投票制度の設置は憲法の命ずるところであるとの前提に立って、本件立法行為の違法を主張するのであるが、憲法には在宅投票制度の設置を積極的に命ずる明文の規定が存しないばかりでなく、かえって、その47条は「選挙区、投票の方法その他両議院の議員の選挙に関する事項は、法律でこれを定める。」と規定しているのであって、これが投票の方法その他選挙に関する事項の具体的決定を原則として立法府である国会の裁量的権限に任せる趣旨であることは、当裁判所の判例とするところである（昭和38年(オ)第422号同39年2月5日大法廷判決・民集18巻2号270頁、昭和49年(行ツ)第75号同51年4月14日大法廷判決・民集30巻3号223頁参照）。

　そうすると、在宅投票制度を廃止しその後前記8回の選挙までにこれを復活しなかった本件立法行為につき、これが前示の例外的場合に当たると解すべき余地はなく、結局、本件立法行為は国家賠償法1条1項の適用上違法の評価を受けるものではないといわざるを得ない。」

　ここで問題となるのは、国会が憲法違反の法律を定めたり、所要の法律を制定せずに不作為のまま放置していたことが、直ちに国会議員の職務上の法的義務に反するかであるが、この判例は、結果違法説を否定し、「国会議員の立法行為は、立法の内容が憲法の一義的な文言に違反しているにもかかわらず国会があえて当

第Ⅱ部　国家補償法　第1章　国家賠償法

該立法を行うというごとき、容易に想定し難いような例外的な場合でない限り、国家賠償法1条1項の規定の適用上、違法の評価を受けない」とした。すなわちここでは、憲法の規定（本件の場合、基本的人権の規定）は、法律の内容についての客観的な評価基準ではあっても、国会議員を義務付ける職務上の行為規範は、それとは別にあるということであろう。

(2)　**在外国民選挙権訴訟**　昭和60年最高裁判決以降、同最判に従えば、立法行為や立法不作為について国家賠償請求はほとんど認められないと考えられていたところ、平成17年の**在外国民選挙権訴訟上告審判決**は、確認訴訟（公法上の当事者訴訟）活用論について注目すべき判示をしたほか、選挙権侵害に基づく国家賠償請求についても、これを認容した。

> **CASE**　最（大）判平成17年9月14日民集59巻7号2087頁
> （在外国民選挙権訴訟）
>
> 　「国家賠償法1条1項は、国又は公共団体の公権力の行使に当たる公務員が個別の国民に対して負担する職務上の法的義務に違背して当該国民に損害を加えたときに、国又は公共団体がこれを賠償する責任を負うことを規定するものである。したがって、国会議員の立法行為又は立法不作為が同項の適用上違法となるかどうかは、国会議員の立法過程における行動が個別の国民に対して負う職務上の法的義務に違背したかどうかの問題であって、当該立法の内容又は立法不作為の違憲性の問題とは区別されるべきであり、仮に当該立法の内容又は立法不作為が憲法の規定に違反するものであるとしても、そのゆえに国会議員の立法行為又は立法不作為が直ちに違法の評価を受けるものではない。」

以上の部分は、昭和60年最高裁判決と同様の判示であるが、以下の部分は、この判決独自の内容である。

> 　「しかしながら、<u>立法の内容又は立法不作為が国民に憲法上保障されている権利を違法に侵害するものであることが明白な場合や、国民に憲法上保障されている権利行使の機会を確保するために所要の立法措置を執ることが必要不可欠であり、それが明白であるにもかかわらず、国会が正当な理由なく長期にわたってこれを怠る場合</u>などには、例外的に、国会議員の立法行為又は立法不作為は、国家賠償法1条1項の規定の適用上、違法の評価を受けるものというべきである。最高裁昭和53年（オ）第1240号同60年11月21日第一小法廷判決・民集39巻7号1512頁は、以上と異なる趣旨をいうものではない。
> 　在外国民であった上告人らも国政選挙において投票をする機会を与えられることを憲法上保障されていたのであり、この権利行使の機会を確保するた

— 352 —

めには、在外選挙制度を設けるなどの立法措置を執ることが必要不可欠であったにもかかわらず、前記事実関係によれば、昭和59年に在外国民の投票を可能にするための法律案が閣議決定されて国会に提出されたものの、同法律案が廃案となった後本件選挙の実施に至るまで10年以上の長きにわたって何らの立法措置も執られなかったのであるから、このような著しい不作為は上記の例外的な場合に当たり、このような場合においては、過失の存在を否定することはできない。このような立法不作為の結果、上告人らは本件選挙において投票をすることができず、これによる精神的苦痛を被ったものというべきである。したがって、本件においては、上記の違法な立法不作為を理由とする国家賠償請求はこれを認容すべきである。

　そこで、上告人らの被った精神的損害の程度について検討すると、本件訴訟において在外国民の選挙権の行使を制限することが違憲であると判断され、それによって、本件選挙において投票をすることができなかったことによって上告人らが被った精神的損害は相当程度回復されるものと考えられることなどの事情を総合勘案すると、損害賠償として各人に対し慰謝料5000円の支払を命ずるのが相当である。そうであるとすれば、本件を原審に差し戻して改めて個々の上告人の損害額について審理させる必要はなく、当審において上記金額の賠償を命ずることができるものというべきである。」

　この判決は、昭和60年最高裁判決を引用してはいるが、同判決の「立法の内容が憲法の一義的な文言に違反しているにもかかわらず国会があえて立法を行うというごとき、容易に想定し難いような例外的な場合でない限り……」といった判示を踏襲していない。その意味で、実質的な判例変更であるとする評価もありうるところで、現に、平成17年判決の後、精神的原因による投票困難者に対して選挙権行使の機会を確保するための立法措置を執らなかったという立法不作為が違憲であるとする国家賠償請求訴訟について、最高裁は平成17年判決の一般的説示を引用している（最（一小）判平成18年7月13日判例時報1946号41頁、さらに最（大）判平成27年12月16日裁判所時報1642号1頁〔民法の定める再婚禁止期間の規定が、憲法14条1項、24条2項に違反するとされた事例〕——いずれも請求は棄却）。

4　司法手続上の行為の違法性

(1)　判例の立場　　司法手続上のさまざまな行為の違法性についても、最高裁判例は職務行為基準説を採っているが、立法権に関する判例より古く、その嚆矢は、昭和53年の**芦別国賠事件上告審判決**に遡る。

第Ⅱ部　国家補償法　第1章　国家賠償法

> **CASE**　最(二小)判昭和53年10月20日民集32巻7号1367頁
> （刑事裁判——芦別国賠事件）
>
> 　「しかし、刑事事件において無罪の判決が確定したというだけで直ちに起訴前の逮捕・勾留、公訴の提起・追行、起訴後の勾留が違法となるということはない。けだし、逮捕・勾留はその時点において犯罪の嫌疑について相当な理由があり、かつ、必要性が認められるかぎりは適法であり、公訴の提起は、検察官が裁判所に対して犯罪の成否、刑罰権の存否につき審判を求める意思表示にほかならないのであるから、起訴時あるいは公訴追行時における検察官の心証は、その性質上、判決時における裁判官の心証と異なり、起訴時あるいは公訴追行時における各種の証拠資料を総合勘案して合理的な判断過程により有罪と認められる嫌疑があれば足りるものと解するのが相当であるからである。」

　ここで結果違法説は否定され、逮捕・拘留、公訴の提起・追行、起訴後の勾留それぞれについて、個別に当該行為について担当公務員の職務上の法的義務違反が問われることになる。確かに裁判の場合は、上訴審において新しい主張や証拠が提出されて下級審判決が覆ることもあり、種々の点で行政処分等の行政活動にはない特殊性が認められるというべきであろう。通常の民事訴訟についても次のような判例がある。

> **CASE**　最(二小)判昭和57年3月12日民集36巻3号329頁
> （民事裁判）
>
> 　「裁判官がした争訟の裁判に上訴等の訴訟法上の救済方法によって是正されるべき瑕疵が存在したとしても、これによって当然に国家賠償法1条1項の規定にいう違法な行為があったものとして国の損害賠償責任の問題が生ずるわけのものではなく、右責任が肯定されるためには、当該裁判官が違法又は不当な目的をもって裁判をしたなど、裁判官がその付与された権限の趣旨に明らかに背いてこれを行使したものと認めうるような特別の事情があることを必要とすると解するのが相当である。所論引用の当裁判所昭和39年(オ)第1390号同43年3月15日第二小法廷判決・裁判集民事90号655頁の趣旨とするところも結局右と同旨に帰するのであって、判例抵触を生ずるものではない。したがって、本件において仮に前訴判決に所論のような法令の解釈・適用の誤りがあったとしても、それが上訴による是正の原因となるのは格別、それだけでは未だ右特別の事情がある場合にあたるものとすることはできない。それゆえ、上告人の本訴請求は理由がないとした原審の判断は、結論において正当として是認することができる。論旨は、採用することができない。」

— 354 —

第2節　国家賠償法1条に基づく責任

(2)　**職務行為基準説と結果違法説の違い**　それではこの両説にどのような違いがあるのであろうか。これに関連した判例として、**八丈島老女殺害事件国家賠償事件**がある。この事件では、第1審判決（東京地判昭和44年3月11日判例時報551号3頁）は、結果違法説を採り、控訴審判決（東京高判昭和46年11月25日判例時報653号75頁）は職務行為基準説を採っている。

まず第1審判決は、違法性について、「裁判官の行なう裁判については、特に法が当該裁判の違法を主張する者に対しその控訴手続中に控訴、上告等の不服申立てさらに再審等を認め、もっぱらその不服申立て等の手続によってのみ当該裁判の適否を最終的に確定し、他の手続においてこれを判断することを許さない建前を採用していると解されるから、かような裁判制度の特質にかんがみると、…(略)…第一、二審裁判所において有罪判決があった後、最高裁判所において原判決を破毀し無罪の判決がなされこれが確定した場合においては、第一、二審裁判所の各有罪判決は本件国家賠償請求訴訟においてその誤判であるか否かを審理することなく、いずれも国家賠償法上当然に違法な行為」と解する。すなわち、「訴訟は本来仮説的性格をもつから、訴訟上はともかくとして、国家賠償法上裁判官の裁判が違法であるとの評価は、全訴訟手続を事後的にみて、当該裁判が結局客観的に正当性を有しない（国家は無罪たるべき者に対し有罪判決をする権利はない）ことを意味するから、上級審において無罪とされ、その判決が確定した以上、国家賠償法上は、これに反する下級審の有罪判決はいずれも違法であると解するのが相当である」として**結果違法説**を採る。しかし、故意・過失については、「法は裁判官の資格を厳定し、原則として、その資格を有する者の自由な認定に委ね、ただ第三者が客観的に評価しうる範囲すなわち、その判断が経験則、採証の原則を著しく逸脱したと認められる場合、いいかえると、通常の裁判官であれば当時の資料および状況の下において、その任意性、信憑性を認めるようなことは決してなかったであろうと考えられる場合に限り、かかる認定をした裁判官に過失を認める建前であると解するのを相当とする」として、本件については＜違法であるが過失がない＞として請求を棄却する結論に至っている。

これに対して控訴審判決は、「刑事事件において下級裁判所の有罪判決が上級裁判所の無罪判決によって取り消されてもそのことだけで〔当該〕有罪判決が直ちに違法であるときめざるべきではない」とし、「刑事訴訟においては罪となるべき事実の直接証拠についてだけではなく、自白の証拠能力および信憑力の有無に関する証拠についても、裁判官による証拠の評価につき自由心証主義が採用されているので、証拠の証明力について上級審と下級審との間に見解の差の生じる

― 355 ―

第Ⅱ部　国家補償法　第1章　国家賠償法

ことは避け難い。そこで、下級裁判所の有罪判決が国家賠償法にいわゆる違法であるのは、裁判官の証拠能力または証明力に対する判断が裁判官に要求される良識を失し経験則・論理則上その合理性が認められないことがその審理段階において明白な場合に限られると解するのが相当である」として、違法性そのものを否定している。

このように仮に結果違法説を採ったとしても、無罪判決が下れば当然に国家賠償が認められるわけではなく、さしあたりこの事件に関しては、両判決に結論の違いはない。すなわち、裁判官が行った証拠の評価とそれに基づく評価の問題を、第1審は過失の問題として捉えているのに対して、控訴審は違法の中で論じているのである。このような事例をみると、職務行為基準説というのは、違法性の判断といいながら実は、**違法の問題と過失の問題とをセットにして一体的に論じて**いるのではないか、とみることができる。この点は、次に論じる行政活動における職務行為基準説を考える際にも参考となる。

【5】　職務行為基準説の行政活動への適用の可否

304

1　議論のまとめ

ここで再び、行政活動における国家賠償法1条の違法に話を戻すことにしよう。【4】[→303] で概観したように、立法権や司法権の領域における違法性について、判例は、**結果違法説を否定し、職務行為基準説を採用**してきた。既に述べたように、行政活動の領域における違法性については、違法性一元論（同一説）の立場も有力であるが、判例においては、平成5年の所得税更正処分事件上告審判決（後掲・最(一小)判平成5年3月11日 [→305]）が職務行為基準説を採って以降、この説を採る判例が増えている（もっとも、判例が違法性一元論（同一説）的な判断を完全に放棄したともいえない）。行政活動における職務行為基準説は、既に述べたように、国家賠償法1条の適用上違法となるためには当該行政活動が客観的に違法であるだけでは足りず、当該公務員において《職務上の注意義務違反》が認められることが必要となる。国賠違法と取消違法との関係でいえば、**《国賠違法＝取消違法＋職務上の注意義務違反》**という図式になるが、この《職務上の注意義務違反》という要素は、違法性一元論（同一説・《国賠違法＝取消違法》の立場）からすれば、過失において論じられてきたものであるということもできる。その意味でいえば、違法性一元論（同一説）に立った場合、《違法だが過失がない》とされた事例が、職務行為基準説においては、《違法ではない》という評価になるともいえる。

— 356 —

第2節　国家賠償法1条に基づく責任

　また行政活動における職務行為基準説は、ある行政決定が客観的に違法であるということ（結果違法）に加えて、その決定のプロセスに関与した公務員の職務上の法的義務（注意義務）違反を違法要件の中で判断する考え方ということもできる。要するに、行政活動における職務行為基準説は、**当該公務員の行為**について、その**客観的違法性**に加えて、**その公務員の職務上の法的義務違反も含め、いわばトータルに法的評価を行うもの**であるといえる。（その点において、規制権限の不行使に関して判例が採る裁量権消極的濫用論［→ 297］も考え方として軌を一にするものといえよう。）

　ただし、そのように考えると、職務行為基準説に基づいてそもそも違法ではないとされた場合はともかく、職務上の法的義務違反も含めて違法であると判断された場合、国家賠償法1条1項の要件として違法と並んで定められている故意・過失については、もはやそこで判断すべき事項は残されていないのではないか、という疑問が生じる。この点については疑問が残るというべきであるが、職務行為基準説に立ち国家賠償法上の違法を認め、結果的に国賠責任を認めた裁判例には、過失には触れないで終わっているものもあれば（東京地判平成22年4月9日判例時報2076号19頁）、「過失があることは明らかである」という形で念押し的に述べているもの（後掲・最(一小)判平成19年11月1日〔402号通達事件〕［→ 306］）などがある。

— 357 —

第Ⅱ部　国家補償法　第1章　国家賠償法

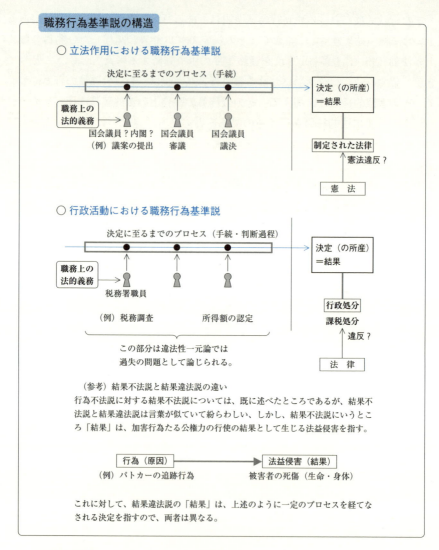

305　2　判例の概観

　行政活動の領域において職務行為基準説を採る最高裁判例としては、次の**所得税更正処分事件判決**を初めとして次のようなものが挙げられる。

第 2 節　国家賠償法 1 条に基づく責任

> **CASE**　最(一小)判平成 5 年 3 月 11 日民集 47 巻 4 号 2863 頁
> （所得税の更正処分）

　「1　税務署長のする所得税の更正は、所得金額を過大に認定していたとしても、そのことから直ちに国家賠償法 1 条 1 項にいう違法があったとの評価を受けるものではなく、税務署長が資料を収集し、これに基づき課税要件事実を認定、判断する上において、職務上通常尽くすべき注意義務を尽くすことなく漫然と更正をしたと認め得るような事情がある場合に限り、右の評価を受けるものと解するのが相当である。

　2　ところで、所得税法は、納税義務者が自ら納付すべき所得税の課税標準及び税額を計算し、自己の納税義務の具体的内容を確認した上、その結果を申告して、これを納税するという申告納税制度を採用し、納税義務者に課税標準である所得金額の基礎を正確に申告することを義務付けており（所得税法 120 条参照）、本件のような事業所得についていえば、納税義務者はその収入金額及び必要経費を正確に申告することが義務付けられているのである。それらの具体的内容は、納税義務者自身の最もよく知るところであるからである。そして、納税義務者において売上原価その他の必要経費に係る資料を整えておくことはさして困難ではなく、資料等によって必要経費を明らかにすることも容易であり、しかも、必要経費は所得算定の上での減算要素であって納税義務者に有利な課税要件事実である。そうしてみれば、税務署長がその把握した収入金額に基づき更正をしようとする場合、客観的資料等により申告書記載の必要経費の金額を上回る金額を具体的に把握し得るなどの特段の事情がなく、また、納税義務者において税務署長の行う調査に協力せず、資料等によって申告書記載の必要経費が過少であることを明らかにしない以上、申告書記載の金額を採用して必要経費を認定することは何ら違法ではないというべきである。

　3　以上によって本件をみるのに、被上告人は、本件係争各年分の所得税の申告をするに当たり、必要経費につき真実より過少の金額を記載して申告書を提出し、さらに、本件各更正に先立ち、税務職員から申告書記載の金額を超える収入の存在が発覚していることを告知されて調査に協力するよう説得され、必要経費の金額について積極的に主張する機会が与えられたにもかかわらず、これをしなかったので、奈良税務署長は、申告書記載どおりの必要経費の金額によって、本件各更正に係る所得金額を算定したのである。してみれば、本件各更正における所得金額の過大認定は、専ら被上告人において本件係争各年分の申告書に必要経費を過少に記載し、本件各更正に至るまでこれを訂正しようとしなかったことに起因するものということができ、奈良税務署長がその職務上通常尽くすべき注意義務を尽くすことなく漫然と更正をした事情は認められないから、48 年分更正も含めて本件各更正に国家賠償法 1 条 1 項にいう違法があったということは到底できない。」

— 359 —

第Ⅱ部　国家補償法　第1章　国家賠償法

> **CASE** 最(一小)判平成11年1月21日判例時報1675号48頁
> （住民票記載行為）
>
> 　「市町村長が住民票に法定の事項を記載する行為は、たとえ記載の内容に当該記載に係る住民等の権利ないし利益を害するところがあったとしても、そのことから直ちに国家賠償法1条1項にいう違法があったとの評価を受けるものではなく、市町村長が職務上通常尽くすべき注意義務を尽くすことなく漫然と右行為をしたと認め得るような事情がある場合に限り、右の評価を受けるものと解するのが相当である（最高裁平成元年(オ)第930号、第1093号同5年3月11日第一小法廷判決・民集47巻4号2863頁参照）。
> 　住民票は、選挙人名簿の作成の基礎資料となるほか、住民に関する記録として様々な手続に広く利用される書類であるから、各市町村が独自の法令解釈に基づいて区々な事務処理をすることは望ましいとはいえず、できる限り統一的に記録が行われるべきものである（住民基本台帳法1条参照）。そのため、国が市町村に対し住民基本台帳に関する事務について必要な指導を行うものとされている（同法31条1項）ところ、被上告人武蔵野市長が上告人甲野二郎の住民票に世帯主との続柄の記載をした昭和60年8月当時、国により住民基本台帳の記載方法等に関して住民基本台帳事務処理要領（以下「事務処理要領」という。）が定められていたのであるから、各市町村長は、その定めが明らかに法令の解釈を誤っているなど特段の事情がない限り、これにより事務処理を行うことを法律上求められていたということができる。そして、原審の適法に確定したところによれば、当時の事務処理要領は、平成6年12月に改正されるまで、世帯主の嫡出子の続柄は「長男」、「二女」等と、非嫡出子のそれは「子」と、それぞれ記載することと定めており、これに従わない市町村もなかったわけではないが、一般的にはこれに従って続柄の記載がされていたものと認められ、被上告人武蔵野市長も、右の定めに従って本件の続柄の記載をしたというのである。右の定めは、戸籍法が嫡出子と非嫡出子とを区別して戸籍に記載すべきものとしており（同法49条2項1号、同法施行規則33条1項、附録6号）、住民票と戸籍とが多くの記載事項を共通とする密接な関係を有するものである（住民基本台帳法19条、同法施行令12条2項等参照）ことにかんがみて、住民票においても戸籍と同様に嫡出子と非嫡出子とを区別して続柄の記載をすることとしたものと考えられるのであり、憲法14条や所論引用の条約等の規定を考慮に入れるとしても、右の定めが明らかに住民基本台帳法の解釈を誤ったものということはできない。
> 　以上によれば、所論指摘の事情を併せ考慮したとしても、被上告人武蔵野市長は、職務上通常尽くすべき注意義務を尽くさず漫然と本件の続柄の記載をしたということはできないものというべきである。したがって、右記載が上告人らの権利ないし利益を害するか否かにかかわりなく、同被上告人の右行為には国家賠償法1条1項にいう違法がないというべきであるから、上告人らの同項に基づく請求は、理由がない。」

　さらに、**メイプルソープの写真集の輸入**に関し、関税定率法所定の輸入禁制品

— 360 —

に該当する旨の通知は違法であるとして、通知処分の取消訴訟と国家賠償請求訴訟が併合して提起された事件において、**同処分はであるとして取消訴訟については認容しつつも、職務行為基準説に立って、国家賠償請求を棄却した判決**がある。

CASE 最(三小)判平成 20 年 2 月 19 日民集 62 巻 2 号 445 頁
（輸入禁制品該当通知）

「（1）……本件写真集は、本件通知処分当時における一般社会の健全な社会通念に照らして、関税定率法 21 条 1 項 4 号にいう『風俗を害すべき書籍、図画』等に該当するものとは認められないというべきである。

なお、最高裁平成 8 年(行ツ)第 26 号同 11 年 2 月 23 日第三小法廷判決・裁判集民事 191 号 313 頁は、本件各写真のうち 5 点と同一の写真を掲載した写真集（メイプルソープの回顧展における展示作品を収録したカタログ）につき、平成 6 年法律第 118 号による改正前の関税定率法 21 条 1 項 3 号にいう「風俗を害すべき書籍、図画」等に該当するとしているが、上記の事案は、本件写真集とは構成等を異にするカタログを対象とするものであり、対象となる処分がされた時点も異なるのであって、本件写真集についての上記判断は、上記第三小法廷判決に抵触するものではないというべきである。

したがって、上記と異なり、本件写真集が関税定率法 21 条 1 項 4 号所定の輸入禁制品に該当するとしてされた本件通知処分は、取消しを免れないというべきである。

（2）もっとも、本件各写真の内容が前記認定〔略〕のとおりであること、本件各写真の一部と同一の写真を掲載した写真集につき前記第三小法廷判決が上記のとおり判断していること等にかんがみれば、被上告人税関支署長において、本件写真集が本件通知処分当時の社会通念に照らして「風俗を害すべき書籍、図画」等に該当すると判断したことにも相応の理由がないとまではいい難く、本件通知処分をしたことが職務上通常尽くすべき注意義務を怠ったものということはできないから、本件通知処分をしたことは、国家賠償法 1 条 1 項の適用上、違法の評価を受けるものではないと解するのが相当である。」

---

3 問題点

このような判例の採る職務行為基準説については、次のような問題点がある（詳細については、宇賀克也「職務行為基準説の検討」行政法研究 1 号〔2012 年〕7 頁参照）。

① 職務行為基準説については、学説上、取消訴訟と国家賠償請求訴訟との間で違法概念が異なることの当否や、違法性一元論（同一説）の立場からは、国家賠償請求訴訟の法秩序維持機能を損いかねないという批判がなされている。

② 職務行為基準説に立つ場合、違法性一元論（同一説）においては過失で論じらるような要素が、違法要件の中で《職務上の注意義務》違反という形で問題

第Ⅱ部　国家補償法　第1章　国家賠償法

となる。そうすると、過失と同じように、《職務上の注意義務》違反も、公務員個人について論じられる場合だけではなく、組織的な行為が問題となっている場合については、誰か特定の公務員個人というよりも、当該組織そのものが果たすべき《職務上の注意義務》が問題となる。

　これに関連する判例として、原爆医療法に基づき被爆者健康手帳の交付を受けた被爆者が国外に居住地を移した場合、原爆特別措置法は適用されず、同法に基づく健康管理手当等の受給権が失権の取扱いとなる旨定めた通達 (いわゆる 402 号通達) が作成、発出され、その後、この2つの法律を統合する形で被爆者援護法が制定された後も、平成15年3月まで当該通達に従った取扱いが継続されたことに対して失権の取扱いとなった被爆者が国賠訴訟を提起した事件がある (最(一小)判平成19年11月1日民集61巻8号2733頁〔402号通達事件〕)。この判決は、当該通達は原爆医療法及び原爆特別措置法の解釈を誤る違法なものであるとしつつ、「上告人〔国〕の担当者の発出した通達の定めが法の解釈を誤る違法なものであったとしても、そのことから直ちに同通達を発出し、これに従った取扱いを継続した上告人の担当者の行為に国家賠償法1条1項にいう違法があったと評価されることにはならず、上告人の担当者が職務上通常尽くすべき注意義務を尽くすことなく漫然と上記行為をしたと認められるような事情がある場合に限り、上記の評価がされることになるものと解するのが相当である」として**職務行為基準説**に立つ。そして、当該通達発出の直前に示された司法判断 (下級審判決) を機に、同通達の発出の段階において、国の担当者が、それまで国が採ってきたこれらの法律の解釈及び運用が法の客観的な解釈として正当なものといえるか否かを改めて検討する機会があり、その職務上通常尽くすべき注意義務を尽くしていれば、このような通達の内容の違法性は当然に認識することが可能であったものというべきであるとして、国家賠償法1条1項の適用上違法であり、「当該担当者に過失があることも明らか」であるとして、損害賠償請求を認めている。**通達発出に関わる組織的な過失というべきことからが、「担当者が職務上通常尽くすべき注意義務」違反という形で問題となっている。**

　③　さらに職務行為基準説において違法要件の中で問われている「職務上尽くすべき注意義務」について、具体的にどの程度の注意義務が要求されるかについては、個別の事案について問題になるところであろう。この点、402号通達事件に関する前掲・平成19年最判は、「402号通達は、被爆者についていったん具体的な法律上の権利として発生した健康管理手当等の受給権について失権の取扱いをするという重大な結果を伴う定めを内容とするものである」とし、かかる内容

－ 362 －

の通達の発出・取扱いの継続については、「その内容が原爆三法の規定の内容と整合する適法なものといえるか否かについて、相当程度に慎重な検討を行うべき職務上の注意義務が存したものというべきである」としている（これらの点は、過失と問題状況を同じくするというべきものであるから、第6款［→400］で過失のところを学んだあと、もう一度立ち返ってもらいたい）。

4　不作為違法確認訴訟と国家賠償請求訴訟

以上は、主として取消違法と国賠違法の異同の問題にかかわるが、さらに問題となるのは、申請処理の遅延による精神的損害に関して、申請に対する手続法上の応答義務違反（＝不作為違法確認訴訟における違法——第1部第1章第9節第2款以下［→168～]）が国家賠償法1条の違法とどのように関連するかである。この点について、**水俣病認定遅延訴訟上告審判決**は、不作為違法確認訴訟において違法とされたとしても、それから直ちに国家賠償法1条の適用上違法にはならないとする。

CASE　最（二小）判平成3年4月26日民集45巻4号653頁
（水俣病認定遅延訴訟）

「ところで、一般的には、各人の価値観が多様化し、精神的な摩擦が様々な形で現れている現代社会においては、各人が自己の行動について他者の社会的活動との調和を充分に図る必要があるから、人が社会生活において他者から内心の静穏な感情を害され精神的苦痛を受けることがあっても、一定の限度では甘受すべきものというべきではあるが、社会通念上その限度を超えるものについては人格的な利益として法的に保護すべき場合があり、それに対する侵害があれば、その侵害の態様、程度いかんによっては、不法行為が成立する余地があるものと解すべきである。

これを本件についてみるに、既に検討したように、認定申請者としての、早期の処分により水俣病にかかっている疑いのままの不安定な地位から早期に解放されたいという期待、その期待の背後にある申請者の焦躁、不安の気持を抱かされないという利益は、内心の静穏な感情を害されない利益として、これが不法行為法上の保護の対象になり得るものと解するのが相当である。」

「2　次に、本件において、認定申請者の内心の静穏な感情を害されないという利益が法的保護の対象になり得るとしても、処分庁の侵害行為とされるものは不処分ないし処分遅延という状態の不作為であるから、これが申請者に対する不法行為として成立するためには、その前提として処分庁に作為義務が存在することが必要である。けだし、他者の不作為により内心の静穏な感情が害され、不安感、焦躁感を抱く結果になることがあることは否定できないとしても、作為義務を前提としない不作為それ自体は、法的に意味のある行為と評価することはできないからである。

また、作為義務のある場合の不作為であっても、その作為義務の類型、内容との関連において、その不作為が内心の静穏な感情に対する介入として、

第Ⅱ部　国家補償法　第1章　国家賠償法

社会的に許容し得る態様、程度を超え、全体としてそれが法的利益を侵害した違法なものと評価されない限り、不法行為の成立を認めることができないと解すべきである。

これを、本件についてみると、次のとおりである。

（一）　救済法及び補償法の下で、申請者から認定申請を受けた知事は、それに対する処分を迅速、適正にすべき行政手続上の作為義務があることはいうまでもなく、これに対応して、認定申請者には、申請に対して迅速、適正に処分を受ける手続上の権利を有することになる。しかしながら、知事の負っている右作為義務は、申請者の地位にある者の内心の静穏な感情を害されないという私的利益の保護に直接向けられたものではないから、右の行政手続上の作為義務が直ちに後者の利益に対応するものとはいえず、これについては別途の考察が必要である。

そして、救済法及び補償法からは、認定申請に対する処分の遅延そのものに対する申請者の内心の不安感、焦燥感等に対して、これに特別の配慮を加え、その利益のために一定期間内に処分すべき旨を定めた法意を見いだすことはできない。もっとも、被上告人〔＝原告〕らのうち〔＝判決冒頭の一の2において24名の原告が挙げられている〕、前記一の2の1、2、4ないし10、12ないし15の各被上告人らと知事との間には、熊本地裁昭和49年（行ウ）第6号、昭和50年（行ウ）第6号水俣病不作為の違法確認請求事件の確定判決があることは、原審の認定するところであるが、この訴訟の性質からすれば、その違法であることの確認の趣旨は、右訴訟の弁論終結時点において、知事が処分をすべき行政手続上の作為義務に違反していることを確認することにあるから、これが直ちに認定申請者の右の法的利益に向けた作為義務を認定し、その利益侵害という意味での不作為の違法性を確認するものではないと解すべきである。

（二）　しかし、救済法及び補償法の中に、認定申請者の右のような私的利益に直接向けられた作為義務の根拠を見いだし難いとしても、一般に、処分庁が認定申請を相当期間内に処分すべきは当然であり、これにつき不当に長期間にわたって処分がされない場合には、早期の処分を期待していた申請者が不安感、焦燥感を抱かされ内心の静穏な感情を害されるに至るであろうことは容易に予測できることであるから、処分庁には、こうした結果を回避すべき条理上の作為義務があるということができる。

そして、処分庁が右の意味における作為義務に違反したといえるためには、客観的に処分庁がその処分のために手続上必要と考えられる期間内に処分できなかったことだけでは足りず、その期間に比して更に長期間にわたり遅延が続き、かつ、その間、処分庁として通常期待される努力によって遅延を解消できたのに、これを回避するための努力を尽くさなかったことが必要であると解すべきである。

そこで、本件において、処分庁たる知事が、故意又は過失により右のような条理上の作為義務に違反しているかどうかについて検討するに、原審が確定した前記一の事実〔略〕によれば、被上告人らの認定申請については、その申請時から処分時まで、あるいは未処分のまま第一審の口頭弁論終結時に

－ 364 －

第2節 国家賠償法1条に基づく責任

至るまで長期間経過したものがあり、申請の中には最高9年余の期間を経過
したものもあるというのであるから、その時間的経過だけでみる限り、知事
が右作為義務に違反しているかのように考えられないわけではない。しかし、
その間、知事が処分することが可能であったかどうか、また知事が遅延解消
のための通常期待される努力を尽くさなかったかどうかについての原審の認
定判断は、次に検討するとおり、にわかに是認することができない。

…… （(1)〜(3)・略） ……

(4) 以上のとおり、被上告人らの本件認定申請に対する処分のためにどの程
度の期間が必要であったかは、その当時の全体の認定申請件数、これを検診
及び審査する機関の能力、検診及び審査の方法、申請者側の協力関係等の諸
事情を具体的個別的に検討して判断すべきものであるところ、原審において
これら諸事情の存否が確定されていないのであるから、被上告人らの各申請
に対してどの程度の期間があれば処分が可能であったのかは明らかではない。

　もっとも、前説示のとおり、前記一の2の1、2、4ないし10、12ないし
15の被上告人の各認定申請については、少なくとも昭和51年7月21日の時点
において、知事が応答処分をすべき手続上の義務に違反している状態を確認
した確定判決があるのであるから、このことから、右の認定申請に対しては、
処分可能時期が経過した後も知事が処分をしていなかったものと推認できな
いわけではない。しかし、仮に右の処分可能時期の認定が相当であって、そ
れ以後も知事が処分をしないままに時が経過することがあったとしても、前
記諸事情の認定がされていない限り、その間、知事が認定業務を処理すべき
者として通常期待される努力によって遅延を回避することができたかどうか
は明らかではないので、不当に長期間にわたり知事が処分しない状態にあり、
これが被上告人らの内心の静穏な感情を害されない利益を侵害するものとし
て、全体として法の許容しない違法な行為と評価すべきかどうか、ひいては
知事が故意にこうした結果を回避しなかったか又は回避すべき義務を怠った
点に過失があったことになるのかどうかについても、判断することができな
い。
3　そうすると、右の点につき認定判断することなく、知事の処分の遅延を
被上告人らに対する過失による違法な侵害行為としてとらえ不法行為の成立
を認めた原審の認定及び判断には、国家賠償法1条1項の解釈を誤ったか、
経験則違背ひいては審理不尽ないし理由不備の違法があるものといわざるを
得ず、右違法が判決に影響を及ぼすことは明らかであるから、この点をいう
論旨は理由があり、原判決のうち上告人ら敗訴の部分は破棄を免れない。」

5　取消訴訟の提起と国家賠償請求訴訟（補論）

(1)　**一般論**　　違法な行政処分がなされた場合、国家賠償法1条の責任ととも
もに、多くの場合、取消訴訟の提起も問題となる。この両者の関係について、一
般論としては、行政処分が違法であることを理由として国家賠償の請求をするに
ついては、あらかじめ右行政処分につき取消又は無効確認の判決を得なければな

らないものではないとされてきた（最(二小)判昭和36年4月21日民集15巻4号850頁）。

したがって、例えば農地買収処分が違法になされ、買収対象農地が第三者に売り渡された場合、農地買収処分には（当然無効でない限り）公定力があるので、当該処分が取消されない限り、当該農地の元の所有者が、売り渡しを受けた第三者を被告として所有権に基づく民事訴訟を提起しても、当該民事訴訟を担当する裁判官は当該処分に拘束されるので、勝訴することはできない。ここで公定力として問題となっているのは、処分の効力を否定するのは、特定の国家機関が特定の手続でしか行うことができないという意味での《取消制度の排他性》であった。ところが、国家賠償法1条に基づく責任を問う訴訟においては、当該処分が違法であるか否かはもちろん問題となるが、当該処分の効果の有無は問題とならない（すなわち、処分の効果の有無ではなく、処分の違法性自体は、国家賠償請求訴訟でも独自に判断することができるということである。ただし、取消判決がなされた後に、国家賠償請求訴訟の判断がなされるときは、取消判決の既判力が働き、その限度で国賠訴訟における違法判断が制約されることに注意）。

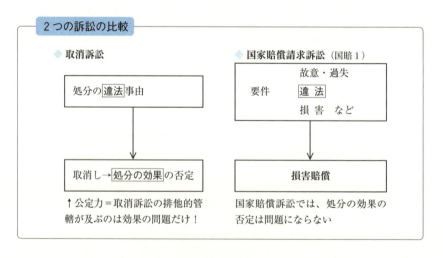

したがって、**違法な行政処分に対して国家賠償請求訴訟を提起する場合、予め取消訴訟・無効確認訴訟によって請求認容判決を得る必要はない**のである。

(2) **課税処分の場合**　もっともこの点について、行政処分の中でも**課税処分**については、それが違法に行われた場合、（例えば取消訴訟の出訴期間が過ぎた後などにおいて）**国家賠償請求訴訟**を提起して、**損害賠償請求**を行うことができるか、という問題が指摘されてきた。というのも、課税処分に対するこのような国

第2節　国家賠償法1条に基づく責任

家賠償請求を認めた場合、結局は、納付した金銭を損害賠償請求という形で取り返すことを認めることになることになるからである。そして、そのような国家賠償請求を認めることは、公定力（取消制度の排他性）や不可争力（出訴期間）の趣旨を没却するとか、あるいは、税法上定められた救済のルートによるべきところ、それによらず国家賠償請求訴訟を提起することは、そのような救済ルートを設けた趣旨を損なうといった理由で、これを否定する見解も存在した。

　この点について最高裁判例は、地方税法に基づく固定資産税の賦課処分について、同法は、固定資産評価審査委員会に審査を申し出ることができる事項について不服がある固定資産税等の納税者は、同委員会に対する審査の申出及びその決定に対する取消しの訴えによってのみ争うことができる旨を規定するが、同規定は、固定資産課税台帳に登録された価格自体の修正を求める手続に関するものであって、当該価格の決定が公務員の職務上の法的義務に違背してされた場合における国家賠償責任を否定する根拠となるものではない、として国家賠償請求の可能性を肯定した。すなわち、同判決は、前掲・最(二小)判昭和36年4月21日の判示を確認したあと、「このことは、当該行政処分が金銭を納付させることを直接の目的としており、その違法を理由とする国家賠償請求を認容したとすれば、結果的に当該行政処分を取消した場合と同様の経済的効果が得られるという場合であっても異ならないというべき」であり、「他に、違法な固定資産の価格の決定等によって損害を受けた納税者が国家賠償請求を行うことを否定する根拠となる規定等は見いだし難い」としている（最(一小)判平成22年6月3日民集64巻4号1010頁）。

6　違法性と過失の関係

　このようにみてくると、国賠法1条の責任の成立要件として、違法性と過失の両者は密接に関連ないし重複する要素をもっていることが窺える。すなわち、上述の例からも明らかなように、国賠法1条の責任成立につき、① **違法性についてのみ判断を行う《違法一元的判断》**と② 違法性と過失の双方について判断する**《違法・過失二元的判断》**がある。しかし、場合によっては③**《過失一元的判断》**の例もある（典型的には、学校事故など）。この点については、「故意・過失」要件との関連で、款を改めて説明する。

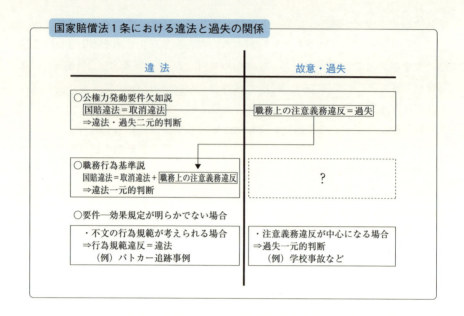

● 第6款 ● 責任の成立要件 ④
──故意・過失

1 概 念

400　国家賠償法1条の責任成立要件の中で、違法性が、客観的要件であるのに対して、**故意・過失は、主観的要件**であるとされる。

　主として問題となるのは過失であるが、過失とは、もともと民法の不法行為において、一定の予見可能性を前提として、違法な結果が発生することを知るべきでありながら、不注意のためそれを知り得ないである行為をするという心理状態をいう、とされてきたが、現在においては、加害行為を行った具体的な個人の心理状態を基準として判断するのではなく、加害行為を行ったと同一の状況における通常人を基準として判断すべきであるとされる。すなわちその限りで、ひとつ**の注意義務違反であり、規範的基準によって判断されるもの**であるとされている。

2 過失一元的判断のケース

401　過失要件にかかる判断が、違法要件の判断と関連していることは既に述べたとおりである。とりわけ、職務行為基準説を採った場合、違法要件における判断の中に公務員の職務上の注意義務違反が判断要素として加わるため、過失要件における判断要素はほとんどなくなるのではないかという問題が生ずる。もっとも、

第2節　国家賠償法1条に基づく責任

　行政活動によっては、必ずしも違法性判断の基準が、根拠法規において明確・詳細に定められていない場合がある。例えば、学校事故などについては、個別の場合について担当教師がどのような行為をすべきかについて事細かな規定があるわけではない（しいて言えば、学校教育法11条但書の体罰の禁止の規定などがあるが、それ以外は概して「過失のないように指導せよ」という不文の行為規範があると想定される程度であろう——なお、児童の身体に対する有形力の行使が体罰に当たるか否かが問題となった判例として、最(三小)判平成21年4月28日民集63巻4号904頁）ので、もっぱら過失の認定のみに言及する判例が多い（**過失一元的判断**）。

CASE　最(一小)判平成9年9月4日判例時報1619号60頁
（柔道の指導）

　「1　技能を競い合う格闘技である柔道には、本来的に一定の危険が内在しているから、学校教育としての柔道の指導、特に、心身共に未発達な中学校の生徒に対する柔道の指導にあっては、その指導に当たる者は、柔道の試合又は練習によって生ずるおそれのある危険から生徒を保護するために、常に安全面に十分な配慮をし、事故の発生を未然に防止すべき一般的な注意義務を負うものである。そして、このことは、本件のA中学校柔道部における活動のように、教育課程に位置付けられてはいないが、学校の教育活動の一環として行われる課外のクラブ活動（いわゆる部活動）についても、異なるところはないものというべきである。

　2　前記一の事実関係〔略〕によれば、Bが被上告人Xにかけた大外刈りは、中学校の体育実技の1年次において学習することになっている基本的な投げ技であるが、確実に後ろ受け身をしないと後頭部を打つ危険があるから、大外刈りを含む技を自由にかけ合う乱取り練習に参加させるには、初心者に十分受け身を習得させる必要がある。そして、乱取り練習においては、勝負にこだわって試合と同じように行う傾向があることは、前記「柔道指導の手引」も指摘するところであり、殊に、対外試合を直前に控えた回し乱取り練習において正選手が試合に準じた練習態度を執りやすいことは、容易に推察することができる。したがって、指導教諭としては、一般に体力、技能の劣る中学生の初心者を回し乱取り練習に参加させるについては、特に慎重な配慮が求められるところであり、有段者から大外刈りなどの技をかけられても対応し得るだけの受け身を習得しているかどうかをよく見極めなければならないものというべきである。

　3　これを本件についてみるに、前記一の事実関係によれば、被上告人Xは、昭和62年4月の仮入部の時から、C教諭の指導の下に受け身の基礎練習を行い、その後の練習においても毎日受け身の練習をし、本件事故までに、約3箇月の受け身の練習期間を経ており、C教諭は、乱取り練習に進む前には、自ら生徒に技をかけてみて受け身の習得度合いを確認していたというのであり、この間のC教諭の指導方法は、「柔道指導の手引」に照らしても適切

第Ⅱ部　国家補償法　第1章　国家賠償法

なものであったということができる。また、被上告人Xは、同年6月中旬ころから民間の道場にも通って練習を積み、C教諭の指導の下に3回ほど対外試合に出場したことがあり、学校ではBとも数十回にわたって乱取り練習をし、対外試合前の強化練習としての回し乱取り練習への参加も既に3回目で、延べ十数日になり、この間、Bから何回か大外刈りをかけられたことがあったが、その時は受け身ができていて、特に危険はなかったというのであり、期間は浅いとはいえ、実戦を含めある程度の経験を重ねてきていたものである。

　ところで、記録によれば、受け身を習得するのに必要な期間については、柔道の高段者、指導者の間でも大きく意見が分かれており、1、2週間で十分とする見解もある反面、2、3箇月は必要で、いかなる技にも対応可能な受け身を習得するには3、4箇月を必要とするという見解もあることがうかがわれるが、以上の事実によれば、被上告人Xは、本件事故当時、既に、回し乱取り練習に通常必要とされる受け身を習得していたものと認めるのが相当である。

　そして、右の被上告人Xの受け身の習得度合いに加えて、被上告人Xの乱取り練習及び回し乱取り練習の経験の程度、被上告人Xが既に回し乱取り練習においてBの練習相手をして特に危険が生じていなかったこと等、前記の事実にかんがみると、被上告人XとBとの間に大きな技能格差が存在することを考慮しても、指導に当たったC教諭において、本件事故当時、被上告人Xが、回し乱取り練習でBの相手をするのに必要な受け身を習得し、これを確実に行う技能を有していたと判断したことに、安全面の配慮に欠けるところがあったとすることはできない。そのほか、本件事故当時、被上告人Xが特に疲労していたなど事故の発生を予見させる特別の事情の存在もうかがわれず、したがって、C教諭が被上告人Xを回し乱取り練習に参加させたことに、前記1の注意義務違反があるということはできない。

　4　以上のとおり、本件事故は、柔道の練習における一連の攻撃、防御の動作の過程で起きた偶発的な事故といわざるを得ない。本件事故の結果は誠に深刻であるけれども、これをC教諭の指導上の責任に帰することはできない。」

　この他、学校におけるクラブ活動をめぐる事故については、最(二小)判昭和58年2月18日民集37巻1号101頁などがある。

3　法令解釈の過失

　過失要件に関する具体的事例として、**公務員がある一定の法令解釈に依処して職務を行った場合において、その解釈が裁判所によって否定され、結果として当該職務行為が違法とされた場合、果たして過失の問題はどのように評価されるか、**という問題がある。

第 2 節　国家賠償法 1 条に基づく責任

CASE　最(一小)判昭和 46 年 6 月 24 日民集 25 巻 4 号 574 頁
（法令解釈の誤り）

「原判決の確定するところによれば、未登記立木に対する強制執行の方法については、有体動産の執行手続によるとする説、立木伐採権を執行の対象として民訴法 625 条の特別換価手続によるとする説ならびに不動産の執行手続によるとする説の三様の見解が存し、全国の裁判所の実務上の取扱いとしても、立木伐採権に対する執行手続による例が多数ではあるが、有体動産の執行手続による例も少なくないことが認められ、A 執行吏は、本件強制執行の委任を受けた際、参考書等に基づき一応の調査をしたうえ、有体動産の執行手続によるのを正当と判断してその執行をしたいというのである。そして、右の有体動産の執行手続によるべきものとする見解についてみるに、その論拠とするところには、一応首肯するに足りるものが認められる。このように、ある事項に関する法律解釈につき異なる見解が対立し、実務上の取扱いも分かれていて、そのいずれについても相当の根拠が認められる場合に、公務員がその一方の見解を正当と解しこれに立脚して公務を執行したときは、のちにその執行が違法と判断されたからといって、ただちに右公務員に過失があったものとすることは相当でない。」

CASE　最(一小)判平成 16 年 1 月 15 日民集 58 巻 1 号 226 頁
（法令解釈の誤り）

「1　本件は、在留資格を有しない外国人である上告人が、国民健康保険法（平成 11 年法律第 160 号による改正前のもの。以下「法」という。）9 条 2 項に基づき、被上告人横浜市の委任を受けた横浜市港北区長に対し、国民健康保険の被保険者証の交付を請求したところ、法 5 条所定の被保険者に該当しないとして被保険者証を交付しない旨の処分（以下「本件処分」という。）を受けたため、被上告人国が同条につき誤った解釈を前提とする通知を発し、横浜市港北区長がこれに従ったことにより違法な本件処分がされたと主張して、被上告人らに対し、国家賠償法 1 条 1 項に基づき、損害賠償を請求した事案である。……（略）……

6　しかしながら、ある事項に関する法律解釈につき異なる見解が対立し、実務上の取扱いも分かれていて、そのいずれについても相当の根拠が認められる場合に、公務員がその一方の見解を正当と解しこれに立脚して公務を遂行したときは、後にその執行が違法と判断されたからといって、直ちに上記公務員に過失があったものとすることは相当ではない（最高裁昭和 42 年（オ）第 692 号同 46 年 6 月 24 日第一小法廷判決・民集 25 巻 4 号 574 頁、最高裁昭和 63 年（行ツ）第 41 号平成 3 年 7 月 9 日第三小法廷判決・民集 45 巻 6 号 1049 頁等参照）。

これを本件についてみると、本件処分は、本件各通知に従って行われたものであるところ、前記 4 のとおり、社会保障制度を外国人に適用する場合には、そのよって立つ社会連帯と相互扶助の理念から、国内に適法な居住関係を有する者のみを対象者とするのが一応の原則であると解されていることに

－ 371 －

照らせば、本件各通知には相当の根拠が認められるというべきである。そして、前記事実関係等〔略〕によれば、在留資格を有しない外国人が国民健康保険の適用対象となるかどうかについては、定説がなく、下級審裁判例の判断も分かれている上、本件処分当時には、これを否定する判断を示した東京地裁平成6年(行ウ)第39号同7年9月27日判決・行裁集46巻8・9号777頁があっただけで、法5条の解釈につき本件各通知と異なる見解に立つ裁判例はなかったというのであるから、本件処分をした被上告人横浜市の担当者及び本件各通知を発した被上告人国の担当者に過失があったということはできない。」

　もっとも、このような法令解釈の誤りについては、国の担当者が発出した通達に示された解釈が誤ったものであり、通達とそれに基づく継続的な取扱いが根拠法令に照らして違法であるとされた事件においては、職務行為基準説に立ち、職務上の注意義務違反として違法要件にかかる判断として扱われていた（前掲・最(一小)判平成19年11月1日民集61巻8号2733頁〔402号通達事件〕第5款【5】3 [→306]）。すなわち法令解釈の誤りが問題となった事件について、《違法・過失二元的判断》に立つものと、職務行為基準説に基づきほとんど違法要件において判断するもの（過失要件は念押し程度の判断）とがあるが、その両者の間に、合理的区別があるのか否かは疑わしい。

403　4　組 織 過 失

　今までもみてきたように、実際の行政活動においては、特定の個々の公務員によって行われるというよりも、組織的に行われることが多く、そのような場合において、個別の公務員を特定して過失を論じることには無理がある。従って、そのような場合においては、抽象化された組織過失が問題となる。この点は、既に述べた、法規命令（政省令など）の制定改廃、通達の発出及びそれに基づく継続的な取扱いの場合について問題となるほか、予防接種による副作用の事故についても、厚生省全体の組織過失とみることができる（第2章第4節2 [→435]、宇賀・Ⅱ451頁以下参照）。

● 第 7 款 ● その他の問題

404　1　求償権の行使

　国家賠償法1条に基づく国又は公共団体の責任が認められた場合において、当該公権力の行使に関わった公務員に故意又は重大な過失があったときは、国又は

公共団体は、その公務員に対して求償権を有する（国賠1②）。したがって、**当該公務員が軽過失の場合は、最終的に免責されることになり、その限りで公務員は保護される**ことになる。

2　公務員の個人責任

国家賠償法1条が適用される限り、被害者に対する加害公務員個人の賠償責任は免責されるとするのが判例である（第2節第2款**2**［→268］）。この点については、学説上議論がある。

第3節　国家賠償法2条に基づく責任

● 第1款 ● 序　論

1　無過失責任主義

国家賠償法2条は、「道路、河川その他公の営造物の設置又は管理に瑕疵があったため他人に損害を生じたときは、国又は公共団体は、これを賠償する責に任ずる。」と規定する。この規定は、土地の工作物責任を定めた民法717条の規定とパラレルの形で捉えられる（幾代＝徳本4頁）。すなわち国家賠償法2条にいう「公の営造物」は、民法717条1項の「土地の工作物」より広い概念とされるが、民法717条とともに無過失責任を定めたものである、と解されている。**無過失責任主義とは、過失責任主義の対立概念であって、「損害の原因を作った者は、損害発生が彼の過失に基づくと否とにかかわりなく当該損害について賠償義務を負うべきである」という考え方である**（幾代＝徳本・不法行為法5頁）。

2　判　例

そして最高裁判例も、国家賠償法2条にいう「営造物の設置または管理の瑕疵」とは、「営造物が通常有すべき安全性を欠いていること」をいい、「これに基づく国および公共団体の賠償責任については、その過失の存在を必要としないと解するを相当とする」としている。この点に関するリーディング・ケースとされる**高知国道落石事故上告審判決**は次のように判示する。

> | CASE | 最（一小）判昭和45年8月20日民集24巻9号1268頁（高知国道落石事故） |
>
> 「①　国家賠償法2条1項の営造物の設置または管理の瑕疵とは、営造物が

第Ⅱ部　国家補償法　第1章　国家賠償法

通常有すべき安全性を欠いていることをいい、これに基づく国および公共団体の賠償責任については、その過失の存在を必要としないと解するを相当とする。

　ところで、原審の確定するところによれば、本件道路（原判決の説示する安和より海岸線に沿い長佐古トンネルに至る約2000メートルの区間）を含む国道56号線は、一級国道として高知市方面と中村市方面とを結ぶ陸上交通の上で極めて重要な道路であるところ、本件道路には従来山側から屢々落石があり、さらに崩土さえも何回かあったのであるから、いつなんどき落石や崩土が起こるかも知れず、本件道路を通行する人および車はたえずその危険におびやかされていたにもかかわらず、道路管理者においては、「落石注意」等の標識を立て、あるいは竹竿の先に赤の布切をつけて立て、これによって通行車に対し注意を促す等の処置を講じたにすぎず、本件道路の右のような危険性に対して防護柵または防護覆を設置し、あるいは山側に金網を張るとか、常時山地斜面部分を調査して、落下しそうな岩石があるときは、これを除去し、崩土の起るおそれのあるときは、事前に通行止めをする等の措置をとったことはない、というのである。そして、右の原審の認定は、挙示の証拠関係に照らして、是認することができる。かかる事実関係のもとにおいては、本件道路は、その通行の安全性の確保において欠け、その管理に瑕疵があったものというべきである旨、本件道路における落石、崩土の発生する原因は道路の山側の地層に原因があったので、本件における道路管理の瑕疵の有無は、本件事故発生地点だけに局限せず、前記2000メートルの本件道路全般についての危険状況および管理状況等を考慮にいれて決するのが相当である旨、そして、②　本件道路における防護柵を設置するとした場合、その費用の額が相当の多額にのぼり、上告人県としてその予算措置に困却するであろうことは推察できるが、それにより直ちに道路の管理の瑕疵によって生じた損害に対する賠償責任を免れうるものと考えることはできないのであり、その他、本件事故が不可抗力ないし回避可能性のない場合であることを認めることができない旨の原審の判断は、いずれも正当として是認することができる。してみれば、その余の点について判断するまでもなく、本件事故は道路管理に瑕疵があったため生じたものであり、上告人国は国家賠償法2条1項により、上告人県は管理費用負担者として同法3条1項により損害賠償の責に任ずべきことは明らかである。原判決に所論の違法はなく、論旨は、ひっきょう、原審の適法にした事実の認定またはこれに基づく正当な判断を非難するに帰し、採用することができない。」

　ここで、①の無過失責任に関する一般的説示を受けて、②の部分で行政側の主観的事情である「予算制約論」を退けていることが注目される。この点は、後に第3款 [→414] で述べる河川管理の瑕疵に基づく国家賠償責任との関係で問題となる。

－ 374 －

第3節　国家賠償法2条に基づく責任

● 第2款 ● 「公の営造物」の概念

1　講学上の概念との違い

408

　国家賠償法2条は、「道路、河川その他公の営造物」という表現を用いているが、ここにいう「公の営造物」について伝統的な学説は、「**道路、河川、港湾、水道、下水道、官公庁舎、国公立の学校・病院等の建物等、公の目的に供用されている有体物**」をいうと解している（田中・上209頁）。

　このように解すると、国家賠償法2条の「公の営造物」は、① 公の目的に供用されていることが求められ（ただし、この点については反対説もある──国賠法2条が適用されない場合、民法717条の適用が問題となる。）、さらに② 不動産に限られず、動産も含まれうるということになる。②について具体的には、公立中学校のテニス審判台（最(三小)判平成5年3月30日民集47巻4号3226頁）のほか、下級審の裁判例で問題となったものとして、公用車や自衛隊の航空機、さらには警察官の拳銃が挙げられる。これらの物については、別途それらについての公務員の管理責任を国家賠償法1条に基づいて問うことが可能であり、「公の営造物」の概念を拡張し、物について生ずる危険責任全般を国家賠償法2条の領域とすることは、国家賠償法1条と同2条の適用領域の競合ないし区別の不明確化につながる可能性がある（下級審判例も含め、西埜・補償法110頁以下参照）。

　ここで注意しなければならないのは、このような理解を前提にすると、**国家賠償法2条にいう「営造物」と行政法学**（とりわけ行政法各論）**において講学上の用語として用いられている「営造物」とでは意味が異なる**ということである。というのも、講学上の「営造物」とは、「国又は公共団体等の行政主体により、公の目的に供用される人的及び物的施設の総合体」であるとされているが、国家賠償法2条の「営造物」は有体物、すなわち「物的施設」のみを含むのであって、人的要素は問題とならないからである。そして人的要素（公務員による不法行為）が問題となる場合については、通常は国家賠償法1条や民法709条などの問題となろう。そうすると、**国家賠償法2条にいう「営造物」概念は、講学上の「公物」概念に近いといえる**[6]。

（6）　講学上の「公物」概念とは、「国・地方公共団体その他これに準じる行政主体により、直接、公の目的のために供用される個々の有体物」を指すとされる（原龍之助『公物営造物法・新版』〔1974年〕61頁、塩野・Ⅲ347頁）。そしてその例として道路・公園・河川・港湾・海岸・都市公園などが挙げられる。

－ 375 －

第Ⅱ部　国家補償法　第1章　国家賠償法

409　　**2　人工公物と自然公物**

　国家賠償法2条にいう「公の営造物」は、大きく分けると道路などの**人工公物**と河川などの**自然公物**に分けることができる。前述のように（第1款2［→407]）、最高裁は、昭和45年判決において、**国家賠償法2条の責任は無過失責任であって**、**設置管理の瑕疵とは**、「**通常有すべき安全性**」を欠いた状態をいうとしたわけであるが、これは道路という人工公物についての判例であった。この判決の後、自然公物である河川の氾濫によって家を流されるなどの被害を蒙った住民による国家賠償請求訴訟が提起された。そこで再び、「瑕疵」の概念とは具体的は何か——そこには道路と河川とで違いはないのか——が問題となった。

🔵 第3款 🔵 「瑕疵」の概念——道路と河川の違い

410　　**1　設置又は管理の瑕疵**

　国家賠償法2条は、無過失責任主義を定めたものであるが、同時に責任成立要件として《設置管理の瑕疵》を挙げている。ここでまず注意すべきことは、国家賠償法2条責任が無過失責任を定めたものであるとしても、**いわゆる結果責任を定めたものではない**ということである。確かに、この判決は被告国側の主張した予算制約論を認めないなど、行政側が果たすべき責任のハードルを高く設定していることは事実であるが、反面で不可抗力や回避可能性のない場合については、責任が成立しないかのごとく判示しており（前掲の判決文の②の部分参照）、設置管理の瑕疵の有無の判定に当たって行政側の主観的事情が全く考慮されないわけではない、ということがわかる[7]。

　その後、最高裁判例は、営造物の設置管理の瑕疵について「営造物が通常有すべき安全性を欠いていること」とした上で、「当該営造物の使用に関連して事故が発生し、被害が生じた場合において、当該営造物の設置又は管理に瑕疵があったとみられるかどうかは、**その事故当時における当該営造物の構造、用法、場所的環境、利用状況等諸般の事情を総合考慮して具体的個別的に判断すべきである**」と判示している（最(三小)判平成22年3月2日判例時報2076号44頁、さらに最(三小)判昭和53年7月4日民集32巻5号809頁参照）。すなわちそこでは、営造物の設置管理の瑕疵の判断に当たって、その当該対象物が置かれていた客観的状況（すなわち

（7）　塩野・Ⅱ341頁は、「国家賠償法2条の責任が結果責任ではない、という趣旨は、瑕疵を判定するについて、その物の客観的状態以外の要素も考慮することがあるということである。そして、その要素の重要な部分を占めるのが、管理者の対応である」とする。

第3節　国家賠償法2条に基づく責任

安全性を欠く状況そのもの）に加えて、行政側の主観的事情のほか、その事故当時のさまざまな状況が総合的に考慮されることが示されているのである。そうすると、国家賠償法2条が無過失責任主義を定めたものであるとしても、設置管理担当者の職務上の注意義務違反が問われているに等しいともいえる（またそもそも公の営造物の設置・管理が1つの人の行為であるとすれば、設置管理の瑕疵も人の行為に起因する瑕疵であるともいえる）。そしてこの点をめぐっては、学説上も、設置管理の瑕疵を公の営造物が通常有すべき性状や設備を具備しないものと解する客観説と、これを損害防止措置の懈怠に基づく損害回避義務違反であるとする義務違反説ないし主観説の対立がみられたところである（この点については、西埜・補償法113頁以下参照）。この点について、判例によりながら具体的にみていくことにしよう。

2　人工公物

(1)　**道　路**　まず、道路の設置管理の瑕疵について、道路管理者の対応や措置が問われた判例としては次のようなものがある。

> **CASE** 最（三小）判昭和50年7月25日民集29巻6号1136頁
> （設置管理の瑕疵を肯定した事例）
>
> 　「原審の適法に確定した事実によると、㈠一審被告Aは、昭和40年10月17日午後、大型貨物自動車を運転して国道170号線を大阪府方面から南進中、橋本市小原田117番地山下弥七方付近において事故を起こし、右前車輪やハンドル等に故障を生じたので、同国道の同市小原田16番地菱田産業石油倉庫前まで車を移動させ、南方に向かって道路の左側端より左前車輪が約1.2メートル、左後車輪が約1.1メートルの間隔、道路中央線より左方に右前車輪が約0.53メートル右後車輪が約0.16メートルの間隔をそれぞれおき、道路に平行でない位置で駐車し、これを放置した、㈡ところが、それより約87時間後である同月21日午前6時過ぎごろ、訴外B〔注：原告はBの父母である〕は原動機付自転車を運転して同国道の左側部分を国鉄橋本駅方面に向かって時速約60キロメートルで南進中、前記大型貨物自動車の荷台右後部に激突し、頭蓋底骨折により即死した、㈢国道170号線は、大阪府高槻市から和歌山県橋本市に至り、国道24号線に通ずる幹線道路であって、本件事故現場付近で幅員7.5メートル、歩車道の区別のない舗装道路になっており、和歌山県下では国道24号線に次いで交通量が多く、定期バス路線にもなっている、㈣国道170号線の和歌山県下部分は、和歌山県知事が国の委任事務としてその管理責任を負い、同県橋本土木出張所において管理事務を担当し、管理に要する費用は全額上告人の負担すべきものとされていたが、当時同出張所にはパトロール車の配置がなく、工務課の技術員が物件放置の有無等を含めて随時巡視するだけで、常時巡視はしておらず、本件事故が発生するまで、故障し

－ 377 －

第Ⅱ部　国家補償法　第1章　国家賠償法

た大型貨物自動車が道路上に長時間放置されたままであった、というのである。

　おもうに、道路管理者は、道路を常時良好な状態に保つように維持し、修繕し、もって一般交通に支障を及ぼさないように努める義務を負うところ（道路法42条）、前記事実関係に照らすと、同国道の本件事故現場付近は、幅員7.5メートルの道路中央線付近に故障した大型貨物自動車が87時間にわたって放置され、道路の安全性を著しく欠如する状態であったにもかかわらず、当時その管理事務を担当する橋本土木出張所は、道路を常時巡視して応急の事態に対処しうる看視体制をとつていなかったために、本件事故が発生するまで右故障車が道路上に長時間放置されていることすら知らず、まして故障車のあることを知らせるためバリケードを設けるとか、道路の片側部分を一時通行止めにするなど、道路の安全性を保持するために必要とされる措置を全く講じていなかったことは明らかであるから、このような状況のもとにおいては、本件事故発生当時、同出張所の道路管理に瑕疵があったというのほかなく、してみると、本件道路の管理費用を負担すべき上告人は、国家賠償法2条及び3条の規定に基づき、本件事故によって被上告人らの被った損害を賠償する責に任ずべきであり、上告人は、道路交通法上、警察官が道路における危険を防止し、その他交通の安全と円滑を図り、道路の交通に起因する障害の防止に資するために、違法駐車に対して駐車の方法の変更・場所の移動などの規制を行うべきものとされていること（道路交通法1条、51条）を理由に、前記損害賠償責任を免れることはできないものと解するのが、相当である。したがって、これと同旨の原審の判断は、正当として是認することができる。原判決に所論の違法はなく、論旨は採用することができない。」

> **CASE**　最(一小)判昭和50年6月26日民集29巻6号851頁
> （設置管理の瑕疵を否定した事例）

　「原審の確定したところによると、本件事故現場は桜井市大字三輪961番地先の県道天理・桜井線初瀬橋北詰附近であり、アスファルト舗装がされて直線、平坦であるところ、初瀬橋北詰の道路の中心線より西側、すなわち北進道路を掘穿工事中で、右工事箇所を表示する標識として、工事現場の南、北各約2メートルの地点に工事標識板及び高さ約80センチメートル、幅約2メートルの黒黄まだらのバリケードが1つずつ設置され、右バリケード間の道路中心線附近に高さ約1メートルの赤色灯標柱が1つずつ設置されていたが、昭和41年9月6日午後10時30分頃本件事故が発生する直前に、同所を北進した他車によって前記工事現場の南側に設置されていた工事標識板、バリケード及び赤色灯標柱はその場に倒され、赤色灯が消えていたというのであり、右事実認定は原判決挙示の証拠関係に照らして首肯することができる。

　右の事実関係に照らすと、本件事故発生当時、被上告人において設置した工事標識板、バリケード及び赤色灯標柱が道路上に倒れたまま放置されていたのであるから、道路の安全性に欠如があったといわざるをえないが、それ

－ 378 －

第3節　国家賠償法2条に基づく責任

> は夜間、しかも事故発生の直前に先行した他車によって惹起されたものであり、時間的に被上告人において遅滞なくこれを原状に復し道路を安全良好な状態に保つことは不可能であったというべく、このような状況のもとにおいては、被上告人の道路管理に瑕疵がなかったと認めるのが相当である。したがって、これと同旨の原審の判断は、正当として是認することができる。」

　これらの判例からもわかるように、道路の設置管理の瑕疵ということを媒介に、行政側の主観的事情（要するにどのような措置をとりえたか・現にとったか）が問われている。

(2)　瑕疵判断の考慮要素　　道路も含む人工公物の設置管理の瑕疵については、　412
その他にも諸般の事情が総合考慮されることになる。

　例えば、高速道路を走行中、約100 m前方の中央分離帯付近から飛出してきたキツネとの衝突を避けようとして急激にハンドルを切ったため、中央分離帯に衝突し、運転者が死亡した事故について、道路に設置された柵に間隔や隙間があったため、キツネ等の小動物が侵入する可能性は認められるものの、「走行中の自動車がキツネ等の小動物と接触すること自体により自動車の運転者等が死傷するような事故が発生する危険性は高いものではなく、通常は、自動車の運転者が適切な運転操作を行うことにより死傷事故を回避することを期待することができるものというべきである」とし、さらにキツネ等の小動物の侵入を防止するための対策として、金網の柵に変更した上、柵と地面との隙き間をなくし、動物が地面を掘って侵入しないように地面にコンクリートを敷くことが考えられるが、そのような対策が「全国や北海道内の高速道路において広く採られていたという事情はうかがわれないし、そのような対策を講ずるためには多額の費用を要することは明らかであり、加えて、前記事実関係によれば、本件道路には、動物注意の標識が設置されていたというのであって、自動車の運転者に対しては、道路に侵入した動物についての適切な注意喚起がされていたということができる」として、道路管理者の責任を否定している（最(三小)判平成22年3月2日判例時報2076号44頁）。また、道路の防護柵から幼児が転落した事故についても、被害者が「当時危険性の判断能力に乏しい6歳の幼児であったとしても、本件道路及び防護柵の設置管理者……において通常予測することのできない行動に起因するものであったということができる」として、管理者の責任を否定している（最(三小)判昭和53年7月4日民集32巻5号809頁）。

　この他、事実上一般の市民にも開放され、利用されていた公立中学校の校庭に

— 379 —

第Ⅱ部　国家補償法　第1章　国家賠償法

おいて、親に連れられて来ていた幼児がテニスの審判台に昇ったところ、審判台が後方に倒れ、その下敷きになって死亡した事件について、「審判台の通常有すべき安全性の有無は、この本来の用法に従った使用を前提とした上で、何らかの危険発生の可能性があるか否かによって決せられるべきものといわなければならない」とした上で、事件当時の当該幼児の行動は、「本件審判台の本来の用法と異なることはもちろん、設置管理者の通常予測し得ないものであったといわなければならない」として管理者の責任を否定している。この事件では、公立中学校の校庭が一般市民に開放されており、そこで事故が起きたというのが1つのポイントであるが、この点について判決は、「公立学校の校庭が開放されて一般の利用に供されている場合、幼児を含む一般市民の校庭内における安全につき、校庭内の設備等の設置管理者に全面的に責任があるとするのは当を得ないことであり、幼児がいかなる行動に出ても不測の結果が生じないようにせよというのは、設置管理者に不能を強いるものといわなければならず、これを余りに強調するとすれば、かえって校庭は一般市民に対して全く閉ざされ、都会地においては幼児は危険な路上で遊ぶことを余儀なくされる結果ともなろう」と指摘した上で、「公の営造物の設置管理者は、本件の例についていえば、審判台が本来の用法に従って安全であるべきことについて責任を負うのは当然として、その責任は原則としてこれをもって限度とすべく、本来の用法に従えば安全である営造物について、これを設置管理者の通常予測し得ない異常な方法で使用しないという注意義務は、利用者である一般市民の側が負うのが当然であり、幼児について、異常な行動に出ることがないようにさせる注意義務は、もとより、第一次的にその保護者にあるといわなければならない」とした（最(三小)判平成5年3月30日民集47巻4号3226頁)。

413　(3)　**供用関連瑕疵**　さらに、この公の営造物の設置管理の瑕疵は、**当該営造物を構成する物的施設そのものには物理的、外形的な欠陥や不備がなくても、その本来の供用目的に従って利用することによって、利用者以外の者に損害を及ぼす場合も含み、そのような場合についても国家賠償法2条に基づく責任が生じる**ことになる。例えば、空港施設そのものについては、欠陥や不備はなく、さしあたり飛行機は安全に離発着しているとしても、その騒音によって空港周辺に居住する住民に被害が生じた場合、この周辺住民の蒙った騒音被害について、国家賠償法2条の営造物の設置管理の瑕疵があったものとして、国家賠償責任が認められることになる。これを供用関連瑕疵という。このような場合、当該公の営造物

－ 380 －

第 3 節　国家賠償法 2 条に基づく責任

の管理行為という公務員の行為が職務上の法的義務（例えば騒音を配慮して供用を行うべく空港を管理する義務）に違反したものと考え、国家賠償法 1 条の責任として構成する考え方もありうるが、判例は、これを国家賠償法 2 条の問題としたわけである。そのリーディング・ケースが、国営空港の夜間の離発着の民事差止請求の適法性 [→ 207] が問題となった**大阪空港訴訟上告審判決**である。

> **CASE**　最（大）判昭和 56 年 12 月 16 日民集 35 巻 10 号 1369 頁
> （大阪空港訴訟）
>
> 　「国家賠償法 2 条 1 項の営造物の設置又は管理の瑕疵とは、営造物が有すべき安全性を欠いている状態をいうのであるが、そこにいう安全性の欠如、すなわち、他人に危害を及ぼす危険性のある状態とは、ひとり当該営造物を構成する物的施設自体に存する物理的、外形的な欠陥ないし不備によって一般的に右のような危害を生ぜしめる危険性がある場合のみならず、その営造物が供用目的に沿って利用されることとの関連において危害を生ぜしめる危険性がある場合をも含み、また、その危害は、営造物の利用者に対してのみならず、利用者以外の第三者に対するそれをも含むものと解すべきである。すなわち、当該営造物の利用の態様及び程度が一定の限度にとどまる限りにおいてはその施設に危害を生ぜしめる危険性がなくても、これを超える利用によって危害を生ぜしめる危険性がある状況にある場合には、そのような利用に供される限りにおいて右営造物の設置、管理には瑕疵があるというを妨げず、したがって、右営造物の設置・管理者において、かかる危険性があるにもかかわらず、これにつき特段の措置を講ずることなく、また、適切な制限を加えないままこれを利用に供し、その結果利用者又は第三者に対して現実に危害を生ぜしめたときは、それが右設置・管理者の予測しえない事由によるものでない限り、国家賠償法 2 条 1 項の規定による責任を免れることができないと解されるのである。
> 　本件についてこれをみるのに、本件において被上告人らが主張し、かつ、原審が認定した本件空港の設置、管理の瑕疵は、右空港の施設自体がもつ物理的・外形的欠陥ではなく、また、それが空港利用者に対して危害を生ぜしめているというのでもなくて、本件空港に多数のジェット機を含む航空機が離着陸するに際して発生する騒音等が被上告人ら周辺住民に被害を生ぜしめているという点にあるのであるが、利用者以外の第三者に対する危害もまた右瑕疵のうちに含まれること、営造物がその供用目的に沿って利用されている状況のもとにおいてこれから危害が生ずるような場合もこれに含まれることは前示のとおりであるから、本件空港に離着陸する航空機の騒音等による周辺住民の被害の発生を右空港の設置、管理の瑕疵の概念に含ましめたこと自体に所論の違法があるものということはできない。そして、原審の適法に確定したところによれば、本件空港は第一種空港として大量の航空機の離着陸を予定して設置されたものであるにもかかわらず、その面積はこのような機能を果たすべき空港としては狭隘であり、しかも多数の住民の居住する地

— 381 —

第Ⅱ部　国家補償法　第1章　国家賠償法

域にきわめて近接しているなど、立地条件が劣悪であって、これに多数のジェット機を含む航空機が離着陸することにより周辺住民に騒音等による甚大な影響を与えることは避け難い状況にあり、しかも本件空港の設置・管理者たる国は右被害の発生を防止するのに十分な措置を講じないまま右空港をジェット機を含む大量の航空機の離着陸に継続的に使用させてきた、というのである。そうすると、のちに上告理由第四点の一ないし四について判示するとおり右供用の違法性が肯定される限り、国家賠償法2条1項の規定の解釈に関しさきに判示したところに照らし、右事実関係のもとにおいて本件空港の設置、管理に瑕疵があるものと認めた原審の判断は正当というべきである。」

さらに、道路の騒音、排ガス等の被害について、国道43号・阪神高速道路騒音排ガス訴訟上告審判決がある。

> CASE 最(二小)判平成7年7月7日民集49巻7号1870頁
> （国道43号・阪神高速訴訟）
>
> 「国家賠償法2条1項にいう営造物の設置又は管理の瑕疵とは、営造物が通常有すべき安全性を欠いている状態、すなわち他人に危害を及ぼす危険性のある状態をいうのであるが、これには営造物が供用目的に沿って利用されることとの関連においてその利用者以外の第三者に対して危害を生ぜしめる危険性がある場合をも含むものであり、営造物の設置・管理者において、このような危険性のある営造物を利用に供し、その結果周辺住民に社会生活上受忍すべき限度を超える被害が生じた場合には、原則として同項の規定に基づく責任を免れることができないものと解すべきである（最高裁昭和51年(オ)第395号同56年12月16日大法廷判決・民集35巻10号1369頁参照。）そして、道路の周辺住民から道路の設置・管理者に対して同項の規定に基づき損害賠償の請求がされた場合において、右道路からの騒音、排気ガス等が右住民に対して現実に社会生活上受忍すべき限度を超える被害をもたらしたことが認定判断されたときは、当然に右住民との関係において右道路が他人に危害を及ぼす危険性のある状態にあったことが認定判断されたことになるから、右危険性を生じさせる騒音レベル、排気ガス濃度等の最低基準を確定した上でなければ右道路の設置又は管理に瑕疵があったという結論に到達し得ないものではない。原判決は、本件道路からの騒音、排気ガス等がその近隣に居住する被上告人らに対して現実に社会生活上受忍すべき限度を超える被害をもたらしたことを認定判断した上で、本件道路の設置又は管理に瑕疵があったとの結論を導いたものであり、正当として是認することができる。原判決に所論の違法はなく、論旨は採用することができない。」

3　自然公物（河川）

しかしながら、同じ公の営造物の設置管理の瑕疵が問題となるとしても、道路

— 382 —

第3節　国家賠償法2条に基づく責任

と河川とではその性質が異なるので、両者を同じ基準に基づいて論ずべきかについては当然のことながら議論がある。というのも、極論すれば、道路の場合は通行止めにすれば事故は起こらないか最小限にとどめることができるが、河川の場合は流水を止めるわけにはいかない、という根本的な差があるからである。現に、昭和45年の高知落石事件上告審判決［→407］以降、河川の氾濫によって家屋が流されたなど財産的損害などを受けた者が国家賠償を求める訴訟が相次いだ。そこでポイントとなるのは、道路について下された昭和45年最高裁判例がどの程度自然公物である河川について妥当するかという点、とりわけ財政制約論等、不可抗力などの最低限の主観的事情以上のものが瑕疵を判断する際に考慮されるか否かであった。そのリーディングケースとなる最高裁判例が、次に引用する**大東水害訴訟**であって、道路の設置管理の瑕疵に基づく国家賠償責任とは別異な基準を示したものである。

CASE 最（一小）判昭和59年1月26日民集38巻2号53頁
（大東水害訴訟上告審判決──未改修河川）

　「① 　国家賠償法2条1項の営造物の設置又は管理の瑕疵とは、営造物が通常有すべき安全性を欠き、他人に危害を及ぼす危険性のある状態をいい（最高裁昭和51年（オ）第395号同56年12月16日大法廷判決・民集35巻10号1369頁参照）、かかる瑕疵の存否については、当該営造物の構造、用法、場所的環境及び利用状況等諸般の事情を総合考慮して具体的個別的に判断すべきものである（最高裁昭和53年（オ）第76号同年7月4日第三小法廷判決・民集32巻5号809頁）。

　　ところで、河川の管理については、所論も指摘するように、道路その他の営造物の管理とは異なる特質及びそれに基づく諸制約が存するのであって、河川管理の瑕疵の存否の判断にあたっては、右の点を考慮すべきものといわなければならない。すなわち、河川は、本来自然発生的な公共用物であって、管理者による公用開始のための特別の行為を要することなく自然の状態において公共の用に供される物であるから、通常は当初から人工的に安全性を備えた物として設置され管理者の公用開始行為によって公共の用に供される道路その他の営造物とは性質を異にし、もともと洪水等の自然的原因による災害をもたらす危険性を内包しているものである。したがって、河川の管理は、道路の管理等とは異なり、本来的にかかる災害発生の危険性をはらむ河川を対象として開始されるのが通常であって、河川の通常備えるべき安全性の確保は、管理開始後において、予想される洪水等による災害に対処すべく、堤防の安全性を高め、河道を拡幅・掘削し、流路を整え、又は放水路、ダム、遊水池を設置するなどの治水事業を行うことによって達成されていくことが当初から予定されているものということができるのである。この治水事業は、もとより一朝一夕にして成るものではなく、しかも全国に多数存在する未改

第Ⅱ部　国家補償法　第1章　国家賠償法

修河川及び改修の不十分な河川についてこれを実施するには莫大な費用を必要とするものであるから、結局、原則として、議会が国民生活上の他の諸要求との調整を図りつつその配分を決定する予算のもとで、各河川につき過去に発生した水害の規模、頻度、発生原因、被害の性質等のほか、降雨状況、流域の自然的条件及び開発その他土地利用の状況、各河川の安全度の均衡等の諸事情を総合勘案し、それぞれの河川についての改修等の必要性・緊急性を比較しつつ、その程度の高いものから逐次これを実施していくほかはない。

　また、その実施にあたっては、当該河川の河道及び流域全体について改修等のための調査・検討を経て計画を立て、緊急に改修を要する箇所から段階的に、また、原則として下流から上流に向けて行うことを要するなどの技術的な制約もあり、更に、流域の開発等による雨水の流出機構の変化、地盤沈下、低湿地域の宅地化及び地価の高騰等による治水用地の取得難その他の社会的制約を伴うことも看過することはできない。しかも、河川の管理においては、道路の管理における危険な区間の一時閉鎖等のような簡易、臨機的な危険回避の手段を採ることもできないのである。河川の管理には、以上のような諸制約が内在するため、すべての河川について通常予測し、かつ、回避しうるあらゆる水害を未然に防止するに足りる治水施設を完備するには、相応の期間を必要とし、未改修河川又は改修の不十分な河川の安全性としては、右諸制約のもとで一般に施行されてきた治水事業による河川の改修、整備の過程に対応するいわば過渡的な安全性をもって足りるものとせざるをえないのであって、当初から通常予測される災害に対応する安全性を備えたものとして設置され公用開始される道路その他の営造物の管理の場合とは、その管理の瑕疵の有無についての判断の基準もおのずから異なったものとならざるをえないのである。②　この意味で、道路の管理者において災害等の防止施設の設置のための予算措置に困却するからといってそのことにより直ちに道路の管理の瑕疵によって生じた損害の賠償責任を免れうるものと解すべきでないとする当裁判所の判例（昭和42年（オ）第921号同45年8月20日第一小法廷判決・民集24巻9号1268頁）も、河川管理の瑕疵については当然には妥当しないものというべきである。

　以上説示したところを総合すると、③　我が国における治水事業の進展等により前示のような河川管理の特質に由来する財政的、技術的及び社会的諸制約が解消した段階においてはともかく、これらの諸制約によっていまだ通常予測される災害に対応する安全性を備えるに至っていない現段階においては、当該河川の管理についての瑕疵の有無は、過去に発生した水害の規模、発生の頻度、発生原因、被害の性質、降雨状況、流域の地形その他の自然的条件、土地の利用状況その他の社会的条件、改修を要する緊急性の有無及びその程度等諸般の事情を総合的に考慮し、前記諸制約のもとでの同種・同規模の河川の管理の一般水準及び社会通念に照らして是認しうる安全性を備えていると認められるかどうかを基準として判断すべきであると解するのが相当である。そして、既に改修計画が定められ、これに基づいて現に改修中である河川については、右計画が全体として右の見地からみて格別不合理なものと認められないときは、その後の事情の変動により当該河川の未改修部分

－ 384 －

第3節　国家賠償法2条に基づく責任

> につき水害発生の危険性が特に顕著となり、当初の計画の時期を繰り上げ、又は工事の順序を変更するなどして早期の改修工事を施行しなければならないと認めるべき特段の事由が生じない限り、右部分につき改修がいまだ行われていないとの一事をもって河川管理に瑕疵があるとすることはできないと解すべきである。そして、右の理は、人口密集地域を流域とするいわゆる都市河川の管理についても、前記の特質及び諸制約が存すること自体には異なるところがないのであるから、一般的にはひとしく妥当するものというべきである。」

　この判例では、①で国家賠償法2条の責任に関する一般論を述べ、それを受けて、河川管理の瑕疵の特殊性について論じたあと、②で**財政制約論を基本的に肯定**している。その上で、③において河川管理の瑕疵を判断する際の基準について判示しているのである。さらに、昭和60年の**加治川水害訴訟上告審判決**では、改修中本堤防が完成するまでの仮堤防が決壊したことについて河川管理の瑕疵が問われている。この判決では、前掲・大東水害訴訟上告審判決の引用中③と同様の判示を行ったあとで、次のように述べている。

CASE 最(一小)判昭和60年3月28日民集39巻2号333頁
（加治川水害訴訟）

　「右事実関係〔略〕によれば、本件仮堤防は、向中条、西名柄地区のショートカット工事に伴う本堤防が完成するまでの期間、すなわち、昭和41年の出水期の後半から昭和42年の全出水期間中の出水に対処する目的で、応急対策として短期間に築造され臨時に存置された仮施設であるところ、このような性格の仮堤防が有すべき断面・構造は、河川法13条の趣旨に則った一定の技術的水準に基づき後背地の安全を保持する効用を果たすべき本堤防の断面・構造と同一でなければならないものとするのは相当ではないというべきである。そして、右事実関係及び加治川の改修計画に関して原審が認定した前示事実関係を併せ考えると、姫田川合流点の下流は、比較的安定した区域であり、7・17洪水に引き続いてこれをはるかに上回る連年の災害を受ける危険を予測しなかったことに無理からぬ事情があるものということができるところ、本件仮堤防を設置するに当たり、築堤材料に砂丘砂を単一使用したこと及び築堤材料の点を除く断面・構造を旧堤防又は在来堤防と同じくしたことは、姫田川合流点の下流における過去の水害の発生状況、本件仮堤防の存置期間等から予測しうべき水害の危険の発生を防止して後背地の安全を確保したものといえるのであって、時間的、財政的及び技術的制約のもとでの同種・同規模の河川に同趣旨で設置する仮堤防の設計施工上の一般水準ないし社会通念に照らして是認することができるから、本件仮堤防の断面・構造は安全性に欠けるものではなく、河川管理の瑕疵があるとは認められないものというべきである。これと同旨の原審の判断は、正当であり、その過程に所

第Ⅱ部　国家補償法　第1章　国家賠償法

論の違法はない。論旨は、採用することができない。」

　このように河川管理の瑕疵に関しては、道路管理の瑕疵よりはるかに複雑な行政側の主観的事情が考慮されることになるが、しかし無視できないポイントは、最高裁判例も**未改修の河川と改修済みの河川とでは区別して論じている点**である。というのも、改修前の河川については、時間的、財政的制約などから改修までの過渡的安全性で足りるとするほかないとしても、改修が終了した河川についてはその点で事情が異なるからである。そのことを示した判例が、次に掲げる**多摩川水害訴訟上告審判決**であって、大東水害訴訟上告審判決の引用部分③と同様の判断を示したあと、次のように述べている。

> **CASE**　最(一小)判平成2年12月13日民集44巻9号1186頁
> （多摩川水害訴訟）

　「ところで、本件河川部分は、基本計画策定後本件災害時までの間において、基本計画に定める事項に照らして新規の改修、整備の必要がないものとされていたところから、工事実施基本計画に準拠して改修、整備がされた河川と同視されるものであり、本件は、このような河川部分について、管理の瑕疵が問題となる事案である。

　工事実施基本計画が策定され、右計画に準拠して改修、整備がされ、あるいは右計画に準拠して新規の改修、整備の必要がないものとされた河川の改修、整備の段階に対応する安全性とは、同計画に定める規模の洪水における流水の通常の作用から予測される災害の発生を防止するに足りる安全性をいうものと解すべきである。けだし、前記判断基準に示された河川管理の特質から考えれば、改修、整備がされた河川は、その改修、整備がされた段階において想定された洪水から、当時の防災技術の水準に照らして通常予測し、かつ、回避し得る水害を未然に防止するに足りる安全性を備えるべきものであるというべきであり、水害が発生した場合においても、当該河川の改修、整備がされた段階において想定された規模の洪水から当該水害の発生の危険を通常予測することができなかった場合には、河川管理の瑕疵を問うことができないからである。

　また、水害発生当時においてその発生の危険を通常予測することができたとしても、右危険が改修、整備がされた段階においては予測することができなかったものであって、当該改修、整備の後に生じた河川及び流域の環境の変化、河川工学の知見の拡大又は防災技術の向上等によってその予測が可能となったものである場合には、直ちに、河川管理の瑕疵があるとすることはできない。けだし、右危険を除去し、又は減殺するための措置を講ずることについては、前記判断基準の示す河川管理に関する諸制約が存在し、右措置を講ずるためには相応の期間を必要とするのであるから、右判断基準が示している諸事情及び諸制約を当該事案に即して考慮した上、右危険の予測が可

－ 386 －

能となった時点から当該水害発生時までに、予測し得た危険に対する対策を講じなかったことが河川管理の瑕疵に該当するかどうかを判断すべきものであると考えられるからである。

3　次に、本件は、基本計画策定前から許可工作物である本件堰が河道内に存在し、基本計画に定める計画高水流量規模の洪水に際して、本件堰及びその取付部護岸の欠陥が原因となって高水敷の欠込みが生じ、更に破堤に至ったという事案である。

このように、許可工作物の存在する河川部分における河川管理の瑕疵の有無は、当該河川部分の全体について、前記判断基準の示す安全性を備えていると認められるかどうかによって判断すべきものであり、全体としての当該河川部分の管理から右工作物の管理を切り離して、右工作物についての改修の要否のみに基づいて、これを判断すべきものではない。けだし、河道内に河川管理施設以外の許可工作物が存在する場合においては、原審の説示するとおり、河川管理者としては、当該工作物そのものの管理権を有しないとしても、右工作物が存在することを所与の条件として、当該工作物に関する監督処分権の行使又は自己の管理する河川施設の改修、整備により、河川の安全性を確保する責務があるのであって、当該工作物に存在する欠陥により当該河川部分についてその備えるべき安全性が損なわれるに至り、他の要件が具備するときは、右工作物が存在する河川部分について河川管理の瑕疵があるというべきことになるからである。

また、許可工作物が存在することによって生ずる危険を除去し、減殺するために当該工作物又はこれと接続する河川管理施設のみを改修し、整備する場合においても、前記判断基準の示す財政的、技術的及び社会的諸制約があることは、いうまでもない。しかし、その程度は、広範囲にわたる河川流域に及ぶ河川管理施設を改修し、整備する場合におけるそれと比較して、通常は、相当に小さいというべきであるから、右判断基準の示す安全性の有無を判断するに当たっては、右の事情をも考慮すべきである。

4　以上説示したところを本件についてみると、次のようにいうことができる。

すなわち、本件河川部分については、基本計画が策定された後において、これに定める事項に照らして新規の改修、整備の必要がないものとされていたというのであるから、本件災害発生当時において想定された洪水の規模は、基本計画に定められた計画高水流量規模の洪水であるというべきことになる。また、本件における問題は、本件堰及びその取付部護岸の欠陥から本件河川部分において破堤が生じたことについて、本件堰を含む全体としての本件河川部分に河川管理の瑕疵があったかどうかにある。したがって、本件における河川管理の瑕疵の有無を検討するに当たっては、まず、本件災害時において、基本計画に定める計画高水流量規模の流水の通常の作用により本件堰及びその取付部護岸の欠陥から本件河川部分において破堤が生ずることの危険を予測することができたかどうかを検討し、これが肯定された場合には、右予測をすることが可能となった時点を確定した上で、右の時点から本件災害時までに前記判断基準に示された諸制約を考慮しても、なお、本件堰に関す

第Ⅱ部　国家補償法　第1章　国家賠償法

る監督処分権の行使又は本件堰に接続する河川管理施設の改修、整備等の各措置を適切に講じなかったことによって、本件河川部分が同種・同規模の河川の管理の一般的水準及び社会通念に照らして是認し得る安全性を欠いていたことになるかどうかを、本件事案に即して具体的に判断すべきものである。

　5　ところが、原審は、前記判断基準を適用するに当たり、㈠ 前記のとおり本件河川部分の改修、整備の段階に対応した安全性を備えているかどうかを考慮すべきであるのに、本件河川部分を基本計画の下で改修が完了した河川部分であるとしながら、これを改修の不十分な河川と同視して、右の考慮をせず、㈡ 許可工作物の存在する河川部分で災害が発生した本件事案においては、許可工作物と河川管理施設との間には河川管理の方法及びこれに伴う諸制約の程度に差異があることを考慮した上、全体としての本件河川部分について河川管理の瑕疵の有無を検討すべきであるのに、管理の対象が許可工作物であるか河川管理施設であるかによって河川管理の特質及びこれに伴う諸制約の程度に著しい差異があるとはいえないとして、右の考慮をせず、㈢ 本件災害発生当時において、基本計画に定められた計画高水流量規模の洪水の通常の作用により堤内災害を予測することができたかどうかを本件事案に即して具体的に検討すべきであるのに、許可工作物又はこれと接続する河川管理施設の欠陥に対処するために監督権の行使又は改善、整備の各措置を講ずることを要するのは、「現状を放置すれば堤内地に災害が発生することが具体的かつ明白に予測される場合」であるとの独自の基準を定立した上、本件は、右基準に該当する場合ではないとして、右の検討をせず、本件河川管理には瑕疵がなかったと判断している。

　そうすると、原審の右判断は、結局、本件堰及びその取付部護岸を含む全体としての本件河川部分の有すべき安全性について、具体的事案に即して前記判断基準を適用し審理すべきであるのに、これをすることなく本件河川管理の瑕疵を否定したものであって、国家賠償法2条1項の解釈適用を誤り、ひいては河川の管理の瑕疵についての審理を尽くさなかった違法があるといわざるを得ない。さらに、原審の確定した事実関係によっては、いまだ本件堰及びその取付部護岸の欠陥から前記説示にかかる事実の認定があったとすることもできない。」

● 第4款 ● その他の問題

415　　国家賠償法2条も、1条と同様、求償権の規定をおき、「前項の場合において、他に損害の原因について責に任ずべき者があるときは、国又は公共団体は、これに対して求償権を有する」と規定する（国賠2②）。ここでは、明文上、故意・重過失といった要件が規定されていないが、公務員の保護という観点から、同様に解すべきであろう。したがって、2条の適用領域においても、公務員の個人責任の追及については、否定的に解されることになる。

－ 388 －

第4節　国家賠償法に関するその他の問題

第4節　国家賠償法に関するその他の問題

【1】　費用負担者の責任の問題

1　規　定

国家賠償法3条によれば①国家賠償法1条に基づいて国や公共団体が損害賠償責任を負う場合、公務員の選任・監督を行う者と当該公務員の棒給・給与その他の費用を負担する者（費用負担者）とが異なるとき、費用負担者もまた損害賠償責任を負うことになり、②国家賠償法2条に基づいて国や公共団体が損害賠償責任を負う場合、公の営造物の設置管理者と当該公の営造物の管理の費用を負担する者（費用負担者）とが異なるときは、費用負担者もまた損害賠償責任を負うことになる（国賠3①）。

そしてこの場合において、被害者に対して損害賠償が行われた後、選任監督者や設置管理者と費用負担者との間で、求償権の行使という形で、内部関係における損害賠償の負担の調整が行われることになる（国賠3②）。

2　1条関係

例えば、市町村が設置する小中学校の教諭の選任・監督は、当該市町村（教育委員会）が行うが、給与の負担は都道府県が行うことになっているので、被害者・原告は、この両者を被告として損害賠償請求を行うことができる。

損害賠償請求が認容された場合、その後は求償権行使の問題が生じるが、公立中学校の教諭が生徒に体罰を加えた事例において、「国又は公共団体がその事務を行うについて国家賠償法に基づき損害を賠償する責めに任ずる場合における損害を賠償するための費用も国又は公共団体の事務を行うために要する経費に含まれるというべきであるから、上記経費の負担について定める法令〔注：本件については学校教育法5条、地方財政法9条〕は、上記費用の負担についても定めていると解される。同法3条2項に基づく求償についても、上記経費の負担について定める法令の規定に従うべきであり、法令上、上記損害を賠償するための費用をその事務を行うための経費として負担すべきものとされている者が、同項にいう内部関係でその損害を賠償する責任ある者に当たると解するのが相当である」として、給与負担者（福島県）が選任監督権者（郡山市）に対して行った求償の請求を認容した事例がある（最(二小)判平成21年10月23日民集63巻8号1849頁）。

第Ⅱ部 国家補償法 第1章 国家賠償法

418　　**3　2条関係**

　例えば、前掲の高知国道落石事故の事案において、国は国家賠償法2条1項により、高知県は管理費用負担者として3条1項により損害賠償責任を負う（前掲・最(一小)判45年8月20日［→407]）。

　このように3条において、設置管理者と費用負担者の双方が賠償責任を負うとしているのは、①「もしそのいずれかのみが損害賠償の責任を負うとしたとすれば、被害者たる国民が、そのいずれに賠償責任を求めるべきであるかを必らずしも明確にしえないため、賠償の責に任ずべき者の選択に困難をきたすことがありうるので、対外的には右双方に損害賠償の責任を負わせることによって右のような困難を除去しようとすること」、②「危険責任の法理に基づく〔国賠〕法2条の責任につき、同一の法理に立って、被害者の救済を全からしめようとするためでもある」とされている（最(三小)判昭和50年11月28日民集29巻10号1754頁）。

　そしてここで費用負担者の範囲が問題となるが、国立公園に関する公園事業の一部の執行として設置された架け橋の柵からの転落事故をめぐる事件において、最高裁は上述のような3条の規定の趣旨を踏まえ、当該営造物の設置費用につき法律上負担義務を負う者のほか、それと「同等もしくはこれに近い設置費用を負担し、実質的にはこの者と当該営造物による事業を共同して執行していると認められる者であって、当該営造物の瑕疵による危険を効果的に防止しうる者も含まれる」とした上で、「法律の規定上当該営造物の設置をなしうることが認められている国が、自らこれを設置するにかえて、特定の地方公共団体に対しその設置を認めたうえ、右営造物の設置費用につき当該地方公共団体の負担額と同等もしくはこれに近い経済的な補助を供与する反面、右地方公共団体に対し法律上当該営造物につき危険防止の措置を請求しうる立場にあるときには、国は、同項所定の設置費用の負担者に含まれるものというべきである」として、国が補助金という形で設置費用を負担した場合（この場合、2分の1）についても、費用負担者に当るとしている（前掲・最(三小)判昭和50年11月28日）。ここでは、国が当該「地方公共団体に対し法律上当該営造物につき危険防止の措置を請求しうる立場」にあったことに着目しているが、これは、危険責任の法理に基づく考え方ということができよう。したがって、同様に補助金による費用負担の場合でも、費用負担の割合や、危険防止への関与の程度（「国が補助金の交付を通じて地方公共団体に対し具体的に危険防止の措置を要求することができるのは、補助金が交付された設置、補修等の工事の範囲に限られる」とされる）が低かった場合には、費用負担者に該当しないと判断される場合もある（最(一小)判平成元年10月26日民集43巻9号999頁）。

－ 390 －

第4節　国家賠償法に関するその他の問題

【2】　民法・特別法の適用

1　民法の適用

国又は公共団体の損害賠償の責任については、国家賠償法1条から3条の規定の他、民法の規定が適用される（国賠4）。

⑴　**国家賠償法1条が適用される場合**　判例では、**消防署職員が消火の際、残り火の点検を怠ったため、それが再燃して再度出火した事件**について、「国家賠償法4条は、同法1条1項の規定が適用される場合においても、民法の規定が補充的に適用されることを明らかにしているところ、失火責任法は、失火者の責任条件について民法709条の特則を規定したものであるから、国家賠償法4条の『民法』に含まれると解するのが相当である」として、地方公共団体の賠償責任を否定した例がある（最（二小）判昭和53年7月17日民集32巻5号1000頁）。失火責任法が適用されれば、代位すべき責任そのものが消滅するので、国や公共団体は賠償責任を負わないということであるが、失火責任法本来の立法の趣旨を考えた場合、その妥当性には問題が残る。

⑵　**国家賠償法1条が適用されない場合**　国家賠償法1条の「公権力の行使」に当らない場合、民法の不法行為に基づく損害賠償責任が問題となる（国立大学付属病院における輸血による医療行為について最（一小）判昭和36年2月16日民集15巻2号244頁）。この点は、1条にいう「公権力の行使」について広義説を採った場合、その具体的な範囲はどこまで及ぶかに関わる。

2　特別法の適用

国家賠償責任は、特別法により加重ないし軽減されることがある。郵便法に基づく賠償責任の軽減につき、「公務員の不法行為による国又は公共団体の損害賠償責任を免除し、又は制限する法律の規定が同条に適合するものとして是認されるものであるかどうかは、当該行為の態様、これによって侵害される法的利益の種類及び侵害の程度、免責又は責任制限の範囲及び程度等に応じ、当該規定の目的の正当性並びにその目的達成の手段として免責又は責任制限を認めることの合理性及び必要性を総合的に考慮して判断すべきである」として、一部を違憲とした判例がある（最（大）判平成14年9月11日民集56巻7号1439頁）。

【3】　外国人への適用

国家賠償法は、外国人が被害者である場合、相互の保証があるときに限り適用

第Ⅱ部　国家補償法　第1章　国家賠償法

される（国賠6）。

第2章　損失補償

第1節　損失補償の概念と根拠

● 第1款 ● 損失補償の概念と憲法的基礎

1　概　念

損失補償の概念については、学説上さまざまな議論があるが、伝統的な学説によると、「**適法な公権力の行使によって加えられた財産上の特別の犠牲に対し、全体的な公平負担の見地からこれを調節するためにする財産的補償**」をいう（田中・上211頁）。すなわちここでポイントとなるのは、①原因となる行為が「適法な公権力の行使」であること、②生じた結果が「財産上の特別の犠牲」であること、そして③目的として、財産的な補償が全体的な公平負担の見地に基づく調節のために行われること、の3点である（損失補償概念の批判的検討として、芝池・救済法196頁以下、同・読本428頁以下参照）。

典型的な例として、土地収用法に基づいて土地を収用した場合（土地を収用又は使用することができる事業については、土地収用法3条を参照）が挙げられる。この場合、収用の対象となった土地の所有者（X）は、収用裁決によって自己の土地についての所有権を強制的に奪われることになるが、これに対しては、当然、損失補償がなされなければならない。この例に即してみると、Xに土地所有権を失うという不利益が生じているが、その原因となっているのは、土地収用という、それ自体は法律に基づく適法な行為である。そしてXが蒙った不利益は、財産権に関わるものであり、かつ適法な行為といえども、一般の私人が広く受ける不利益ではなく、公益のために、Xという特定の人が受ける「財産上の特別の犠牲」ということになる。

2　根　拠

このようにみてくると、そもそも損失補償の制度は、財産権の保障を目的とするものであって、日本国憲法も財産権について規定した29条において「私有財産は、正当な補償の下に、これを公共のために用ひることができる」（3項）と規定しているところであるが、その実質的な基礎には、**公平負担の理念ないし平等原則**（憲14）があるとみることができる（損失補償制度の歴史的展開につき、塩野・Ⅱ

— 393 —

356頁、宇賀・Ⅱ501頁以下参照）。すなわち私有財産が、公共のために用いられるうることを前提にして、それによって特定の者について生じた特別の犠牲については、正当な補償を行うことによって、他の者との間に生じたアンバランスを回復する（均衡回復を行う）方法、それが損失補償であるということになるわけである（柳瀬・教科書138頁以下）。

そしてここにいう「公共のために用ひる」とは、公共のために行われる財産権の侵害が広く含まれる。具体的にいえば、権利そのものを強制的に取得する**公用収用**のほかに、権利の行使を制限する**公用制限**がここに含まれることになる。

● 第2款 ● 損失補償の範囲の拡大と問題点

1　補償の範囲の問題

このように損失補償の概念は、財産権保障と公平負担（平等原則）という2つの座標軸からなるものであるといえる。

まず財産権の保障という観点からいえば、強制取得ないし制限される権利そのものについての補償（権利対価補償）が問題となる。具体的には、① どのような場合が財産上の「特別の犠牲」に当たるか（損失補償の要件）、そして ② 必要とされる「正当な補償」とは何か（損失補償の内容）、といった問題である。

もっとも補償の対象となる具体的な範囲については、このような対象となる財産（土地・建物など）そのものに対する補償（**権利対価補償**）のほかに、収用によって生ずるさまざまな損失（**付随的補償**）が問題となる（この権利対価補償と付随的補償の区別は第3節でみる完全補償説と相当補償説の違いを考える上でも必要である──宇賀・Ⅱ516頁以下）。例えば、まずもって問題となるのは、① 生活の基盤に関わるさまざまな生活補償（例えば移転の前後におけるさまざまな生活の継続・再建にかかる費用など）や営業補償などであるが、その他にも ② 精神的に蒙った損失（実務上は消極的に解されているが、学説上は議論の余地がある）、③ 文化財的な価値をどう評価するか（この点については第2節第2款参照）といった点が問題となりうる（宇賀・Ⅱ521頁以下参照）。

さらに、④ 収用の目的とされる事業そのものが行われることによって生ずる不利益（事業損失）も問題となる。例えば事業施行による日陰、臭気、騒音などによる不利益がこれに当るが、このような事業損失は、収用によって権利を失う直接の関係人のほか、事業地周辺の周辺住民などの第三者についても問題となるところである。もっともこういった損失は、不法行為（民709、国賠1）や国家賠

償法2条の供用関連瑕疵［→413］に基づく損害賠償責任とも領域的に重なりうるものであり、これら相互の関係がさらに問題となる。

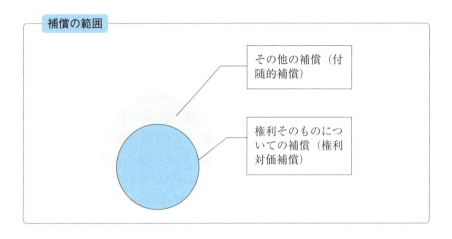

2　財産権以外の法益への拡張？

　以上述べた土地収用の場合、それによる土地所有権の強制的取得は、そもそも法が意図したものであって、それについて公平な負担の見地から「特別の犠牲」として損失補償が行われるのであった。

　しかし場合によっては、法がそもそも意図していなくても、その蒙った利益侵害（損害）の強度などに鑑み、その当該被害者と他の者との間の負担の不均衡を是正するという観点からこれを「特別の犠牲」として捉え、損失補償による救済を図るべきではないかという議論が出てくることになる。そしてそのような場合においては、財産権以外の法益の侵害が問題となる。

　その例として挙げられるのが、予防接種の実施によって死亡や後遺障害が残ったケース（**予防接種禍**）である。このようなケースにおいては、接種担当者などの過失を問い国家賠償法1条の問題として処理することがもとより可能であるが（**損害賠償的なアプローチ**）、他方で、予防接種は伝染病の予防という公益のために行われるものであるが、極希ながら事故が起きる可能性があり、かつその原因等については不明なところも多く、接種担当者などの過失を問うことが難しいことも考えられる。したがって、予防接種による生命・身体の侵害を特別の犠牲と捉えて、憲法29条3項の類推適用や憲法13条、25条などを根拠にした損失補償として救済する考え方が提唱されたのである（**損失補償的なアプローチ**）。すなわち、このようなアプローチにあっては、特別の犠牲についての負担の公平という

第Ⅱ部　国家補償法　第2章　損失補償

ロジックを媒介に、本来法の意図しない、かつ財産権以外の損害についても損失補償による救済の途を拓くことになるわけである（この問題についての憲法論については、佐藤・憲法172頁以下、318頁以下参照）。この点は、いわゆる**《国家賠償と損失補償の谷間》の問題**として論じられる（第4節参照 [→ 434]）。

426　**3　違法行為か適法行為か不分明な場合**

上述の予防接種禍の事例にみるように、実際のケースにおいては、そもそも原因行為が適法なものであるか、違法なものであるかが必ずしも明らかでない場合もある。かかるケースは他にも、**ダム建設と道路の拡幅工事によって名勝の周辺環境が破壊され、旅館業等の営業が衰退したという事例**などにもみられるが、これらの場合には、損失補償請求（実質的当事者訴訟）と国家賠償請求を併合して提起することもありうる（後掲・最(三小)判平成5年7月20日 [→ 426a]）。

さらに**工場誘致の政策が首長の交代により撤回された事例**において、政策変更そのものは適法であるとしても、それまで工場誘致政策に応じて投入した資金や労力が無に帰するとなった者に対する損害を補償するなどの代替的措置を講じない限り、信頼保護の原則に鑑み、当該施策の変更は不法行為となりうるとした判例がある（最(三小)判昭和56年1月27日民集35巻1号35頁——いわゆる**計画担保責任の問題**）。

426 a　　**発展**　**国家賠償請求と損失補償請求の併合**

（1）　**取消訴訟と国家賠償請求訴訟の併合についての規定**　　行訴法において、取消訴訟に最初から国家賠償請求を「関連請求」（行訴13Ⅰ）として併合して行うこと（原始的併合）は、同16条1項により許されている [→ 126 〜]。このような規定が置かれたのは、かかる場合に単に民事訴訟の例によったのでは（行訴7）、民訴法136条により「同種の訴訟手続による場合に限り」訴えの客観的併合が許されることになるものの、取消訴訟と国家賠償請求訴訟は「同種の訴訟手続」ではないので、行政事件訴訟たる取消訴訟を主とし、国家賠償請求訴訟を従＝「関連請求」として位置づけることによってこれを可能にすることにある。また取消訴訟を最初に提起し、後に国家賠償請求を「関連請求」として追加的に併合するケース（追加的併合）も行訴法19条により可能であるが、かかる規定が置かれたのは、訴えの変更につき定めた民訴法143条のみでは、被告の変更を伴う訴えの変更は当然には認められないためであるとされている（ちなみに、平成16年の行訴法改正により、取消訴訟の被告適格が原則として当該処分ないし裁決を行った行政庁の所属する国又は公共団体となったため（行訴11①）、この点が問題となる範囲は小さくなったといえるが、処分庁が国又は公共団体に所属しない場合（同11②）などについては、なお問題となろう）[→

— 396 —

第 1 節　損失補償の概念と根拠

129]。

(2)　**損失補償と国家賠償請求の併合についての規定**　ところで損失補償の請求は、実質的当事者訴訟（行訴 4 後段）であるので、(1)で述べた行訴法 16 条から 19 条までの規定が準用されることになる。したがって、最初から提起された損失補償請求に国家賠償請求を「関連請求」として併合したり、あるいは後に追加的に併合することは可能である。

(3)　**いわゆる逆併合**　問題となるのは、例えば上述の **3** で挙げたケースにおいて、最初に、営業上の被害について国家賠償請求訴訟を提起していたところ、その後になって損失補償請求を追加的に併合することができるかである（逆併合）。この点について行訴法には明文の規定がないため、解釈論上の疑義があったが、最高裁は、このような「損失補償請求は、主位的請求である国家賠償法 1 条 1 項等に基づく損害賠償請求と被告を同じくする上〔注：被告はいずれも福岡県〕、いずれも対等の当事者間で金銭給付を求めるもので、その主張する経済的不利益の内容が同一で請求額もこれに見合うものであり、同一の行為に起因するものとして発生原因が実質的に共通するなど、相互に密接な関連性を有するものであるから、請求の基礎を同一にするものとして民訴法 232 条〔現 143 条〕の規定による訴えの追加的変更に準じて〔当該〕損害賠償請求に損失補償請求を追加することができるものと解するのが相当である」としている（最（三小）判平成 5 年 7 月 20 日民集 47 巻 7 号 4627 頁）。

🔵 第 3 款 🔵 損失補償の法律上の根拠

　損失補償がどのような場合になされるかについては、法令において損失補償規定が置かれている場合には問題はない。しかし、財産権に対する制限でその根拠法令に損失補償規定がない場合、当該根拠法令自体が違憲無効と解されるか、それとも憲法 29 条 3 項に基づいて直接損失補償請求を行うことができるかが問題となるところ、判例は、憲法 29 条 3 項に直接基づく請求の余地を認めている（河川附近地制限令に基づく土地の掘鑿の制限について最（大）判昭和 43 年 11 月 27 日民集 22 巻 12 号 1402 頁〔名取川砂利採取事件〕[→ 429]——この両説については、宇賀・Ⅱ 502 頁以下、阿部・解釈学Ⅱ 393 頁以下参照）。

　もっとも最高裁判例において、憲法 29 条 3 項に直接基づいて損失補償が認められた例はない。東京都の都有行政財産である土地の使用許可を取消した（撤回した）場合の損失補償について、当時の地方自治法や東京都の条例には損失補償の規定が置かれていなかったが、「当時の国有財産法は、すでに、普通財産を貸し付けた場合における貸付期間中の契約解除による損失補償の規定をもうけ（同法 24 条）、これを行政財産に準用していた（同法 19 条）ところ、国有であれ都有で

あれ、行政財産に差等はなく、公平の原則からしても国有財産法の右規定は都有行政財産の使用許可の場合にこれを類推適用すべきものと解するのが相当」であり、直接憲法29条3項に基づいて論じるまでもないとして損失補償の可能性を肯定している（最(三小)判昭和49年2月5日民集28巻1号1頁）。法律に具体的な規定がある場合はもとより、類推適用も含め何らかの法律上の手掛かりがあれば、それによるということであろう。

第2節 損失補償の要件

428 **【1】 基本的な考え方**

損失補償の要件となる「特別の犠牲」については、明確で一義的な基準を立てることは困難である。この点について、伝統的な学説は、① 侵害行為の対象が一般的であるかどうか（広く一般人を対象としているか、それとも特定人または特定の範疇に属する人を対象としているかどうか）という形式的基準、② 侵害行為が財産権の本質的内容を侵すほどに強度なものかどうか、すなわち社会通念に照らし、その侵害が財産権に内在する社会的制約として受忍されなければならない程度のものであるかどうかという実質的基準に照らして判断するほかない、としている。

そしてこのような考え方に基づくと、公共の安全・秩序の維持といった警察目的（消極目的）のために必要最小限度において行われる一般的な（広く一般人を対象とした）財産権の制限（警察制限）については、財産権の本質を奪うような特に強度なものでない限り、「特別の犠牲」には当たらず、原則的に損失補償を要しないということになる。これに対して、産業・交通その他公共事業の発展、国土の総合利用、都市の開発・発展といった積極目的に基づいて財産権制限（公用制限）が行われるような場合（例えば土地収用）については、「特別の犠牲」に該当し、損失補償を要するものとされる（田中・上214頁）。

このほかに、損失補償の要否の基準として、① 財産権を剥奪し、または当該財産権本来の効用の発揮を妨げることとなるような侵害については、権利者の側にこれを受忍すべき理由がある場合でない限り、当然に補償を要する。② ①の限度に至らない財産権行使の制限については、(i) それが、当該財産が社会共同生活上の調和を保っていくために必要とされる制限である場合には、財産権に内在する社会的拘束の現れとして、補償を要しないが、(ii) 他の特定の公益目的のために、その財産が本来の社会的効用とは無関係に、偶然に課せられる制限であ

第2節　損失補償の要件

るときは、補償を要する、とするものがある（今村・入門168頁）。いずれにしても、利用規制の態様、原因、損失の程度、社会通念などさまざまな要素を総合的に考慮して決せられるということになろう（具体的な判例等も含めて塩野・Ⅱ362頁以下参照）。

【2】　判　例

(1)　**奈良県ため池条例事件判決**　　判例では、**奈良県ため池の保全に関する条例における土地の利用制限に対する損失補償の要否**が争われた事件がある。同条例では、「ため池の破損、決かい等に因る災害を未然に防止するため、ため池の管理に関し必要な事項を定めることを目的」として（1条）、「ため池の堤とうに竹木若しくは農作物を植え、又は建物その他の工作物（ため池の保全上必要な工作物を除く。）を設置する行為」などのほか、ため池の破損又は決かいの原因となる行為をしてはならないとし、違反者には罰金を課す旨の規定が置かれていた。最高裁は、このような規制は、「ため池の堤とうを使用する財産上の権利の行使を著しく制限するものではあるが、結局それは、災害を防止し公共の福祉を保持する上に社会生活上已むを得ないものであり、そのような制約は、ため池の堤とうを使用し得る財産権を有する者が当然受忍しなければならない責務というべきものであって、憲法29条3項の損失補償はこれを必要としないと解するのが相当である」として、損失補償を不要としている（奈良県ため池条例事件判決——最(大)判昭和38年6月26日民集17巻5号521頁）。警察目的（消極目的）による規制には損失補償を要しないとする考え方に立つものであるが、判決も認めているように、当該土地所有者は、「本条例1条の示す目的のため、その財産権の行使を殆んど全面的に禁止されることになる」という侵害の強度に鑑みると損失補償を不要とした判断には、批判の余地がある。

(2)　**名取川砂利採取事件判決**　　現に警察目的（消極目的）による規制であっても、侵害の程度などを考慮して損失補償の可能性を肯定した事例もみられる。

河川附近地制限令に基づく河川附近地に指定されたため、従来から行われていた土地の掘鑿（砂利の採取）が知事の許可を受けることなくしてはできなくなった事例（刑事）において、最高裁は、損失補償請求の可能性について次のように述べ、これを認めている（前掲・最(大)判昭和43年11月27日［→427］）。すなわち同判決は、「河川附近地制限令4条2号の定める制限は、河川管理上支障のある事態の発生を事前に防止するため、単に所定の行為をしようとする場合には知事の

許可を受けることが必要である旨を定めているにすぎず、この種の制限は、公共の福祉のためにする一般的な制限であり、原則的には、何人もこれを受忍すべきものである。このように、同令4条2号の定め自体としては、特定の人に対し、特別に財産上の犠牲を強いるものとはいえないから、右の程度の制限を課するには損失補償を要件とするもの」ではないとしながら、当該事件については、「被告人は、名取川の堤外民有地の各所有者に対し賃借料を支払い、労務者を雇い入れ、従来から同所の砂利を採取してきたところ」、河川附近地の指定により「知事の許可を受けることなくしては砂利を採取することができなくなり、従来、賃借料を支払い、労務者を雇い入れ、相当の資本を投入して営んできた事業が営み得なくなるために相当の損失を被る筋合である」という点に注目し、「そうだとすれば、その財産上の犠牲は、公共のために必要な制限によるものとはいえ、単に一般的に当然に受忍すべきものとされる制限の範囲をこえ、特別の犠牲を課したものとみる余地が全くないわけではなく、憲法29条3項の趣旨に照らし、さらに河川附近地制限令1条ないし3条および5条による規制について同令7条の定めるところにより損失補償をすべきものとしていることとの均衡からいって、本件被告人の被った現実の損失については、その補償を請求することができるものと解する余地がある」としている。ここでは、それまで資本を投下してきた事業を営むことができなくなるという侵害の強度（実質的基準）が、損失補償の可能性を肯定する理由となっている。

(3) いわゆる状態責任　　土地収用法では、土地を収用し又は使用して、その土地を事業の用に供することにより、当該土地及び残地以外の土地について、通路、溝、垣、さくその他の工作物を新築し、改築し、増築し、若しくは修繕し、又は盛土若しくは切土をする必要があると認められるときは、起業者は、これらの工事をすることを必要とする者の請求により、これに要する費用の全部又は一部を補償しなければならない、と規定されている（収用93①——いわゆる「みぞ、かき補償」）。これと同様の規定が道路法にも置かれていて、道路を新設し、又は改築したことにより、当該道路に面する土地について、通路、みぞ、かき、さくその他の工作物を新築し、増築し、修繕し、若しくは移転し、又は切土若しくは盛土をするやむを得ない必要があると認められる場合においては、工事費用等を補償しなければならないとされている（収用70）。したがって、例えば道路を新設することによって道路とそれに接する土地との間に段差が生ずるなどして排水障害などが起きる場合、改良工事の費用が補償の対象となる（小澤道一「判批」行政判

－ 400 －

例百選Ⅱ〔第5版〕502頁）。このように道路新設による土地の形質変更に直接基づく障害はともかく、例えば経営していたガソリンスタンドに地下貯蔵タンクを埋設していたところ、道路工事の施行に伴い、当該タンクの設置状況が消防法等の技術上の基準（離隔距離維持義務）に適合しなくなったため（警察違反の状態）、当該タンクを別に移設せざるをえなくなった事例についてはどうかが問題となる。この場合は、事実状態というより法的状態の変化というべきであるが、最高裁は、道路法70条の補償の対象は「道路工事の施行による土地の形状の変更を直接の原因として生じた隣接地の用益又は管理上の障害を除去するためにやむを得ない必要があってした前記工作物の新築、増築、修繕若しくは移転又は切土若しくは盛土の工事に起因する損失に限られると解するのが相当である」とした上で、「警察法規が一定の危険物の保管場所等につき保安物件との間に一定の離隔距離を保持すべきことなどを内容とする技術上の基準を定めている場合において、道路工事の施行の結果、警察違反の状態を生じ、危険物保有者が右技術上の基準に適合するように工作物の移転等を余儀なくされ、これによって損失を被ったとしても、それは道路工事の施行によって警察規制に基づく損失がたまたま現実化するに至ったものにすぎず、このような損失は、道路法70条1項の定める補償の対象には属しない」としている（最(二小)判昭和58年2月18日民集37巻1号59頁）（塩野・Ⅱ363頁）。

(4)　**長期にわたる土地の利用制限**　都市計画法に基づく都市計画決定が昭和13(1938)年に行われ、それによって都市計画道路の区域とされたところに土地や建物を所有している者が、その後60年以上にわたって計画の道路工事が行われず、**長期にわたり建築制限など都市計画法上の権利制限 (53条) をうけたことについて、憲法29条3項に基づいて損失補償を求めた事件**について、原告らが受けた損失は「一般的に当然に受忍すべきものとされる制限の範囲を超えて特別の犠牲を課せられたものということがいまだ困難であるから、上告人らは、直接憲法29条3項を根拠として上記の損失につき補償請求をすることはできないものというべきである」として、損失補償を不要としている（最(三小)判平成17年11月1日判例時報1928号25頁）。しかし、都市計画決定に基づいて権利制限が行われるのは、当該計画の実現を担保するためであるから、数十年にわたって工事が行われず放置された状態が継続している場合、かかる権利制限を無条件で受忍させることには合理性がないという指摘もあるところである（同判決の藤田宙靖裁判官補足意見参照）。したがって、権利侵害の程度にくわえて、受忍を強いられる期間の長

第Ⅱ部　国家補償法　第2章　損失補償

さも、「特別の犠牲」の判断において考慮される余地がある。

(5)　**行政財産の使用許可の撤回**　　国有財産法24条は、「普通財産を貸し付けた場合において、その貸付期間中に国又は公共団体において公共用、公用又は公益事業の用に供するため必要を生じたときは、当該財産を所管する各省各庁の長は、その契約を解除することができる。」（1項）とした上で、「前項の規定により契約を解除した場合においては、借受人は、これによって生じた損失につき当該財産を所管する各省各庁の長に対し、その補償を求めることができる。」として規定している。そしてこの規定は、行政財産の使用又は収益をさせる場合にも準用されるところ（19条）、24条2項にいう「これによって生じた損失」については、使用許可の取消に際して使用権者に損失が生じても、使用権者においてその損失を受忍すべきときは、かかる損失は同条のいう補償を必要とする損失には当たらないと解すべきであるとされる。その上で行政財産である土地につき使用許可によって与えられた使用権は、それが期間の定めのない場合、その使用権に内在する制約として、当該行政財産本来の用途または目的上の必要を生じたときは、その時点において原則として消滅すべきものであって、損失補償が認められるのは、「使用権者が使用許可を受けるに当たりその対価の支払いをしているが当該行政財産の使用収益により〔当該〕対価を償却するに足りないと認められる期間内に当該行政財産に右の必要を生じたとか、使用許可に際し別段の定めがされている等により、行政財産についての〔上述のような〕必要にかかわらず使用権者がなお当該使用権を保有する実質的理由を有すると認めるに足りる特別の事情が存する場合に限られる」とする。そして同規定は、地方公共団体の行政財産の使用許可の場合に類推適用されている（最（三小）判昭和49年2月5日民集28巻1号1頁――都有財産の貸付けにつき、国有財産法の上記規定を類推適用した事例［→427]）。

　したがって、仮に地方公共団体の行政財産（と畜場）につき、特に利用資格に制限がなく、利用業者らと当該地方公共団体との間に委託契約、雇用契約等の継続的契約関係もない場合、単に当該利用業者等が当該行政財産を事実上、独占的に使用する状況が継続していたという事情だけをもって、その使用関係を国有財産法19条、24条2項を類推適用すべき継続的な使用関係と同視することはできないとされる。すなわち、当該利用業者等が、当該地方公共団体と継続的契約関係になく、当該と畜場を事実上独占的に使用していたにとどまる場合、「利用業者等がこれにより享受してきた利益は、基本的には本件と畜場が公共の用に供されたことの反射的利益にとどまるもの」であり、「本件と畜場は、と畜場法施行

－ 402 －

第3節　損失補償の内容

令の改正等に伴い必要となる施設の新築が実現困難であるためにやむなく廃止されたのであり、そのことによる不利益は住民が等しく受忍すべきものであるから、利用業者等が本件と畜場を利用し得なくなったという不利益は、憲法29条3項による損失補償を要する特別の犠牲には当たらない」とされている（最（三小）判平成22年2月23日判例時報2076号40頁）。

第3節　損失補償の内容

第1款　「正当な補償」の意義

1　完全補償説と相当補償説

430

　憲法29条3項の「正当な補償」の意義については、完全補償説と相当補償説がある。完全補償説とは、収用や使用される時点での経済状態において成立することが考えられる価格を完全に補償するという説であり、相当補償説とは、侵害目的や諸般の状況や事情を総合的に考慮して合理的に算出された額の補償で足りるとする説である。最高裁判例は、農地改革における自作農創設特別措置法に基づく農地買収について、相当補償説を採っており（最（大）判昭和28年12月23日民集7巻13号1523頁）、近時の判例もこの判決を引用している。

　損失補償は、公平負担（平等原則）の理念に立って、特定の者について生じた特別の犠牲について、他の者との間に生じたアンバランスを回復する（均衡回復を行う）制度であるから、完全な補償が行われなければ、そのアンバランスは少なくとも完全には回復されないということになろう。なぜなら、完全な補償に足らない分について、特別の犠牲を蒙った者はなおも不平等を受忍しなければならないということになるからである。

　この点については、相当補償説を採った前掲・昭和28年大法廷判決が、農地改革という連合国による占領下における、いわば超憲法的改革の下で行われた農地買収に関する事件であったことを無視することはできないであろう。すなわち、仮にそのような非常例外的な場合には、完全補償でないことが許容されるとしても、土地収用のような、道路や鉄道施設（収用3Ⅰ、Ⅷ）といった公益上必要な特定の事業を行うために私人の土地所有権を強制的に取得する場合については、公平負担の観点から完全補償に至らない補償で足りるという合理的理由は存在しないとするならば、相当補償説を採ったとしても憲法上の要請として完全な補償が行われなければならないということになる。現に相当補償説を採る昭和28年大

－ 403 －

第Ⅱ部　国家補償法　第2章　損失補償

法廷判決も、**合理的に決められた基準の下に補償が行われなければならないこと**を強調している点は注意すべきであろう（もっとも、相当補償説を採った場合、完全な補償に至らない補償で足りる例外的な場合とはどのような場合か、という問題は生じる）。そして最高裁は、土地収用法における損失の補償は、完全な補償でなければならないとしているが、かかる判断は、上述のように、（憲法29条3項に関する）相当補償説の立場と必ずしも矛盾するものではないと解される。

　また既に述べたように、損失補償には、**権利対価補償と付随的補償**があることを考えると、完全な補償か相当な補償かはどの範囲の補償について論じられているのかについて確認しておく必要があるが、ここでの議論は、権利対価補償に関するものであるといえよう（宇賀・Ⅱ517頁はこの点を強調する。ただし、付随的な補償と憲法29条3項との関係については、別途問題となるところである）。

CASE　最（一小）判昭和48年10月18日民集27巻9号1210頁

　「おもうに、土地収用法における損失の補償は、特定の公益上必要な事業のために土地が収用される場合、その収用によって当該土地の所有者等が被る特別な犠牲の回復をはかることを目的とするものであるから、完全な補償、すなわち、収用の前後を通じて被収用者の財産価値を等しくならしめるような補償をなすべきであり、金銭をもって補償する場合には、被収用者が近傍において被収用地と同等の代替地等を取得することをうるに足りる金額の補償を要するものというべく、土地収用法72条（昭和42年法律第74号による改正前のもの。以下同じ。）は右のような趣旨を明らかにした規定と解すべきである。そして、右の理は、土地が都市計画事業のために収用される場合であっても、何ら、異なるものではなく、この場合、被収用地については、街路計画等施設の計画決定がなされたときには建築基準法44条2項に定める建築制限が、また、都市計画事業決定がなされたときには旧都市計画法11条、同法施行令11条、12条等に定める建築制限が課せられているが、前記のような土地収用における損失補償の趣旨からすれば、被収用者に対し土地収用法72条によって補償すべき相当な価格とは、被収用地が、右のような建築制限を受けていないとすれば、裁決時において有するであろうと認められる価格をいうと解すべきである。なるほど、法律上右のような建築制限に基づく損失を補償する旨の明文の規定は設けられていないが、このことは、単に右の損失に対し独立に補償することを要しないことを意味するに止まるものと解すべきであり、損失補償規定の存在しないことから、右のような建築制限の存する土地の収用による損失を決定するにあたり、当該土地をかかる建築制限を受けた土地として評価算定すれば足りると解するのは、前記土地収用法の規定の立法趣旨に反し、被収用者に対し不当に低い額の補償を強いることになるのみならず、右土地の近傍にある土地の所有者に比しても著しく不平等な結果を招くことになり、到底許されないものというべきである。」

2 基準の合理性

このように考えると完全補償、相当補償いずれにしても、そこから直ちに具体的な結論が出てくるわけではないから、問題は、損失補償の基準に合理性があるか否かということになろう。

例えば収用とひとことでいっても、それは事業認定から収用裁決に至るまでの一連の手続に沿って行われるものであるから、当然そこには時間の経過がある。

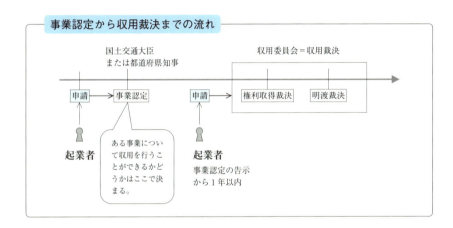

そして、事業認定によってある事業が収用を背景として行われることが正式に決まると、そのことを当て込んで当該事業地周辺の地価も上昇する場合がある（例えば、鉄道の駅ができるとその周辺の地価が上昇するような事例はその典型である）。その場合、損失補償の基準となる事業地周辺の土地（近傍類地の土地）の価格も、プロセスの入り口段階である事業認定時点と終局段階である収用裁決の時点とでは、当然異なってくることになる。

この点について土地収用法は、「収用する土地又はその土地に関する所有権以外の権利に対する補償金の額は、近傍類地の取引価格等を考慮して算定した事業の認定の告示の時における相当な価格に、権利取得裁決の時までの物価の変動に応ずる修正率を乗じて得た額とする。」と規定している（収用71）。そしてこのような規定に基づく補償が「正当な補償」に当るかどうかが問題となる。この規定の考え方は、補償金の額を事業認定告示の時を基準として固定するというものであるが、それは、① 収用又は使用による土地対価の補償が（事業認定告示の時よりは値上がりした）収用裁決の時の価格で算定しなければならないとすれば、起業者は自ら予定した事業により生じた利益分まで補償金として収用の対象者に補

第Ⅱ部　国家補償法　第2章　損失補償

償しなければならないことになって、公平ではない、②裁決時を基準とすると、裁決の時期が延びれば延びるほど、事業が行われることによってもたらされる利益が大きくなり、補償金が増えるいわゆるゴネ得を許すことになり妥当ではない、といった理由に基づくものであるとされる[8]。ここでも、このような**補償額算定上の基準の合理性**が問題となっているのである。

CASE 最(三小)判平成14年6月11日民集56巻5号958頁

「(1)　憲法29条3項にいう「正当な補償」とは、その当時の経済状態において成立すると考えられる価格に基づき合理的に算出された相当な額をいうのであって、必ずしも常に上記の価格と完全に一致することを要するものではないことは、当裁判所の判例（最高裁昭和25年(オ)第98号同28年12月23日大法廷判決・民集7巻13号1523頁）とするところである。土地収用法71条の規定が憲法29条3項に違反するかどうかも、この判例の趣旨に従って判断すべきものである。

(2)　土地の収用に伴う補償は、収用によって土地所有者等が受ける損失に対してされるものである（土地収用法68条）ところ、収用されることが最終的に決定されるのは権利取得裁決によるのであり、その時に補償金の額が具体的に決定される（同法48条1項）のであるから、補償金の額は、同裁決の時を基準にして算定されるべきである。その具体的方法として、同法71条は、事業の認定の告示の時における相当な価格を近傍類地の取引価格等を考慮して算定した上で、権利取得裁決の時までの物価の変動に応ずる修正率を乗じて、権利取得裁決の時における補償金の額を決定することとしている。

(3)　事業認定の告示の時から権利取得裁決の時までには、近傍類地の取引価格に変動が生ずることがあり、その変動率は必ずしも上記の修正率と一致するとはいえない。しかしながら、上記の近傍類地の取引価格の変動は、一般的に当該事業による影響を受けたものであると考えられるところ、事業により近傍類地に付加されることとなった価値と同等の価値を収用地の所有者等が当然に享受し得る理由はないし、事業の影響により生ずる収用地そのものの価値の変動は、起業者に帰属し、又は起業者が負担すべきものである。また、土地が収用されることが最終的に決定されるのは権利取得裁決によるのであるが、事業認定が告示されることにより、当該土地については、任意買収に応じない限り、起業者の申立てにより権利取得裁決がされて収用されることが確定するのであり、その後は、これが一般の取引の対象となることはないから、その取引価格が一般の土地と同様に変動するものとはいえない。そして、任意買収においては、近傍類地の取引価格等を考慮して算定した事業認定の告示の時における相当な価格を基準として契約が締結されることが予定されているということができる。

---

(8)　小澤道一『要説土地収用法』(2005年)157頁。ただし、このような規定がゴネ得防止という目的に実際上資するかどうかについては、阿部・解釈学Ⅱ388頁において疑問が示されている。

第3節　損失補償の内容

　　なお、土地収用法は、事業認定の告示があった後は、権利取得裁決がされ
　る前であっても、土地所有者等が起業者に対し補償金の支払を請求すること
　ができ、請求を受けた起業者は原則として2月以内に補償金の見積額を支払
　わなければならないものとしている（同法46条の2、46条の4）から、この制
　度を利用することにより、所有者が近傍において被収用地と見合う代替地を
　取得することは可能である。
　　これらのことにかんがみれば、土地収用法71条が補償金の額について前記
　のように規定したことには、十分な合理性があり、これにより、被収用者は、
　収用の前後を通じて被収用者の有する財産価値を等しくさせるような補償を
　受けられるものというべきである。」

🔵 第2款 🔵 損失補償に関する具体的規定

1　法律上の規定

　損失補償の実施をめぐっては、憲法29条3項の「正当な補償」の意義の問題
や、同条項から直接に損失補償請求権が生ずるかという憲法上の問題があるが、
具体的には法律上設けられている損失補償規定が重要となる。

　土地収用法においてはまず、「土地を収用し、又は使用することに因って土地
所有者及び関係人が受ける損失は、起業者が補償しなければならない」と規定さ
れている（収用68）。したがって、損失補償を実際に行うのは起業者ということに
なる。そして、収用裁決のうち損失補償額に不服がある場合、起業者と被収用者
（土地所有者）との間の形式的当事者訴訟という形をとることは、既に述べたと
おりである（同133）［→210］。

　さらに、具体的な損失補償の項目について、土地収用法は、土地等に対する補
償（収用71、72）、残地補償（同74）、工事費用の補償（同75）、移転料の補償（同77）、
物件の補償（同80）、原状回復の困難な使用の補償（同81）のほか、「離作料、営
業上の損失、建物の移転による賃貸料の損失その他土地を収用し、又は使用する
ことに因って土地所有者又は関係人が通常受ける損失」について補償すること
（通損補償）を規定している（塩野・Ⅱ370頁以下参照）。これらの補償については、
平成13年の土地収用法の改正により、「土地収用法第88条の2の細目等を定める
政令」が制定され、その具体的基準については、同政令の定めるところによるこ
ととされている（藤田宙靖「改正土地収用法をめぐる若干の考察」『行政法の基礎理論・下
巻』〔2005年〕344頁以下参照）。したがって、収用委員会の裁決にあたっては、この
政令の定めるところが具体的基準となる。

第Ⅱ部 国家補償法 第2章 損失補償

　なお、この「通常受ける損失」については、これを「客観的社会的にみて収用に基づき被収用者が当然に受けるであろうと考えられる経済的・財産的な損失をいうと解するのが相当であって、経済的価値でない特殊な価値についてまで補償の対象とする趣旨ではない」とした上で、「例えば、貝塚、古戦場、関跡などにみられるような、主としてそれによって国の歴史を理解し往時の生活・文化等を知り得るという意味での歴史的・学術的な価値は、特段の事情のない限り、当該土地の不動産としての経済的・財産的価値を何ら高めるものではなく、その市場価格の形成に影響を与えることはないというべきであって、このような意味での文化財的価値なるものは、それ自体経済的評価になじまないもの」として、**輪中堤（堤防）の文化的価値につき損失補償の必要を否定した判例**がある（最(一小)判昭和 63 年 1 月 21 日判例タイムズ 663 号 84 頁）。

　その他、土地収用法以外の法律においても個別に、損失補償の規定が置かれている（自然公園法 64 など）。

433　**2　任意買収の場合**

　土地等を収用することが法律上認められている事業（例えば、土地収用法 3 条に列挙された事業）を施行するにあたっても、いきなり収用という形で権利の強制的取得を行うわけではない。すなわち、このような場合、最初の段階は、任意買収（民法上の売買契約）に基づいて用地の取得が行われることになるのである。しかし、いくら任意買収であったとしても、補償の対象（例えば、精神的損失についてあるところでは補償がされたのに、他のところではなされないといったケース）や支払われる金額（いわゆるゴネ得が許されるのではないかという懸念）が不統一であると、事業の健全な遂行の妨げになる。この問題は、とりわけ昭和 30 年代にわが国における経済成長の中で、道路の拡張等インフラ整備が急がれた時期に特に問題とされたところであるが、このように最終的な段階においては土地収用法などの法律により収用・使用することができる事業に必要な土地の任意買収（使用も含む）の補償基準の大綱として、「公共用地の取得に伴う損失補償基準要綱」（昭和 37 年 6 月 29 日閣議決定――内部的な行政規則）、およびそれを詳細化した「用地対策連合会補償基準」（起業者団体の定めた内部基準）が制定されている。

－ 408 －

第4節　国家賠償と損失補償の谷間

┃第4節　国家賠償と損失補償の谷間

1　第2部のまとめ

以上第2部では、国家補償という概念の下に、国家賠償と損失補償という2つの制度のあり方についてみてきた。そしてそこでは、

　　違法な行為に起因する損害→国家賠償

　　適法な行為に起因する損失（特別の犠牲）→損失補償

という一応の区別が前提とされてきたわけであるが、そこに問題がないわけではない。具体的にいえば、次のような問題がある。

まず第1に、国家賠償法1条については、責任成立要件として、公権力の行使が違法であることに加えて、故意・過失が要求されることになる。この2つの要件の関係については議論の余地があるが、《違法ではあるが過失がない》という違法無過失のケースについては、国家賠償法1条の救済範囲には入らないことになる。しかしながら、違法行為ということになると、損失補償によって救済することもできない。すなわち、国家賠償と損失補償の制度的な「谷間」に落ち込んで、救済が得られないケースがあるのではないか、という問題がそこに生ずることになる。

第2に、国家賠償法1条の「違法」についても、もっぱら当該行為に着目してその違法性を論じる**行為不法的な考え方**と、生じた結果たる法益侵害の重大性も加味して違法性を論じる**結果不法的な考え方**がありうる（第1章第1節第5款【1】[→ 284 ～]）。判例は行為不法説に立っているといってよいが、重大な法益侵害が生じている場合（例えば、生命、身体の安全が損なわれるような場合）には、過失ないし職務上の注意義務違反のレベルを高度にして、違法無過失という評価を回避する（すなわち、損害賠償制度の枠内で救済する）ということも考えられ、**国家賠償と損失補償の境界も流動的である**といえる。

第3に、国家賠償法1条によって救済されない事例については、その損害が物に起因するものであれば、無過失責任に基づく国家賠償法2条に定める公の営造物の設置管理責任を追及する形で救済を求めることが考えられないではない（この場合、「公の営造物」の概念は拡大されることになろう。また、国家賠償法2条における供用関連瑕疵については、第1章第3節第3款参照 [→ 413]）。また損失補償についても、既に述べたように、憲法29条3項に基づくものの他に、生命、健康などについての被害については、同条の類推適用や憲法13条、25条に基づいて、損失補償として救済すべきではないかという考え方もありうる [→ 425]。

－ 409 －

このように、国家補償という上位概念の下、国家賠償と損失補償の守備範囲を
どのように画するかについては、さまざまな問題が生ずることになる（国家補償
の谷間の具体的事例の詳細については、阿部・解釈学Ⅱ570頁以下参照）。

2　具体的な問題

　このような国家賠償と損失補償の谷間が問題となった事例としては、予防接種
禍に対する救済の問題が挙げられる。すなわち、インフルエンザや痘そうの予防
接種は、かつて予防接種法に基づき強制又は勧奨（行政指導）により行われてい
たところ、それに基づいて副反応や後遺障害が生じた場合の救済が問題となった。
そしてそこでは、予防接種が一方において、「伝染の虞がある疾病の発生および
まん延を防止」し「公衆衛生の向上及び増進に寄与することを目的とする」もの
（一種の集団防衛を目的とするもの）でありながら（予防接種法1）、他方において確
率は低いとしてもそのような副反応等の事故が生じる可能性が指摘されていたの
である。

　このような予防接種についての法的な仕組みをみると、予防接種法において予
防接種を行う疾病が定められ（例えば、痘そうやインフルエンザ）、それを受けて
予防接種の実施方法については、厚生省令である予防接種実施で規定されており、
当時の同規則によれば「接種前には、被接種者について、体温測定、問診、視診、
聴打診等の方法によって、健康状態を調べ、当該被接種者が次のいずれかに該当
する場合」（すなわち禁忌者に該当する場合——例えば、「病後衰弱者」など）には、
その者に対して予防接種を行ってはならないと規定していた。予防接種禍をめぐ
る一連の訴訟では、具体的な実施段階において問診等の予診が適切に行われたか
といった問題のほか、そもそも特定の疾病について予防接種法に基づき強制や勧
奨により予防接種を行うことが妥当であったかといった点も問題となった。

　この問題については、損失補償のアプローチ（憲法29条3項の類推）によって救
済を図ろうとする裁判例も下級審においてみられたところであるが（東京地判昭和
59年5月18日判例時報1118号28頁、大阪地判昭和62年9月30日判例時報1255号45頁）、**最
高裁判例は、損害賠償のアプローチ**（民法709条、国賠1条）**によっている。**

　損害賠償のアプローチにおいては、予防接種によって重篤な後遺障害が発生す
る場合として、① 予防接種実施規則に挙げられている禁忌者に該当していた場
合や、② 被接種者が後遺障害を発生しやすい個人的素因を有していた場合が考
えられるが、判例では「禁忌者として掲げられた事由は一般通常人がなり得る病
的状態、比較的多く見られる疾患又はアレルギー体質等であり、ある個人が禁忌

者に該当する可能性は右の個人的素因を有する可能性よりもはるかに大きいものというべきであるから、予防接種によって右後遺障害が発生した場合には、当該被接種者が禁忌者に該当していたことによって右後遺障害が発生した高度の蓋然性があると考えられる。したがって、予防接種によって右後遺障害が発生した場合には、禁忌者を識別するために必要とされる予診が尽くされたが禁忌者に該当すると認められる事由を発見することができなかったこと、被接種者が右個人的素因を有していたこと等の特段の事情が認められない限り、被接種者は禁忌者に該当していたと推定するのが相当である」とされている（最（二小）判平成3年4月19日民集45巻4号367頁）。そしてかかる判断については、「予防接種を実施する医師としては、問診するにあたって、接種対象者又はその保護者に対し、単に概括的、抽象的に接種対象者の接種直前における身体の健康状態についてその異常の有無を質問するだけでは足りず、禁忌者を識別するに足りるだけの具体的質問、すなわち実施規則4条所定の症状、疾病、体質的素因の有無およびそれらを外部的に徴表する諸事由の有無を具体的に、かつ被質問者に的確な応答を可能ならしめるような適切な質問をする義務がある」として、問診にあたる医師に高度の注意義務が課されることが前提となっている（最（一小）判昭和51年9月30日民集30巻8号816頁、さらに輸血梅毒事件に関する最（一小）判昭和36年2月16日民集15巻2号244頁）。

さらに下級審判例においては、予防接種の実施方法について必要な措置（初痘年齢の引き上げ）について通達等の必要な措置を取らなかったことについて厚生大臣に過失があったとするものもある（名古屋地判昭和60年10月31日判例時報1175号3頁）。これは、公務員の個人過失というよりも、組織過失を問うものであるといえよう。

なお予防接種法は、昭和51年に改正され、予防接種被害に対する金銭的な救済措置が講ぜられた（現行予防接種法15以下）。これは、適法な公権力の行使に起因する被害に関するものであるから不法行為に基づく損害賠償ではなく、また適法行為に起因するものとしても予防接種被害は法の予定する損失でもないので損失補償にはあたらないとして、「国家補償的精神に基づく法的措置による救済」とされている。もっともこの制度によって、実施主体等の不法行為責任が消滅するわけではなく、同法は、「市町村長は、給付を受けるべき者が同一の事由について損害賠償を受けたときは、その価額の限度において、給付を行わないことができる」としている（同18①）。

— 411 —

第Ⅱ部　国家補償法　第2章　損失補償

3　結果責任に基づく救済

　損害賠償と損失補償のほかに、行政活動に起因する損害の填補を、そのような損害の原因のいかんを問わず、生じた損害という結果に着目して国または公共団体にその填補責任を負わせる制度がある。これが**結果責任に基づく救済制度**である。

　かかる制度に属するものとして、**憲法40条の規定する刑事補償制度**があり、同条を受けて**刑事補償法**が制定されている。

　このほかについては立法政策によることになるが、上述の予防接種の被害者救済制度も、故意過失等を問わない結果責任に基づく救済といえる（ただし、そのような救済制度で十分な損害の補填がなされるかは別途問題になろう）。

　さらに消防法は、「消防長又は消防署長は、防火対象物の位置、構造、設備又は管理の状況について、火災の予防に危険であると認める場合、消火、避難その他の消防の活動に支障になると認める場合、火災が発生したならば人命に危険であると認める場合その他火災の予防上必要があると認める場合には、権原を有する関係者……に対し、当該防火対象物の改修、移転、除去、工事の停止又は中止その他の必要な措置をなすべきことを命ずることができる。」として作為義務を命ずる行政処分の権限を与えているが（消防法5①、このほかに同5の2①参照）、当該処分が取消訴訟により取消された場合や、当該防火対象物の位置、構造、設備又は管理の状況がこの法律若しくはこの法律に基づく命令又はその他の法令に違反していないときは、当該命令によって生じた損失を時価によりこれを補償するものとする、としている（同6②、③）。これも、損失に対する補償という文言を用いているが、原因となっている命令は違法な行為である。しかし、故意・過失を問わない点で、損害賠償とも異なる制度であるといえよう。

◆ 事 項 索 引 ◆

あ 行

青写真判決 ………………………………63
芦別国賠事件 …………………………354
厚木基地訴訟 …………………………239
伊方原発訴訟 …………………………157
異議申立て ……………………………279
違憲立法審査 …………………………14
一定の処分 ………………………220, 222
一般処分 …………………………53, 57
伊場遺跡訴訟 …………………………124
委任立法 ………………………………105
違法・過失二元の判断 ………………367
違法一元的判断 ………………………367
違法性の承継 ……………49, 146, 164
違法性一元論（同一説）………………320
違法性二元論（相対説）………………322
違法性判断の基準時 …170, 213, 224, 230
違法宣言 …………………………130, 175
医療費値上げの告示 …………………54
訴えの変更 ……………………………169
訴えの利益 ………………………41, 126
　狭義の―― ………………………41, 125
　――の事後的消滅 …………………132
遠州鉄道土地区画整理事業事件 …54, 65
大阪空港訴訟 …………33, 50, 245, 381
小田急訴訟 ………………………116, 118

か 行

概括主義 …………………………43, 282
解釈指針 ………………………………115
海難の原因を明らかにする裁決 ……76
回復困難な損害 ………………………148
外部性 …………………………………81
加害公務員の特定 ……………………304
確認訴訟（当事者訴訟）…………84, 246
　――の訴訟要件（確認の利益）………259
　義務不存在―― ……………255-257
過　失 …………………………………368

――の客観化 …………………………310
過失一元的判断 …………………367, 369
課税処分と国家賠償請求訴訟 ………366
河　川 …………………………………382
　改修済みの―― ……………………386
価値秩序 …………………………115, 117
仮処分の排除 ……………………47, 268
仮の義務付け ……………………220, 225
仮の権利救済 …………………………147
仮の差止め ……………………………230
管　轄 …………………………141, 203
完結型 ………………………54, 55, 68
間接加害型 ……………………………312
完全補償説 ……………………………403
関連請求 ………………………………168
機関訴訟 …………………13, 36, 275
棄却裁決 …………………………287, 288
棄却判決 ………………………………171
危険管理責任型 ………………………312
期待可能性 ……………………………347
既判力 …………………………171, 172, 175
基本権保護義務 ………………………348
義務確認訴訟（無名抗告訴訟）………231
義務付け訴訟 ……………37, 183, 213
却下裁決 …………………………287, 288
却下判決 ………………………………171
客観訴訟 …………………13, 36, 270
救済のタイミング ………………68, 83
求償権 …………………………300, 373, 388
給付訴訟 ………………………………253
狭義説 …………………………………311
教　示 …………………………84, 244, 289
行政活動の民間委託 …………………314
行政機関相互間の行為 ………………52
行政規則 ………………………………53
行政救済法における「時の問題」………125
行政計画 ………………………………62
行政権の行使に制約を課す規範 ………94
行政権の第一次的判断権の尊重 ………205

― 413 ―

事項索引

行政裁判法 …………………………………35
行政裁量 ……………………………………27
行政事件訴訟特例法…………………………35
行政事件訴訟法 ……………………………35
　――9条1項括弧書 ……………………131
　――9条2項の新設 ……………………114
　――10条1項 ……………………………159
　――10条2項 ……………………………203
　――の改正…………………………………34
行政指導 …………………………………211
行政主体相互間の訴訟 ……………………20
行政上の不服申立て　→不服申立て
行政審判 …………………………………292
行政争訟 ……………………………………7
　狭義の―― ……………………………277
行政訴訟法案…………………………………35
行政代執行法……………………………49,254
行政庁ノ違法処分ニ関スル行政裁判ノ件……35
行政庁の処分 ……………………………282
行政不服審査法 …………………………277
行政便宜主義 ……………………………334
供託金取戻請求………………………………76
共同訴訟 …………………………………169
供用関連瑕疵 ……………………………380
規律力 ………………………………………45
緊急の必要 ………………………………148
具体的事件性・争訟性……………12,31,54
国の代位責任説 …………………………299
クロロキン薬害訴訟 ……………………340
訓　令 ………………………………………50
計画担保責任 ……………………………396
警察権の不行使 …………………………334
警察法 …………………………123,333,347
警察予備隊訴訟……………………………15,251
形式的当事者訴訟→当事者訴訟
刑事補償法 ………………………………412
形成的行為 …………………………………47
形成力 ………………………………171,176
結果違法説 ………………………………349,356
結果回避可能性 …………………………347
結果責任 …………………………………376
　――に基づく救済制度 ………………412
結果不法説 ……………………322,323,326,409
原告適格…………41,42,85,210,216,221,228

現在の法律関係に関する訴え …………198,200
検察官の論告 ……………………………329
原状回復義務 ……………………………186
原処分主義 ………………………………290
建築確認 …………………………………126
憲法17条 …………………………………298
権利訴訟 …………………………………248
権利対価補償 ……………………………394,404
権力的行政活動 ……………………295,296,312
権力的妨害排除訴訟 ……………………231
権力留保説 …………………………………78
故　意 ……………………………………368
行為の違法確認 …………………………258
行為規範 …………………………………322
行為訴訟 …………………………………248
行為不法説 ……………………………322,327,409
公　益 ……………………………………92,112
公害防止協定…………………………………25
広義説 ……………………………………311
公共団体 …………………………………314
公共用地の取得に伴う損失補償基準要綱 …408
航空行政権 ………………………………237
公権力性 …………………………………81
公権力の(積極的)行使と第三者 ………326
公権力の行使 ……………………………310
公権力発動要件欠如説 …………………321,322
抗告訴訟 ………………………………13,36,38
更正の通知 …………………………………76
拘束力 …………………166,171,180,183,186,204
高知国道落石事故 ………………………373,390
公定力 ……………………………………192,366
公平負担の理念 …………………………393
公法上の当事者訴訟　→当事者訴訟
公務員 …………………300,317,373,388,411
　――の個人過失 …………………………411
　――の個人責任 …………297,300,373,388
公用収用 …………………………………394
公用制限 …………………………………394
告　示 ……………………………………145
個人過失 …………………………………309,372,411
国家賠償請求と損失補償請求の併合 ………396
国家補償（国家賠償と損失補償）の谷間
　………………………………296,396,409
国家無責任の原則 ………………………296,298

－ 414 －

事項索引

国旗・国歌訴訟上告審判決………51-, 229, 262-
個別保護要件………………………………93
固有の資格…………………………………22

さ 行

在外国民選挙権訴訟 ………249, 253, 313, 352
裁　決…………………………………287
　——の拘束力……………………………288
裁決固有の瑕疵 …………………………290, 291
裁決主義……………………………………290
裁決取消訴訟………………………………37, 289
再審査請求…………………………………279
財政制約論…………………………………385
在宅投票制度廃止違憲訴訟 ……………324, 350
再度考慮機能………………………………181
裁判管轄……………………………………41
裁判を受ける権利…………………………32
財産権………………………………………394
採用内定の取消し…………………………76
裁量権消極的濫用論………………………339
裁量権零収縮の理論………………………334
差止訴訟…………………………37, 226, 255
サテライト大阪訴訟………………107, 121
三権分立……………………………………205
自己責任説…………………………………301
事情判決……………………………………130, 173
始審的争訟…………………………………38
私人と同じ立場で行う活動（国賠）……295
私人も立つことのできる立場……………22
自然公物……………………………………376, 382
事前配慮原則………………………………346
失火責任法…………………………………391
執行停止…………………147, 203, 226, 286
　——の申立ての利益……………………150
実効的権利救済の要請
　…………31, 34, 47, 63, 68, 70, 83, 115
執行不停止原則……………………………147
実質的証拠法則……………………………293
実質的当事者訴訟→当事者訴訟
指定確認検査機関…………………………314
児童養護施設………………………………316
品川マンション事件………………211, 314
市販薬ネット販売権訴訟…………………267
司法権………………………………………9

——の外在的限界 …………………………11, 25
——の内在的限界 ………………………11, 12, 25
——概念の歴史性…………………………14
釈明処分の特則……………………………154
自由裁量……………………………………25, 169
修正裁決……………………………………291
自由選択主義………………………………146
重大な損害………………………148-, 222, 228
重大明白な瑕疵……………………………194
住民訴訟……………………………………272
住民票記載行為……………………………360
従来の公式…………………………………45
主観訴訟…………………………13, 36, 270
主権免責の原則……………………………296
主張制限……………………………………159
出訴期間…………………41, 47, 56, 143, 243
出訴の通知…………………………………201
受忍義務……………………………………240, 241
主婦連ジュース事件………………90, 124, 282
準法律行為的行政行為……………………47, 48
状態責任……………………………………400
条例制定行為………………………………59
職　務………………………………………318
職務行為基準説 …………322, 324, 349, 356
職権主義……………………………………152
職権証拠調べ………………………………154, 244
職権探知主義………………………………153
所得税更正処分国家賠償請求事件
　…………………………………324, 356, 358
処分があったことを知った日 …………143
処分概念……………………………………83
　実体法上の——…………………………83
　訴訟法上の——…………………………83
処分権主義…………………………………153
処分性………………………………………41, 42
処分性拡大論………………………………245
処分取消訴訟………………………………37
処分の蓋然性………………………………227
処分の根拠法規……………………………100-
処分不存在確認訴訟………………………57
処分理由の追加・差替え ………………161
自力救済の禁止……………………………347
自律権………………………………………25
自律的決定受容論…………………………18

事 項 索 引

人工公物 ……………………376, 377
審査請求 ……………………146, 279
申請型義務付け訴訟 ……214, 216, 225
申請権 ………………………………209
申請の不受理返戻 ……………………212
水道料金を定める条例 ……………60, 82
スモン薬害訴訟 ………………………333
請求棄却判決の既判力 ………………176
請求の客観的併合 ……………………168
請求の追加的併合 ……………………169
正当な補償 ……………………………394
接見拒否事件 …………………………307
絶対的効力説 …………………………178
設置又は管理の瑕疵 …………………376
選挙訴訟 ………………………………271
泉南アスベスト訴訟 …………………344
相互の保証 ……………………………391
相対的効力説 …………………………178
争点訴訟 ………………………………201
相当の期間の経過 ……………………211
相当補償説 ……………………………403
即時強制 ………………………………80
組織過失 …………………304, 372, 411
訴訟参加 ………………………………154
　行政庁の―― ……154, 184-, 201, 244
　第三者の―― ………………56, 154
訴訟要件 ……………………………41, 43
訴訟類型の選択 ………………………46
損害賠償的なアプローチ ……………395, 410
損失補償 ………………295, 393, 397
　――の額を争う訴え …………………243
　――の法律上の根拠 …………………397
損失補償基準の合理性 ………………405
損失補償規定 …………………………407
損失補償的なアプローチ ……………395, 410

た 行

代位責任説 ………………………299, 302
第一次的加害行為と第二次的加害行為 ……312
体系解釈 ………………………………111
第三者効力 ………56, 154, 171, 177, 204
第三者再審の訴え ……………………56
大東水害訴訟 …………………………383
大日本帝国憲法 ………………………35

第4の考慮事項 ………………………117
高根町簡易水道事業給水条例 …………60
宝塚市パチンコ店規制条例事件 ……14, 18, 270
宅地建物取引業免許事件 ……………336
多数当事者的な法関係 ………………32
伊達火力発電所事件 ………103, 115, 117
多摩川水害訴訟 ………………………386
団体訴訟 ………………………………124
団体の内部事項 ………………………28
筑豊じん肺訴訟 ………………………342
中間違法宣言判決 ……………………176
抽象的な違憲審査 ……………………16
抽象的な規範統制訴訟 ………………231
直接加害型 ……………………………312
直接型（非申請型）義務付け訴訟
　………………………215, 220, 332
直接性 …………………………………81
通損補償 ………………………………407
通　達 …………………………………50
通　知 …………………………………48
手続参加規定 …………………………105
手続的瑕疵の効果 ……………………184
手続的地位 ……………………………79
東京12チャンネル事件 ………………136, 186
東京都ごみ焼却場設置条例事件 ………44
当事者主義 ……………………………152
当事者訴訟 ………13, 36, 201, 242, 244
　――としての給付訴訟 ………………253
　形式的―― …………………………243
　実質的―― …………………………244
当事者訴訟活用論 ……………………245
当事者訴訟無用論 ……………………245
統治行為 ……………………………26, 29
登録免許税法 …………………………79
特定管轄裁判所 ………………………142
特別の犠牲 ………………394, 395, 398
土地改良事業施行認可 ………………71, 128
取り消しうべき行政行為 ……………191
取消制度の排他性 ……………………366
取消訴訟中心主義 ……………………38, 206
取消訴訟の機能的な限界 ……………82
取消判決の効力 ………………………171

－ 416 －

事項索引

な 行

内閣総理大臣の異議 ·················150, 225
長沼ナイキ基地訴訟·······96, 105, 109, 117, 135
長野勤評事件 ·····························227
名取川砂利採取事件判決 ·················399
奈良県ため池条例事件判決 ···············399
新潟空港訴訟 ···········99, 108, 123, 160, 238
新島残留砲弾暴発事件 ····················335
2項道路 ·······························57, 58
二当事者的な法関係·······················32
二風谷ダム事件 ··························173
日本原演習場訴訟 ·······················238
任意買収 ·······························408

は 行

八丈島老女殺害事件 ·····················355
パトカー追跡事例 ·······················327
反射的利益 ···························87, 90
反射的利益論（国賠）····················332
反復禁止効 ·····························181
非完結型 ·····························54, 68
非権力的行政活動 ···················295, 312
被告適格·············41, 140, 203, 213, 224, 230
被侵害法益 ·····························347
人の収容 ·······························79
病院開設中止勧告 ························72
平等原則 ·······························393
費用負担者 ·····························389
比例原則 ·······························328
不可抗力 ·····························376
不可争力 ···························192, 194
覆審的行政争訟·······················39, 292
不作為違法確認訴訟·············37, 209, 363
付随的補償 ···························394, 404
不整合処分の取消義務 ·············184, 187
不服申立て ·················71, 277, 279
不服申立期間 ·····························145
不服申立前置 ·············41, 85, 146, 203
不服申立適格 ·····························90
部分社会論 ···························28, 30
不利益要件 ·····························92
文化的価値 ·····························408
紛争の成熟性 ···················14, 31, 46, 54

文理解釈 ·····························111
併合提起 ·····························216
弁論主義 ·····························153
保育所廃止条例 ·······················61, 82
法規命令 ·······························53
法的効果の有無 ·························81
法的保護に値する利益説 ···············113
法の執行過程の多様性 ··················252
法律関係還元説 ·························201
法律行為的行政行為 ···················47, 48
法律上の争訟 ·············13, 21, 45, 205
法律上保護された利益説··················86
法律の合理的解釈 ····················104
法律の適用による解決可能性···············12
法令解釈の過失 ·························370
保護規範·····························93
保護範囲の画定 ·························93
保護範囲要件 ·····························93
保護利益の判定 ·························93
補充性 ·····························222, 229
本案勝訴要件 ···········211, 218, 222, 229

ま 行

未改修の河川 ·····························386
みぞ、かき補償 ·························400
水俣病認定遅延訴訟 ···············212, 363
民衆訴訟 ···············13, 36, 270, 271
無過失責任主義 ·························373
無効確認訴訟 ···········37, 191, 193, 233
　補充的── ···················198, 201
　予防的── ···················197, 198
無効認定権 ·····························192
ムート（moot）の法理 ··················126
目的解釈 ·····························111
目的達成不能説 ·························201
物の留置 ·······························79
もんじゅ行政訴訟 ···········100, 115, 116

や 行

用地対策連合会補償基準 ··················408
用途地域（工業地域）の指定··················69
予見可能性 ·····························347
横川川訴訟 ···························227, 256
予算制約論 ·····························374

— *417* —

事項索引

予防原則 ……………………………346
予防接種禍 ……………………395, 410
4号請求（地自242条の2①Ⅳ）………273
402号通達事件………………………357, 362

ら 行

立証責任 …………………………155, 203
利用制限 ……………………………401
列挙主義…………………………………43
労災就学援護費支給決定…………………77

◆ 判 例 索 引 ◆

◆ 大審院
大判大正 5 年 6 月 1 日民録22輯1088頁 ……297

◆ 最高裁判所
最(二小)判昭和27年 1 月25日民集 6 巻 1 号
22頁)………………………………170
最(大)判昭和27年10月 8 日民集 6 巻 9 号
783頁 ………………………………15
最(一小)判昭和27年11月20日民集 6 巻10号
1038頁 ……………………………144
最(大)決昭和28年 1 月16日民集 7 巻 1 号12頁
…………………………………………151
最(三小)判昭和28年11月17日裁判集民事10号
455頁 ………………………………15
最(大)判昭和28年12月23日民集 7 巻13号
1523頁 ……………………403, 406
最(大)判昭和28年12月23日民集 7 巻13号
1561頁 ……………………126, 133
最(小)判昭和28年12月24日民集 7 巻13号
1604頁 ……………………………154
最(一小)判昭和29年 2 月11日民集 8 巻 2 号
419頁 ………………………………15
最(一小)判昭和30年 2 月24日民集 9 巻 2 号
217頁 ………………………………44
最(三小)判昭和30年 4 月19日民集 9 巻 5 号
534頁………………………………317
最(二小)判昭和31年11月30日民集10巻11号
1502頁 ……………………………318
最(二小)判昭和33年 7 月25日民集12巻12号
1847頁 ……………………………176
最(一小)判昭和34年 1 月29日民集13巻 1 号
32頁)………………………………52
最(三小)判昭和34年 6 月 2 日民集13巻 6 号
639頁………………………………59
最(三小)判昭和34年 8 月18日民集13巻10号
1286頁 ……………………………124
最(大)判昭和35年 6 月 8 日民集14巻 7 号
1206頁 ……………………………29
最(大)判昭和35年10月19日民集14巻12号
2633頁 ……………………………28

最(一小)判昭和36年 2 月16日民集15巻 2 号
244頁………………………………391, 411
最(大)判昭和36年 3 月15日民集15巻 3 号
467頁……………………………………76
最(二小)判昭和36年 4 月21日民集15巻 4 号
850頁……………………………366, 367
最(二小)判昭和37年 1 月19日民集16巻 1 号
57頁……………………………………89
最(大)判昭和38年 6 月26日民集17巻 5 号
521頁……………………………………399
最(大)判昭和39年 2 月 5 日民集18巻 2 号
270頁……………………………………351
最(一小)判昭和39年10月29日民集18巻 8 号
1809頁………………………44, 232, 237
最(大)判昭和40年 4 月28日民集19巻 3 号
721頁………………………………131, 132
最(一小)判昭和40年 6 月24日民集19巻 4 号
1001頁…………………………………190
最(二小)判昭和40年11月19日判例時報430号
24頁……………………………………57
最(三小)判昭和41年 2 月 8 日民集20巻 2 号
196頁……………………………………17
最(大)判昭和41年 2 月23日民集20巻 2 号
271頁……………………………………63
最(大)判昭和41年 7 月20日民集20巻 6 号
1217頁…………………………………247
最(三小)判昭和42年 3 月14日民集21巻 2 号
312頁……………………………………204
最(二小)判昭和42年 4 月 7 日民集21巻 3 号
572頁……………………………………204
最(大)判昭和42年 5 月24日民集21巻 5 号
1043頁…………………………………134
最(二小)判昭和42年 5 月26日訟務月報13巻 8 号
990頁……………………………………198
最(三小)判昭和42年 9 月19日民集21巻 7 号
1828頁…………………………………135
最(二小)判昭和43年 3 月15日裁判集民事90号
655頁……………………………………354
最(大)判昭和43年11月27日民集22巻12号

― 419 ―

判 例 索 引

1402頁 ……………………397, 399

最(三小)判昭和43年12月24日民集22巻13号
3147頁 ………………………51, 258

最(三小)判昭和43年12月24日民集22巻13号
3254頁 ………………………136, 188

最(一小)判昭和44年2月6日税務訴訟資料
65号7頁 …………………………204

最(大)判昭和45年7月15日民集24巻7号
771頁 ………………………………76

最(一小)判昭和45年8月20日民集24巻9号
1268頁 ……………………373, 384, 390

最(二小)判昭和45年11月6日民集24巻12号
1721頁 ……………………………201, 203

最(一小)判昭和46年6月24日民集25巻4号
574頁 ……………………………371

最(二小)判昭和46年9月3日判時645号72頁
…………………………………299

最(一小)判昭和46年10月28日民集25巻7号
1037頁 ……………………………184

最(一小)判昭和47年11月30日民集26巻9号
1746頁 ……………………………227

最(三小)判昭和48年3月6日最高裁判所
裁判集民事108号387頁 ……………135

最(一小)判昭和48年4月26日民集27巻3号
629頁 ……………………195, 196, 198

最(一小)判昭和48年10月18日民集27巻9号
1210頁 ……………………………404

最(三小)判昭和49年2月5日民集28巻1号
1頁 ………………………398, 402

最(一小)判昭和49年5月30日民集28巻4号
594頁 ………………………………53

最(一小)判昭和50年5月29日民集29巻5号
662頁 ……………………………184

最(一小)判昭和50年6月26日民集29巻6号
851頁 ……………………………378

最(三小)判昭和50年7月25日民集29巻6号
1136頁 ……………………………377

最(三小)判昭和50年11月28日民集29巻10号
1754頁 ……………………………390

最(大)判昭和51年4月14日民集30巻3号
223頁 ……………………………272, 351

最(三小)判昭和51年4月27日民集30巻3号
384頁 ……………………………198

最(一小)判昭和51年9月30日民集30巻8号

816頁 ……………………………411

最(三小)判昭和52年3月15日民集31巻2号
234頁, 280頁 …………………………28, 29

最(三小)判昭和53年3月14日民集32巻2号
211頁 ………………90, 108, 124, 282

最(三小)判昭和53年7月4日民集32巻5号
809頁 ……………………376, 379, 383

最(二小)判昭和53年7月17日民集32巻5号
1000頁 ……………………………391

最(三小)判昭和53年9月19日判例時報911号
99頁 ……………………………163

最(大)判昭和53年10月4日民集32巻7号
1223頁 ……………………………27

最(二小)判昭和53年10月20日民集32巻7号
1367頁 ……………………………317, 354

最(二小)判昭和53年12月8日民集32巻9号
1617頁 ……………………………53

最(一小)判昭和55年11月20日判例時報1001号
31頁 ……………………………133

最(三小)判昭和55年11月25日民集34巻6号
781頁 ……………………………132, 134

最(三小)判昭和56年1月27日民集35巻1号
35頁 ……………………………396

最(三小)判昭和56年4月7日民集35巻3号
443頁 ……………………………17, 19

最(二小)判昭和56年4月24日民集35巻3号
672頁 ……………………………133

最(大)判昭和56年12月16日民集35巻10号
1369頁……………50, 233, 242, 381-383

最(二小)判昭和56年12月18日最高裁判所裁判
集民事134号599頁 ……………………133

最(三小)判昭和57年1月19日民集36巻1号
19頁 ……………………………336

最(二小)判昭和57年3月12日民集36巻3号
329頁 ……………………………354

最(一小)判昭和57年4月1日民集36巻4号
519頁 ……………………………305

最(一小)判昭和57年4月8日民集36巻4号
594頁 ……………………………135

最(一小)判昭和57年4月22日民集36巻4号
705頁 ……………………………69, 75

最(一小)判昭和57年5月27日民集36巻5号
777頁 ……………………………76

最(一小)判昭和57年7月15日判例時報1053号

― 420 ―

判 例 索 引

93頁··27, 313
最（一小）判昭和57年 7 月15日民集36巻 6 号
　1169頁···76
最（一小）判昭和57年 9 月 9 日民集36巻 9 号
　1679頁 ······················96-98, 108, 135
最（二小）判昭和58年 2 月18日民集37巻 1 号
　59頁···401
最（二小）判昭和58年 2 月18日民集37巻 1 号
　101頁···370
最（三小）判昭和58年 4 月 5 日判例時報1077号
　50頁···133
最（一小）判昭和59年 1 月26日民集38巻 2 号
　53頁···383
最（二小）判昭和59年 3 月23日民集38巻 5 号
　475頁···335
最（二小）判昭和59年10月26日民集38巻10号
　1169頁 ······················127, 134, 148
最（大）判昭和59年12月12日民集38巻12号
　1308頁···49
最（一小）判昭和60年 3 月28日民集39巻 2 号
　333頁···385
最（二小）判最昭和60年 5 月17日民集39巻
　 4 号919頁·································329
最（三小）判昭和60年 7 月16日民集39巻 5 号
　989頁······················209, 211, 314
最（一小）判昭和60年11月21日民集39巻 7 号
　1512頁 ··············313, 324, 329, 350, 352
最（三小）判昭和60年12月17日判例時報1179号
　56頁·························103, 115
最（三小）判昭和60年12月17日民集39巻 8 号
　1821頁 ·······································199
最（一小）判昭和61年 2 月13日民集40巻 1 号
　 1 頁·····································71, 128
最（一小）判昭和61年 2 月27日民集40巻 1 号
　124頁·························322, 327
最（一小）判昭和61年 6 月19日判例時報1206号
　21頁 ·······································145
最（一小）判昭和61年10月23日判例時報1219号
　127頁···136
最（二小）判昭和62年 4 月17日民集41巻 3 号
　286頁·························183, 201, 203
最（三小）判昭和62年 4 月21日民集41巻 3 号
　309頁···292
最（一小）判昭和62年 5 月28日判例時報1246号

80頁···238
最（一小）判昭和63年 1 月21日判例タイムズ
　663号84頁·································408
最（二小）判平成元年 2 月17日民集43巻 2 号
　56頁·············86, 99, 108, 110, 123, 160, 238
最（一小）判平成元年 4 月13日判例時報1313号
　121頁···124
最（三小）判平成元年 6 月20日判例時報1334頁
　201頁···124
最（三小）判平成元年 7 月 4 日判例時報1336号
　86頁···257
最（二小）判平成元年 9 月 8 日民集43巻 8 号
　889頁 ···17
最（一小）判平成元年10月26日民集43巻 9 号
　999頁···390
最（二小）判平成元年11月24日民集43巻10号
　1169頁·························326, 342
最（一小）判平成 2 年12月13日民集44巻 9 号
　1186頁···386
最（二小）判平成 3 年 3 月 8 日民集45巻 3 号
　164頁···274
最（二小）判平成 3 年 4 月19日民集45巻 4 号
　367頁···411
最（二小）判平成 3 年 4 月19日民集45巻 4 号
　518頁·····································16, 59
最（二小）判平成 3 年 4 月26日民集45巻 4 号
　653頁·························212, 363
最（三小）判平成 3 年 7 月 9 日民集45巻 6 号
　1049頁·························307, 371
最（二小）判平成 4 年 1 月24日民集46巻 1 号
　54頁·····················128, 133, 175
最（三小）判平成 4 年 9 月22日民集46巻 6 号
　1090頁···202
最（三小）判平成 4 年 9 月22日民集46巻 7 号
　1174頁·····················100, 101, 115
最（一小）判平成 4 年10月29日民集46巻 7 号
　1174頁···157
最（一小）判平成 4 年11月26日民集46巻 8 号
　2658頁···65
最（一小）判平成 5 年 2 月25日民集47巻 2 号
　643頁···239
最（一小）判平成 5 年 3 月11日民集47巻 4 号
　2683頁 ··················324, 356, 359, 360
最（三小）判平成 5 年 3 月30日民集47巻 4 号

－ 421 －

判 例 索 引

3226頁 ……………………375, 380
最(三小)判平成5年7月20日民集47巻7号
　4627頁 …………………396, 397
最(二小)判平成5年9月10日民集47巻7号
　4955頁 ……………………………134
最(三小)判平成6年9月27日判例時報1518号
　10頁 …………………107, 123
最(一小)判平成7年2月23日民集49巻2号
　393頁……………………………135
最(一小)判平成7年3月23日民集49巻3号
　1006頁 ……………………………72
最(二小)判平成7年6月23日民集49巻6号
　1600頁 …………………340, 342
最(二小)判平成7年7月7日民集49巻7号
　1870頁 …………………………382
最(一小)判平成8年2月22日判例時報1562号
　39頁 …………………………136
最(二小)判平成8年7月12日訟務月報43巻
　9号2339頁 ……………………133
最(二小)判平成8年7月12日判例時報1584号
　100頁……………………………135
最(三小)判平成9年1月28日民集51巻1号
　250頁…………………116, 134
最(一小)判平成9年6月5日税務訴訟資料
　223号949頁…………………………76
最(一小)判平成9年9月4日判例時報1619号
　60頁 …………………………369
最(二小)判平成9年10月17日民集51巻9号
　3925頁 ……………………………246
最(二小)判平成10年4月10日民集52巻3号
　677頁 ……………………………135
最(一小)判平成10年12月17日民集52巻9号
　1821頁 ……………106, 123, 333
最(一小)決平成11年1月11日判例時報1675号
　61頁………………………………185
最(一小)判平成11年1月21日判例時報1675号
　48頁 …………………………360
最(三小)判平成11年2月23日裁判集民事
　191号313頁……………………361
最(二小)判平成11年11月19日民集53巻8号
　1862頁 ……………………………163
最(一小)判平成11年11月25日判例時報1698号
　66頁 …………………120, 233
最(二小)判平成12年3月17日判例時報1708号

62頁 …………………………107
最(三小)決平成13年2月27日民集55巻1号
　149頁…………………………142
最(三小)判平成13年3月13日民集55巻2号
　283頁…………………………123
最(二小)判平成13年7月13日訟務月報48巻
　8号2014頁……………………23
最(一小)判平成14年1月17日民集56巻1号
　1頁…………………57, 191
最(三小)判平成14年1月22日民集56巻1号
　46頁…………………………123
最(一小)判平成14年2月28日民集56巻2号
　467頁……………………………135
最(三小)判平成14年3月28日民集56巻3号
　613頁…………………………123
最(一小)判平成14年4月25日判例地方自治
　229号52頁 ……………………60
最(三小)判平成14年6月11日民集56巻5号
　958頁…………………………406
最(三小)判平成14年7月9日民集56巻6号
　1134頁 ……………14, 19, 270
最(大)判平成14年9月11日民集56巻7号
　1439頁 ……………………………391
最(一小)判平成14年10月24日民集56巻8号
　1903頁 ……………………………145
最(一小)判平成15年9月4日判例時報1841号
　89頁……………………………77
最(一小)判平成16年1月15日民集58巻1号
　226頁……………………308, 371
最(一小)判平成16年1月15日判例時報1849号
　30頁 …………………………122
最(三小)判平成16年2月24日判例時報1854号
　41頁……………………………134
最(一小)判平成16年4月26日民集58巻4号
　989頁 ……………………………49
最(三小)判平成16年4月27日民集58巻4号
　1032頁 …………………339, 342
最(三小)判平成16年7月13日判例時報1874号
　58頁…………………………196
最(二小)判平成16年10月15日民集58巻7号
　1802頁 ……………………………345
最(一小)判平成17年4月14日民集59巻3号
　491頁 ……………………………79
最(二小)決平成17年6月24日判例時報1904号

－ 422 －

判 例 索 引

69頁 ················315
最(三小)判平成16年7月13日判例時報1874号
58頁 ················196
最(二小)判平成17年7月15日民集59巻6号
1661頁················72, 252
最(三小)判平成17年7月19日民集59巻6号
1817頁 ················272
最(大)判平成17年9月14日民集59巻7号
2087頁 ········231, 249, 313, 352
最(三小)判平成17年9月27日判例時報1911号
96頁 ················272
最(三小)判平成17年10月25日判例時報1920号
32頁 ················75, 84
最(三小)判平成17年11月1日判例時報1928号
25頁 ················401
最(大)判平成17年12月7日民集59巻10号
2645頁········118-120, 123, 233
最(一小)判平成18年7月13日判例時報1946号
41頁 ················353
最(二小)判平成18年7月14日民集60巻6号
2369頁 ················60
最(一小)判平成18年11月2日民集60巻9号
3249頁 ················233
最(一小)判平成19年1月25日民集61巻1号
1頁 ················316
最(二小)判平成19年10月19日判例時報1993号
3頁 ················121
最(一小)判平成19年11月1日民集61巻8号
2733頁········308, 357, 362, 372
最(三小)決平成19年12月18日判例時報1994号
21頁 ················149
最(三小)判平成20年2月19日民集62巻2号
445頁················361
最(三小)判平成20年4月15日民集62巻5号
1005頁 ················330
最(大)判平成20年6月4日民集62巻6号
1367頁················252
最(三小)判平成20年7月8日判例集未登載···20
最(大)判平成20年9月10日民集62巻8号
2029頁················54, 66, 68
最(二小)判平成21年2月27日民集63巻2号
299頁················136, 139
最(三小)判平成21年4月28日民集63巻4号
904頁················369

最(一小)決平成21年7月2日判例地方自治
327号79頁················149
最(二小)判平成21年7月10日判例時報2058号
53頁 ················25
最(一小)判平成21年10月15日民集63巻8号
1711頁 ········107, 121, 123
最(二小)判平成21年10月23日民集63巻8号
1849頁 ················389
最(一小)判平成21年11月26日民集63巻9号
2124頁 ················61, 179
最(一小)判平成21年12月17日民集63巻10号
2631頁 ················167
最(三小)判平成22年2月23日判例時報2076号
40頁 ················403
最(三小)判平成22年3月2日判例時報2076号
44頁 ················376, 379
最(一小)判平成22年6月3日民集64巻4号
1010頁 ················367
最(三小)判平成23年6月14日最高裁判所
裁判集民事237号21頁 ················78
最(二小)判平成24年2月3日民集66巻2号
148頁 ················49
最(一小)判平成24年2月9日民集66巻2号
183頁········51-, 229, 262-264
最(二小)判平成24年4月27日民集66巻6号
3000頁 ················135
最(三小)判平成24年11月20日民集66巻11号
3521頁 ················144
最(二小)判平成25年1月11日民集67巻1号
1頁 ················267
最(三小)判平成25年3月26日裁判所時報
1576号8頁················332
最(三小)判平成26年1月28日民集68巻1号
49頁 ················122
最(三小)判平成26年7月29日民集68巻6号
620頁················123
最(一小)判平成26年9月25日民集68巻7号
781頁················142
最(一小)判平成26年10月9日民集68巻8号
799頁················345
最(三小)判平成27年3月3日民集69巻2号
143頁················134
最(一小)判平成27年12月14日裁判所時報
1642号26頁················134

－ 423 －

判 例 索 引

最（大）判平成27年12月16日裁判所時報
　1642号 1 頁 ……………………………353
最（大）判平成27年12月16日裁判所時報
　1642号13頁 ……………………………353
最（一小）判平成28年 3 月10日裁判所HP …143
◆ **高等裁判所**
大阪高決昭和24年11月30日行政裁判月報23号
　393頁………………………………………152
東京高判昭和29年 9 月22日民集14巻 7 号
　1265頁………………………………………30
大阪高決昭和43年 3 月27日行裁例集19巻 3 号
　476頁………………………………………148
大阪高決昭和43年12月14日行裁例集19巻12号
　1917頁 ……………………………………148
東京高判昭和46年11月25日判例時報653号75頁
　…………………………………………………355
東京高判昭和48年 7 月13日判例時報710号23頁
　………………………………………………32, 232
高松高判昭和61年11月18日訟務月報33巻
　12号2871頁 ………………………………232
高松高判昭和63年 3 月23日判例時報1284号
　57頁…………………………………………257
大阪高決平成 3 年11月15日行裁例集42巻11＝
　12号1788頁 ………………………………150
東京高判平成 6 年 7 月 5 日判例時報1510号
　98頁…………………………………………309
名古屋高判平成 8 年 7 月18日判例時報1595号
　58頁…………………………………………186
東京高判平成19年11月29日判例地方自治
　299号41頁…………………………………20, 28
大阪高判平成20年 9 月26日判例タイムズ
　1312号81頁…………………………………348
東京高判平成21年 9 月29日判例タイムズ
　1310号66頁 ………………………………254
福岡高判平成23年 2 月 7 日判例時報2122号
　45頁………………………………………221, 223
大阪高判平成24年10月11日裁判所HP ………121
仙台高判平成25年 1 月24日判例時報2186号
　21頁…………………………………………190
名古屋高判平成26年 5 月30日判例時報2241号
　24頁…………………………………………267
東京高判平成27年 7 月30日判例時報2277号
　84頁…………………………………………241

◆ **地方裁判所**
福島地決昭和27年 9 月11日行裁例集 3 巻 9 号
　1859頁 ……………………………………152
東京地判昭和28年10月19日民集14巻 7 号
　1251号………………………………………30
京都地判昭和29年 7 月23日行裁例集 5 巻 7 号
　1726頁 ……………………………………152
旭川地判昭和29年11月20日行裁例集 5 巻11号
　2810頁…………………………………………49
横浜地判昭和30年10月 6 日行裁例集 6 巻10号
　2337頁 ……………………………………152
東京地判昭和30年10月14日行裁例集 6 巻10号
　2370頁…………………………………………88
甲府地判昭和38年11月28日行裁例集14巻11号
　2077頁………………………………………268
東京地判昭和39年 6 月19日判例時報375号
　 6 頁…………………………………………302
東京地判昭和39年11月 4 日判例時報389号
　 3 頁…………………………………………211
東京地決昭和40年 4 月22日行裁例集16巻 4 号
　708頁＝判例時報406号26頁………………54
東京地決昭和40年 4 月22日判例時報406号
　26頁…………………………………………179
東京地決昭和42年 7 月11日行裁例集18巻 7 号
　893頁………………………………………152
東京地判昭和44年 3 月11日判例時報551号
　 3 頁…………………………………………355
宇都宮地判昭和44年 4 月 9 日行裁例集20巻
　 4 号373頁……………………………………32
宇都宮地判昭和44年 4 月 9 日訟務月報15巻
　 7 号789頁＝判例時報556号23頁 ………232
東京地判昭和44年 9 月25日判例時報576号
　46頁…………………………………………186
東京地決昭和45年10月14日行裁例集21巻10号
　1187頁…………………………………………83
広島地判昭和46年 4 月16日行裁例集22巻 4 号
　531頁………………………………………152
札幌地判昭和51年 7 月30日判例タイムズ
　348号318頁…………………………………186
東京地判昭和53年 8 月 3 日判例時報899号
　48頁…………………………………………333
大阪地決昭和55年 9 月19日訟務月報27巻 1 号
　179頁………………………………………150
岡山地判昭和58年 5 月25日判例時報1086号

－ 424 －

判例索引

67頁 ……………………………………238
東京地判昭和59年5月18日判例時報1118号
　28頁 ……………………………………410
名古屋地判昭和60年10月31日判例時報1175号
　3頁 ……………………………………411
大阪地判昭和61年9月26日判例時報1226号
　89頁 ……………………………………313
東京地判昭和61年12月22日判例時報1252号
　64頁 ……………………………………320
大阪地判昭和62年9月30日判例時報1255号
　45頁 ……………………………………410
水戸地判昭和62年10月22日判例時報1269号
　77頁 ……………………………………291
東京地判平成5年2月25日判例時報1487号
　75頁 ……………………………………309
東京地判平成6年9月9日判例時報1509号
　65頁 ……………………………………246
東京地判平成7年9月27日行裁例集46巻8・
　9号777頁……………………………………372
札幌地判平成9年3月27日判例時報1598号
　33頁 …………………………………173, 175
仙台地判平成10年1月27日判例時報1676号
　43頁 ……………………………………212
富山地判平成13年5月9日判例地方自治
　231号73頁……………………………………213
東京地判平成13年12月4日判例時報1791号
　3頁 ……………………………………214
大坂地判平成15年7月3日判例地方自治
　252号93頁……………………………………314
東京地判平成15年10月28日判例タイムズ
　1163号173頁……………………………………314
東京地判平成16年4月22日判例時報1856号
　32頁 ……………………………………232

徳島地決平成17年6月7日判例地方自治
　270号48頁……………………………………226
東京地決平成18年1月25日判例時報1931号
　10頁 ……………………………………226
東京地判平成18年3月24日判例地方自治
　278号19頁……………………………………28
東京地判平成18年10月25日判例時報1956号
　62頁 …………………………………220, 226
東京地判平成19年5月31日判例時報1981号
　9頁 ……………………………………215
大阪地判平成19年6月6日判例時報1974号
　3頁 ……………………………………348
岡山地決平成19年10月15日判例時報1994号
　26頁 ……………………………………226
東京地判平成19年11月7日判例時報1996号
　3頁 …………………………………252, 254
大阪地判平成20年1月16日労働判例958号
　21頁 ……………………………………254
福岡地判平成20年2月25日判例時報2122号
　50頁 …………………………………221, 223
東京地判平成21年3月24日判例時報2041号
　64頁 ……………………………………314
大阪地判平成21年9月25日判例時報2071号
　20頁 ……………………………………219
広島地判平成21年10月1日判例時報2060号
　3頁 ……………………………………123
東京地判平成22年4月9日判例時報2076号
　19頁 ……………………………………357
名古屋地判平成25年5月31日判例時報2241号
　31頁 ……………………………………267
横浜地判平成26年5月21日判例時報2277号
　123頁………………………………………241

〈著者紹介〉

神橋 一彦（かんばし・かずひこ）

立教大学法学部教授・法学博士

昭和39年　岡山県津山市生まれ
　　　　　岡山県立津山高等学校を経て
昭和62年　東北大学法学部卒業
平成 6 年　東北大学大学院法学研究科公法学専攻博士課程
　　　　　後期 3 年の課程修了・法学博士
　　　　　金沢大学法学部助教授
平成16年　立教大学法学部教授
　　　　　現在に至る

〈主要著作〉
『行政訴訟と権利論』（平成15年・信山社）

法律学講座

◆◆◆◆

行政救済法（第 2 版）

2012（平成24）年 2 月 1 日　第 1 版第 1 刷発行
2014（平成26）年 3 月 1 日　第 1 版第 2 刷発行
2016（平成28）年 5 月10日　第 2 版第 1 刷発行
8035:P456 ￥4500E-012-010-008

著　者　　神　橋　一　彦
発行者　　袖山貴 今井守
発行所　　株式会社 信山社

〒113-0033 東京都文京区本郷 6-2-9-102
Tel 03-3818-1019　Fax 03-3818-0344
info@shinzansha.co.jp
東北支店 〒981-0944 宮城県仙台市青葉区
子平町 11 番 1 号 208・112
Tel 080-5412-5608
笠間才木支店 〒309-1611 茨城県笠間市笠間 515-3
Tel 0296-71-9081　Fax 0296-72-9082
笠間来栖支店 〒309-1625 茨城県笠間市来栖 2345-1
Tel 0296-71-0215　Fax 0296-72-5410
出版契約 2016-8035-7-01020　Printed in Japan

©神橋一彦, 2016　印刷・製本／松澤印刷・牧製本
ISBN978-4-7972-8035-7 C3332 分類323.910-a001 行政法

JCOPY 〈（社）出版者著作権管理機構　委託出版物〉
本書の無断複写は著作権法上での例外を除き禁じられています。複写される場合は，
そのつど事前に，（社）出版者著作権管理機構（電話03-3513-6969，FAX03-3513-6979，
e-mail:info@jcopy.or.jp）の許諾を得てください。信山社

◇ 法律学講座 ◇

憲法講義(人権)
赤坂正浩

最新刊 **行政救済法**〔第2版〕
神橋一彦

信 託 法
星野 豊

防 災 法
生田長人

国際労働法
小西國友

実践国際法〔第2版〕
小松一郎

外国法概論
田島 裕

アメリカ契約法
田島 裕

国 会 法
白井 誠

信山社

● 判例プラクティスシリーズ ●

判例プラクティス憲法〔増補版〕

憲法判例研究会 編

淺野博宣・尾形健・小島慎司・宍戸常寿・曽我部真裕・中林暁生・山本龍彦

判例プラクティス民法Ⅰ〔総則・物権〕
判例プラクティス民法Ⅱ〔債権〕
判例プラクティス民法Ⅲ〔親族・相続〕

松本恒雄・潮見佳男 編

判例プラクティス刑法Ⅰ〔総論〕

成瀬幸典・安田拓人 編

判例プラクティス刑法Ⅱ〔各論〕

成瀬幸典・安田拓人・島田聡一郎 編

信山社

法律学の森シリーズ

変化の激しい時代に向けた独創的体系書

新　正幸	憲法訴訟論〔第2版〕
大村敦志	フランス民法
潮見佳男	債権総論Ⅰ〔第2版〕
潮見佳男	債権総論Ⅱ〔第3版〕
小野秀誠	債権総論
潮見佳男	契約各論Ⅰ
潮見佳男	契約各論Ⅱ（続刊）
潮見佳男	不法行為法Ⅰ〔第2版〕
潮見佳男	不法行為法Ⅱ〔第2版〕
藤原正則	不当利得法
青竹正一	新会社法〔第4版〕
泉田栄一	会社法論
小宮文人	イギリス労働法
高　翔龍	韓国法〔第3版〕近刊
豊永晋輔	原子力損害賠償法

信山社

プロセス演習憲法（第4版）

棟居快行・小山剛・工藤達朗 編集代表

下級審からの争点形成と規範のあてはめの流れを再現し、基本的解説を加える。さらに、異なる事件を想定することで判例の射程の理解を助ける。徹底したプロセス志向の憲法演習教材。法科大学院生、学部学生必携の一冊。

◆クラウス・シュテルン 著◆

ドイツ憲法 I
総論・統治編

赤坂正浩・片山智彦・川又伸彦・小山剛・高田篤 編訳
鵜澤剛・大石和彦・神橋一彦・駒林良則・須賀博志
玉蟲由樹・丸山敦裕・亘理興 訳

A5変 592頁

◆クラウス・シュテルン 著◆

ドイツ憲法 II
基本権編

井上典之・鈴木秀美・宮地基・棟居快行 編訳
伊藤嘉規・浮田徹・岡田俊幸・小山剛・杉原周治
西土彰一郎・春名麻季・門田孝・山﨑栄一・渡邉みのぶ 訳

A5変 504頁

◆赤坂 正浩 著◆

2015年11月最新刊

世紀転換期の憲法論
立憲国家と憲法変遷

信山社

◆神橋 一彦 著◆
行政訴訟と権利論
(第2刷新装版)

処分取消訴訟の対象(処分性)および原告適格をめぐる
解釈問題を中心に、行政訴訟と権利論を論ずる好評書。

講座 憲法の規範力　1～5巻
(1・2・4巻既刊、以下続刊)

ドイツ憲法判例研究会 編

ドイツの憲法判例 Ⅰ～Ⅲ (Ⅳ巻近刊)
ドイツ憲法判例研究会 編

人間・科学技術・環境
日独共同研究シンポジウム
ドイツ憲法判例研究会 編

公法の思想と制度
菅野喜八郎先生古稀記念論文集
新正幸・早坂禧子・赤坂正浩 編

司法制度の現在と未来
しなやかな紛争解決システムを目指して
笹田栄司・亘理格・菅原郁夫 編集

――― 信山社 ―――